कबीर बीजक

(सम्पूर्ण कबीर वाणी)
(दोहे, शब्द, साखी, रमैनी, कहरा, पद)

संपादक
स्वामी आनन्द कुलश्रेष्ठ

डायमंड बुक्स
www.diamondbook.in

© प्रकाशकाधीन
प्रकाशक: डायमंड पॉकेट बुक्स (प्रा.) लि.
X-30, ओखला इंडस्ट्रियल एरिया, फेज-II
नई दिल्ली-110020
फोन : 011-40712200
ई-मेल : sales@dpb.in
वेबसाइट : www.diamondbook.in

Kabir-Bijak
Edited By : Swami Anand Kulshresth

जीवन परिचय

कबीर प्रेम का नाम है। कबीर दर्शन, एकता और सद्भाव का भी नाम है। कबीर का संगम प्रयाग के संगम से ज्यादा गहरा है। वहां कुरान और वेद ऐसे खो गए हैं कि कोई अंतर ही नहीं रह गया है। कबीर का मार्ग सीधा और साफ है। पंडित नहीं चल पाएगा इस मार्ग पर। निर्दोष और कोरा कागज जैसा मन ही चल पाएगा उस पर।

कबीर का जन्म कहां हुआ? उनके माता-पिता कौन थे? उनके गुरु का नाम क्या था? इस विषय में प्राप्त ऐतिहासिक तथ्यों में एकरुपता नहीं है। कबीर के संबंध में यह निश्चित नहीं कि वे हिन्दू थे या मुसलमान। हिन्दुओं का मानना है कि कबीर हिन्दू थे। मुसलमानों का कहना है कि वह मुसलमान थे।

कबीर के जन्म को लेकर कई तरह की कथाएं प्रसिद्ध हैं। लगभग छः सौ वर्ष पहले की बात है। काशी का जुलाहा नीरू अपनी पत्नी नीमा के साथ काशी की तरफ आ रहा था। उसी दिन उसका गौना हुआ था। रास्ते में तालाब पड़ता था। हाथ-पैर धोने के लिए वह तालाब के पास पहुंचा तो उसने किसी बालक के रोने की आवाज सुनी। नीरू को जिज्ञासा हुई। चारों तरफ देखा। आवाज एक झाड़ी की तरफ से आ रही थी। उसी ओर वह बढ़ गया। देखा, वहां एक नन्हा-सा बालक पड़ा है। इतना छोटा जैसे कुछ देर पहले ही पैदा हुआ हो। नीमा डरी कि कुछ झंझट होगा। लोग क्या सोचेंगे। अपवाद होगा। बदनामी होगी। लेकिन जब नीमा ने बच्चे को ध्यान से देखा तो उसका मन उस पर मोहित हो गया। फिर उन दोनों ने लोक-लाज की परवाह न की। वे बच्चे को अपने साथ ले आए। काशी में जो मुहल्ला कबीर चौरा के नाम से आज मशहूर है, वहीं पर नीरू का घर था।

वे बच्चे को लेकर घर आ गए। बच्चे का नामकरण करने के लिए उन्होंने काजी को बुलाया। काजी ने कुरान खोला। कहा जाता है कि उसमें हर जगह कबीर, कुब्रा, अकबर आदि शब्द मिले। अरबी में ये शब्द महान परमात्मा के लिए आते हैं। काजी अचंभित था। साधारण जुलाहे के बच्चे को कैसे इतना

बड़ा नाम दिया जाए। काजी ने कई बार कुरान उलटा-पलटा, पर हर बार वही शब्द उसे नजर आए।

फिर क्या था, इस खबर को सुनकर कई काजी नीरू के घर आ गए और उन्होंने नीरू से कहा कि इस बच्चे का कत्ल कर दे, वर्ना इस बालक की वजह से कोई अनहोनी हो सकती है। नीरू-नीमा इतने बेरहम नहीं थे। उन्होंने काजियों की सलाह नहीं मानी और बालक का नाम कबीर रख दिया।

कबीर के जन्म को लेकर एक दूसरी लोक-कथा भी प्रचलित है—एक रोज एक ब्राह्मण अपनी विधवा बेटी के साथ स्वामी रामानंद के दर्शनों के लिए गया। पिता के साथ ही बेटी ने भी रामानंद के चरण स्पर्श किए। रामानंद ने ध्यान नहीं दिया और अचानक उनके मुंह से निकल गया कि पुत्रवती भव। स्वामी रामानंद का आशीर्वाद भला कैसे झूठा होता। कुछ महीनों के बाद उसने एक पुत्र को जन्म दिया। विधवा के लिए यह शुभ घटना नहीं थी। लोक-लाज के कारण उस ब्राह्मण कन्या ने बालक को लहरतारा तालाब के किनारे छोड़ दिया।

इसी बालक को नीरू और नीमा ने लहरतारा के किनारे से पाया था। इस तरह से कबीर हिन्दू परिवार में पैदा हुए और मुसलमान घर में पले।

एक तीसरी लोक-कथा भी कबीर के जन्म को लेकर है—शुकदेवजी ने कबीर के रूप में अवतार लिया था। पूर्व जन्म में उन्होंने बारह वर्ष तक गर्भवास का कष्ट भोगा था। इसलिए इस बार गर्भवास से बचने के लिए उन्होंने अपने-आपको एक सीपी में बंद कर लिया और उसे गंगा के किनारे छोड़ दिया। यही सीपी बहते-बहते लहरतारा तालाब में पहुंच गई और एक कमल के पत्ते पर खुल गई। इस सीपी से एक शिशु का जन्म हुआ। यही शिशु कबीर के नाम से मशहूर हुआ।

उपरोक्त सारी कथाओं से यही सिद्ध होता है कि कबीर का जन्म कैसे हुआ कुछ भी निश्चित रूप से कहना मुश्किल है।

कबीर किस तिथि, तारीख और सन् में पैदा हुए यह भी निश्चित करना कठिन ही है।

कबीर के जन्म के विषय में यह छंद मशहूर है—

चौदह सौ पचपन साल गए
चन्द्रवार इक ठाठ ठए।
जेठ सुदी बरसायत की
पूरनमासी प्रकट भए।

इस छन्द का अर्थ है—बिक्रम के 1455 साल बीतने पर सोमवार को जेठ की पूर्णमासी, वट सावित्री के पर्व पर कबीर पैदा हुए थे। वट सावित्री के शुभ अवसर पर आज भी कबीरपंथी महात्मा कबीर का जन्मोत्सव मनाते हैं। कुछ

विद्वान कबीर का जन्म-काल 1456 मानते हैं और यह सही भी लगता है क्योंकि छन्द में भी है कि 1455 वां संवत बीत जाने पर यानी सं. 1456 में महात्मा कबीर का जन्म हुआ।

कबीर के जन्मस्थान के बारे में भी तीन मत हैं–

मगहर, काशी, आजमगढ़ में बेलहरा गांव। कबीर ने लिखा भी है–

'पहिले दरसन मगहर पायो पुनि कासी बसे आई।' अर्थात काशी में रहने से पहले कबीर ने मगहर देखा। मगहर में कबीर का मकबरा भी है।

कबीर का अधिकांश समय काशी में बीता। वे 'काशी के जुलाहे' के रूप में ही जाने जाते हैं। कबीरपंथी भी काशी को कबीर का जन्मस्थान मानते हैं।

कबीर मगहर, काशी, आजमगढ़ में से कहां पैदा हुए थे, इस संबंध में विद्वानों के अलग-अलग मत हैं। किसी एक जगह पर मुहर लगाना मुश्किल है।

कबीर के माता-पिता निर्धन थे। कबीर के पढ़ाई पर कोई ध्यान नहीं दिया गया। कबीर किताबी विद्या प्राप्त न कर सके। उन्होंने स्वयं इस बात को स्वीकार भी किया है–'मसि कागद छुयो नहीं, कलम गही नहीं हाथ।'

लेकिन किताबी विद्या ही सब कुछ नहीं होती। कबीर किताबी ज्ञान से भी ऊपर निकले। वह तो ज्ञान के भंडार थे। उनमें भावुकता, प्रतिभा कूट-कूटकर भरी थी।

वह बचपन में ही राम-भक्ति में डूब गए। जुलाहा परिवार में पलने-बढ़ने के बाद भी उन पर मुसलमानी रहन-सहन का प्रभाव नहीं पड़ा। वे हिन्दुओं की तरह कंठी-माला धारण करते, तिलक लगाते और राम-नाम का सुमिरन करते।

कबीर को एक सच्चे गुरु की तलाश थी। काशी में उन दिनों सबसे प्रसिद्ध वैष्णव आचार्य स्वामी रामानंद थे। कबीर के मन में उन्हीं से दीक्षा लेने की इच्छा जागी। लेकिन वैष्णव आचार्य एक जुलाहे को कैसे दीक्षा दे सकता था। कबीर ने इस बाधा को दूर करने के लिए एक उपाय निकाला।

कबीर सुबह के चार बजे से पहले ही गंगा की सीढ़ियों पर जाकर लेट गए। स्वामी रामानंद गंगा में स्नान करके सीढ़ियां चढ़ रहे थे, तभी उनका पैर किसी से टकराया। 'राम-राम' कहकर स्वामी जी ने पैर हटा लिया। कबीर ने इसी 'राम राम' को गुरुमंत्र मान लिया। इस तरह से कबीर ने रामानंद को अपना गुरु स्वीकार कर लिया।

कबीर के समय में भारत पर मुसलमानों का राज्य था। हिन्दुओं पर तरह-तरह के अत्याचार हुआ करते थे। ऐसे में दोनों जातियों में प्रेम के स्थान पर घृणा ही अधिक थी।

कबीर परम वैरागी थे। सांसारिक मोह-माया से उनका कोई सरोकार नहीं था। धन-दौलत उनके लिए व्यर्थ था, फिर भी वह गृहस्थ-संन्यासी के रूप में ही जीवन बिताते रहे। वे कपड़ा बुनकर उसे बाजार में बेचने जाते और उससे जो भी लाभ होता, उससे अपना और अपने परिवार का जीवन-निर्वाह किया करते थे।

कबीर एक सफल गृहस्थ, सफल इंसान और महान संत ही नहीं थे बल्कि एक समाज सुधारक भी थे। कबीर को जब लगने लगा कि उनका अवसान-काल समीप है, अब इस शरीर को त्यागना होगा तो उन्होंने काशी नगरी को छोड़ने का मन बनाया।

वह इस बात से सहमत नहीं थे कि काशी मोक्ष की नगरी है। कबीर ने घोषणा की–'वह अब मगहर में जाकर रहेंगे।'

मगहर के विषय में यह अंधविश्वास था कि वहां मरने पर मुक्ति नहीं मिलती। कबीर तो जीवन-भर अंधविश्वास के विरुद्ध लड़ते रहे थे। मगहर के माथे पर लगे इस कलंक को धोना जरूरी था। अंधविश्वास का विरोध आवश्यक था।

इस घोषणा से कबीर के शिष्यों को बड़ा कष्ट हुआ। कबीर ने उन्हें समझाया–'मोक्ष के लिए स्थान नहीं कर्म प्रधान होते हैं। 'भावभक्ति' के भरोसे वे मगहर में प्राण छोड़ने पर भी अपने राम में इस प्रकार घुल-मिल जाएंगे जैसे पानी में पानी मिल जाता है। जिसके हृदय में राम का वास है, उसके लिए काशी और मगहर में कोई भी तो अंतर नहीं। अगर काशी में मृत्यु होने पर ही मोक्ष मिलता है तो फिर राम की कौन-सी बड़ाई समझी जाए?'

अंतत: कबीर मगहर पहुंच गए। वहां पहुंचने पर उनके भक्तों का मेला-सा लग गया।

हर कोई उनके दर्शन की साध लेकर आता था। अंतिम दिन उन्होंने सबको एकत्र किया। कबीर ने सबकी ओर देखा। तभी लोगों ने देखा कि एक ज्योति कबीर के शरीर से बाहर आई और आसमान की ओर चली गई। सबको ही विश्वास हो गया कि कबीर का महाप्रयाण हो गया।

उनके निधन का समाचार मिलते ही विवाद खड़ा हो गया। काशी नरेश वीरसिंह और उनके हिन्दू-भक्त चाहते थे कि कबीर का अंतिम संस्कार अग्नि में जलाकर हिन्दू-पद्धति से किया जाए। मुस्लिम समाज का कहना था कि उनका संस्कार मुस्लिम मजहब के अनुसार दफनाकर होना चाहिए।

बात इतनी बढ़ी कि दोनों ओर से तलवारें खिंच गईं। फिर लोगों ने जब कुटी का द्वार खोला तो वे सब दंग रह गए। वहां कबीर का शव नहीं था। उसके स्थान पर फूलों का एक छोटा-सा ढेर पड़ा था।

अब झगड़ा खत्म हो गया था। दोनों धर्मों के लोगों ने अपनी-अपनी आस्था के अनुसार कबीर का संस्कार किया।

कबीर की रचनाएं

दोहा—यह कविता की वह विधा है जिसमें दो पंक्तियों में 24 मात्रा का प्रयोग किया जाता है। अनेक हिन्दी कवियों ने दोहे की शक्ल में काव्य रचनाएं की हैं।

रमैनी—इसमें कुल मिलाकर चौरासी पद्य हैं और साथ ही छिहत्तर साखी भी हैं। रमैनी चौपाई और साखी दोहे में है। इस विशाल पुस्तक में चौरासी लाख योनियों की कल्पना की गई है।

शब्द—इसमें कुल मिलाकर एक सौ पन्द्रह पद्य हैं। कबीर का कहना था कि निर्णायक शब्दों के जरिए ही सारी भ्रांतियां समाप्त हो सकती हैं और जीव अनादिकाल से ही वाणी के शब्द जाल में उलझकर रह गया है। 'शब्द' की रचना कबीर ने इसी बंधन को सुलझाने के लिए की है।

साखी—इसमें कुल तीन सौ तिरपन दोहे हैं। साखी का अर्थ होता है 'गवाह'।

ज्ञान चौंतीसा—इसमें कुल मिलाकर 34 चौपाइयां हैं। पहली चौपाई में ॐ की व्याख्या की गई है।

विप्रमतीसी—इसमें ब्राह्मणों की बुद्धि का ही तीस चौपाइयों में वर्णन किया गया है। अंत में एक साखी भी दी गई है।

कहरा—इसमें 12 पद्य हैं। कहरा शब्द कहर से बना है, जिसका अर्थ दु:ख भी है और जीवों को मोटी तथा झीनी माया से कहर ही मिलता है। इन्हीं से मुक्ति का मार्ग 'कहरा' बताता है।

बसंत—इसमें 12 पद्य हैं। बसंत छहों ऋतुओं में श्रेष्ठ माना जाता है। सद्गुरु कबीर ने इसी विषय में बताया है कि जीवों के लिए तो बारहों महीने ही बसंत हैं यानी जन्म-मृत्यु का चक्कर तो हर समय लगा रहता है।

चाचर—चाचर होली के मौके पर गाया जाने वाला एक तरह का गीत है।

बेलि : इसमें भी दो पद्य हैं। बेलि का मतलब लता होता है अर्थात मोहरूपी लता में दुख के फूल खिलते हैं, जिन्हें खाकर जीव जन्म-मरण के फेर में पड़ा रहता है।

बिरहुली—इसमें 13 चौपाइयां हैं। प्रिय के वियोग में आकुलता और विरही जीवों के संबोधन में ही बिरहुली नाम रखा गया है।

हिण्डोला—इसमें तीन पद्य हैं। हिण्डोला का अर्थ झूला है। संसार में एक भ्रम रूप झूला है, जिसमें पाप-पुण्य रूपी दो खंभे, माया रूपी पहाड़, लोभ रूपी भंवर हैं। जीव माया और सांसारिक भंवर में डोल रहा है। उससे मुक्ति का मार्ग हिण्डोला है।

विषय सूची

1.	दोहे	9
1.	साखी	129
2.	शब्द	175
3.	ज्ञान चौंतीसा	214
4.	विप्रमतीसी	221
5.	कहरा	225
6.	बसंत	235
7.	चाचर	243
8.	बेलि	247
9.	बिरहुली	250
10.	हिण्डोला	252

दोहे

गुरु गोविन्द दोऊ खड़े, काके लागूं पांय।
बलिहारी गुरु आपने गोविन्द दियो बताय॥

गुरु और गोविन्द दोनों खड़े हैं, समझ में नहीं आता पहले किसे नमस्कार किया जाए? पहले गुरु को ही नमस्कार करना उचित है क्योंकि गुरु ने ही तो ईश्वर का ज्ञान करवाया है।

गुरु गोविन्द दोउ एक हैं, दूजा सब आकार।
आपा मेटैं हरि भजैं, तब पावैं दीदार॥

गुरु और ईश्वर में कोई अंतर नहीं है। दोनों एक ही हैं। बाहर से उन दोनों में भले ही अंतर है, पर अंदर से वे एक ही हैं। मन से 'मैं' की भावना निकालकर हरि को भजने से मन का सारा दोष मिट जाता है और तब हरि का दर्शन हो जाता है।

गुरु बिन ज्ञान न उपजै, गुरु बिन मिलै न मोष।
गुरु बिन लखै न सत्य को, गुरु बिन मिटै न दोष॥

गुरु के बिना ज्ञान नहीं मिलता है और गुरु के बिना मोक्ष भी नहीं मिलता है। गुरु के बिना सत्य की पहचान नहीं होती है और गुरु के बिना मन का भ्रम भी दूर नहीं होता है।

गुरु समान दाता नहीं, याचक सीष समान।
तीन-लोक की सम्पदा, सो गुरु दीन्ही दान॥

गुरु के समान इस संसार में दाता नहीं है। शिष्य के समान कोई मांगने वाला भी नहीं है। गुरु तो ऐसा होता है कि तीनों लोकों का ज्ञान शिष्य को एक इशारे पर ही दे देता है।

गुरु सों ज्ञान जु लीजिए, सीस दीजिए दान।
बहुतक भोंदू बहि गये, राखि जीव अभिमान॥

गुरु से ज्ञान लेते समय अपना सिर उसके चरणों में झुका दीजिए। गुरु के

सामने अकड़ दिखाने वाले बहुत से अज्ञानी बह गए और उनका कभी कल्याण नहीं हो सका।

**गुरु पारस को अन्तरो, जानत हैं सब संत।
वह लोहा कंचन करे, ये करि लेय महंत॥**

सभी ज्ञानी व्यक्ति गुरु और पारस पत्थर के अन्तर को समझते हैं। पारस पत्थर लोहा को सोना करता है और गुरु ज्ञान का बोध कराकर शिष्य को महान बना देता है।

**गुरु शरणगति छाड़ि के, करै भरोसा और।
सुख सम्पत्ति को कह चली, नहीं नरक में ठौर॥**

गुरु का साथ छोड़कर जो व्यक्ति दूसरों पर विश्वास करता है, उसको सुख-शांति तो मिलती नहीं, ऊपर से नरक के द्वार भी उसके लिए बन्द हो जाते हैं।

**गुरु कुम्हार शिष कुंभ है, गढ़ि गढ़ि काढ़ै खोट।
अन्तर हाथ सहार दै, बाहर बाहै चोट॥**

गुरु कुम्हार है और शिष्य एक कच्चा घड़ा है। कुम्हार घड़े को टिकाउ और अच्छा बनाने के लिए उसके अंदर हाथ डालकर बाहर से थपथपाता है। गुरु भी शिष्य को कुम्हार की तरह ठोक-पीटकर संसार में उसे एक आदरणीय व्यक्ति बना देता है। गुरु की प्रताड़ना स्वाभाविक है और वह शिष्य के हित में है।

**गुरु को सिर पर राखिये चलिये आज्ञा माहि।
कहैं कबीर ता दास को, तीन लोक भय नाहिं॥**

गुरु को अपनो सिर का ताज समिझिए। गुरु की आज्ञा का पालन करने वाले को तीनों लोकों में किसी भी प्रकार का भय नहीं रहता।

**कबीर हरि के रुठते, गुरु के शरणै जाय।
कहै कबीर गुरु रुठते, हरि नहि होत सहाय॥**

हरि के रूठने पर गुरु की शरण में जाने पर बात बन जाती है लेकिन गुरु रूठ जाता है तो हरि कोई मदद नहीं करता है। गुरु को प्रसन्न रखना जरूरी है।

**कबीर ते नर अंध हैं, गुरु को कहते और।
हरि के रुठे ठौर है, गुरु रुठे नहिं ठौर॥**

वे लोग अंधे हैं, जो गुरु को कोई महत्त्व नहीं देते। हरि के रूठने पर स्थान मिल सकता है, लेकिन गुरु के नाराज होने पर कहीं भी जगह नहीं मिल सकती है।

भक्ति पदारथ तब मिले, जब गुरु होय सहाय।
प्रेम प्रीति की भक्ति जो, पूरण भाग मिलाय॥

ईश्वर की भक्ति तभी मिल पाती है, जब गुरु की कृपा होती है। गुरु की अनुकम्पा के बिना भक्ति को प्राप्त करना बिल्कुल ही असंभव है।

तिमिर गया रवि देखते, कुमति गयी गुरु ज्ञान।
सुमति गयी अति लोभते, भक्ति गयी अभिमान॥

सूर्य को देखते ही अंधकार गायब हो जाता है और गुरु-ज्ञान से दुर्बुद्धि चली जाती है। कबीर कहते हैं कि अति लोभ से सद्बुद्धि चली जाती है और अभिमान से भक्ति का नाश हो जाता है।

भाव बिना नहिं भक्त जग, भक्ति बिना नहिं भाव।
भक्ति-भाव इक रूप है, दोऊ एक सुभाव॥

बिना भाव के संसार में किसी को भक्ति नहीं मिलती है। भक्ति के बिना मन में भाव नहीं उपजता है। भक्ति और भाव दोनों एक-दूसरे के पूरक हैं और दोनों का ही स्वभाव एक जैसा है।

कामी क्रोधी लालची, इनते भक्ति ना होय।
भक्ति करै कोई सूरमा, जादि बरन कुल खोय।

कबीर कहते हैं—कामी, क्रोधी और लालची प्रवृत्ति के व्यक्ति से भक्ति नहीं होती है। भक्ति तो वही कर सकता है, जो अपने खानदान, परिवार, जाति तथा अहंकार को त्याग देता है और यह हर किसी के वश की बात नहीं है।

देखा देखी भक्ति का, कबहू न चढ़सी रंग।
विपत्ति पड़े यों छाड़सि, केचुलि तजसि भुजंग॥

दूसरों को भक्ति करते हुए देखकर भक्ति नहीं हो सकती। ऐसी भक्ति करने वाले मुसीबत पड़ने पर उसी तरह से भक्ति का त्याग कर देते हैं जैसे सर्प केंचुल का त्याग कर देता है।

भक्ति भक्ति सब कोई कहै, भक्ति न जाने भेद।
पूरण भक्ति जब मिलै, कृपा करै गुरुदेव॥

भक्ति-भक्ति तो हर कोई कहता है लेकिन भक्ति का अर्थ कोई नहीं जानता। पूर्ण रूप से भक्ति तभी प्राप्त होती है जब गुरुदेव की कृपा होती है।

कबीर या संसार की, झूठी माया मोह।
जिहि घर जिता बधावना, तिहि घर तेता दोह॥

यह सांसारिक मोह-माया सब झूठ है। जिस घर में जितनी ही दौलत और सुख-सुविधा है, वहां पर उतना ही दुःख है।

कबीर माया मोहिनी, जैसी मीठी खंड।
सदगुरु की किरपा भई, नातर करती भांड॥

माया बहुत ही मोहिनी है और वह भी मीठी खांड की तरह मोहिनी है, जो इसमें उलझ गया, वह जल्दी बाहर नहीं आ पाता। वह तो सदगुरु की कृपा हुई कि हम माया के मोहपाश में नहीं बंधे।

माया छाया एक सी, बिरला जानै कोय।
भगता के पीछे फिरै, सनमुख भाजै सोय॥

माया और छाया दोनों एकसमान हैं। इस बात से कम लोग ही वाकिफ हैं। ये दोनों ही भक्तजनों के पीछे-पीछे और कंजूसजनों के आगे-आगे भागती फिरती हैं। इन्हें कोई छू तक भी नहीं सकता।

माया दोय प्रकार की, जो कोय जानै खाय।
एक मिलावै राम को, एक नरक ले जाय॥

माया के दो रूप हैं। जब व्यक्ति इसका इस्तेमाल देव कार्य के लिए करता है तो उसका भला होता है और माया के दूसरे रूप यानी आसुरी प्रवृत्ति का सहारा लेता है तो उसका जीवन नरक बन जाता है।

मोटी माया सब तजैं, झीनी तजी न जाय।
पीर पैगम्बर औलिया, झीनी सबको खाय॥

मोटी माया यानी धन, पुत्र, स्त्री, घर आदि का त्याग तो आदमी कर देता है, पर झीनी माया यानी रूप, यश, सम्मान आदि का त्याग नहीं कर पाता है और यह झीनी यानी छोटी माया ही सारे दुखों की जननी है।

माया दीपक नर पतंग, भ्रमि भ्रमि माहि परन्त।
कोई एक गुरु ज्ञानते, उबरे साधु सन्त॥

माया दीपक की लौ है और मनुष्य पतंग की तरह है, जो बार-बार उस पर आकर मंडराता है। माया के इस भ्रमजाल से कोई बिरला ही स्वयं को मुक्त करा पाता है।

काल हमारे संग है, कस जीवन की आस।
दस दिन नाम संभार ले, जब लग पिंजर सांस॥

कबीर कहते हैं कि जब काल आठों पहर हमारे साथ है तो फिर जीने की यह उम्मीद कैसी? यह जीवन मिथ्या है। जब तक शरीर में प्राण है, अपना इहलोक-परलोक संवार लो। जब काल आ जाएगा तब यह मौका नहीं मिलेगा।

जंगल ढेरी राख की, उपरि उपरि हरियाय।
ते भी होते मानवी, करते रंग रलियाय॥

जब निधन हो जाता है तब मरे हुए शरीर को जला दिया जाता है। बस मृत शरीर के स्थान पर राख की ढेरी रह जाती है, जिस पर समय के साथ हरी घास उग जाती है। वे भी तो कभी मनुष्य ही थे, जो हास-परिहास और रंग-विलास में डूबे रहते थे, आज उनके मृत शरीर की राख पर घास उग आई है। जीवन के इस मर्म को जानो।

हरिजन आवत देखि के, मोहड़े सूख गयो।
भाव भक्ति समुझयो नहीं, मूरख चूकि गयो॥

भगवान के भक्तों को सामने देखकर जिसके मुंह सूख गए अर्थात् उसके मन में कोई खुशी उत्पन्न नहीं हुई, ऐसे व्यक्ति को तो मूर्ख ही कहा जाएगा। समझो उसने एक अच्छा मौका हाथ से जाने दिया।

दीपक सुन्दर देखि करि, जरि जरि मरे पतंग।
बढ़ी लहर जो विषय की, जरत न मारै अंग॥

दीपक की सुन्दर लौ को देखकर कीट-पतंग जल-जलकर मर जाते हैं। यही स्थिति कामी पुरुष की है। विषय-वासना की लौ की खूबसूरती में उलझकर वह भी नाना प्रकार के दु:खों को भोगता है और एक दिन वह भी वासना की लौ में जल मरता है।

कबीर गुरु के देश में, बसि जानै जो कोय।
कागा ते हंसा बनै, जाति वरन कुल खोय॥

गुरु के देश में जो रहता है यानी गुरु की कृपा जिस पर बरसती है और जो गुरु का कहना मानता है, वह कौआ से हंस बन जाता है यानी उसके मन के सारे मैल धुल जाते हैं और यशस्वी बन जाता है।

गुरु आज्ञा मानै नहीं, चलै अटपटी चाल।
लोक वेद दोनों गये, आये सिर पर काल॥

जो व्यक्ति गुरु की आज्ञा को नहीं मानता है और मनमानी करता है, लोक-परलोक दोनों ही उसके बिगड़ जाते हैं और वह सदा ही दु:खों से घिरा रहता है।

गुरु आज्ञा लै आवही, गुरु आज्ञा लै जाय।
कहैं कबीर सो सन्त प्रिय, बहु विधि अमृत पाय॥

जो व्यक्ति गुरु की आज्ञा लेकर आता है और गुरु की आज्ञा लेकर जाता है, उससे गुरु बहुत ही प्रेम करते हैं और सुख-समृद्धि रूपी अमृत रस का हमेशा वह पान करता है।

प्रीति पुरानी न होत है, जो उत्तम से लाग।
सो बरसां जल में रहै, पथर न छोड़े आग॥

उत्तम स्वभाव वाले व्यक्ति से प्रेम हो जाए तो वह कितना भी पुराना हो

जाए प्रेम में कोई कमी नहीं आती है जैसे पत्थर सैकड़ों साल पानी में रहने पर भी आग उत्पन्न करने की क्षमता को नहीं छोड़ता है।

प्रीति बहुत संसार में, नाना विधि की सोय।
उत्तम प्रीति सो जानियो, सतगुरु से जो होय।।

संसार में प्रेम के कई रंग-रूप हैं और वह नाना प्रकार का होता है लेकिन उत्तम प्रेम वही है, जो सद्गुरु से होता है। इस प्रेम के परिणाम सदा अच्छे ही होते हैं।

साधु संगत परिहरै, करै विषय को संग।
कूप खनी जल बावरे, त्याग दिया जल गंग।।

जो व्यक्ति बुद्धिमानों का साथ छोड़कर दुर्जनों यानी मूर्खों की सोहबत में रहता है, वह उन मूर्खों की ही श्रेणी में आ जाता है, जो गंगाजल को छोड़कर कुआं खुदवाते हैं।

कामी का गुरु कामिनी, लोभी का गुरु दाम।
कबीर का गुरु सन्त है, संतन का गुरु राम।।

जो लोग कामी होते हैं, उनका सब कुछ सुन्दर स्त्री होती है, जो लोभी होते हैं, उनका सब कुछ दाम यानी धन होता है लेकिन अच्छे लोगों का गुरु सज्जन व्यक्ति होते हैं और संतों का गुरु ईश्वर होता है।

पररारब्ध पहिले बना, पीछे बना शरीर।
कबीर अचम्भा है यही, मन नहिं बांधे धीर।।

कबीर कहते हैं कि प्रारब्ध पहले बना, उसके बाद यह शरीर बना लेकिन आश्चर्य है कि मन को थोड़ा-सा भी धैर्य नहीं है। वह सब कुछ जानता है, फिर भी उसे संतोष नहीं है।

जहां काम तहां नाम नहिं, जहां नाम नहिं काम।
दोनों कबहू ना मिलै, रवि रजनी इक ठाम।।

जहां कामरूपी वासना होती है, वहां ज्ञान और ईश्वर दोनों ही नहीं होते और जहां ज्ञान होता है, वहां कामरूपी वासना का वास नहीं होता। काम और सद्गुरु जैसे एक साथ नहीं हो सकते वैसे ही सूर्य और रात एक स्थान पर नहीं मिल सकते।

कबीर कमाई आपनी, कबहुं न निष्फल जाय।
सात समुद्र आड़ा पड़े, मिलै अगाड़ी आय।।

कबीर कहते हैं कि मेहनत की कमाई कभी भी बेकार नहीं जाती, चाहे सात समुद्र उसके सामने क्यों न आ जाएं अर्थात् परिश्रम का फल सदा ही मीठा ही होता है।

दीन गरीबी बंदगी, साधुन सों आधीन।
ताके संग मैं यौं रहूं, ज्यौं पानी संग मीन॥

जिसमें सहनशीलता, सेवाभाव, प्रेमभाव तथा साधु के साथ रहने की आदत है, उसके साथ हमें वैसे रहना चाहिए जैसे पानी के साथ मछली रहती है।

दया धर्म का मूल है, पाप मूल संताप।
जहां क्षमा वहां धर्म है, जहां दया वहां आप॥

कबीर कहते हैं—दया धर्म की जड़ है और पाप दु:खों की जड़ है। जहां पर क्षमाभाव है, वहीं पर धर्म है, जहां दया है, वहीं पर ईश्वर का वास है।

धरती फाटै मेघ मिलै, कपड़ा फाटै डौर।
तन फाटै को औषधि, मन फाटै नहिं ठौर॥

धरती में अगर दरारें पड़ जाती हैं तो बारिश होने पर वे दरारें मिट जाती हैं। कपड़ा फट जाता है तो सिलाई करने पर जुड़ जाता है। तन फाटे यानी शरीर बीमार पड़ जाता है तो दवा से स्वस्थ हो जाता है लेकिन मन फट जाता है तो कोई भी उपाय काम नहीं करता है।

माली आवत देखि के, कलियां करे पुकार।
फूली फूली चुन लई, काल हमारी बार॥

कबीर कहते हैं—माली के आते हुए देखकर कलियां पुकारने लगीं। जो कलियां खिली हुई थीं, उन्हें माली ने तोड़ लिए और जो खिलने वाली हैं, उनकी कल बारी है। जीवन की भी गति यही है, जिसकी उम्र पूरी हो गयी है, वह काल के मुंह में समा जाता है और जिसकी उम्र पूरी नहीं होती उसकी बारी अगले दिन होती है।

जरा कुत्ता जोबन ससा, काल अहेरी नित्त।
दो बैरी बिच झोंपड़ा, कुशल कहां सो मित्त॥

कबीर कहते हैं—बुढ़ापा कुत्ता के समान तथा जवानी खरगोश के समान है। जवानी रूपी खरगोश पर बुढ़ापा रूपी कुत्ता घात लगाए बैठा है। हे प्राणी! बुढ़ापा और काल इन दो दुश्मनों के बीच तुम्हारा झोंपड़ा है, तुम्हारा कुशल नहीं है। तुम चाहकर भी अपनी रक्षा नहीं कर सकते।

कबीर माया बेसवा, दोनूं की इक जात।
आंवत को आदर करैं, जात न बूझै बात॥

कबीर कहते हैं—माया और वेश्या इन दोनों की एक जाति है। आने वालों का स्वागत करती हैं और जाने वालों से बात भी नहीं करती हैं।

कामी अमी न भावई, विष को लेवै सोध।
कुबुधि न भाजै जीव की, भावै ज्यौं परमोध॥

कामी पुरुष को उपदेश अच्छा नहीं लगता। वह हमेशा काम रूपी जहर की तलाश में रहता है। मन की चंचलता उसकी बुद्धि भ्रष्ट कर देती है, जिससे वह अच्छी बातों को अपना नहीं पाता है।

**जाका गुरु है आंधरा, चेला खरा निरंध।
अनेधे को अन्धा मिला, पड़ा काल के फंद॥**

अगर गुरु अज्ञानी है तो शिष्य ज्ञानी कैसे हो सकता है। अन्धे को मार्ग दिखाने वाला अगर अंधा मिल जाए तो सही मार्ग कैसे दिखाएगा? ऐसे गुरु-चेले समय के फंदे में फंसकर अपना जीवन बर्बाद कर लेते हैं।

**माला तिलक लगाय के, भक्ति न आई हाथ।
दाड़ी मूंछ मुंडाय के चले चुनी के साथ॥**

माला गले में डाल ली और माथे पर तिलक भी लगा लिया लेकिन भक्ति प्राप्त नहीं हुई। मूंछ-दाढ़ी मुड़वा ली और दुनिया के संग चल दिए, फिर भी कोई लाभ नहीं अर्थात् आडंबर से भक्ति नहीं मिलती। यह तो दुनिया को धोखा देना है। भक्ति तो मन से पैदा होती है।

**मन मैला तन ऊजरा, बगुला कपटी अंग।
तासों तो कौवा भला, तन मन एकहिं अंग॥**

कबीर कहते हैं कि मन मैला है और तन उजला है तो वह बगुले के समान कपटी है, इससे अच्छा तो कौवा ही है, उसका तन-मन दोनों ही एक ही रंग में रंगा है।

**प्रेम न बाड़ी ऊपजै, प्रेम न हाट बिकाय।
राजा परजा सो रुचै, शीश देय ले जाय॥**

कबीर कहते हैं कि प्रेम खेतों में पैदा नहीं होता और न प्रेम बाजार में बिकता है। राजा, प्रजा जिस किसी को भी अच्छा लगे, वह अपनी सिर देकर ले जाए। प्रेम कोई वस्तु नहीं कि इसका व्यापार किया जाए।

**तन को जोगी सब करै, मन को करै न कोय।
सहजै सब विधि पाइये, जो मन जोगी होय॥**

नाना प्रकार से शरीर को सजाकर कोई भी योगी बन सकता है लेकिन मन की चंचलता को अपनी मुट्ठी में कर कोई भी योगी नहीं बनता। मन पर संयम पाकर अगर कोई योगी बन जाए तो रूप बदलने की जरूरत नहीं है। उसे सारी सिद्धियां आसानी से ही मिल जाएंगी।

**मांग गये सो मर रहे, मरै जु मांगन जाहिं।
तिनतैं पहले वे मरे, होत करत हैं नाहिं॥**

कबीर कहते हैं कि जो किसी से कुछ मांगने गया, समझो वह जिंदा ही

मर गया और जिसने रहते हुए भी मना कर दिया वह मांगने वाले से भी पहले मर गया।

पढ़ि पढ़ि के पत्थर भये, लिखि भये जुईंट।
कबीर अन्तर प्रेम का लागी नेक न छींट॥

कबीर कहते हैं कि पढ़-पढ़कर पत्थर बन गए और लिख-लिखकर ईंट के समान सख्त हो गए लेकिन हृदय में प्रेम की छींट भी न लगी अर्थात् इस पढ़ने और लिखने से क्या लाभ जब प्रेम का अर्थ भी नहीं जान सके।

शब्द जु ऐसा बोलिये, मन का आपा खोय।
औरन को शीतल करे, आपन को सुख होय॥

कबीर कहते हैं—ऐसा वचन बोलिए, जिसमें जरा-सा भी अहं भाव न हो और सामने वाला प्रफुल्लित हो जाए तथा स्वयं को भी सुख दे।

जंत्र मंत्र सब झूठ है, मति भरमो जग कोय।
सार शब्द जाने बिना, कागा हंस न होय॥

यंत्र-मंत्र सब झूठ है। संसार का कोई भी आदमी इनके चक्कर में न आए। सच्चे ज्ञान के बिना कौआ कभी हंस नहीं बन सकता अर्थात् नीम हकीम से बचें। वह कभी भी ज्ञानी नहीं हो सकता।

मन मोटा मन पातरा, मन पानी मन लाय।
मन के जैसी ऊपजै, तैसी ही हवै जाय॥

कबीर कहते हैं—मन की गति निराली है। मन कभी बहुत शक्तिशाली हो जाता है, कभी पानी की तरह शीतल बन जाता है और कभी आग के समान तपती भट्टी बन जाता है। जैसे हालात होते हैं, मन वैसा ही बन जाता है। मन से बड़ा बहुरूपिया कोई नहीं है।

झूठा सब संसार है, कोऊ न अपना मीत।
राम नाम को जानि ले, चलै सो भौजल जीत॥

कबीर कहते हैं—यह संसार झूठा है और यहां पर कोई भी अपना नहीं और न कोई दोस्त है। राम के नाम के महत्त्व को जो जान लेता है, वह भवसागर को पार कर जाता है। यहां बस राम का नाम ही 'सत्य' है।

बिरछा कबहुं न फल भखै, नदी न अंचवै नीर।
परमारथ के कारने, साधु धरा शरीर॥

पेड़ कभी भी अपना फल नहीं खाते हैं और न नदी कभी अपना पानी पीती है। ये दोनों ही सदा दूसरों की सेवा करते हैं, वैसे ही जैसे परमार्थ के लिए साधु ने शरीर धारण किया हुआ है। जो संत होते हैं, उनका जीवन दूसरों के लिए होता है।

आब गया आदर गया, नैनन गया सनेह।
यह तीनों तबही गये, जण्बहिं कहा कछु देह॥

कबीर कहते हैं कि इज्जत चली गई, आदर चला गया और आंखों से स्नेह भाव चले गए। ये तीनों तब ही चले गए जब कहा कि कुछ दो। अर्थात् भीख मांगना सब से निकृष्ट कार्य है।

कबीर संगत साधु की, नित प्रति कीजै जाय।
दुरमति दूर बहावसी, देसी सुमति बताय॥

सज्जन लोगों के साथ रोजाना ही उठिए-बैठिए। उनकी सोहबत में रहने से दुर्गुण चले जाते हैं और सद्गुण आ जाते हैं।

कागा काको धन हरै, कोयल काको देत।
मीठा शब्द सुनाय के, जग अपनो करि लेत॥

कबीर कहते हैं कि कौआ किसी का धन नहीं छीनता और कोयल किसी को कुछ देती नहीं है; लेकिन मीठी आवाज में कूक कर सारे संसार को अपना बना लेती है। हमेशा मीठी आवाज में बोलें।

राजपाट धन पायके, क्यों करता अभिमान।
पड़ोसी की जो दशा, भई सो अपनी जान॥

कबीर कहते हैं कि राजपाट और धन प्राप्त कर अभिमान क्यों करता है। तेरे पड़ोसी की जो दुर्गति हुई, वही तेरी भी होगी, तू इतना जान लें। कहने का भाव है कि तेरी भी मौत निश्चित है।

सांच कहूं तो मारि हैं, झूठै जग पतियाय॥
यह जगकाली कूतरी, जो छेड़ै तो खाय॥

कबीर कहते हैं कि सत्य बोलने पर लोग काट खाने को दौड़ते हैं और झूठ बोलने पर विश्वास कर लेते हैं। यह संसार काटने वाली कुतिया की तरह ही है, जो उसे छेड़ता है, उसे ही काट लेती है। कबीर संसार को काली कुतिया मानते हैं। मनुष्य को सांसारिक चीजों से बचना चाहिए।

ज्ञानी अभिमानी नहीं, सब काहू सो हेत।
सत्यवान परमार थी, आदर भाव हेत॥

कबीर कहते हैं कि जो ज्ञानी होते हैं, वे घमंडी नहीं होते हैं। उनके मन में सबके हित के भाव होते हैं। वे सदा सत्य के मार्ग पर चलते हैं और दूसरों का भला सोचते हैं।

प्रेम पियाला सो पिये, शीश दच्छिना देय।
लोभी शीश न दे सकै, नाम प्रेम का लेय॥

कबीर कहते हैं कि प्रेम-अमृत का पान वही कर सकता है, जो दक्षिणा

के रूप में अपना शीश काटकर भेंट करने की शक्ति रखता है। लोभी व्यक्ति शीश काटकर नहीं देता लेकिन नाम प्रेम का लेता है।

कबीर क्षुधा है कूतरी, करत भजन में भंग।
वांकू टुकड़ा डारि के, सुमिरन करूं सुरंग॥

कबीर कहते हैं कि भूख कुतिया की तरह ही है, जो भजन में विघ्न डालती है। उसके सामने रोटी का टुकड़ा फेंककर तब ईश्वर वंदना करो।

हरिजन तो हारा भला, जीतन दे संसार।
हारा तो हरि सों मिले, जीता जम के द्वार॥

गृहस्थी लोग जिस जीत को जीत और जिस हार को हार समझते हैं, भगवान के भक्त उनसे अलग सोचते हैं। सत्य की राह पर चलने वाले उस पराजय को उस जीत से अच्छा मानते हैं, जो बुराई की तरफ ले जाती है। इस संसार में विनम्रता में ही जीत है।

जो जल बाढ़े नाव में, घर में बाढ़ै दाम।
दोनों हाथ उलीचिये, यही सयानों काम॥

कबीर कहते हैं कि नाव में पानी भर जाए और घर में धन आ जाए तो दोनों हाथ से उलीचें अर्थात् खुले दिल से दान-पुण्य का कार्य करें। बुद्धिमान लोगों की यही पहचान है।

बेटा जाये क्या हुआ, कहा बजावै थाल।
आवन जावन होय रहा, ज्यों कीड़ी की नाल॥

कबीर कहते हैं कि बेटा के जन्म लेने पर तूने थाल बजाया, खुशियां मनाई। यह प्रसन्नता किसलिए? यह आना-जाना तो लगा हुआ ही है जैसे चीटियों की कतार आती-जाती रहती है।

सहज मिलै सो दूध है, मांगि मिलै सो पानि।
कहैं कबीर वह रक्त है, जामें ऐंचातानि॥

कबीर कहते हैं कि जो सहजता से प्राप्त हो जाए वह दूध के समान है, जो मांगने पर मिले, वह पानी के समान है और जो जोर-जबरदस्ती से किसी को दुःख पहुंचाकर प्राप्त हो, वह खून के समान है।

शब्द सम्हारे बोलिये, शब्द के हाथ न पांव।
एक शब्द औषधि करे, एक शब्द करे घाव॥

मुंह से जो भी शब्द निकालो सोच-समझकर निकालो क्योंकि शब्द के हाथ-पांव नहीं होते। यही शब्द कहीं दवा बन जाता है और कहीं पर जख्म पैदा कर देता है।

यह तन कांचा कुंभ है, लिया फिरै थे साथ।
टपका लागा फुटि गया, कछू न आया हाथ॥

कबीर कहते हैं—यह शरीर मिट्टी के कच्चे घड़े के समान है, जिसे बड़े शौक से आप अपने साथ लिए फिरते हैं। काल का एक ही पत्थर लगने पर यह मिट्टी का शरीर रूपी घड़ा फूट जाता है और हाथ में कुछ भी नहीं लगता है। कहने का आशय है कि इस शरीर पर गुमान करने की कोई जरूरत नहीं है।

जिभ्या जिन बस में करी, तिन बस कियो जहान।
नहिं तो औगुन उपजे, कहि सब संत सुजान॥

जिसने जीभ को अपने वश में कर लिया, उसने सारा संसार अपने वश में कर लिया। जिसकी जीभ वश में नहीं होती है, उसके शरीर व मन में हजारों दोष उत्पन्न हो जाते हैं, ज्ञानी जनों का ऐसा कहना है।

बहुत जतन करि कीजिए, सब फल जाय न साय।
कबीर संचै सूम धन, अन्त चोर लै जाय॥

कबीर कहते हैं कि संग्रह किया गया धन अंत में नष्ट हो जाता है। धन की यही गति है जैसे कंजूस का संग्रह किया हुआ धन अन्त में चोर चुरा ले जाते हैं यानी वह धन उसके किसी काम नहीं आता है।

कबीर औंधी खोपड़ी, कबहू धापै नाहिं।
तीन लोक की सम्पदा कब आवै घर माहिं॥

कबीर कहते हैं कि मनुष्य की औंधी खोपड़ी यानी अतृप्त मन कभी भी धन से तृप्त नहीं होता है, लोभी व्यक्ति यही चाहता है कि तीनों लोकों का धन उसके घर में आ जाए। कहने का भाव है कि जिसके पास जितना ही धन है उतना ही धन और चाहता है।

माला तिलक तो भेष है, राम भक्ति कुछ और।
कहैं कबीर जिन पहिरिया, पांचों राखै ठौर॥

कबीर कहते हैं कि माला धारण करना और तिलक लगाना तो महज एक रूप बदलना है, इसे बाहरी आडंबर ही कहा जाएगा। राम भक्ति तो कुछ और है। जिसने राम नाम की माला पहन ली, वह अपनी इंद्रियों को वश में कर लेता है और राम मय उसका पूरा जीवन हो जाता है।

करता था तो क्यौं रहा, अब करि क्यौं पछताय।
बोवै पेड़ बबूल का, आम कहां ते खाय॥

जब तू बुरे कर्मों को करता था और समझाने पर भी नहीं समझता था तो अब क्यों अफसोस कर रहा है? बबूल का पेड़ जब तूने बोया है तो आम के फलों का मीठा स्वाद कहां से पाएगा अर्थात् कर्मों के अनुसार ही फल मिलता है।

जब मैं था तब गुरु नहिं, अब गुरु हैं मैं नाहिं।
प्रेम गली अति सांकरी, तामें दो न समाहिं॥

जब मेरे अंदर अहंकार था तब मुझे गुरु नहीं मिले और अब गुरु मिल गए हैं तो मेरे अंदर अहंकार नहीं है। कबीर कहते हैं कि प्रेम की गली इतनी छोटी और संकरी होती है कि उसमें एक साथ दो नहीं रह सकते यानी ज्ञान और अहंकार एक साथ नहीं रह सकते।

कबीर सुमिरन सार है, और सकल जंजाल।
आदि अंत मधि सोधिया, दूजा देखा काल॥

कबीर कहते हैं कि ईश्वर का भजन, कीर्तन ही सार है और बाकी सब झूठा है। आदि, अंत और मध्य के बारे में सब सोच-विचार लिया है। भजन, कीर्तन के अलावा शेष सब समय के चक्र में उलझे हुए हैं।

तन मन ताको दीजिए, जाको विषया नाहिं।
आपा सब ही डारि के, राखै साहिब माहिं॥

अपना तन-मन उस गुरु को दो, जो विषय-विकार से दूर हो। जिसमें जरा-सा भी अह भाव न हो और ईश्वर का पूर्ण ज्ञान हो अर्थात् जो सांसारिकता से दूर और ईश्वर के करीब हो।

अधिक सनेही माछरी, दूजा अलप सनेह।
जबहि जलते बीछुरै, तब ही त्यागै देह॥

कबीर कहते हैं कि मछली का पानी से प्रेम सबसे अधिक होता है। उसके जैसा प्रेम दुनिया में बहुत कम ही देखने को मिलता है। मछली जल से अलग होते ही अपनी देह का त्याग कर देती है।

ऊजल पहिनै कापड़ा, पान सुपारी खाय।
कबीर गुरु की भक्ति बिन, बांधा जमपुर जाय॥

सफेद कपड़े धारण करना और पान-सुपारी खाना, यह दिखावा और बेकार है। संत कबीर कहते हैं कि सदगुरु की भक्ति के बिना, वह बंधा हुआ यमपुर जाता है अर्थात् ईश्वर की भक्ति ही मनुष्य का असली पहनावा है।

बालपन भोले गया, और जुवा महमंत।
वृद्धपने आलस गयो, चला जरन्ते अन्त॥

कबीर कहते हैं कि बालपन खेलने-कूदने में बीत गया और जवानी आई तो वासनाओं में लिप्त हो गया, फिर बुढ़ापा आया तो आलस में ही बीत गया, अचानक ही मृत्यु हो गई और शरीर चिता पर जला दिया गया अर्थात् जीवन का अंत यही है। हे प्राणी! जीवन के इस मर्म को जानो।

चाल बकुल की चलत हैं, बहुरि कहावै हंस।
ते मुक्ता कैसे चुंगे, पड़े काल के फंस॥

चाल बगुले की है और खुद को हंस कहते हैं। ऐसा मूर्ख भला कैसे मोती

को चुग सकता है। ऐसे प्राणी जीवन-मरण के चक्र में फंसे ही रहते हैं। उन्हें मोक्ष कभी नहीं मिलता।

कहता हूं कहि जात हूं, कहूं बजाये ढोल।
श्वासा खाली जात है, तीन लोक का मोल॥

कबीर ढोल पीट-पीट कर कह रहे हैं कि भजन के बिना एक-एक सांस खाली जा रही है। भजन करो। भजन के बिना जीवन बेकार है। जो सांसें ले लीं, वे वापस नहीं आएंगी। अब भी समय है। प्रभु का भजन करो।

मांगन को भल बोलनो, चोर न को भल चूप।
माली को भल बरसनो, धोबी को भल धूप॥

भिक्षुक के लिए बोलना अच्छा है, बोलने पर ही उसे भीख मिलेगी। चोर के लिए चुप रहना अच्छा है। माली के लिए बारिश अच्छी है और धोबी के लिए धूप अच्छी है।

कबीर मन्दिर लाख का, जड़िया हीरा लाल।
दिवस चारि का पेखना, विनशि जायेगा काल॥

यह शरीर लाख के बने मंदिर के समान है, जिसमें सौंदर्य रूपी हीरे, पन्ने और लाल जड़े हुए हैं लेकिन यह सौंदर्य क्षणिक है। इसे समय के साथ एक दिन नष्ट होना ही है।

साधू भूखा भाव का, धन का भूखा नाहिं।
धन का भूखा जो फिरै, सो तो साधू नाहिं॥

कबीर कहते हैं कि साधु भाव का भूखा होता है, उसे धन की इच्छा नहीं होती लेकिन जो साधु धन का भूखा होता है, वह वास्तव में साधु नहीं है।

कुलवंता कोटिक मिले, पंडित कोटि पचीस।
सुपच भक्त की पनहि में, तुलै न काहू शीश॥

कबीर कहते हैं कि उत्तम कुल के करोड़ों लोग मिलें, शास्त्र ज्ञान रखने वाले चाहे पचीस करोड़ मिलें लेकिन भक्त चाहे निम्न कुल का ही क्यों न हो, उसके पांव के जूते में किसी का सिर नहीं तोला जा सकता अर्थात् भक्त सबसे बड़ा है। उसके सामने सब झूठे हैं।

मथुरा काशी द्वारिका, हरिद्वार जगन्नाथ।
साधु संगति हरिभजन बिन, कछु न आवै हाथ॥

मथुरा, काशी, द्वारिका, हरिद्वार, जगन्नाथ आदि तीर्थों का तीर्थाटन करने से कुछ नहीं मिलता। अच्छे लोगों के साथ और ईश्वर के भजन के बिना कुछ भी हाथ न लगने वाला। कहने का आशय है कि तीर्थाटन में कुछ नहीं रखा, सज्जनों की संगति और हरिभजन ही मुक्ति का साधन है।

कबीर संगति साधु की, जो करि जाने कोय।
सकल विरछ चन्दन भये, बांस न चन्दन होय॥

कबीर कहते हैं कि जो सज्जनों के साथ रहते हैं, और जो सत्संग करते हैं, वे ही उनके गुणों से वाकिफ होते हैं। जैसे चंदन के साथ रहने वाले सारे पेड़-पौधे चन्दन का स्वभाव ग्रहण तो कर लेते हैं, पर बांस बांस ही रहता है क्योंकि वह अंदर से खोखला और ऊपर से सख्त होता है अर्थात् अभिमानी व्यक्ति पर सत्संग का कोई असर नहीं होता।

माला फेरत युग गया, मिटा न मन का फेर।
कर का मनका डारि दे, मन का मनका फेर॥

माला फेरते हुए युग बीत गया लेकिन मन का फेर नहीं मिटा यानी सांसारिक विषयों से मोह भंग नहीं हुआ। कबीर कहते हैं कि हाथ की माला छोड़ दो और मन का मनका फेरो अर्थात् अपने मन को शुद्ध करो और अच्छा सोचो। मन अशुद्ध है और माला फेर रहे हो, भला इससे क्या प्राप्त होने वाला है? कुछ भी तो नहीं।

यह तन कांचा कुंभ है, चोट चहं दिस खाय।
एकहिं गुरु के नाम बिन, जदि तदि परलय जाय॥

कबीर कहते हैं कि यह शरीर मिट्टी के बने कच्चे घड़े के समान है, जो चारों तरफ से चोट (दुःख, रोग, तनाव) खाता है। बस सद्गुरु के नाम का सुमिरन न करने के कारण यह लाखों कष्ट पा रहा है। भजन करो, इस शरीर को एक दिन तो मिट्टी में मिल जाना ही है।

कबीर चंदन पर जला, तीतर बैठा माहिं।
हम तो दाझत पंख बिन, तुम दा जत हो काहिं॥

कबीर कहते हैं कि चंदन का पेड़ आग में जल रहा था, तभी एक तीतर उस पर आकर बैठ गया। पेड़ से चुप रहा न गया। वह बोला–हे तीतर, हम तो पंखहीन हैं, इसलिए जल रहे हैं, लेकिन तुम तो पंखवाले हो, उड़ सकते हो, फिर क्यों जल रहे हो? दुनिया में ऐसे लोग भी हैं, जो समर्थवान होकर भी कष्ट भोग रहे हैं।

गुरु लोभी शिष लालची, दोनों खेले दांव।
दोनों बूड़े बापुरे, चढ़ि पाथर की नांव॥

गुरु लोभी है और शिष्य लालची है, दोनों अपने स्वार्थ की पूर्ति के लिए दांव खेल रहे हैं, भला ऐसे गुरु-शिष्य का कल्याण कैसे हो सकता है। उन्हें तो अज्ञान रूपी पत्थर की नाव पर सवार होकर डूब मरना ही है। वे भवसागर को पार नहीं कर सकते।

सब धरती कागद करूं, लिखनी सब बनराय।
सात समुद्र का मसि करूं, गुरु गुण लिखा न जाय॥

सारी धरती को कागज मान लें, जंगल की लकड़ियों की कलम बना लें और सातों समुद्रों के जल की स्याही बना लें, फिर भी गुरु के गुणों को लिखा नहीं जा सकता है। गुरु का ज्ञान अपरिमित है और अवर्णनीय है।

गुरु गुरु में भेद है, गुरु गुरु में भाव।
सोइ गुरु नित बन्दिये, शब्द बतावे दाव॥

कबीर गुरु का भेद बताते हुए कह रहे हैं कि गुरु गुरु में अंतर है और विचारों में भी अंतर है। सब के अलग-अलग विचार होते हैं। वही गुरु वंदनीय है, जो सार-शब्द का ज्ञान करवाए और परमात्मा के नजदीक ले जाए।

माया मरी न मन मरा, मर मर गये शरीर।
आशा तृष्णा न मरी, कह गये दास कबीर॥

कबीर कहते हैं कि समय के साथ-साथ शरीर, मन, माया सब मर जाते हैं लेकिन मन में उत्पन्न होने वाली आशा और तृष्णा कभी नहीं मरतीं। मोह और तृष्णा को मारना ही सद्ज्ञान को प्राप्त करने के बराबर है।

दस द्वारे का पींजरा, तामे पंछी मौन।
रहे को अचरज भयौ, गये अचम्भा कौन॥

दस द्वारों के शरीर रूपी पिंजरा में प्राणवायु रूपी पक्षी चुपचाप रहता है और सारे सुखों का आनंद लेता है। यदि वह प्राण वायु रूपी पक्षी दस द्वारों में से किसी एक द्वार से निकल जाए तो इसमें अचरज की क्या बात है? आश्चर्य की बात तो यह है कि वह दस द्वार वाले पिंजरे में कैसे रहा, उड़ा क्यों नहीं?

नींद निशानी मौत की, उठो कबीरा जाग।
और रसायन छोड़ के, नाम रसायन लाग॥

नींद मौत की निशानी है। कबीर कहते हैं कि हे मन, जाग और नींद का परित्याग कर हरिभजन कर। तू यहां सोने के लिए नहीं आया है।

कबिरा संगति साधु की, जौ की भूसी खाय।
खीर खांड़ भोजन मिले, ताकर संग न जाय॥

कबीर कहते हैं कि अच्छे लोगों के साथ जौ की भूसी खाकर भी रहना पड़े तो रहना चाहिए लेकिन दुर्जन व्यक्ति के साथ खीर-पकवान भी खाने को मिले तो नहीं रहना चाहिए।

आए हैं सो जायेंगे, राजा रंक फकीर।
एक सिंहासन चढ़ि चले, एक बांधि जंजीर॥

कबीर कहते हैं कि जो इस संसार में आया है, उसे तो एक दिन जाना ही है चाहे वह राजा हो, भिखारी हो या फकीर हो। जो अच्छा कर्म करता है, वह सिंहासन पर चढ़कर जाता है और जिसका कर्म बुरा है, वह जंजीरों

में बंधकर जाता है। इस संसार में तो कर्म ही प्रधान है। हे प्राणी! कर्म की महिमा को समझो।

चलती चक्की देख के, दिया कबीरा रोय।
दुइ पट भीतर आइके, साबुत गया न कोय॥

चलती हुई चक्की देखकर कबीर ने रो दिया। चक्की के दोनों पाटों के बीच आकर साबुत कोई न बचा अर्थात् इस संसार रूपी चक्की में सबको पिसना ही है।

सांई ते सब होत है, बन्दे से कुछ नाहिं।
राई से पर्वत करे, पर्वत राई माहिं॥

कबीर कहते हैं कि ईश्वर कुछ भी करने में सक्षम है। मनुष्य के वश में कुछ भी नहीं है। वह सर्वशक्तिमान ईश्वर राई को पर्वत बना सकता और पर्वत को राई के समान छोटा बना सकता है।

मोर तोर की जेवरी, गल बंधा संसार।
दास कबीर क्यों बंधै, जाके नाम आधार॥

मेरा-तेरा, अपना-पराया आदि भावों रूपी रस्सी से इस संसार के लोगों का गला बंधा हुआ है लेकिन कबीर जैसे ज्ञानी पुरुष इस रस्सी से क्यों बंधे? उसे तो सद्गुरु के नाम का सहारा मिल गया है।

कबीर गर्व न कीजिए, रंक न हंसिये कोय।
अजहूं नाव समुद्र में, ना जानौं क्या होय॥

कबीर कहते हैं कि अपने सुख-संपदा पर घमंड न करो और किसी गरीब की गरीबी पर न हंसो। तुम्हें नहीं पता तुम्हारी नाव भवसागर में डोल रही है। क्या पता कब क्या हो जाए, समय का कुछ पता नहीं। कहने का तात्पर्य है कि दूसरों की बेबसी पर हंसने से पहले यह देख लें कि आप क्या हैं। आप भी तो एक इंसान ही हैं। हादसा तो आपके साथ भी हो सकता है।

न्हाये धोये क्या हुआ, जो मन का मैल न जाय।
मीन सदा जल में रहे, धोये बास न जाय।

कबीर कहते हैं कि नहाने-धोने से क्या हुआ, जब मन का मैल ही न धुला। मछली हमेशा जल में रहती है और लाख धोने पर भी उसकी दुर्गंध नहीं जाती है।

रात गंवाई सोय कर, दिवस गंवाया खाय।
हीरा जनम अमोल सा, कौड़ी बदले जाय।

कबीर कहते हैं कि रात बिता दी सोकर और पूरा दिन बिता दिया खाने-पीने में। हे प्राणी! यह हीरा जन्म अनमोल, विषय-वासनाओं में ही उलझकर कौड़ी के भाव बेच दिया अर्थात् यह अनमोल जीवन यूं ही गंवा दिया।

जाति न पूछो साधु की, पूछि लीजिए ज्ञान।
मोल करो तलवार की, पड़ा रहन दो म्यान॥

कबीर कहते हैं कि साधु की जाति न पूछो, उसका ज्ञान पूछो। तलवार का मोल करो, म्यान को यूं ही पड़े रहने दो। म्यान का क्या करना। कहने का अर्थ है कि जो तुम्हारे मतलब का है, उसको महत्त्व दो।

दुरबल को न सताइये, जाकी मोटी हाय।
मुई खाल की सांस से, सार भसम होई जाय॥

कबीर कहते हैं कि दुर्बल को मत सताओ, उसकी हाय बहुत ही मोटी होती है यानी उसकी 'हाय' तुम्हें लग जायेगी जैसे मरी खाल की सांस से यानी चमड़े की धौंकनी से लोहा जैसी कठोर धातु भी भस्म हो जाती है। कहने का भाव है कि दुर्बल की हाय मत लो। वह कमजोर है, पर उसकी 'हाय' कमजोर नहीं है।

कामी लज्जा न करै, मन मांही अहलाद।
नींद न मांगै साथरा, भूख न मांगै स्वाद॥

कबीर कहते हैं कि काम-वासना के वशीभूत कामी व्यक्ति लज्जा का अनुभव नहीं करता है। नींद के आने पर बिस्तर की जरूरत नहीं होती और भूखा स्वाद की परवाह नहीं करता। कहने का भाव है कि आवश्यकता पड़ने पर आदमी को समझौता करना आ जाता है।

साधु ऐसा चाहिए, जैसा सूप सुभाय।
सार सार को गहि रहे, थोथा देय उड़ाय॥

कबीर कहते हैं कि साधु का स्वभाव ऐसा होना चाहिए जैसा सूप का स्वभाव होता है, वह अन्न को रख लेता है और मिट्टी-कंकड़ को उड़ा फेंकता है। साधुजन को भी सूप की तरह ही मूल तत्व को रख लेना चाहिए और बेकार की चीजों को छोड़ देना चाहिए।

सांई इतना दीजिए, जामे कुटुम समाय।
मैं भी भूखा न रहूं, साधु न भूखा जाय॥

कबीर कहते हैं कि हे ईश्वर! मुझे इतना दो, जिसमें मेरा पूरा परिवार समा जाए यानी उसका पालन-पोषण हो जाए। मैं भी भूखा न रहूं और अतिथि भी भूखा न जाए। कहने का भाव है कि इतना धन दो जिससे जरूरतें पूरी हो जाए।

ऐसी वाणी बोलिए मन का आपा खोय।
औरन को शीतल करे, आपहु शीतल होय॥

मन का अहं भाव त्यागकर ऐसी वाणी बोलें कि दूसरों को अच्छी लगे और आपको भी अच्छी लगे।

गोता मारा सिंधु में, मोती लाये पैठि।
वह क्या मोती पायेंगे, रहे किनारे पैठि॥

जिसने सागर की गहराइयों में गोता लगाया, वह मोती ढूंढ़कर ले आया। वे क्या मोती पाएंगे, जो किनारे ही बैठे रह गए। कहने का भाव है कि कुछ पाने के लिए कठोर परिश्रम की आवश्यकता है।

मौत बिसारी बावरी, अचरज कीया कौन।
तन माटी में मिल गया, ज्यौं आटा में लौन॥

कबीर कहते हैं कि हे बावरी! तू मौत को क्यों भूल गई। मौत की होने वाली दशा पर तुझे किसने अचरज में डाल दिया। माटी का शरीर माटी में मिल गया जैसे आटे में नमक। कहने का भाव है कि मृत्यु सच्चाई है। इसको देखकर आश्चर्य करने की जरूरत नहीं है।

लेने को हरिनाम है, देने को अनदान।
तरने को है दीनता, बूड़न को अभिमान॥

कबीर कहते हैं कि संसार में जपने के लिए हरिनाम सबसे उत्तम है और देने के लिए अन्नदान सर्वोत्तम है। भवसागर से पार उतरने के लिए नम्रता है और डूबने के लिए अभिमान है।

गुरु की जै जानि के, पानी पीजै छानि।
बिना विचारे गुरु करै, परै चौरासी खानि॥

कबीर कहते हैं कि गुरु का चुनाव अच्छी तरह से जान-समझकर करें और पानी को छानकर पीजिए। जो बिना विचारे गुरु का चुनाव करता है, वह चौरासी लाख योनियों में भटकता है अर्थात् उसे मुक्ति नहीं मिलती है।

माला तो कर में फिरै, जीभ फिरे मुख माहिं।
मनवा तो चहु दिश फिरे, यह तो सुमिरन नाहिं॥

माला हाथ में फिर रही है और जीभ मुंह में फिर रही है लेकिन मन तो चारों दिशाओं में घूम रहा है, फिर यह सुमिरन कहां हुआ? यह तो हरिनाम लेना नहीं हुआ न। यह तो मात्र एक दिखावा है।

गुरु को चेला बीष दे, जो गांठी होय दाम।
पूत पिता को मारसी, ये माया का काम॥

कबीर माया के वास्तविक रूप का वर्णन करते हुए कहते हैं कि धनवान गुरु को लालची शिष्य जहर देकर मार डालते हैं और लोभ में आकर पुत्र अपने पिता की हत्या कर डालते हैं। यही माया का असली स्वरूप है अर्थात् यहां अपना कोई नहीं है। सब स्वार्थवश रिश्ता बनाए हुए हैं।

**माया माया सब कहैं, माया लखै न कोय।
जो मन से ना ऊतरे, माया कहिए सोय॥**

कबीर कहते हैं कि माया-माया सब कहते हैं लेकिन माया की पहचान किसी को भी नहीं है। जो मन से न उतरे यानी जो मन पर हावी हो वही माया है। वह मन को अपने अनुसार नचाती रहती है।

**सूम थैली अरु श्वान भग दोनों एकसमान।
घालत में सुख ऊपजै, काढ़ निकसै प्रान॥**

कबीर कहते हैं कि कंजूस की थैली और कुत्ते के शिशन को एकसमान समझो। कंजूस की थैली में धन डालते समय खुशी होती है, पर जब निकालने की बारी आती है तब ऐसा जान पड़ता है कि उसका प्राण ही निकल जाएगा।

**जहां दया वहां धर्म है, जहां लोभ तह पाप।
जहां क्रोध वहां काल है, जहां क्षमा वहां आप॥**

कबीर कहते हैं कि जहां पर दया है वहीं पर धर्म है और जहां पर लोभ है वहीं पर पाप है। जहां पर क्रोध है वहीं पर काल है और जहां पर क्षमा है वहीं पर ईश्वर है।

**पाहन पूजे हरि मिलें, तो मैं पूजौं पहार।
याते ये चक्की भली, पीस खाय संसार॥**

कबीर कहते हैं कि पत्थर पूजने से हरि मिलें तो मैं पहाड़ पूजूं। सबसे भली तो चक्की है, जिसका पिसा पूरा संसार खाता है।

**कबीर हरि हरि सुमिरि ले, प्राण जायेंगे छूट।
घर के प्यारे आदमी, चलते लेंगे लूट॥**

कबीर कहते हैं कि हे बावरे! ईश्वर का सुमिरन कर ले; नहीं तो प्राण जायेगा छूट। फिर तेरे अपने ही घर के लोग तुम्हारे शरीर से गहने, कपड़े उतारकर शमशान में ले जाकर जला देंगे। तुझे तेरे अपने ही लूट लेंगे।

**भय बिन न ऊपजै, भय बिनु होय न प्रीति।
जब हिरदे से भय गया, मिटी सकत रसरीति॥**

कबीर कहते हैं कि बिना भय के जीव के हृदय में ईश्वर के प्रति प्रेम नहीं उपजता और जब हृदय से भय निकल जाता है तब वह प्रेम, मर्यादा, मान सब जगत की रीति भूल जाता है।

**हाथों परबत फाड़ते, समुन्दर घूट भराय।
ते मुनिवर धरती गले, का कोई गरब कराय॥**

जो हाथ से पर्वत उखाड़ देते थे, जो एक घूंट में ही समुंदर का पानी पी

गए, वे सब जब धरती से चले गए तो फिर यहां किसी के अहंकार की क्या कीमत है। काल किसी को भी नहीं छोड़ता।

माया तो ठगनी भई, ठगत फिरै सब देस।
जा ठग ने ठगनी ठगी, ता ठग को आदेस॥

कबीर कहते हैं कि यह माया महाठगनी है। सबको ही ठगती फिरती है। जिस ठग ने इस माया रूपी ठगनी को ठग लिया, वह किसी महापुरुष से कम नहीं है।

सांच बराबर तप नहीं, झूठ बराबर पाप।
जाके हिरदे सांच है, ताके हिरदे आप॥

कबीर कहते हैं कि सच के समान कोई तप नहीं है और झूठ के समान कोई पाप नहीं है। जिसके हृदय में सत्य है, उसके हृदय में ईश्वर का वास है।

कंचन दीया करन ने, द्रौपदी दीया चीर।
जो दीया सो पाइया, ऐसे कहैं कबीर॥

कबीर कहते हैं कि कर्ण ने सोना दान किया था और द्रौपदी ने वस्त्र दान किया था, जिससे उसकी लाज की रक्षा हुई। दान करना व्यर्थ नहीं जाता है। व्यक्ति को उसका सुफल अवश्य ही मिलता है।

स्वारथ का सबको सगा, सारा ही जग जान।
बिन स्वारथ आदर करै, सो नर चतुर सुजान॥

इस संसार में सब स्वार्थवश ही प्रेम करते हैं लेकिन जो लोग बिना स्वार्थ के आदर करते हैं, वही ज्ञानी हैं और वही सच्चे साथी या प्रेमी हैं।

ऐसे सांच न मानई, तिलकी देखो जोय।
जारि बारि कोयला करै, जमता देखा सोय॥

कबीर कहते हैं कि ऐसे सत्य पर विश्वास न हो तो तिल की लकड़ी को देखो, उसे जलाकर कोयला कर देने पर भी वह अंकुरित हो जाती है अर्थात् मोह के अंधकार में पड़ा जीव बार-बार जन्म लेता है और सांसारिक दुःखों को भोगता हुआ मृत्यु को प्राप्त करता है। यह सिलसिला चलता ही रहता है।

अष्ट सिद्धि नन निद्धि लौं, सबही मोह की खान।
त्याग मोह की वासना, कहैं कबीर सुजान॥

कबीर कहते हैं कि अष्ट सिद्धियां और नौ निधियां क्या हैं, माया-मोह की खान ही तो हैं। इनका परित्याग करने में ही बुद्धिमानी है।

साधुन के सत संग से, थर थर कांपै देह।
कबहु भाव-कुभाव तें, मन मिट जाय सनेह॥

कबीर कहते हैं कि साधु-संतों के सत्संग से पापी का शरीर थर-थर

कांपता है। यह कंपन पाप के कारण होता है। साधु संगति के कारण बुरी भावनाएं स्वत: ही मन से मिट जाती हैं और मन में ईर्ष्या भाव न होकर प्रेम भाव उत्पन्न हो जाता है।

छीर रूप सतनाम है, नीर रूप व्यवहार।
हंस रूप कोई साधु है, तत का छानन हार॥

कबीर कहते हैं कि ईश्वर का रूप दूध के समान है और यह दुनियादारी पानी के समान है तथा जो महात्मा है वे हंस के समान हैं, जो दूध को पानी से अलग करके ग्रहण कर लेते हैं अर्थात् ईश्वर को प्राप्त कर लेते हैं।

गुरु विचारा क्या करै, शब्द न लागा अंग।
कहैं कबीर मैली गजी, कैसे लागै रंग॥

कबीर कहते हैं कि गुरु कर ही क्या सकता है, अगर शिष्य कुपात्र है। मैली चादर पर काला रंग कहां चढ़ता है अर्थात् शिष्य का सुपात्र होना जरूरी है। जैसे मैली चादर पर काला रंग नहीं चढ़ता, वैसे ही कुपात्र शिष्य पर ज्ञान का कोई प्रभाव नहीं होता है।

चौसठ दीवा जोय के, चौदह चन्दा माहिं।
तेहि घर किसका चांदना, जिहि घर सतगुरु नाहिं॥

कबीर कहते हैं कि चौसठ कलाओं और चौदह विद्याओं का ज्ञान रखना भी व्यर्थ है जब सदगुरु का ज्ञान नहीं है। बिना सदगुरु के ज्ञानी व्यक्ति भी अंधेरे में ही रहता है।

जौन भाव ऊपर रहै, भीतर बसावै सोय।
भीतर और न बसावई, ऊपर और न होय॥

जो भाव ऊपर हो वही भाव अंदर भी होना चाहिए। अंदर कुछ और तथा ऊपर कुछ और भाव नहीं होना चाहिए।

गुरवा तो सस्ता भया, पैसा केर पचास।
राम नाम धन बेचि के, शिष्य करन की आस॥

कबीर कहते हैं कि धन-दौलत के लोभी गुरु आजकल बहुतेरे हैं। राम के नाम पर लोगों को ठगने के तरीके ढूंढ़ते रहते हैं और स्वयं को महाज्ञानी बताते हैं। ऐसे गुरुओं से शिष्यों को बचना चाहिए।

जब तू आया जगत में, लोग हंसे तू रोय।
ऐसी करनी ना करो, पीछे हंसें सब कोय॥

कबीर कहते हैं कि जब तेरा जन्म हुआ तब लोग हंसने लगे और तेरे सगे-संबंधी खुशियां मनाने लगे और तू तो बस रोये जा रहा था। अब ऐसा कोई कार्य न करना कि तेरी मृत्यु के बाद तुझ पर लोग हंसें अर्थात् जो भी करना

अच्छा करना ताकि लोग तेरे जाने के बाद तुझे याद करें।

**कबीर सोई पीर है, जो जानै पर पीर।
जो पर पीर न जानई, सो काफिर बेपीर॥**

कबीर कहते हैं कि अपनी पीड़ा की तरह जो दूसरों की पीड़ा को समझता है, वही सही अर्थों में इंसान है। जो दूसरों के दुःख-दर्द को नहीं जानता, वह निर्दयी और बेदर्दी है।

**निज स्वारथ के कारनै, सेव करै संसार।
बिन स्वारथ भक्ति करै, सो भावै करतार॥**

कबीर कहते हैं कि अपने स्वार्थ के कारण संसार के लोग सेवा करते हैं। बिना स्वार्थ के जो मनुष्य भक्ति करता है या सेवा करता है, वह ईश्वर को अत्यंत ही प्रिय होता है।

**एक कहूं तो है नहीं, दूजा कहूं तो गार।
है जैसा तैसा रहे, रहे कबीर विचार॥**

कबीर कहते हैं कि मैं उस परमब्रह्म को एक कहूं तो वह एक नहीं है क्योंकि वह तो चारों तरफ है। यदि उसे दो कहूं तो भी ठीक नहीं है। यही जानकर मैं कहता हूं कि वह जैसा है, वैसा ही रहे।

**कबीरा लोहा एक है, गढ़ने में है फेर।
ताही का बखतर बने, ताही की शमशीर।**

कबीर कहते हैं कि लोहा एक है, लेकिन उसे गलाकर अनेक तरह की चीजें बनती हैं। लोहे का बख्तर बनता है, जिसे योद्धा पहनकर रणक्षेत्र में तलवार के वार से स्वयं को बचाता है और लोहे की ही तलवार भी बनती है। ठीक इसी प्रकार ही परमात्मा के अनेक रूप हैं।

**कस्तूरी कुन्डल बसे, मृग ढूढ़े बन माहिं।
ऐसे घट घट राम हैं, दुनियां देखे नाहिं॥**

कबीर कहते हैं कि कस्तूरी मृग की नाभि में होती है और वह जंगल में उसे ढूंढ़ता है। इसी तरह से रोम-रोम में राम हैं और दुनिया देख नहीं पाती है।

**माटी कहे कुम्हार से, तू क्यों रौंदे मोय।
एक दिन ऐसा आयेगा, मैं रौंदूंगी तोय॥**

माटी कुम्हार से कहती है कि तू मुझे क्यों रौंदता है। एक दिन ऐसा आएगा मैं तुझे रौंदूंगी अर्थात् तू मिट्टी में दफन कर दिया जाएगा।

**कलि खोत जग आंधरा, शब्द न माने कोय।
चाहे कहूं सत आईना, सो जग बैरी होय॥**

यह कलियुग गधे के समान है और संसार के लोग अंधे हैं। इसीलिए तो

कोई मेरी बात नहीं सुनता। जिससे भी ज्ञान-ध्यान की बात करता हूं, वही मेरा दुश्मन बन जाता है। अच्छी बातें कोई सुनना पसंद नहीं करता।

पानी मिलै न आपको, और न बकसत छीर।
आपने मन निहचल नहीं, और बंधावत धीर॥

खुद को तो पानी नहीं मिलता और दूसरों को दूध देता है। अपना मन तो वश में नहीं और दूसरों को धैर्य बंधाता है अर्थात् जो स्वयं दुःखी है, वह दूसरों की क्या सहायता कर सकता है।

जहां आपा तहां आपदा, जहां संसै तहां सोग।
कहैं कबीर कैसे मिटै, चारो दीरघ रोग॥

कबीर कहते हैं कि जहां पर अहंकार होता है, वहां पर अनेक प्रकार के रोग और परेशानियां होती हैं और जहां पर संशय होता है वहां पर शोक होता है। समझ में नहीं आता ये चारों रोग (अभिमान, आपदा, संशय, शोक) कैसे दूर होंगे।

दीप कू झोला पवन है, नर को झोला नारि।
ज्ञानी झोला गर्व है, कहैं कबीर पुकारि॥

कबीर कहते हैं कि दीपक को बुझाता पवन है, पुरुष को पतन के मार्ग पर स्त्री ले जाती है। ज्ञानी के ज्ञान का नाश घमंड करता है अर्थात् अभिमान ज्ञान का शत्रु है।

जैसा भोजन खाइये, तैसा ही मन होय।
जैसा पानी पीजिए, तैसी बानी होय॥

कबीर कहते हैं कि आदमी जैसा भोजन करता है वैसा ही उसका मन हो जाता है। जैसा पानी पीता है, वैसी ही उसकी आवाज भी हो जाती है।

कहने का भाव है कि शाकाहारी और मांसाहारी दोनों के ही विचारों में अंतर होता है।

मूंड मुड़ाये हरि मिले, सब कोय लेय मुड़ाय।
बार बार के मूड़ते, भेड़ न बैकुण्ड जाय॥

कबीर कहते हैं कि सिर मुड़वाने से अगर हरि मिलें तो फिर सभी अपना सिर मुड़वा लेते जैसेकि बार-बार बाल कटवाने से भेड़ बैकुण्ठ नहीं जाती है। कहने का आशय है कि यह एक अंधविश्वास है। मूंडन करवाने से कोई ईश्वर को प्राप्त नहीं करता।

राम नाम जाना नहिं, पाला सकल कुटुम्ब।
धन्धाही में पचि मरा, बार भई नहिं बुम्ब॥

कबीर कहते हैं कि राम के नाम को कभी याद किया नहीं और परिवार को पालने-पोसने में ही दिन-रात लगा रहा और मर गया। हे प्राणी! न तो तुझे

यश मिला और न ही ईश्वर के धाम को ही प्राप्त किया।

पकी खेती देखि के, गरब किया किसान।
अजहूं झोला बहुत है, घर आवै तब जान॥

खेत में तैयार फसल को देखकर किसान को बहुत खुशी हुई। अभी तो आगे बहुत मुश्किलें हैं। फसल घर आ जाए तब उसे अपना समझना चाहिए। कहने का भाव है कि ज्यादा खुश होना ठीक नहीं, क्षण भर में ही कुछ भी हो सकता है।

मेरा मुझमें कुछ नहीं, जो कुछ है सब तोर।
तेरा तुझ को सौंपते, क्या लागेगा मोर॥

कबीर कहते हैं कि हे प्रभु! मेरा अपना कुछ भी नहीं है, जो कुछ भी है, वह सब तेरा ही है। मुझे तेरा तुझको सौंपते हुए क्या लगना है।

राम बुलावा भेजिया, दिया कबीर रोय।
जो सुख साधु संग में, सो बैकुण्ठ न होय॥

कबीर कहते हैं कि राम का जब बुलावा आया तो मुझे रोना आ गया। जो सुख साधु की संगति में है, वह सुख बैकुण्ठ में कहां है।

कहने का भाव है कि सज्जनों की संगति बैकुण्ठ से भी अधिक सुखदायक है।

पांच पहर धन्धे गया, तीन पहर गया सोय।
एक पहर भी नाम बिन, मुक्ती कैसे होय॥

कबीर कहते हैं कि पांच पहर धंधे में बीत गये और तीन पहर सोने में गुजर गए। हे प्राणी! एक पहर भी तूने ईश्वर का नाम नहीं लिया, फिर तेरी मुक्ती कैसे संभव है।

सन्त सन्तोषी सर्वदा, शब्दहि भेद विचार।
सतगुरु के परताप ते, सहज मील मतसार॥

कबीर कहते हैं कि सत्य को याद कर संतपुरुष हमेशा संतोष धारण किये रहते हैं। उन्हें ईश्वर की कृपा से यह शक्ति हमेशा ही प्राप्त होती रहती है। धैर्य धारण करना सबके वश की बात नहीं है।

लौ लागी विष भागिया, कालख डारी धोय।
कहैं कबीर गुरु साबुन सों, कोई इक ऊजल होय॥

सद्गुरु से प्रेम हो जाने पर सारे विकार दूर भाग जाते हैं और मन की सारी कालिख सद्गुरु के ज्ञान रूपी साबुन से धुल जाती है। लेकिन यह भी सच है कि गुरु के ज्ञान रूपी साबुन से कोई सच्चा भक्त ही उजला यानी निर्मल हो पाता है।

चित चोखा मन निरमला, बुधि उत्तम मति धीर।
सो धोखा नहिं बिरहहिं, सतगुरु मिले कबीर॥

ईश्वर का ज्ञान जिसे हो जाता है, उसका मन निर्मल और बुद्धि प्रखर हो जाती है और वह सद्गुरु के प्रताप से कभी धोखा नहीं खाता।

जा गुरु ते भ्रम न मिटे, भ्रान्ति न जिव की जाय।
सो गुरु झूठा जानिये, त्यागत देर न लाय॥

जिस गुरु से मन का अज्ञान न दूर हो और मन की शंका दूर न हो, उस गुरु को झूठा और पाखंडी ही समझिए। उसको छोड़ने में एक पल की देर न करें।

प्रेमी ढूंढ़त मैं फिरुं, प्रेमी मिलै न कोय।
प्रेमी सो प्रेमी मिलै, विष से अमृत होय॥

कबीर कहते हैं कि मुझे इस संसार के लोगों से क्या काम। मैं तो प्रेमी को ढूंढ़ रहा हूं, जो अभी तक मुझे कहीं नहीं दिखा। सच्चे प्रेमी के मिलने से जहर भी अमृत तुल्य बन जाता है तथा खामियां खूबियों में तब्दील हो जाती हैं।

कबीर हम गुरु रस पिया, बाकी रही न छाक।
पाका कलश कुम्हार का, बहुरि न चढ़सी चाक॥

कबीर कहते हैं कि हमने सद्गुरु का ज्ञान रस खूब छककर पी लिया है, अब शेष कुछ भी पीने की इच्छा नहीं रही। कुम्हार का घड़ा आग में पकने के बाद दोबारा चाक पर थोड़े ही चढ़ता है।

पाव पलक की सुधि नहीं, करै काल का साज।
काल अचानक मारसी, ज्यौं तीतर को बाज॥

एक पल के चौथे हिस्से का भी कुछ पता नहीं और तू कल के लिए साज-शृंगार कर रहा है। काल कब अचानक मार देगा किसी को पता नहीं जैसे तीतर को बाज एक ही झपट्टे में दबोच लेता है। काल भी बाज की तरह ही आता है।

आगे दिन पाछे गये, गुरु सों किया न हेत।
अब पछितावा क्या करै, जब चिड़िया चुग गई खेत।

अच्छे दिन पीछे गए। तुमने न तो ईश्वर-भजन ही किया और न सद्गुरु से ज्ञान ही लिया। अब पछताने से क्या होता है, जब चिड़िया चुग गई खेत अर्थात् अच्छे दिन जब हाथ से निकल गए तो बुरे दिनों में पछितावा करने से क्या लाभ।

जब लग मरने से डरै, तब लगि प्रेमी नाहिं।
बड़ी दूर है प्रेम घर, समझ लेहु मन माहिं॥

जब तक तुम मृत्यु से डरे हुए हो तब तक तुम प्रेम नहीं कर सकते। प्रेम का घर बहुत दूर है। अच्छी तरह से इस बात को समझ लो। डर प्रेम का शत्रु

है। यह मन में प्रेम को उपजने ही नहीं देता है।

**ऊंचे कुल में जनमिया, करनी ऊंच न होय।
सुबरन कलस सुराभरा, साधू निंदा सोय॥**

कबीर कहते हैं कि ऊंचे कुल में जन्म लेने से क्या लाभ जब तुम्हारे कर्म ऊंचे नहीं हैं। जैसे सोने के कलश में शराब भरी हुई हो तो भी सज्जनों के लिए वह निंदनीय ही है।

**कबिरा संगत साधु की, ज्यों गन्धी की बास।
जो कुछ गन्धी दे नहीं, तो भी बास सुबास॥**

कबीर कहते हैं कि साधु की संगति इत्र बेचने वाले गंधी की सुगंध की तरह है। गंधी कुछ देता नहीं है, फिर भी मोहक महक से मन खुश हो जाता है। संतों से भले ही सीधे तौर पर कुछ लाभ न हो, फिर भी मन और शरीर को सुकून मिलता है।

**भूखा भूखा क्या करे, क्या सुनावे लोग।
भांडा घड़ा निज मुख दिया। सोई पूरण जोग॥**

कबीर कहते हैं कि सब से तू यह क्या कहता फिर रहा है कि तू भूखा है। क्या लोग तेरा पेट भर देंगे। अरे, जिस ईश्वर ने तुझे मुंह दिया है, वही तेरा पेट भरेगा। उस पर विश्वास कर।

**पूंजी मेरी राम है, जाते सदा निहाल।
कबीर गरजे पुरुष बल, चोरी करै न काल॥**

कबीर कहते हैं कि मेरी एकमात्र पूंजी मेरे राम हैं, जिन के नाम को याद कर मैं सदा सुखी रहता हूं। उनकी ही अनुकंपा से मुझे आत्मज्ञान हुआ है। इसे न चोर चुरा सकता है और न काल ही मार सकता है।

**काल करै सो आज कर, आज करै सो अब।
पल में परलय होयगी, बहुरि करेगा कब॥**

जो कल करना है, उसे आज करो और जो आज करना है, उसे अभी तुरंत करो। क्षण भर में ही प्रलय हो जाएगा तो अधूरे कार्य कब पूरे करोगे।

**मैं मेरी तू जनि करै, मेरी मूल विनासि।
मेरी पग का पैखड़ा, मेरी गल की फांसि॥**

कबीर कहते हैं कि मन में 'मैं' और 'मेरी' की भावना उत्पन्न न होने दो। ये मेरी, मैं, तू विनाश की जड़ है। 'मेरी' ही व्यक्ति को ईश्वर से या इंसान से दूर ले जाता है। 'मेरी' गले का फंदा है। इसे गले से निकालकर फेंक दो।

**प्रीत रीत सब अर्थ की, परमारथ की नाहिं।
कहैं कबीर परमारथी, बिरला कोई कलि माहिं॥**

कबीर कहते हैं कि इस संसार में प्रेम व्यवहार लोग अपना स्वार्थ साधने के लिए करते हैं, परमार्थ के लिए नहीं। इस कलियुग में दूसरों का भला करने वाला कोई विरला ही होगा।

चाकी चली गुपाल की, सब जाग पीसा झार।
रुड़ा शब्द कबीर का, डारा पाट उधार॥

कबीर कहते हैं कि संसार के नियम की चक्की लगातार चल रही है और सब जग इसने पीस डाला। लेकिन राम रूपी रोड़े को यह चक्की नहीं पीस पाती, उसका पाट ही उखड़ जाता है। कहने का भाव है कि ईश्वर-भजन जगत के नियमों से परे है। काल इसका कुछ नहीं बिगाड़ सकता है।

कबिरा लहर समुद्र की, निष्फल कभी न जाय।
बगुला परखन जानई, हंसा चुग चुग खाय।

कबीर कहते हैं कि समुद्र की लहरें कभी निष्फल नहीं जातीं। बगुला परख करना नहीं जानता लेकिन बुद्धिमान हंस ज्ञान रूपी मोती को चुग-चुग कर खाता है, अर्थात् जो बुद्धिमान होते हैं, वे अच्छाई को पहचान कर ग्रहण कर लेते हैं।

कुटिल बचन सबसे बुरा, जासे होत न छार।
साधु बचन जलरूप है, बरसे अमृत धार॥

कबीर कहते हैं कि कुटिल वचन सबसे बुरा है, जो मनुष्य को जला डालता है। सज्जनों का वचन जल के समान ठंडा होता है, जिससे अमृत की धार बरसती है।

कबिरा आप ठगाइये, और न ठगिये कोय।
आप ठगे सुख होत है, और ठगे दुख होय॥

कबीर कहते हैं कि स्वयं को ठगाना अच्छा है, पर दूसरों को ठगना ठीक नहीं है। अपने-आपको ठगाने से सुख मिलता है और दूसरों को ठगने से दुःख होता है।

पतिव्रता मैली भली, काली कुचल कुरूप।
पतिव्रता के रूप पर, वारौ कोति सरूप॥

कबीर कहते हैं कि पतिव्रता स्त्री मैली-कुरूप ही भली चाहे वह काली-कुरूप ही क्यों न हो। पतिव्रता के रूप पर करोड़ों रूप न्यौछावर किया जा सकता है।

भय से भक्ति सब करै, भय से पूजा होय।
भय पारस है जीव को, निरभय होय न कोय॥

कबीर कहते हैं कि दुःखों से डरकर भक्ति सभी करते हैं और भय के कारण ही व्यक्ति ईश्वर की पूजा करता है। प्राणी के लिए भय पारसमणि के समान है और भय से ही उसका उद्धार होता है।

कबीर कहते हैं कि भयमुक्त कोई भी न हो अन्यथा वह सही मार्ग पर चल नहीं पायेगा।

बुरा जो देखन मैं चला, बुरा न मिलिया कोय।
जो दिल खोज्यो आपना, मुझसा बुरा न कोय॥

कबीर कहते हैं कि बुरा देखने के लिए मैं चला लेकिन कोई भी बुरा नहीं मिला। जब मैंने अपने दिल में झांक कर देखा तो मुझसे बुरा कोई नजर ही नहीं आया।

पानी केरा बुदबुदा, अस मानस की जात।
देखत ही छिप जायेगा, ज्यों सारा परभात॥

कबीर कहते हैं कि मनुष्य की जिंदगी पानी के बुलबुले की तरह है, जो क्षण भर में ही समाप्त हो जाता है, जैसे सवेरा होते ही तारे गायब हो जाते हैं।

जूआ चोरी मुखबिरी, ब्याज बिरानी नारी।
जो चाहे दीदार को, इतनी वस्तु निवारि॥

कबीर कहते हैं कि जूआ, चोरी, मुखबिरी करना, ब्याज लेना और दूसरे की स्त्री के मोह में पड़ना—ये सब बुरी आदतें हैं। यदि तुम ईश्वर का दर्शन करना चाहते हो तो इन दुर्गणों का परित्याग कर दो।

मैं अपराधी जन्म का, नखशिख भरा बिकार।
तुम दाता दुख भंजना, मेरा करो सम्हार।

कबीर कहते हैं कि हे ईश्वर! मैं जन्म का अपराधी हूं। मेरे नख से शिख तक विकार भरा है। तुम दाता हो और दुख भंजन हो, मुझे अपनी शरण में ले लो।

वैद्य मुआ रोगी मुआ, मुआ सकल संसार।
एक कबीरा ना मुआ, जेहि के राम अधार॥

कबीर कहते हैं कि इलाज करने वाला वैद्य मर गया। रोगी मर गया। सारा संसार भी मर गया। एक वह नहीं मरा, जिसके राम आधार हैं अर्थात् ईश्वर का नाम लेने वाला कभी नहीं मरता। वह अजर-अमर हो जाता है।

लघुता से प्रभुता मिले, प्रभुता से प्रभु दूरि।
चींटी ले शक्कर चली, हाथी के सिर धूरि॥

कबीर कहते हैं कि छोटा बनकर यानी झुककर रहने से ईश्वर की अनुकंपा प्राप्त हो जाती है और वह बड़ा बन जाता है तथा बड़ा बनने से प्रभु दूर चले जाते हैं। एक नन्ही-सी चींटी लघुता के कारण ही शक्कर पाती है और प्रभुता की वजह से ही हाथी के सिर पर धूल पड़ती है। बड़ा बनना है तो पहले छोटा बनने की कोशिश करो।

पंख होत परबस पर्यो, सूआ के बुधि नाहिं।
अकिल बिहूना आदमी, यों बन्धा जग माहिं॥

कबीर कहते हैं कि बुद्धिहीन होने के कारण ही तोता पंख होते हुए भी पिंजरे में कैद हो जाता है, वैसे ही बुद्धिहीन आदमी जग के बंधनों में जकड़ा रहता है।

पांच तत्व का पूतरा, रज बीरज की बूंद।
एकै घाटी नीसरी, ब्राह्मण क्षत्री सूद।।

कबीर कहते हैं कि रज-वीर्य की बूंद से बने पंच तत्वों के प्राणी को क्या पता कि ब्राह्मण, क्षत्रिय, शूद्र ये तीनों जातियां एक ही हैं और सबमें ही ईश्वर का वास है। उनमें कोई भी अंतर नहीं है। ये तो हमने जातियां बनाई हैं।

चिउंटी चावल ले चली, बिच में मिल गई दाल।
कहैं कबीर दो ना मिलै, इकले दूजी डाल।।

चींटी चावल लेकर चली और बीच रास्ते में ही उसे दाल भी मिल गई। कबीर कहते हैं कि वह एक साथ दोनों को नहीं ले जा सकती। उसे किसी एक को ही ले जाना पड़ेगा अर्थात् दूसरों का भला सोचने वालों को स्वार्थ का त्याग करना ही पड़ेगा।

लिखा पढ़ी में सब पड़े, यह गुन तजै न कोय।
सबै पड़ै भ्रम जाल में, डारा यह जिय खोय।।

कबीर कहते हैं कि धर्म, शास्त्र सबके अलग-अलग हैं। अलग-अलग संप्रदाय हैं। सभी शास्त्रों की बातों को लिखने-पढ़ने में उलझे हुए हैं। अपनी इस आदत को कोई भी छोड़ने के लिए तैयार नहीं है। सभी भ्रमजाल में पड़े हैं और स्वयं को इस मोह-माया में भटका दिया है।

दान दिये धन ना घटे, नदी ना घटे नीर।
अपनी आंखों देख लो, यों क्या कहे कबीर।।

कबीर कहते हैं कि दान देने से धन घटता नहीं है और बढ़ता ही है। नदी का पानी पीने से कम नहीं होता है। विश्वास न हो तो अपनी आंखों से देख लो अर्थात् जरूरतमंदों को अगर आपके पास धन है तो दो।

दया कौन पर कीजिए, कापर निर्दय होय।
सांई के सब जीव हैं, कीरी कुंजर दोय।।

कबीर कहते हैं कि दया किस पर करनी चाहिए और किस पर दया नहीं करनी चाहिए। हाथी और कीड़ा दोनों जीव ईश्वर के बनाए हुए हैं अर्थात् सब जीवों को एक नजर से ही देखना चाहिए।

दुर्लभ मानुष जन्म है, देह न बारम्बार।
तरुवर ज्यों पत्ती झड़े, बहुरि न लागे डार।।

कबीर कहते हैं कि मनुष्य का जन्म बहुत ही दुर्लभ है। कितने ही जन्म

के पुण्यों के बाद मनुष्य योनि में जन्म होता है। यह देह बार-बार नहीं मिलती। जिस प्रकार पेड़ से पत्ती झड़ने के बाद पुन: डाल से नहीं लगती है उसी प्रकार मनुष्य जन्म दोबारा नहीं मिलता है।

आगा पीछा दिल करै, सहजै मिलै न आय।
सो बासी जमलोक का, बांधा जमपुर जाय॥

कबीर कहते हैं कि अच्छा कर्म करने में जिसका मन आगे-पीछे होता है, वह अपार दु:ख भोगकर जंजीरों में बंधकर यमपुर जाता है और उसे दोबारा मानुष तन प्राप्त नहीं होता है।

राम नाम निज मूल है, कहै कबीर समुझाय।
दोई दीन खोजत फिरै, परम पुरुष नहिं पाय॥

कबीर कहते हैं कि राम का नाम ही मुक्ति का आधार है। हिन्दू राम को ढूंढते हैं और मुसलमान अल्लाह को याद करते हैं जबकि अल्लाह और राम दोनों एक ही हैं।

चहै आकाश पताल जा, फोड़ि जाहु ब्रह्मांड।
कहैं कबीर मिटिहै नहीं, देह धरे का दण्ड॥

कबीर कहते हैं कि चाहे आकाश-पाताल में चले जाओ या चाहे ब्रह्माण्ड को फोड़कर निकल जाओ अगर तूने शरीर धारण किया है तो दण्ड भुगतना ही पड़ेगा अर्थात् कर्मफल चखना ही पड़ेगा।

बखत कहो या करम कहु, नसिब कहो निर धार।
सहस नाम हैं करम के, मन ही सिरजनहार॥

कबीर कहते हैं कि वक्त कहो या कर्म कहो या भाग्य कहो या चाहे जिस नाम से पुकारो। कर्म के हजारों नाम हैं और मन से ये सब पैदा होते हैं।

कबीर गर्व न कीजिए, इस जोबन की आस।
टेसू फूला दिवस दस, खंखर भया पलस॥

कबीर कहते हैं कि इस यौवन और इस शरीर का क्या भरोसा। यह टेसू के फूल के समान दस दिन के लिए ही खिला हुआ है, इसके बाद झड़कर ठूंठ ही रह जाएगा। जवानी की यही गति है, अपनी खूबसूरती और जवानी पर अभिमान न करो।

संसारी से प्रीतड़ी, सरै न एकौ काम।
दुविधा में दोनों गये, माया मिली न राम॥

कबीर कहते हैं कि दुनिया के लोगों से प्रेम करने से शुभ कार्य नहीं होता। दुविधा में पड़कर खाली हाथ ही रह जाना पड़ता है। न तो माया ही मिलती है और न ही राम मिलते हैं। अर्थात् माया तो महा ठगनी है, वह तो मिलने से रही।

उससे प्रेम करोगे तो वह तो मिलेगी नहीं, उसके चक्कर में राम भी नहीं मिलेंगे।

मेरा मन मकरन्द था, करता बहुत बिगार।
सुधा होय मारग चला, हरि आगे हम लाय॥

कबीर कहते हैं कि मेरा मन मतवाले हाथी की तरह मस्त था। वह मेरे वश में था ही नहीं। वह बहुत बिगड़ गया था। सत्संगति का दामन जब पकड़ा तो सुधर गया और अच्छे रास्ते पर चलने लगा और ईश्वर से मेरा संबंध हो गया।

कबीर हमारा कोई नहिं, हम काहू के नाहिं।
पारै पहुंची नाव ज्यौं, मिलि के बिछुरी जाहिं॥

कबीर कहते हैं कि हमारा कोई नहीं है और हम किसी के भी नहीं हैं। हमारी तो स्थिति वही है कि एक नाव पर ढेर सारे यात्री चढ़ते हैं और उस पार पहुंचते ही अपने-अपने रास्ते की ओर बढ़ जाते हैं। मिलकर बिछड़ना इस दुनिया की रीति है। किसी को अपना कहें तो कैसे।

साधु कहावन कठिन है, लम्बा पेड़ खजूर।
चढ़ै तो चाखै प्रेम रस, गिरै तो चकनाचूर॥

साधु कहलाना आसान नहीं है, बहुत मुश्किल है जैसे खजूर का पेड़। उस पर चढ़ गए तो मीठे खजूर खाने को मिलेगा और यदि गिर गए तो हड्डी-पसली का भी कहीं पता नहीं चलेगा अर्थात् साधु कहलाने का शौक है तो सच्चा साधु बनो। दिखावा करोगे तो चकनाचूर हो जाओगे।

आया था किस काम को, तू सोया चादर तान।
सुरत संभाल ए काफिला, अपना आप पहचान॥

कबीर कहते हैं कि हे प्राणी! तूने यह शरीर धारण किया है ईश्वर-भजन के लिए और तू चादर तानकर सो रहा है तथा मोह-माया में उलझकर सब कुछ भूल गया है। अभी भी समय है, अपने-आपको पहचान और सद्गुरु का ध्यान लगा। तुझे मुक्ति अवश्य ही मिल जाएगी।

चन्दन जैसा साधु है, सर्पहि सम संसार।
वाके अंग लपटा रहे, मन में नाहिं विकार॥

कबीर कहते हैं कि चंदन की तरह साधु होता है और सर्प के समान यह संसार है। मोह-माया क्या है, सर्प ही तो है। साधु रूपी चंदन के पेड़ से मोह-माया रूपी सर्प लिपटे रहते हैं, पर साधु अपनी सज्जनता नहीं छोड़ता है। जैसे चंदन के वृक्ष से सर्प लिपटे रहते हैं, पर वह अपनी शीतलता का त्याग नहीं करता है।

दुख में सुमिरन सब करै, सुख में करै न कोय।
जो सुख में सुमिरन करै, दुख काहे को होय॥

कबीर कहते हैं कि दुःख में ईश्वर को सभी याद करते हैं, पर सुख में उन्हें

कोई याद नहीं करता है। व्यक्ति अगर सुख में सुमिरन करे तो दुःख क्यों हो अर्थात् ईश्वर का सुमिरन सुख-दुःख दोनों में ही समान रूप से करना चाहिए।

काची माया मन अथिर, थिर थिर करम करन्त।
ज्यौं ज्यौं नर निधड़क फिरै, त्यौं त्यौं काल हसन्त।

यह शरीर क्षणभंगुर है और इसमें जो मन है वह बहुत ही चंचल है। अपने लाभ के लिए या फिर अपनी सुरक्षा के लिए आदमी मन से स्थायी कार्य कर रहा है और बड़े गर्व के साथ बेधड़क होकर घूम रहा है लेकिन काल उनकी इस गलतफहमी पर हंस रहा है अर्थात् काल के आगे शरीर व मन की कोई चालाकी काम नहीं करने वाली। जब मृत्यु का समय आ जाएगा, वह नहीं छोड़ेगा।

जाय झरोखे सोवता, फुलना सेज बिछाय।
सो अब कहूं दीखै नहीं, छिन में गयो बिलाय॥

फूलों की सेज बिछाकर जो महल की अटारियों पर सुख की नींद लेते थे, वे अब कहीं भी नजर नहीं आ रहे। काल ने उन सबको ही नष्ट कर दिया अर्थात् हे प्राणी! अतीत से कुछ भी तो शिक्षा लो और सद्गुरु से नेह लगाकर इस जन्म को सुधारो।

मनुवा तू क्यों बावरा, तेरी सुध क्यों खोय।
मौत आय सिर पर खड़ी, ढलते बेर न होय॥

हे मन! तू बावला क्यों हो गया है। तेरी मति क्यों मारी गई है, जो तुझे होश नहीं है। मौत सिर पर आकर खड़ी है। यह शरीर थोड़ी ही देर में नष्ट होने वाला है।

क्रोध अगनि घर घर बढ़ी, जलै सकल संसार।
दीन लीन निज भक्त जो, तिनके निकट उबार॥

क्रोध की आग हर घर में लगी है। सारा संसार क्रोध की आग में जल रहा है। जो भक्ति में लीन हैं, उनके निकट यह आग नहीं आने वाली। सत्संग उन्हें क्रोध की आग से बचा लेगा।

दास कहावन कठिन है, मैं दासन का दास।
अब तो ऐसा होय रहूं, पांव तले की घास॥

कबीर कहते हैं कि दास यानी भक्त कहलाना बहुत कठिन है क्योंकि इसके लिए बहुत ही सहनशील होना पड़ता है और मैं तो भक्तों का भक्त हूं। अब तो मैं ऐसा बनकर रहूंगा जैसे पांव के नीचे घास रहती है।

कहने का भाव है कि बड़ा आदमी बनने के लिए विनम्र, सुशील व सहनशील बनना आवश्यक है।

काल करै सो आज कर, सब है साज तुव साथ।
काल काल तू क्या करै, काल काल के हाथ॥

कबीर कहते हैं कि जो कल करना है, उसे आज करो क्योंकि शरीर तेरे साथ है। कल-कल तू क्या कर रहा है। कल तो काल के हाथ में होता है।

कै खाना खै सोवना, और न कोई चीत।
सतगुरु शब्द बिसारिया, आदि अन्त का मीत॥

कबीर कहते हैं कि पूरी जिंदगी खाने और सोने में ही गुजार दी। इसके अलावा तेरे मन में कुछ रहा ही नहीं। तूने उस सच्चे गुरु को भुला दिया, जो जन्म-जन्म के मित्र हैं।

तन मन लज्जा ना रहे, काम बान उर साल।
एक काम सब वश किए, सुर नर मुनि बेहाल।

कबीर कहते हैं कि जिसका हृदय काम-बाणों से घायल होता है, उसके तन-मन में शर्म नाम की कोई चीज नहीं रहती। इस एक काम ने सुर, नर, मुनि सबको ही अपने वश में करके बेहाल कर दिया है।

चोर चुराई टूंबरी, गाड़ै पानी माहिं।
वह गाड़ै ते ऊछलै, करनी छानी नाहिं॥

चोर ने एक तुमड़ी चुराई और उसे पानी में गाड़ने लगा लेकिन वह उछलकर पानी के ऊपर आ गई। कबीर कहते हैं कि यही स्थिति कर्म की है। पाप कर्म लाख छुपाने पर भी नहीं छुपता।

जैसी मुख ते नीकसे, तैसी चालै नाहिं।
मनुष्य नहीं वे श्वान गति, बांधे जमपुर जाहिं॥

कबीर कहते हैं कि मुख से भक्ति और ज्ञान की जैसी वाणी निकलती है, वह आदमी अपनी कथनी के अनुसार अगर आचरण नहीं करता है तो बांधकर यमपुर जाता है और नरक में भी उसका बास नहीं होता।

तिनका कबहूं न निंदिये, जो पांव तले भी होय।
कबहू उड़ आंखों पड़े, पीर घनेरी होय॥

कबीर कहते हैं कि तिनके की कभी भी निंदा न करो, भले ही वह तुम्हारे पांव तले क्यों न हो। वह कभी भी उड़ कर तुम्हारी आंखों में पड़ सकता है और तुम्हें बहुत दुःख दे सकता है। ऐसे ही स्वयं से छोटे व्यक्ति का अनादर न करो। सबको एक नजर से देखो।

लूट सके तो लूट ले, सन्त नाम की लूट।
पीछे फिर पछताओगे, प्रान जाहिं जब छूट॥

कबीर कहते हैं कि भगवान का नाम जप सकते हो तो जप लो नहीं तो

बाद में पछताओगे, जब प्राण-पखेरू शरीर से निकल जायेगा।

शीलवन्त सबसे बड़ा, सब रतनन की खान।
तीन लोक की सम्पदा, रही शील में आन।।

कबीर कहते हैं कि शीलवान पुरुष सबसे बड़ा होता है। शील सभी रत्नों की खान है। तीनों लोकों की संपदा शील में ही समाहित है। शीलवान व्यक्ति की पूजा हर जगह होती है।

साहिब तेरी साहिबी, सब घट रही समाय।
ज्यों मेहंदी के पात में, लाली लखी न जाय।।

कबीर कहते हैं हे ईश्वर! तेरी साहिबी सब में समाई हुई है यानी तुम घट-घट में वैसे व्याप्त हो जैसे मेहंदी के पत्तों में बसी लाली नजर नहीं आती है। तुम को देखना इस अधम शरीर से संभव नहीं है।

क्या करिये क्या जोड़िये, थोड़े जीवन काज।
छाड़ि छाड़ि सब जात हैं, देह गेह धन राज।।

कबीर कहते हैं कि क्या करें और क्या जोड़ें, यह जीवन थोड़े समय के लिए है। धन, देह, घर सब कुछ यहां पर छोड़कर लोग जा रहे हैं। उनके साथ तो कुछ भी नहीं जा रहा है।

आंखि न देखे बावरा, शब्द सुनै नहि कान।
सिर के केस ऊजल भये, अबहूं निपट अजान।।

कबीर कहते हैं कि इस संसार के लोग कितने बावले हैं। आंखें हैं, पर नजर नहीं आ रहा है और कान है, पर शब्द सुनाई नहीं दे रहा है। सिर के बाल सफेद हो गए, फिर भी महा अज्ञानी ही हैं और सब-के-सब अज्ञानता के अंधेरे में भटक रहे हैं।

मूरख शबद न मानई, धर्म न सुनै विचार।
सत्य शब्द नहिं खोजई, जावै जम के द्वार।।

कबीर कहते हैं कि मूर्ख ज्ञान-ध्यान की बातें नहीं मानता और न ही धर्म, पूजा-पाठ पर भी विश्वास नहीं करता है। वह सत्य की खोज भूलवश भी कभी नहीं करता और फिर एक दिन उसे यमपुर जाना ही पड़ जाता है

एक दिन ऐसा होयगा, कोय काहु का नाहिं।
घर की नारी को कहै, तन की नारी जाहिं।।

कबीर कहते हैं कि एक दिन ऐसा भी आएगा कि यहां कोई किसी का नहीं रहेगा। घर की स्त्री को कौन कहे अपने शरीर की नाड़ी भी अपने साथ नहीं रहेगी। हे मन! तू सद्गुरु से नेह लगा। माया के भंवर में मत पड़।

सोना, सज्जन, साधुजन, टूट जुड़ै सौ बार।
दुर्जन कुम्भ कुम्हार के, एके धका दरार॥

कबीर कहते हैं कि सोना, सज्जन, साधुजन सौ बार टूटकर भी जुड़ जाते हैं लेकिन जो दुर्जन हैं, वे कुम्हार के घड़े के समान एक ही धक्के में टूटकर बिखर जाते हैं और फिर लाख उपाय करने के बाद भी जुड़ते नहीं हैं।

कहे कबीर देय तू, जब तक तेरी देह।
देह खेह हो जायेगी, कौन कहेगा देह॥

कबीर कहते हैं कि जब तक तेरी देह है तू दोनों हाथों से दान किए जा। जब देह से प्राण निकल जाएगा तब न तो यह सुन्दर देह रह जाएगी और न तू, फिर तेरी देह मिट्टी की मिट्टी में मिल जाएगी। तेरी देह को कोई देह न कहकर शव कहेगा।

उदर समाता अन्न ले, तनहि समाता चीर।
अधिकहिं संग्रह ना करै, तिसका नाम फकीर॥

कबीर कहते हैं–जो केवल पेट भरने के लिए भोजन ले और शरीर ढकने के लिए वस्त्र ले तथा संग्रह करने की कोशिश न करें, उसी का नाम फकीर है।

थोड़ा सुमिरन बहुत सुख, जो करि जानै कोय।
हरदी लगै न फिटकरी, चोखा ही रंग होय॥

कबीर कहते हैं कि थोड़ा ही सुमिरन करो, पर सच्चे मन से करो, उसी में बहुत सुख प्राप्त होगा। जो सुमिरन करता है, वह इस बात को जानता है। इसमें कोई पूंजी नहीं लगती यानी न हल्दी लगे और न फिटकरी, फिर भी रंग गहरा ही चढ़ता है। भक्ति का रंग ही ऐसा होता है।

श्रम ही ते सब कुछ बने, बिन श्रम मिले न काहि।
सीधी अंगुली घी जम्मो, कबहूं निकसै नाहि॥

कबीर कहते हैं कि परिश्रम से ही सारी समस्याएं हल होती हैं और सब बातें बनती हैं। बिना परिश्रम के कुछ नहीं प्राप्त होता जिस प्रकार जमा हुआ घी सीधी उंगली से नहीं निकलता। संसार में सारे सुखों का मूल कठोर श्रम ही है।

अब तो हम कंचन भये, तब हम होते कांच।
सतगुरु की किरपा भई, दिल अपने का सांच॥

सद्गुरु से क्या मिले हम कंचन बन गए, नहीं तो हम कांच के कांच ही होते। अब तो मेरा दिल उनके ज्ञान को पाकर सोने जैसा बन गया।

दीन लखै मुख सबन को, दीनहि लखै न कोय।
भली विचारी दीनता, नरहु देवता होय॥

कबीर कहते हैं कि गरीब व्यक्ति सब के मुख को देखता है लेकिन गरीब

को कोई नहीं देखता है। यह गरीबी बहुत भली है, जो आदमी को देवता तुल्य बना देती है और उसे अच्छे-बुरे की पहचान करना आ जाता है।

इक बानी सो दीनता, सब कुछ गुरु दरबार।
यही भेंट गुरुदेव की, संतन कियो विचार॥

कबीर कहते हैं कि एक बार जो अपनी गरीबी को स्वीकार कर अच्छे गुणों को ग्रहण कर लेता है, उसके लिए ईश्वर का दरबार सदा के लिए खुल जाता है। संतों का मानना है कि दीनता ही सद्गुरु के लिए सबसे श्रेष्ठ भेंट है।

कहने का भाव है कि गरीबी में ही इंसान ईश्वर के निकट आता है और उसकी पहचान कर पाता है।

मुल्ला चढ़ि किलकारिया, अलहन बहिरा होय।
जेहि कारन तू बांग दे, दिल ही अंदर सोय॥

कबीर कहते हैं कि मस्जिद पर चढ़कर मुल्ला बांग देता है यानी चिल्लाता है। क्या खुदा बहरा हुआ है।

कबीर समझाते हैं कि जिसको तू चिल्लाकर पुकार रहा है, वह तो दिल के अंदर ही विराजमान है।

तू मति जाने बावरे, मेरा है सब कोय।
प्रान पिण्ड सो बंधि रहा, सो नहिं अपना होय॥

कबीर कहते हैं कि अरे बावले! तू यह मत समझ कि दुनिया में सब तेरे हैं। शरीर में जो प्राण है, वह तो तेरा अपना है नहीं, फिर तू दूसरों की बात क्या कर रहा है।

खलक मिला खाली हुआ, बहुत किया बरबाद।
बांझ हिलावै पालना, तामें कौन सवाद॥

कबीर कहते हैं कि विषय-वासना में लिप्त मनुष्य मिले और सत्य वचन का मजाक उड़ाए तो उसे वैसा ही समझो जैसे खाली पालना हिलाती बांझ स्त्री हर्षित होती है। इसमें कोई सुख तो होता है नहीं, बस मन को मनाने वाली बात होती है। बांझ स्त्री को खाली पालना हिलाने में ही सुख मिलता है जबकि अंदर से वह आहत होती है, उसी तरह से विषय-वासना में लिप्त पुरुष अंदर से खाली होता है, बस क्षणिक सुख की खातिर सत्य का माखौल बनाता है।

एक घड़ी आधी घड़ी, आधी में पुनि आध।
कबीर संगत साधु की, कटै कोटि अपराध॥

एक घड़ी, आधी घड़ी या आधी में भी आधी घड़ी सज्जनों की संगति में जरूर रहो। इससे करोड़ों अपराध जाने-अनजाने में ही कट जाते हैं।

**निगुरा ब्राह्मण नहिं भला, गुरुमुख भला चमार।
देवतन से कुत्ता भला, नित उठि भूंके द्वार॥**

कबीर कहते हैं कि निर्गुण अज्ञानी ब्राह्मण से ज्ञानवान गुरुमुख चमार भला होता है। इसी प्रकार पत्थर रूपी देव मूर्तियों से भला कुत्ता होता है, जो रोजाना भौंक-भौंक कर घर की रखवाली करता है।

**पाहन को क्या पूजिये, जो नहिं देय जवाब।
अंधा नर आशा मुखी, यौं ही खोवै आब॥**

कबीर कहते हैं कि पत्थर को क्या पूजना, जो कोई जवाब ही नहीं देता। अंधविश्वासी मनुष्य इस झूठी आशा में कि पत्थर रूपी देवता उसकी मनोकामना पूरी करेगा, अपना पूरा जीवन व्यर्थ ही तबाह कर लेता है। कहने का आशय है कि कर्म करो, परिश्रम करो, यही सच्ची पूजा है।

**कबीर सब सुख राम हैं, और हि दुख की रासि।
सुर नर मुनि अरु असुर, पड़े काल की फांसि॥**

कबीर कहते हैं कि राम की भक्ति में ही सब सुख हैं और बाकी सब दुख की खान है। सुर, नर, मुनि और असुर सब अपने कर्मफल के अनुसार काल के फंदे में उलझे हुए हैं। राम ही जगत के उद्धारक हैं।

**धरती करते एक पग, समुन्दर करते फाल।
हाथों परबत तौलते, ते भी खाये काल॥**

कबीर कहते हैं कि जिस वामन भगवान ने एक पग में पृथ्वी को नाप दिया, जिस हनुमान ने एक ही छलांग में समुंदर पार कर लिया, जिस श्री कृष्ण ने हाथ पर पर्वत उठा लिया, जब ऐसी विलक्षण शक्ति वाले दिव्य लोगों को काल ने अपना ग्रास बना लिया तो फिर हम-तुम क्या हैं? काल सर्व शक्तिमान है।

**सुमिरन सोंमन लाइये, जैसे दीप पतंग।
प्राण तजे छिन एक में, जरत न मोरै अंग॥**

कबीर कहते हैं कि ईश्वर का सुमिरन इस प्रकार से करो जैसे पतंगा दीपक से प्रेम करता है। वह पल भर में ही दीपक की लौ पर गिरकर अपनी जान दे देता है लेकिन न तो जलने का भय उसे होता है और न मरने का।

कहने का भाव है कि ईश्वर से प्रेम तुम भी पतंगे की तरह निडर होकर करो।

**गिरिये परबत सिखर तो, परिये धरनि मंझार।
मूरख मित्र न कीजिए, बूड़ो काली धार॥**

कबीर कहते हैं कि पर्वत के शिखर से गिर पड़ो चाहे धरती में धंस जाओ

लेकिन मूर्ख से मित्रता न करो क्योंकि मूर्ख मित्र की मूर्खता तुम्हें ले डूबेगी।

तटै बरत अकास सों, कौन सकत है झेल।
साधु सती और सूर का, अनी ऊपर का खेल॥

कबीर कहते हैं कि नट के बांस की रस्सी अगर करतब दिखाते समय टूट जाए तो उसे गिरना ही है। उसकी रक्षा कोई भी नहीं कर सकता है।

इसी प्रकार से साधु, सती और शूरवीर की जिन्दगी भाले की नोंक पर टिकी होती है। उनकी रक्षा उनकी आत्मशक्ति ही करती है।

पाहन पानि न पूजिए, सेवा जासी बाद।
सेवा की जै साधु की, राम नाम कर याद॥

अपने हित के लिए पत्थर और पानी को भूलकर भी न पूजें क्योंकि ऐसी पूजा फलित नहीं होती है। सेवा या पूजा करनी है तो साधु की करें। उससे राम नाम का ज्ञान प्राप्त होगा अर्थात् पूजना ही है तो साधु, संत और जरूरतमंद को पूजें।

मन मक्का दिल द्वारिका, काया काशी जान।
दस द्वारे का चेहरा, तामें जोति पिछान॥

अपने मन को ही मक्का समझो तथा हृदय को द्वारिका धाम और शरीर को काशी समझो। दस द्वार वाले मनुष्य का शरीर ही पवित्र मंदिर है, जिसमें ज्योति स्वरूप ईश्वर का वास है।

कहने का भाव है कि मनुष्य का शरीर ही सभी तीर्थों के समान है।

कांकर पाथर जोरि के, मसजिद लई चुनाय।
ता चढ़ि मुल्ला बांग दे, बहिरा हुआ खुदाय॥

कंकड़, पत्थर जोड़कर मस्जिद चुनवा ली और उस पर चढ़कर मुल्ला ऊंची आवाज में बांग देता है। क्या खुदा बहरा है, जो चिल्लाने पर ही वह सुनता है।

कहने का भाव है कि ईश्वर न तो बहरा है और न ही शक्तिहीन है। वह तो मन में ही है। बस श्रद्धा से उसे याद करने की जरूरत है।

मूरति धरि धन्धा रचा, पाहन का जगदीश।
मोल लिया बोलै नहीं, खोता बिसवा बीस॥

कबीर कहते हैं कि भगवान की मूर्ति रखकर पूजा-पाठ करवाने लगा, धन्धा धन कमाने का शुरू हो गया। खरीदा हुआ वह पत्थर का भगवान बोलता नहीं है, इसका मतलब यह हुआ कि वह भगवान नहीं है, सिर्फ धंधा करने का साधन ही है।

कहने का भाव है कि ऐसे ढोंगी पंडितों से बचें।

पाहन ले देवल चुना, मोटी मूरत माहिं।
पिंट फूटि परबस रहै, सो लै तारै काहि॥

कबीर कहते हैं कि पत्थर लेकर मंदिर का निर्माण करवाया और उसमें बड़ी पत्थर की मूर्ति रख दी। कुछ ही समय में वह पत्थर की शक्तिहीन मूर्ति टूट-फूट गई। जब वह मूर्ति अपनी रक्षा नहीं कर सकती तो दूसरों को क्या खाक तारेगी।

> तन का बैरी कोई नहीं, जो मन शीतल होय।
> तू आपा को डारि दे, दया करे सब कोय॥

कबीर कहते हैं कि इस शरीर का दुश्मन कोई नहीं है अगर मन पवित्र है। तू अभिमान को छोड़ दे तो सभी तुझ पर दया करेंगे और तुझसे प्रेम भी करेंगे।

> सुख के संगी स्वार्थी, दुख में रहते दूर।
> कहै कबीर परमार्थी, दुख सुख सदा हजूर॥

कबीर कहते हैं कि सुख के संगी स्वार्थी लोग होते हैं और ऐसे लोग दुःख में दूर-दूर ही रहते हैं। जो लोग परमार्थी होते हैं, वे सुख-दुःख दोनों ही अवस्थाओं में हाजिर रहते हैं।

> परदै रहती परमिनी, करती कुल की कान।
> घड़ी जु पहुंची काल की, छोड़ गई मैदान॥

कबीर कहते हैं कि सुशील, चरित्रवान एवं सुलक्षणा स्त्री आजीवन कुल की मर्यादा में रही और जब मृत्यु की घड़ी आयी तो सबके सामने हो गई। अर्थात् मरने के बाद व्यक्ति बेपर्दा हो जाता है।

> तन थिर मन थिर वचन थिर, सुरति निरति थिर होय।
> कहैं कबीर उस पलक को, कल्प न पावै कोय॥

शरीर स्थिर है, मन स्थिर है और वाणी स्थिर है तो अपने-आप को स्थिर करके जो व्यक्ति ईश्वर को याद करता है, उस बेशकीमती पल का सामना कल्प भी नहीं कर सकते अर्थात् आत्मचिंतन से व्यक्ति महान बनता है।

> आज कहै मैं काल भजूं, काल कहै फिर काल।
> आज काल के करत ही, औसर जासी चाल॥

आज कहता है कि मैं कल से ईश्वर का नाम लूंगा और कल को कहता है कि कल से ईश्वर का ध्यान करूंगा। इस आज-कल के फेर में अवसर यूं ही बीत गया। कल पर कोई भी कार्य मत टालो वरना हाथ कुछ भी नहीं लगेगा।

> सूता साधु जगाइये, करै ब्रह्म को जाप।
> ये तीनों न जगाइये, साकट सिंहरु सांप॥

कबीर कहते हैं कि सो रहे साधु को जगाना पड़ जाए तो निःसंकोच भाव से जगा दें। वह उठने के बाद भगवान का ही नाम लेगा। किसी का नुकसान नहीं करेगा लेकिन अज्ञानी व्यक्ति, सिंह और सांप सो रहे हैं तो उन्हें न

जगाइए। वे आप पर हमला करने की ही सोचेंगे।

साकट सूकर कूकरा, तीनों की गति एक।
कोटि जतन परमोधिये, तऊ न छाड़ै टेक॥

अज्ञानी व्यक्ति, सूअर, कुत्ता इन तीनों की गति एकसमान होती है। करोड़ों उपाय कर उन्हें ज्ञान भरा उपदेश दें, फिर भी ये हानि पहुंचाने से बाज नहीं आते अर्थात् दुष्टों से दूर ही रहिए।

सुख देवै दुःख को हरै, दूर करै अपराध।
कहैं कबीर वह कब मिलै, परम सनेही साध॥

सुख दे और दुःख को दूर करे तथा अपराध को क्षमा कर दें, ऐसे हितैषी लोगों का साथ कब मिलेगा अर्थात् ऐसे अच्छे लोग कहां मिलते हैं। प्रारब्ध में लिखा होने पर ही ऐसे स्नेही व्यक्ति का साथ मिलता है।

अजहूं तेरा सब मिटै, जो मानै गुरु सीख।
जब लग तू घर में रहे, मति कहूं, मांगे भीख।

कबीर कहते हैं कि आज भी तेरी सारी समस्याएं दूर हो सकती हैं अगर तू अपने सदगुरु की बातें मान ले। जब तक तू गृहस्थ आश्रम में है किसी से भीख मत मांग। कर्म कर। यही ईश्वर की आज्ञा है।

गांठि न दामहिं बांधही, नहिं नारी सो नेह।
कह कबीरवा साधु की, हम चरनन की खेह॥

कबीर कहते हैं कि जो धन का संग्रह नहीं करते और न नारी के प्रति आसक्त होते हैं, ऐसे भक्तजनों के चरणों की धूल के समान हम अपने जीवन को मानते हैं।

खेत ना छोड़े सूरमा, जूझे को दल मांह।
आशा जीवन मरण की, मन में राखे नांह॥

कबीर कहते हैं कि जो शूरवीर होते हैं, वे युद्ध के मैदान में सैनिकों के बीच भी लड़ते रहते हैं। युद्ध के मैदान को वे छोड़कर नहीं भागते हैं। वे जीवन-मरण का ध्यान नहीं रखते हैं। वे तो बस अपनी विजय के बारे में सोचते हैं।

प्रेम छिपाया ना छिपै, जा घट परगट होय।
जो पै मुख बोलै नहीं, नैन देत हैं रोय॥

कबीर कहते हैं कि प्रेम छिपाने पर भी नहीं छिपता है, वह हृदय से प्रकट हो ही जाता है। जो मुंह से नहीं बोलते हैं तो प्रेम आंसुओं के रूप में नैनों से बाहर निकलने लगता है अर्थात् प्रेम के भावों को आंखें प्रकट कर देती हैं।

जब लग नाता जगत का, तब तक भक्ति न होय।
नाता तोड़े हरि भजे, भक्त कहावै सोय॥

कबीर कहते हैं कि जब तक संसार से व्यक्ति नाता नहीं तोड़ लेता तब

तक उसका मन भक्ति में नहीं लगता। सांसारिक कार्यों से नाता तोड़कर ही हरि भजन किया जा सकता है और वही असली भक्त कहलाता है।

बाजीगर का बांदरा, ऐसा मन जीव के साथ।
नाना नाच दिखाय कर, राखे अपने हाथ॥

कबीर कहते हैं कि मदारी के बंदर की तरह ही शरीर में रहने वाला जीव है। मदारी के इशारे पर बंदर तरह-तरह के खेल दिखाता है और जब खेल समाप्त हो जाता है तो अपने साथ लेकर चला जाता है। ईश्वर भी संसार में खेल दिखाने के लिए जीव को भेजता है और जब खेल समाप्त हो जाता है तो अपने पास बुला लेता है।

कथा कीर्तन कुल विशे, भवसागर की नाव।
कहत कबीरा या जगत, नाहीं और उपाय॥

कबीर कहते हैं कि कथा-कीर्तन रूपी नौका की जरूरत इस भवसागर से पार उतरने के लिए है। कथा-कीर्तन के अतिरिक्त पार उतरने के लिए दूसरा कोई उपाय नहीं है।

कबीरा यह जगत कुछ नहीं, खिन खारा खिनमीठ।
काल्ह जो बैठा मण्डपे, आज मसाने दीठ॥

कबीर कहते हैं कि यह संसार कुछ नहीं है, नश्वर है। पल भर में ही कड़वा और पल भर में ही मीठा लगता है। कल जो मण्डप में बैठा है, हो सकता है आज उसे शमशान देखना पड़ जाए।

कंचन मेरु अरपहीं, अरपैं कनक भण्डार।
कहैं कबीर गुरु बेमुखी, कबहुं न पावै पार॥

कबीर कहते हैं कि भले ही तुम पर्वत के बराबर सोना दान कर दो लेकिन गुरु की कृपा तुम पर नहीं है तो भवसागर से कभी भी पार नहीं हो पाओगे अर्थात् सद्गुरु की कृपा के बिना मुक्ति संभव नहीं है।

सरवर तरवर संतजन, और चौथा बरसे मेह।
परमारथ के कारने, चारों धारी देह॥

कबीर कहते हैं कि तालाब, वृक्ष, साधु और बरसता हुआ बादल—ये चारों दूसरों का भला करते हैं। परमार्थ के लिए ही इन चारों का पृथ्वी पर आगमन हुआ है अर्थात् संतजन परमार्थ के लिए ही शरीर धारण करते हैं।

आगि आंचि सहना सुगम, सुगम खड्ग की धार
नेह निबाह न एक रस, महा कठिन ब्यौहार॥

कबीर कहते हैं कि आग की गर्मी को सहना सहज है, तलवार की धार को भी बर्दाश्त करना आसान है लेकिन प्रेम को निभाना आसान नहीं है अर्थात् प्रेम में इतनी सहजता होनी चाहिए कि कोई अंतर न आए।

गुणवैत्ता औ द्रव्य को, प्रीति करै कब कोय।
कबीर प्रीति सो जानिये, इनते न्यारी होय॥

कबीर कहते हैं कि बुद्धिमान और धनवान से सभी प्रेम करते हैं लेकिन सच्चाई तो यह है कि लोग उनसे नहीं, उनके धन से प्रेम करते हैं। प्रेम तो वह है, जिसमें कोई स्वार्थ के भाव न हों।

कबिरा जपना काठ की, क्या दिखलावे मोय।
हिरदय नाम न जपेगा, यह जपनी क्या होय॥

कबीर कहते हैं कि यह काठ की माला मुझे क्या दिखला रहा है। जब हृदय से हरि को नहीं जपेगा तो यह काठ की माला क्या करेगी। हृदय रूपी माला को जपना आवश्यक है। काठ की माला फेरने से हरि नहीं मिलने वाले।

नेह निबाहै ही बनै, सोचै बनै न आन।
तन दे मन दे शीश दे, नेह नदी जै जान॥

कबीर कहते हैं कि प्रेम को निभाने में ही आनंद है। सोचने-विचारने से इस की महत्ता घट जाती है। प्रेम में शरीर, मन, सिर जो भी देना पड़े खुशी-खुशी दो। प्रेम एक ऐसा खजाना है, जो इस दुनिया में सबसे अधिक मूल्यवान है अर्थात् प्रेम जीवन का आधार है। भला आधार के बिना जीवन कैसे जिंदा रह सकता है।

कहा चुनावै भेड़िया, चूना माटी लाय।
मीच सुनैगी पापिनी, दौरि के लेगी आय॥

कबीर कहते हैं कि चूना, मिट्टी लाकर इतना आलीशान भवन बनवा रहे हो किसलिए? मौत को पता चलेगा तो वह दौड़ी चली आएगी और पल भर में ही सब स्वाहा कर देगी। मौत बहुत ही निष्ठुर और पापिनी है।

हाड़ जले लकड़ी जले, जले जलावन हार।
कौतिक हारा भी जले, कासों करूं पुकार॥

कबीर कहते हैं कि शमशान घाट पर लकड़ियां जलती हैं, हड्डी जलती है और शव जलाने वाला भी एक दिन जल जाता है। दाह-कर्म करने वाला भी एक रोज जल जाता है, फिर मैं किसे आवाज दूं। यहां तो सबकी ही गति एक जैसी है।

माया करक कदीम है, यह भवसागर माहिं।
जंबुक रूपी जीव है, खैंचत ही महिं जाहिं॥

इस भवसागर में माया क्या है एक सूखी हड्डियों की ढेर ही तो है और यह जो जीव है वह गीदड़ की तरह ही तो है, जो माया रूपी हड्डियों की ढेर को खींचते-खींचते दम तोड़ देता है।

कहने का भाव है कि जीव की दुर्गति विषय-वासनाओं में अधिक लिप्तता के कारण ही है।

कबीर माया मोहिनी, मोहै जान सुजान।
भागै हू छूटै नहीं, भरि भरि मारै बान॥

कबीर कहते हैं कि माया बहुत ही बड़ी मोहिनी है। पूरे संसार को अपने आकर्षण में बांध रखी है। अपने वासना रूपी बाणों को यह खींच-खींच कर मार रही है। इस से लाख दूर भागने पर भी इंसान बच नहीं पाता है।

कबीर माया जात है, सुनी शब्द निज मोर।
सुखियों के घर साधजन, सूमौं के घर चोर॥

माया कहती है कि जो लोग सज्जन हैं, उनके घर साधु-संत आते हैं और उनकी सेवा मुझ माया से ही होती है। मैं साधु-संत की सेवा करने वालों को दुःखी नहीं करती लेकिन जो कृपण होते हैं यानी जो साधु-संतों पर धन खर्च नहीं करते हैं, उनका धन चोर चुराकर ले जाते हैं।

मान बड़ाई जगत में, कूकर की पहिचान।
प्यार किये मुख चाटई, बैर किये तन हानि॥

संसार में कुत्ते की पहचान उसके स्वभाव से होती है। कुत्ते से अत्यधिक स्नेह करने पर वह मुख चाटता है और दुश्मनी करने पर शरीर को काट खाता है। जो दुष्ट प्रकृति के लोग होते हैं, वे कुत्ते की प्रकृति वाले ही होते हैं—सम्मान दो तो सिर पर बैठ जाते हैं और सम्मान न दो तो दुश्मन बन जाते हैं।

बड़ा बड़ाई ना करै, बड़ा न बोलै बोल।
हीरा मुख से ना कहै, लाख हमारा मोल॥

बड़े लोग यह कभी नहीं कहते कि, वे बड़े हैं और न ही वे अपनी प्रशंसा अपने मुख से करते हैं, जैसे हीरा यह नहीं कहता कि हमारी कीमत लाख की है।

श्रोता तो घर हीं नहीं, वक्ता बकै सो बाद।
श्रोता वक्ता एक घर, तब कथनी का स्वाद॥

श्रोता ध्यान से कहने वाले की बातों को न सुने तो वक्ता का बोलना बेकार है। श्रोता और वक्ता जब एक हों तभी ज्ञान का प्रसार होता है।

श्रम ही ते सब होत है, जो मन राखै धीर।
श्रम ते खोदत कूप ज्यों, थल में प्रगटै नीर॥

कबीर कहते हैं कि परिश्रम से ही सारे कार्य सिद्ध होते हैं लेकिन इसके लिए धैर्यवान बनना जरूरी है। परिश्रम से ही कुआं खोदा जाता है और जमीन

के नीचे से पानी निकाला जाता है। परिश्रम ही सारे सुखों का आधार है।

झूठ बात नहिं बोलिये, जब लग पार बसाय।
अहो कबीरा सांच गहु, आवागवन नसाय॥

कबीर कहते हैं कि झूठ मत बोलिए। जब तक संभव हो सच बोलिए क्योंकि सत्यवाणी से ही जन्म-मरण से मुक्ति व्यक्ति को मिलती है। झूठ सारे पापों की जड़ है।

कबीर नवै सो आपको, पर को नवै न कोय।
घालि तराजू तोलिये, नवै सो भरी होय॥

कबीर कहते हैं कि जो स्वयं को झुकाता है, वह दूसरों के लिए नहीं झुकता है बल्कि स्वयं के लिए ऐसा करता है जैसे कि तराजू में कोई सामान तौलते समय वह झुक जाता है।

कहने का भाव है कि झुकना विनम्रता की निशानी है और इससे व्यक्ति की प्रतिष्ठा में वृद्धि होती है और लोग उसकी प्रशंसा ही करते हैं।

दीन गरीबी बंदगी, सबसों आदर भाव।
कहैं कबीर सोई बड़ा, जामें बड़ा सुभाव॥

कबीर कहते हैं कि जिसका स्वभाव अच्छा होता है, वही सबसे बड़ा होता है। गरीब, गरीबी, सेवा तथा सबके लिए प्रेम का भाव जिसके दिल में होता है, वह सर्वप्रिय होता है और ईश्वर की कृपा सदा उस पर बरसती रहती है।

सजन सनेही बहुत हैं, सुख में मिले अनेक।
बिपति पड़े दुख बांटिये, सो लाखन में एक॥

सुख के पलों में सगे-संबंधी और चाहने वाले बहुत होते हैं लेकिन मुश्किलों की घड़ियों में दुःख को बांटने वाला लाखों में कोई एक होता है।

कबीर बेड़ा सार का, ऊपर लादा सार।
पापी का पापी गुरु, यों बूड़ा संसार।

कबीर कहते हैं कि लोहे की नाव पर लोहा लदा है, भला वह पार जाए तो कैसे जाए। उसे डूबना तो है ही, वैसे ही अगर पापी का गुरु पापी हो तो भवसागर के मध्य में उसे तो डूबना ही है।

आवत गारी एक है, उलटत होय अनेक।
कहैं कबीर नहिं उलटिये, वही एक की एक॥

कोई गाली दे रहा है तो तुम गाली के जवाब में गाली मत दो क्योंकि आती गाली एक होती है, पर जब दूसरा भी गाली देता है तो वह अनेक हो जाती है।

कबीर कहते हैं कि गाली के बदले गाली मत दो, उसे एक की रहने दो। कहने का भाव है कि ऐसा करने से झगड़ा वहीं पर समाप्त हो जाता है।

**माया तजी तो क्या भया, मान तजा नहिं जाय।
मान बड़े मुनिवर गले, मान सबन को खाय॥**

कबीर कहते हैं कि धन, पुत्र, स्त्री का त्याग कर दिया तो क्या हुआ। मान-सम्मान पाने की इच्छा तो अभी भी तेरे मन में बसी हुई है। तुझे नहीं पता बड़े-बड़े मुनि-ऋषि इसी मान यानी अभिमान के कारण गल गए। मान तो ऐसा है, जो छोटे-बड़े सबको ही खाता है।

**मन पंखी बिन पंख का, जहां तहां उड़ि जाय।
मन भावे ताको मिले, घट में आन समाय॥**

कबीर कहते हैं कि मन रूपी पक्षी बिना पंख के ही जहां-तहां उड़ता रहता है। जिससे मिलना होता है, उससे मिलकर मन पुन: अपने शरीर में प्रवेश कर जाता है।

**उडुगण और सुधाकरा, बसत नीर के संग।
यों साधु संसार में, कबीर पड़त न फंद॥**

कबीर कहते हैं कि तारों और चंद्रमा का प्रतिबिंब जल में दिखता है और वहीं पर मछलियां भी होती हैं। ये तीनों एक ही स्थान पर होते हैं, पर जाल डालने पर सिर्फ मछलियां ही फंसती हैं, तारे और चंद्रमा नहीं फंसते, इसी तरह से इस माया रूपी संसार में साधु-संन्यासी रहते हुए भी माया के मोहपाश में कभी नहीं फंसते क्योंकि वे मोह-माया को पहचानते हैं। माया उन्हें ठग नहीं पाती है।

**नर नारायण रूप है, तू मति जानै देह।
जो समझे तो समझ ले, खलक पलक में खेह॥**

हे प्राणी! जो नर (मनुष्य) है, वह नारायण का स्वरूप है। तूने शरीर पाया है, स्वयं को जड़ मत जान। तू स्वयं को शरीर से अलग, चैतन्य और आत्म स्वरूप जान। यह शरीर क्षणभंगुर है, जो पलक झपकते ही माटी हो जाना है।

कहने का भाव है कि मनुष्य के पास शरीर है तो यह मत समझें कि वह नारायण नहीं है, वह जो आत्मा उसके अंदर है, वह ईश्वर तुल्य है। वह उसे नारायण से जोड़ती है। नर सेवा नारायण सेवा से कम नहीं।

**बानी से पहिचानिये, साम चोर की घात।
अन्दर की करनी से सब, निकले मुंह की बात॥**

कबीर कहते हैं कि वाणी से पता चल जाता है कि कौन अच्छा इंसान है और कौन दुष्ट इंसान। अंदर से वे क्या हैं, उनकी बातों से महसूस हो ही जाता अर्थात् स्वभाव व व्यवहार से चोर व सज्जन की पहचान एक रोज हो ही जाती है।

लीख पुरानी को ना तजैं, कायर कुटिल कपूत।
लीख पुरानी पर रहें, शायर सिंह सपूत॥

पुराने रास्ते को कायर, धूर्त और कपूत नहीं छोड़ते अर्थात् ये लोग अपनी आदतें लाख मना करने पर भी नहीं छोड़ते हैं और रास्ता कितना भी उबड़-खाबड़ क्यों न हो सपूत, शायर और सिंह अपनी स्वाभाविक आदतें नहीं त्यागते।

जिभ्या में अमृत बसै, जो जानै कोई बोल।
विष वासिक का डर तेरे, जिभ्या के एक मोल॥

कबीर कहते हैं कि जीभ में अमृत व विष दोनों होते हैं। जब आदमी मधुर वचन बोलता है तो अमृत-सा झड़ता है और अशांत मन भी शांत हो जाता है लेकिन जब आदमी कड़वे वचन बोलता है तो जहर-सा बरसता है और वही वाणी लगती है—शांत मन को भी उद्वेलित कर अशांत कर देती है अर्थात् मीठे वचन ही बोलिए। इसी में आपका भला है।

कबिरा धीरज के धरे, हाथी मन भर खाय।
टूक टूक के कारणै, स्वार घरै घर जाय॥

कबीर कहते हैं कि हाथी धैर्यवान होने के कारण मन भर भोजन करता है लेकिन कुत्ता क्षुद्र स्वभाव का होने के कारण एक-एक टुकड़े भोजन के लिए द्वार-द्वार घूमता फिरता है।

कहने का अर्थ है कि धैर्यवान ही सांसारिक सुखों का आनंद लेता है और अलौकिक सुखों का भी।

मरूं मरूं सब कोई कहै, मेरी मरै बलाय।
मरना था सो मरि चुका, अबको मरने जाय॥

सभी लोग कहते हैं कि मैं मर जाऊंगा-मर जाऊंगा, लेकिन मैं ऐसा नहीं कहता क्योंकि मेरे अंदर की जो गंदी आदतें थीं—ममता, घमंड, लोभ, वासना आदि कब की मर गयी हैं। अब मरने के लिए बाकी कुछ भी नहीं है। शरीर का मरना कोई मरना थोड़े ही है। यह तो नश्वर है, इसे तो मरना ही है लेकिन आदतें जो आसानी से नहीं मरतीं, उन्हें जो मैंने मार कर भयमुक्त जीवन कर लिया है।

सब कुछ गुरु के पास है, पाइये अपने भाग।
सेवक मन सौंप्या रहै, रहै चरण में लाग॥

कबीर कहते हैं कि गुरु के पास ज्ञान का भण्डार है लेकिन जिसके भाग्य में जितना लिखा होता है, उतना ही ज्ञान मिलता है। गुरु की सेवा करने वाले सेवक को ही गुरु-ज्ञान मिलता है। ज्ञान प्राप्त करना है तो सच्चा शिष्य बनो।

कबीरा खालिक जागिया, और ना जागे कोय।
जाके विषय विष भरा, दास बन्दगी होय॥

कबीर कहते हैं कि इस संसार में ईश्वर जागता है या फिर भक्त जागता है या विषय-वासना में लिप्त पापी जागता है। इनके अतिरिक्त दूसरा कोई नहीं जागता है।

दया आप हृदय नहीं, ज्ञान कथे वे हद।
ते नर नरक ही जायेंगे, सुन सुन साखी शब्द॥

कबीर कहते हैं कि जिस व्यक्ति के हृदय में दया नहीं है और वह करता ज्ञान-ध्यान की बातें है तो ऐसे व्यक्ति नरक में ही जाते हैं, वे भले ही सौ ज्ञान के शब्द क्यों न सुन लें। हृदय में जीव मात्र के प्रति दया भाव जरूरी है।

या दुनिया में आयकर, छआंड़ि देय तू ऐंठ।
लेना हो तो लेइले, उठी जात है पैंठ॥

कबीर कहते हैं कि हे प्राणी! इस दुनिया में आये हो तो घमंड का परित्याग कर दो, जो भी ज्ञान लेना है, उसे ले लो, नहीं तो कब प्राण निकल जाएगा, यह ठीक नहीं।

सुख के सागर शील है, कोई न पावै थाह।
शुद्ध बिना साधू नहीं, द्रव्य बिना नहिं शाह॥

कबीर कहते हैं कि सुख का सागर शील है, कोई भी इसकी थाह नहीं पा सकता। ईश्वर-भजन के बिना कोई भी आदमी साधु का स्वभाव प्राप्त नहीं कर सकता है और धन के बिना कोई साहूकार नहीं कहला सकता।

समझाये समझे नहीं, तू पर हाथ बिकाय।
मैं खींचत हूण आपको, चला तू यमपुर जाय॥

कबीर कहते हैं कि समझाने पर बात समझ में तेरे आती नहीं और तू ज्ञान भी प्राप्त करने की कोशिश नहीं करता। तू दूसरे के हाथ बिक रहा है और मैं तुझे अपनी तरफ खींच रहा हूं, फिर भी तेरी समझ में नहीं आ रहा। तू जाने क्यों यमपुरी की तरफ बढ़ता चला जा रहा है।

मन चलता तन भी चलै, ताते मन को घेर।
तन मन दोउं बसि करै, होय राई सुमेर॥

कबीर कहते हैं कि मन जब किसी वस्तु की तरफ चलता है तब शरीर के समस्त अंग उसी ओर खिंचे चले जाते हैं। तन-मन दोनों को वश में करके ही किसी भी कार्य को सिद्ध किया जा सकता है और बेपनाह सुख भी प्राप्त किया जा सकता है।

मनुवा तू फूला फिरै, कहै जो करूं धरम।
कोटि करम सिर पर चढ़ै, चेति न देकै मरम॥

हे मन! तू फूला फिरता है कि तू बहुत अधिक धर्म-कर्म कर रहा है

लेकिन तुझे नहीं पता कि करोड़ों कर्म सिर पर सवार हैं, थोड़े से कर्म कर खुश होने की जरूरत नहीं है अर्थात् दुनिया में जो भी करो, वह कम ही है।

कबीर या संसार में, घना मानुष मतिहीन।
राम नाम जाना नहिं, आये टापा दीन॥

कबीर कहते हैं कि इस दुनिया में बहुतेरे मनुष्य बुद्धिहीन हैं। राम नाम को अभी तक वे जान न पाए और उद्देश्य हीन भटकते फिर रहे हैं।

कबीर तहां न जाइये, जहं जो कुल की हेत।
साधुपनो जानै नहीं, नाम बाप को लेत॥

कबीर शिक्षा देते हैं कि वहां न जाओ, जहां तुम्हारे कुल-जाति का संबंध हो। वहां के लोग तुम्हारे साधुपन या सज्जनता को पहचानेंगे नहीं और न ही तुम्हारी इज्जत करेंगे बल्कि तुम्हारे पिता का नाम लेकर तुम्हें आवाज देंगे अर्थात् किसी भी व्यक्ति को सम्मान उसके पैतृक स्थान में नहीं मिलता।

सेवक सेवा में रहै, सेवक कहिये सोय।
कहैं कबीर सेवा बिना, सेवक कभी न होय॥

कबीर कहते हैं कि सेवक वही है जो सेवा करना जानता हो। सेवा किए बिना कोई सेवक हो ही नहीं सकता।

कहने का भाव है कि सेवक में सेवा भाव होना चाहिए।

सद्गुरु शब्द उलंघि के, जो सेवक कहुं जाय।
जहां जाय तहं काल है, कहैं कबीर समझाय॥

शिष्य गुरु की आज्ञा का उल्लंघन करके जहां कहीं भी जाता है, वहां उसे कष्ट-ही-कष्ट प्राप्त होता है।

जहां प्रेम तहं नेम नहीं, तहां न बुधि व्यवहार।
प्रेम मगन जब मन भया, कौन गिनै तिथि वार॥

जहां प्रेम होता है, वहां कोई बंधन नहीं होता। वहां बुद्धि भरा व्यवहार नहीं होता क्योंकि जब प्रेम में मग्न व्यक्ति को कुछ पता ही नहीं होता कि आज कौन-सी तिथि है और कौन-सा दिन।

जा घट प्रेम न संचरै, सो घट जानु मसान।
जौसे खाल लुहार की, सांस लेत बिन प्रान॥

कबीर कहते हैं कि जिसके हृदय में सच्चा प्यार नहीं, उस बेदर्दी के हृदय को श्मशान ही जानो जैसे लुहार की मरी हुई खाल की धौंकनी निष्प्राण होकर भी सांस लेती है अर्थात् धौंकनी सांस लेती है तो उसे जिंदा नहीं कहा जाएगा। प्रेमहीन हृदय वाला भी तो सांस लेता ही है लेकिन उसका हृदय भावहीन होता है।

सेवें सालिगराम को, माया सेती होत।
पहिरै काली कामरी, नाम धरावै सेत॥

कबीर कहते हैं कि तू शालीग्राम (भगवान) की पूजा करता है और माया के आकर्षण में भटक रहा है। काली कमली ओढ़कर संन्यासी व भक्त कहलाता है। वास्तव में ही तुम महा अज्ञानी हो। तुझसे दूर रहने में ही भलाई है।

कहने का भाव है कि पूजा करने या वस्त्र धारण करने से ईश्वर की प्राप्ति नहीं होती।

जाके जिभ्या बन्धन नहीं, हृदय में नाहीं सांच।
वाके संग न लागिये, खाले वटिया कांच॥

कबीर कहते हैं कि जिसकी जीभ वश में नहीं अर्थात् जिसका अपनी जीभ पर नियंत्रण नहीं है और हृदय में सत्य का वास नहीं है, उसके साथ न रहो। तुझे केवल अपयश ही प्राप्त होगा।

सांई आगे सांच है, सांई सांच सुहाय।
चाहे बोले केस रख, चाहे घौंट मुण्डाय॥

ईश्वर को सत्य से प्रेम है यानी सच बोलने वाला ईश्वर को प्यारा है। तुम बाल बढ़ा लो या सिर मुण्डवा लो, उससे कोई फर्क नहीं पड़ता। ईश्वर तो उसी को चाहता है, जो सत्यवादी होता है।

काया काढ़ा काल घुन, जतन जतन से खाय।
काया बध्य ईश बस, मर्म न काहूं पाय॥

कबीर कहते हैं कि लकड़ी रूपी शरीर को काल रूपी घुन धीरे-धीरे खा रहा है। शरीर में जो हृदय है, उसमें ही ईश्वर का वास है। यह रहस्य सबको मालूम नहीं है।

दाता दाता चलि गये, रहि गये मक्खी चूस।
दान मान समझे नहीं, लड़ने को मजबूत॥

कबीर कहते हैं कि जो बड़े-बड़े महादानी थे, वे सब तो चले गए और मक्खीचूस यानी कृपण ही रह गए हैं। ये कंजूस लोग न तो दान करना जानते हैं और न ही दान के महत्त्व को ही जानते हैं, ऊपर से लड़ने के लिए हमेशा तैयार रहते हैं।

पाहन पानी पूजि के, पचि मुआ संसार।
भेद अहहदा रहि गयो, भेदवंत सो पार॥

कबीर कहते हैं कि पत्थर और पानी को पूज-पूज कर दुनिया के लोग मर गए, फिर भी ईश्वरीय शक्ति को जान नहीं सके। इस ईश्वरीय शक्ति का ज्ञान

तो सिर्फ सद्गुरु को है, वही भवसागर से पार उतार सकते हैं अर्थात् सद्गुरु की शरण में जाने की जरूरत है। पत्थर को पूजने से कोई लाभ नहीं होने वाला है।

धर्म किये धन ना घटै, नदी न घट्टै नीर।
अपनी आंखों देखि ले, यों कथि कहाहिं कबीर॥

धर्म-कर्म में धन देने से धन कम नहीं होता है जैसे नदी से जल निकालने से उसका जल कम नहीं होता, वह फिर भी बहती ही रहती है। विश्वास नहीं है तो करके देख लो या खुद अपनी आंखों से देख लो अर्थात् अच्छे कार्यों में धन लगाने से धन का सदुपयोग होता है और किसी-न-किसी रूप में वह धन वापस जरूर मिलता है।

खाय पकाय लुटाय के, करि ले अपना काम।
चलती बिरिया रे नरा, संग न चलै छदाम॥

कबीर कहते हैं कि खा लो, पका लो और शौक तथा अपने सारे मनोरथ पूरे कर लो। इस दुनिया से प्रस्थान करते समय तुम्हारे संग एक पैसा भी नहीं जाएगा। सब कुछ यहीं रह जाएगा अर्थात् जो भी इच्छा है कर लो, तुम्हारे साथ कुछ भी नहीं जाने वाला।

काल काल तत्काल है, बुरा न करिये कोय।
अनबोवे लुनता नहीं, बोवे लुनता होय॥

कबीर कहते हैं कि काल कब आ जाए कोई ठीक नहीं अर्थात् मृत्यु का समय निश्चित नहीं है। इसलिए कोई भी बुरा कार्य न करो। जो बीज खेत में नहीं बोया जाता, वह उगता नहीं। जो बोया जाता है, वही उगता है अर्थात् जो तुम करोगे वही तुम्हें प्राप्त होगा। मृत्यु का कोई समय नहीं है, अच्छे कर्म करो।

प्रेम पांवरी पहिरि के, धीरज कज्जल देय।
शील सिंदूर भराय के, तब पिय का सुख लेय॥

कबीर कहते हैं कि प्रेम रूपी पायल पांवों में पहनकर, धीरज रूपी काजल आंखों में लगाकर और मांग में विनम्रता रूपी सिंदूर को भरकर ही अपने पिया का प्यार पाया जा सकता है अर्थात् ईश्वरीय शक्ति की कृपा तभी प्राप्त हो सकती है।

आरत है गुरु भक्ति करूं, सब कारज सिध होय।
करम जाल भौजाल में, भक्त फंसै नहिं कोय॥

तुम अनावश्यक इच्छाओं के कारण परेशान हो, तुम्हारा मन अशांत है तो सद्गुरु की शरण में आकर भक्ति करो। तुम्हारे मन के सारे संताप दूर हो जाएंगे तथा सब बिगड़े काम सीधे हो जाएंगे। सद्गुरु तुम्हें भवसागर से निकलने का मार्ग बताएंगे। गुरु की शरण में गया कोई भी व्यक्ति मोह-माया के भौजाल में नहीं उलझता।

सुख दुख सिर ऊपर सहै, कबहुं न छाड़ै संग।
रंग न लागै और का, व्यापै सतगुरु रंग॥

कबीर कहते हैं कि सुख-दुख कितना भी आए उसे बर्दाश्त करो और इनसे कभी भी विचलित न होओ। विषय-वासनाओं का रंग स्वयं के ऊपर कभी न चढ़ने दो और हमेशा सद्गुरु के रंग में ही रंगे रहो।

साकट का मुख बिंब है, निकसत बचन भुवंग।
ताकी औषधि मौन है, विष नहिं व्यापै अंग॥

कबीर कहते हैं कि दुष्ट प्रकृति वाले व्यक्ति का मुंह सर्प के बिल की तरह है तथा उसकी बोली सर्प की तरह है, इसकी दवा यह है कि ऐसे लोगों के सामने चुप रहो, फिर उनके वचन रूपी विष का प्रभाव शरीर पर नहीं पड़ेगा अर्थात् दुष्टों के सामने खामोश रहने में ही स्वयं का हित है।

गगन मंडल के बीच में, तहवां झलकै नूर।
निगुरा महल न पावई, पहुंचेगा गुरु पूर॥

कबीर कहते हैं कि हर व्यक्ति के मन में ईश्वरीय प्रकाश की आभा नजर आ रही है, पर अज्ञानी लोगों को यह आभा दिखाई नहीं देती। ज्ञानी ही इस आभा की पहचान कर पाते हैं। दूसरे लोग तो तरसते ही रह जाते हैं।

ऐसा कोई ना मिला, हम को दे उपदेश।
भवसागर में डूबते, कर गहि काढ़े केश॥

कबीर कहते हैं कि हमें ऐसा एक भी व्यक्ति न मिला जो हम भटके हुए को ज्ञान का उपदेश देकर सही मार्ग पर ले आएं या हम भवसागर में डूबे असहाय को बाल पकड़कर बाहर खींच लें।

कहने का भाव है कि भटके हुए असहाय लोगों को कोई भी सद्मार्ग नहीं दिखाता।

जल परमानै माछली, कुल परमानै शुद्धि।
जाको जैसा गुरु मिला, ताको तैसी बुद्धि॥

जैसे सरोवर में जल की मात्रा के अनुसार छोटी-बड़ी मछलियां होती हैं, वैसे ही अपने कुल के अनुसार व्यक्ति में अच्छाई-बुराई होती है। कबीर कहते हैं कि जिसको जैसा गुरु मिलता है वैसी ही उसकी बुद्धि होती है अर्थात् वैसा ही उसे ज्ञान प्राप्त होता है।

हरिया जानै रुखड़ा, उस पानी का नेह।
सूखा काठ न जानि है, कितहूं बूड़ा मेह॥

कबीर कहते हैं कि पेड़ पानी के उत्तम गुणों के कारण हरा-भरा रहता है। लेकिन सूखी लकड़ी पानी के गुणों को नहीं जानती, भले ही उसे कितना

ही पानी में डूबो दो अर्थात् सद्गुरु के ज्ञान को वही लोग ग्रहण कर पाते हैं, जो ज्ञान प्राप्त करना चाहते हैं।

चहुं दिस पाका कोट था, मन्दिर नगर मझार।
खिरकी खिरकी पाहरु, गज बंधा दरबार॥

चारों दिशाओं में पक्के भवन बने थे, उसके मध्य में आवास था। हर खिड़की पर पहरेदार खड़े थे। मुख्य द्वार पर हाथी बंधा हुआ था, फिर भी मृत्यु ने नहीं बख्शा। चुपके से वह आयी और आत्मा को लिए चली गई।

हम जाने थे खायेंगे, बहुत जिमीं बहुमाल।
ज्यौं का त्यौं ही रह गया, पकड़ि ले गया काल॥

आदमी सोचता है कि हमारे पास धन-संपत्ति और सारे सुखों के साधन हैं। हम इसका पूरा आनंद लेंगे और मौज से रहेंगे लेकिन उसका यह सोचना धरा-का-धरा रह गया, जब मौत उसे लेकर चली गई। उसका धन, दौलत, जमीन, माल सब यहीं रह गया। सोचना व्यर्थ है।

करनी बिन कथनी कथै, अज्ञानी दिन रात।
कूकर सम भूकत फिरै, सुनी सुनाई बात॥

कबीर कहते हैं कि जो लोग भक्ति करते नहीं लेकिन उपदेश देते फिरते हैं कि फलां कार्य ठीक है, अमुक कार्य खराब है, उनकी बातों में कोई सच्चाई नहीं होती है। वे सिर्फ सुनी-सुनाई बातों को कुत्तों की तरह भौंकते फिरते हैं। उनकी बातों में कोई दम नहीं होता है।

नहीं दीन नहिं दीनता, संत नहीं मिहमान।
ता घर जम डेरा किया, जीवत भया मसान॥

कबीर कहते हैं कि जो व्यक्ति सुशील नहीं है और न उसमें विनम्रता है, जिसके घर साधु-संतों का सत्कार नहीं होता है, ऐसे व्यक्ति का घर शमशान की तरह होता है। वहां कभी भी बरकत नहीं होती। खुशियां उस घर से सदा के लिए रूठ जाती हैं।

सुमिरन तू घट में करै, घट में ही करतार।
घट भीतर ही पाइये, सुरति शब्द भण्डार॥

कबीर कहते हैं कि हे प्राणी! तू अपने हृदय के अंदर भगवान सुमिरन कर। हृदय में ही भगवान है, हर व्यक्ति के हृदय में ही सच्चे ज्ञान का भण्डार है। अर्थात् ईश्वर हर व्यक्ति के हृदय में ही है।

अपने अपने साख की, सब ही लीनी मान।
हरि की बात दुरंतरा, पूरी ना कहुं जान॥

कबीर कहते हैं कि ईश्वर को समझना आसान नहीं है। जिस किसी ने भी

यह मान लिया कि उसने ईश्वर के रहस्य को जान लिया और उसके समान कोई ज्ञानी नहीं है, तो वह परमात्मा को कभी जान नहीं पाता है। उसे ज्ञान से नहीं बल्कि भक्ति से प्राप्त किया जा सकता है।

आहार करे मन भावता, इंद्री कीए स्वाद।
नाक तलक पूरन भरे, तो कहिए कौन प्रसाद॥

कबीर कहते हैं कि जो इंद्रियों को तृप्त करने के लिए ठूंस-ठूंसकर भोजन करता है तो उसे प्रसाद कैसे कहा जा सकता है। इंद्रियों को वश में रखकर थोड़ा भोजन करना ही स्वास्थ्य के लिए श्रेष्ठ है।

तब लग तारा जगमगे, जब लग उगे न सूर।
तब लग जीव जग कर्मवश, जब लग ज्ञान न पूर॥

जब तक सूरज उदय नहीं होता है, तब तक तारे आसमान में नजर आते हैं, उसी प्रकार जब तक जीव को ज्ञान की प्राप्ति नहीं हो जाती तब तक वह कर्म के वशीभूत रहता है और मोह-माया में लिप्त होकर तरह-तरह के कष्टों को झेलता हुआ जीवन-मरण के चक्रव्यूह में भ्रमण करता रहता है।

सुमिरन सुरत लगाय कर, मुख से कछू न बोल।
बाहर का पट बन्द कर, अन्दर का पट खोल॥

अपना ध्यान ईश्वर में लगाओ। प्रभु को याद करो लेकिन मुंह से कुछ न कहो। बाहर की दुनिया से कोई संबंध न रखो और अंदर के ज्ञानचक्षु को खोल दो। ईश्वर से जुड़ने का यही एकमात्र मार्ग है।

कहा किया हम आय के, कहा करेंगे जाय।
इतके भये न ऊत के, चाले मूल गवाय॥

कबीर कहते हैं कि हमने दुनिया में आकर क्या किया और हम जाकर क्या करेंगे। हमने न तो दुनियादारी का ही आनन्द लिया और न ही सद्गुरु का ही सुमिरन किया। हम न तो इधर के रहे और न उधर के रहे। बड़े भाग्य से तो यह मानुष तन मिला और उसे यूं ही गंवा दिया।

सब जग डरपै काल से, ब्रह्मा विष्णु महेश।
सुर मुनि औ लोक सब, सात रसातल सेस॥

कबीर कहते हैं कि पूरा संसार काल से डरता है। ब्रह्मा, विष्णु, महेश भी काल की गति से डरते हैं। देवता और मुनि भी तथा सात लोकों के नीचे रहने वाले शेषनाग भी काल की गति से डरते हैं।

मन दाता मन लालची, मन राजा रंक।
जो यह मन गुरु सो मिलै, तो गुरु मिले निसंक॥

कबीर समझाते हुए कहते हैं कि मन दाता है, मन लालची है, मन राजा

है और मन भिखारी भी है। अगर इस मन को सद्गुरु मिल जाए तो व्यक्ति भवसागर से पार हो जाए।

कबीर माया रुखड़ी, दो फल की दातार।
खावत खरचत मुक्ति भय, संचत नरक दुआर॥

कबीर कहते हैं कि यह माया दो फलों (नरक-स्वर्ग) को देने वाला वह पेड़ है, जिसे सावधानीपूर्वक खाने और खर्च करने से मोक्ष के दरवाजे खुल जाते हैं तथा संग्रह करने पर व्यक्ति नरक को प्राप्त करता है।

कहने का भाव है कि माया यानी धन को संग्रह न कर उसे दान, पुण्य, परोपकार, पूजा आदि में व्यय करना आवश्यक है।

कंचन तजना सहज है, सहज तिरिया का नेह।
मान बड़ाई ईरषा, दुरलभ तजनी येह॥

कबीर कहते हैं कि कंचन यानी स्वर्ण को छोड़ना सहज है। स्त्री के मोह को छोड़ना भी सहज है, लेकिन मान, प्रशंसा, ईर्ष्या आदि का त्याग करना इतना सहज नहीं है। बहुत कठिन है। इनका त्याग तभी कर सकते हो जब सच्चा गुरु मिल जाए।

जौन मिला सो गुरु मिला, चेला मिला न कोय।
चेला को चेला मिलै, तब कछु होय तो होय॥

कबीर कहते हैं कि मुझसे अब तक जो भी मिला, वह गुरु ही मिला। शिष्य के तौर पर कोई नहीं मिला। बुद्धिमान व ज्ञानी शिष्य को अगर ज्ञानी शिष्य मिल जाए तो कुछ बात बन सकती है अर्थात् तभी वे एक दूजे को ज्ञान बांट सकते हैं।

दुख लेने जावै नहीं, आवै आचा बूच।
सुख का पहरा होएगा, दुख करेगा कूच॥

कबीर कहते हैं कि दुःख लेने कोई नहीं जाता, वह तो अचानक ही अपने-आप आ जाता है। जब सुख आएगा तो दुःख अपने-आप ही चला जाएगा अर्थात् सुख-दुःख दोनों मनुष्य के साथ रहते हैं। दुःख के बाद सुख अवश्य ही आता है। दुःख से घबराना नहीं चाहिए।

लिखा मिटै नहिं करम का, गुरु कर भज हरिनाम।
सीधे मारग नित चलै, दया धर्म विसराम॥

कबीर कहते हैं कि भाग्य में जो लिखा है, वह मिटता नहीं है चाहे तुम कोई भी उपाय कर लो। सद्गुरु की शरण में जाओ और अच्छे मार्ग पर चलो तथा दया, धर्म अपनाकर मोक्ष का रास्ता ढूंढ़ो। इसी में तुम्हारा कल्याण है।

जग में बैरी कोई नहीं, जो मन शीतल होय।
यह आपा तो डाल दे, दया करे सब कोय॥

कबीर कहते हैं कि इस संसार में दुश्मन कोई नहीं हो सकता अगर तुम्हारा मन शीतल है। जो अभिमान है उसे छोड़ दो तो तुम पर सभी दया करेंगे अर्थात् मन से अभिमान निकाल दो और मन को स्थिर रखो। फिर सारा संसार तुम्हारा है।

राम नाम चीन्हा नहीं, कीना पिंजर बास।
नैन न आवे नींदरौं, अलग न आवे मास॥

कबीर कहते हैं कि राम के नाम का सुमिरन किया नहीं और केवल शरीर को सजाया-संवारा। ऐसे अज्ञानी व्यक्ति को न तो नींद आती है और न ही चैन मिलता है अर्थात् अज्ञान की नींद उन्हें ही अपने वश में करती है, जो ईश्वर को नहीं जानते हैं।

ऋद्धि सिद्धि मांगौ नहीं, मांगौ तुम पै येह।
निसि दिन दरशन साधु को, प्रभु कबीर कहूं देह॥

हे ईश्वर! मैं तुमसे ऋद्धि-सिद्धि नहीं मांग रहा और न ही मुझे इन सब की इच्छा ही है। प्रतिदिन मुझ साधुओं को हे प्रभु दर्शन देते रहो। यही मेरी अभिलाषा है और आपसे बस इतनी ही विनती है।

जाके मुख माथा नहीं, नाहीं रूप कुरूप।
पुहुप बास ते पामरा, ऐसा तत्व अनूप॥

ब्रह्म तो निराकार है—न उनका कोई मुख है, न माया है और न वह सुन्दर है न कुरूप हैं। वह निराकार ब्रह्म तो फूल की खुशबू की तरह है, जिनको देखा तो नहीं जा सकता, पर अपने आस-पास महसूस किया जा सकता है।

जा कारण घट ढूंढिया, सो तो घट ही माहिं।
परदा कीया भरम का, ताते सूझे नाहिं॥

तुम जिस ईश्वर को सारी दुनिया में तलाश रहे हो, वह तो तुम्हारे हृदय में ही है, भ्रम के पर्दे के कारण वह तुम्हें नजर नहीं आ रहा है। अपने मन से अज्ञान का पर्दा हटाकर भीतर की आखों से देखो। ईश्वर तुम्हारे अंदर ही बैठा नजर आएगा।

जल ज्यों प्यारा माछरी, लोभी प्यारो दाम।
माता प्यारा बालका, भक्तन प्यारा नाम॥

मछली को जल से प्रेम होता है। लोभी धन-दौलत से प्रेम करता है, माता अपने बालक से प्रेम करती है और भक्तजन जो हैं, वे ईश्वर के नाम से प्रेम करते हैं। प्रेम का स्वरूप एक है लेकिन पात्र जो हैं, उनका प्रेम करने का मकसद भिन्न-भिन्न है।

साधु तो हीरा भया, न फूटै घन खाय।
न वह बिनसै कुम्भ ज्यौं, ना वह आवै जाय॥

कबीर कहते हैं कि जो साधु प्रकृति के व्यक्ति होते हैं, वे हीरा के समान होते हैं। जिस तरह से हीरा हथौड़े की चोट खाने के बाद भी नहीं फूटता है, उसी तरह से साधु-संन्यासी भी विषम से विषम हालातों में विचलित नहीं होते हैं। वे कच्चे घड़े की तरह नहीं होते हैं, इसी कारण वे जन्म-मृत्यु के बंधनों से मुक्त हो जाते हैं।

दोय बखत नहिं करि सके, दिन में करु इक बार।
कबीर साधु दरशते, उतरे भौजल पार।।

कबीर कहते हैं कि दिन में दो बार नहीं तो दिन में एक बार साधु-संन्यासियों का दर्शन जरूर करो। ईश्वर का भजन-कीर्तन करने वालों का दर्शन करने से पाप तो धुलते ही हैं, साथ ही भवसागर से भी नैया पार हो जाती है।

कबीर मुख सोई भला, जा मुख निकसै राम।
जा मुख राम न नीकसै, ता मुख है किस काम।।

कबीर कहते हैं कि वह मुंह भाग्यशाली है, जिस मुंह से राम के नाम का उच्चारण हुआ करता है। जिस मुंह से राम का नाम नहीं निकलता है, वह मुंह किसी काम का नहीं है।

कबीर हरि के मिलन की, बात सुनी हम दोय।
कै कछु हरि को नाम ले, कै कर ऊंचा होय।।

कबीर कहते हैं कि हरि के मिलन की हमने दो बातें सुनी हैं। एक तो हरि के नाम का सुमिरन करो। दूसरा साधना करो या परोपकार करो। हरि को प्राप्त करने के ये दो आसान उपाय हैं।

कोई न जम से बांचिया, राम बिना धरि खाय।
जो जन बिरही राम के, ताको देखि डराय।।

कबीर कहते हैं कि इस दुनिया में जम यानी मृत्यु से कोई नहीं बच सकता। जिसने भी राम नाम का सुमिरन नहीं किया है, उसको यम पकड़कर खा जाता है। लेकिन जो व्यक्ति राम का भक्त है, उसको देखकर वह डर जाता है अर्थात् ईश्वर की शरण में जो चले गए हैं, उनका काल भी कुछ नहीं बिगाड़ सकता।

मिलना जग में कठिन है मिलि बिछरौ जनि कोय।
बिछुरा साजन तिहि मिलै, जिहि माथै मनि होय।।

कबीर कहते हैं, मिलना कठिन है और बिछुड़ना आसान है। अगर सद्गुरु मिल जाए तो उससे बिछड़ना नहीं क्योंकि बिछड़े हुए वे प्रेमी सद्गुरु से मिल पाते हैं, जिनके माथे पर मणि होती है अर्थात् जिनमें भगवान को मनाने की क्षमता होती है।

जीवन जोबन राज मद, अविचल रहै न कोय।
जु दिन जाय सत्संग में, जीवन का फल सोय॥

कबीर कहते हैं कि जीवन, जवानी और राज्य का गर्व—ये स्थिर नहीं हैं। ये कुछ समय तक ही रहते हैं, फिर वापस चले जाते हैं। जो दिन सज्जनों के संग-साथ में बीत जाएं, वही असली जीवन की पूंजी हैं।

कबीर कुसंग न कीजिए, पाथर जल न तिराय।
कदली सीप भुजंग मुख, एक बूंद तिर भाय॥

कबीर कहते हैं कि बुरे लोगों की सोहबत में न रहिए क्योंकि पत्थर कभी जल पर नहीं तैरता, जैसे स्वाति नक्षत्र के जल की बूंद केले में पड़ती है तो कपूर बनता है, सीप में पड़ती है तो मोती बनता है और सांप के मुख में पड़ती है तो जहर बनता है। कहने का भाव है कि जैसे लोगों के साथ रहोगे, वैसा ही फल भी मिलेगा।

ज्ञानी को ज्ञानी मिलै, रसकी लूटम लूट।
ज्ञानी अज्ञानी मिलै, होवै माथा फूट॥

कबीर कहते हैं कि एक ज्ञानी से दूसरा ज्ञानी मिलता है तो उनकी बातों से अमृत रूपी ज्ञान की वर्षा होती है लेकिन ज्ञानी व्यक्ति अज्ञानी से मिलता है तो वैचारिक मतभेद के कारण झगड़ा जैसी स्थिति पैदा हो जाती है।

माया मुई न मन मुआ, मरि मरि गया शरीर।
आशा तृष्णा ना मुई, यौं कथि कहैं कबीर॥

कबीर कहते हैं कि न तो मन से माया गई और न मन यानी इच्छाएं ही मरीं अर्थात् धन जमा करने की भूख नहीं गई भले ही शरीर ने बार-बार इस धरती पर जन्म लिया।

कहने का भाव है कि माया का परित्याग करो तभी सद्गति होगी।

भग भोगै भग ऊपजै, भगतै बचै न कोय।
कहैं कबीर भगते बचै, भक्त कहावै सोय॥

कबीर कहते हैं कि विषय-वासना का भोग जितना ही अधिक होता है इच्छाएं और अधिक प्रबल होती चली जाती हैं और इससे बचा कोई नहीं है। जो इससे बच जाता है, वही सच्चा भक्त कहलाता है।

कहने का भाव है कि सच्चा भक्त वही है, जो विषय-वासना से मुक्त है।

काम कहर असवार है, सबको मारै धाय।
कोई एक हरिजन ऊबरा, जाके नाम सहाय॥

कबीर कहते हैं कि विषय भोग यानी काम-भावनाएं सब पर ही सवार हैं, जिसने सबको भ्रमित कर रास्ते से भटका दिया है। कोई एक हरि भक्त ही

इससे बचा रह पाता है, जिसे ईश्वर के नाम का सहारा प्राप्त है।

सब बन तो तुलसी भई, परबत सालिगराम।
सब नदियां गंगा भई, जाना आतम राम॥

कबीर कहते हैं कि सभी वन तुलसी हो गए और सारे पर्वत शालिग्राम बन गए। सब नदियां गंगा बन गईं। यह सब तब हुआ जब सच्चा ज्ञान प्राप्त हो गया।

कहने का भाव है कि सच्चा-ज्ञान व्यक्ति के मन को निर्मल कर देता है और सारा संसार उसे अच्छा ही दिखता है। सद्ज्ञान प्राप्त कर अपना विचार शुद्ध करो।

प्रेम बिकांता मैं सुना, माथा साटे हाट।
पूछत बिलम न कीजिए, तन छिन दीजै काट॥

कबीर कहते हैं कि मैंने सुना है कि प्रेम बिकता है लेकिन वह रुपये-पैसे से नहीं बिकता है। प्रेम पाने के लिए पहले शीश काटकर देना होता है। प्रेम बेशकीमती है और इसका कोई मोल नहीं है। यह तो प्रेम से ही खरीदा जा सकता है।

फल कारण सेवा करे, करे न मन से काम।
कहें कबीर सेवक नहीं, चहै चौगुना दाम॥

कबीर कहते हैं कि स्वार्थवश जो व्यक्ति सेवा करता है, निःस्वार्थ सेवा नहीं करता है, वह सेवक नहीं। जो मांगता हो चौगुना दाम वह सेवक हो ही नहीं सकता, वह तो बिल्कुल ही स्वार्थी है।

पानी फेरा बुदबुदा, अस मानस की जात।
देखत ही छिप जायेगा, ज्यों सारा परभात॥

कबीर कहते हैं कि मनुष्य का जीवन पानी के बुलबुले की भांति है, जो देखते-ही-देखते बुझ जाता है, जैसे सुबह होते ही आकाश में चमकते तारे कहीं छिप जाते हैं और लाख देखने पर भी कहीं नजर नहीं आते हैं। इस शरीर पर गुमान क्या करना।

गुरु नाम है गम्य का, शीष सीदा ले सोय।
बिनु पद बिनु मरजाद नर, गुरु शीष नहिं कोय॥

कबीर कहते हैं कि जो सत्य का ज्ञान करवाए वही गुरु है और शिष्य वही है, जो गुरु का कहना माने। गुरु और शिष्य के पद-मर्यादा के बिना न तो कोई गुरु है और न ही कोई शिष्य है।

बलिहारी गुरु आपनो, घड़ी-घड़ी सौ सौ बार।
मानुष से देवत किया करत न लागी बार॥

वे गुरु धन्य हैं, जिन्होंने थोड़े से प्रयास से ही मानव से देवता बना दिया।

नहीं शीतल है चन्द्रमा, हिम नहीं शीतल होय।
कबीरा शीतल सन्त जन, नाम सनेही सोय॥

कबीर कहते हैं कि न तो ठंडक चंद्रमा में है और न ही बर्फ में ठंडक है। शीतलता तो संतों में है, जो ईश्वर को परमप्रिय हैं। कहने का भाव है कि ईश्वर-भजन में सच्चा सुख है।

सुमरण की सुबयों करो ज्यों गागर परिहार।
होले-होले सुरत में, कहैं कबीर विचार॥

कबीर कहते हैं कि पनिहारी की नजर गागर पर से एक पल के लिए भी नहीं हटती है, उसी तरह से तुम भी हर पल ईश्वर की भक्ति में ही लीन रहो। खाते-पीते, उठते-बैठते सोते-जागते बस ईश्वर के नाम का ही सुमिरन करो।

सब आए इस एक में, डाल-पात फल-फूल।
कबिरा पीछा क्या रहा, गह पकड़ी जब मूल॥

कबीर कहते हैं कि डाल, पत्ते, फल-फूल जड़ के कारण ही लगते हैं। तुमने जड़ को अपने वश में कर लिया तब रह ही क्या जाता है। भगवान पर यकीन करो।

यह माया है चूहड़ी, और चूहड़ा कीजो।
बाप-पूत उरभाय कै, संग ना काहो केहो॥

कबीर कहते हैं कि यह माया बहुत ही चूहड़ी है अर्थात् नीच प्रकृति की है। बाप-पूत (ब्रह्म-जीव) दोनों को अपने मोहपाश में फंसा रखा है। लेकिन यह किसी की भी सगी नहीं है। इस नीच प्रकृति वाली माया से बचो और इसके मोहिनी रूप में न आओ।

जहर को जमीं में है रोपा, अभी खींचे सौ बार।
कबिरा खलक न तजे, जामे कौन विचार॥

कबीर कहते हैं कि जब तूने धरती में जहर को बोया है तो सागर से अमृत खींचने से कोई लाभ नहीं होने वाला। दुष्ट अपनी दुष्टता कहां छोड़ता है। उसमें सोचने-विचारने की शक्ति कहां होती है।

कबीर जात पुकार्या, चढ़ चन्दन की डार।
बाट लगाए ना लगे फिर क्या लेत हमार॥

कबीर कहते हैं कि मैंने चंदन की डाल पर चढ़कर जाते हुए राही को सही रास्ता दिखाया, पर जो सही रास्ते पर नहीं जाता तो मत जाए। वह हमारा क्या लेता है?

लोग भरोसे कौन के, बैठे रहें उरगाय।
जीय रही लूटत जम फिरे, मैंढ़ा लूटे कसाय॥

कबीर कहते हैं कि समझ में नहीं आता लोग किसके भरोसे बैठे हुए हैं, वे ध्यान-पूजन कर अपने जीवन को क्यों नहीं सुधारते। जैसे बकरे को कसाई मारता है, वैसे ही जीव को यम मारने के लिए अवसर की ताक में बैठा है। हे प्राणी! मृत्यु कभी भी आ सकती है। प्रभु की शरण में आ जाओ।

मूर्ख मूढ़ कुकर्मियों, निख सिख पाखर आही।
बन्धन कारा का करें, जब बांध न लागे ताही॥

कबीर कहते हैं कि जिस व्यक्ति को लाख समझाने पर भी कोई ज्ञान न हो, उसको ज्ञान देना व्यर्थ है क्योंकि वह तो मूर्ख और जड़ के समान है, उस पर किन्हीं भी बातों का असर नहीं होने वाला।

प्रेमभाव एक चाहिये, भेष अनेक बनाय।
चाहे घर में वास कर, चाहे बन को जाय॥

कबीर कहते हैं कि मनुष्य को बस प्रेम-भाव की जरूरत है। अनेक भेष धरो, घर में रहो या जंगल में चले जाओ। तुममें बस प्रेम-भाव चाहिए अर्थात् तुम कहीं पर भी जाओ तुम्हारे हृदय में प्रेम-भाव चाहिए। प्रेम-भाव के बिना मनुष्य का जीवन व्यर्थ है।

एक ते अनन्त अन्त एक हो जाय।
एक से परचे भया, एक मोह समाय॥

कबीर कहते हैं कि एक अनेक है और अनेक एक है। ईश्वर भी एक है। ईश्वर से जब तुम्हारा परिचय हो जायेगा तब तुम उस एक ईश्वर में ही समा जाओगे।

आशा का ईंधन करो, मनशा करो बभूत।
जोगी फेरी यों फिरो, तब वन आवे सूत॥

कबीर कहते हैं कि तुम्हें ईश्वर को प्राप्त करना है तो आशा और तृष्णा को फूंककर बभूत यानी राख बना के जोगी की तरह फेरी करो तब तुम्हें ईश्वर का सच्चा ज्ञान होगा।

आग जो लगी समुद्र में, धुआ ना प्रकट होय।
सो जाने जो जरमुआ, जाकी लाई होय॥

कबीर कहते हैं कि जब समुद्र में आग लगती है तो धुआं भी नजर नहीं आता। जिसके दिल में आग लगती है या तो वह जानता है या जो आग लगा है, वह जानता है। दिल की आग का ज्ञान तीसरे को नहीं होता।

अटकी भाल शरीर में, तीर रहा है टूट।
चुम्बक बिना निकले नहीं, कोटि पठन को फूट॥

कबीर कहते हैं कि योद्धा के शरीर में भाले की नोंक टूटकर अटक गई है और वह चुम्बक के बिना नहीं निकलने वाली वैसे ही मन में जो बुराई है, वह सद्गुरु रूपी चुम्बक के बिना नहीं निकलने वाली।

अन्तरयामी एक तुम, आतम के आधार।
जो तुम छोड़ो हाथ तौ, कौन उतारे पार॥

कबीर कहते हैं कि हे ईश्वर, तुम अन्तर्यामी यानी मन की बात जानने वाले हो तथा आत्मा का पोषण करने वाले हो। अगर तुम मेरा हाथ छोड़ दोगे तो

मुझे भवसागर से कौन पार उतारेगा।

आस पराई राखता, खाया घर का खेत।
औरन को पथ बोधता, मुख में डारे रेत॥

कबीर कहते हैं कि तुम दूसरों की देखभाल करते हो और अपना ध्यान तनिक भी नहीं रखते हो। दूसरों को ज्ञान का रास्ता दिखाते हो और खुद रेतीले रास्ते की तरफ बढ़ते जा रहे हो। अर्थात् दूसरों को परमात्मा का ज्ञान करा रहे हो और खुद ईश्वर-भजन से दूर क्यों हो। स्वयं का भी ध्यान रखो।

ज्यों नैनन में पूतली, त्यों मालिक घर माहिं।
मुर्ख लोग न जानिए, बाहर ढूंढ़त जाहिं॥

कबीर कहते हैं कि जैसे आंखों में पुतली रहती है और प्रभु के संसार को देखती है, लेकिन स्वयं को नहीं, वैसे ही मूर्ख लोग ईश्वर को अपने भीतर देख नहीं पाते और बाहर उसे ढूंढ़ते फिरते हैं।

जहां आप तहां आपदा, जहां संशय तहां रोग।
कह कबीर यह क्यों मिटैं, चारों बाधक रोग॥

कबीर कहते हैं कि जहां पर अभिमान है, वहीं पर मुसीबतें हैं, जहां संशय है, वहीं पर रोग है। ये चारों घातक रोग प्रभु भजन से ही मिट सकते हैं।

तीरथ गए से एक फल, सन्त मिलै फल चार।
सतगुरु मिले अधिक फल, कहै कबीर विचार॥

कबीर कहते हैं कि आदमी तीर्थ पर जाता है तो उसे एक फल की प्राप्ति होती है। वह संत से मिलता है तो उसे चार फलों की प्राप्ति होती है लेकिन जब सद्गुरु मिलता है तो अधिक फल की प्राप्ति होती है अर्थात् सद्गुरु से आत्मा का मिलन आवश्यक है।

ते दिन गए अकारथी, संगत भई न संत।
प्रेम बिना पशु जीवना, भक्ति बिना भगवंत॥

कबीर कहते हैं कि सत्संग के बिना जितना जीवन बीत गया वह व्यर्थ ही गया। ईश्वर के प्रेम व भक्ति के बिना यह जीवन पशु के समान ही है। ईश्वर से जीव का लगाव जरूरी है।

राम पियारा छाड़ि करि, कैर आन का जाप।
बेस्या केरा पूंत ज्यूं, कहै कौन सू बाप॥

कबीर कहते हैं कि पूर्ण ब्रह्म को छोड़कर जो दूसरे देवी-देवताओं की पूजा करता है, उसको क्या कहा जाए? अब वेश्या का पुत्र किस को अपना पिता माने अर्थात् दुविधा में रहने पर मनुष्य को गति नहीं मिलती है। मोक्ष के लिए पूर्ण ब्रह्म को पहचानना आवश्यक है।

अंखड़ियां झाईं पड़ी, पंथ निहारी-निहारी।
जीभड़ियां छाला पड्या, राम पुकारि-पुकारि॥

कबीर कहते हैं कि रास्ता देखते-देखते आंखों में झाईं पड़ गयी और राम को पुकार-पुकारकर जीभ पर छाला पड़ गया, फिर भी प्रभु दर्शन नहीं हो सका। ईश्वर दर्शन भला कैसे हो जब अज्ञान का अंधेरा हृदय पर छाया है।

सब रग तंत रबाब तन, बिरह बजावै नित्त।
और न कोई सुणि सकै, कै सांई के चित्त॥

कबीर कहते हैं कि एक-एक नस तांत हो गई है और सारा शरीर सरोद बन गया है तथा इसे बजाने वाला विरह है। इसे दूसरा कोई नहीं सुनता है या तो परमात्मा सुनता है या वह विरही मन।

जो रोऊँ तो बल घटै, हँसूँ तो राम रिसाइ।
मन ही माहिं बिसूरणा, ज्यूँ घुँण काठहिं खाइ॥

कबीर कहते हैं कि मैं रोता हूं तो शक्ति कम होती है और हंसता हूं तो राम नाराज होते हैं। मन-ही-मन में सुबकना अच्छा है जैसे घुन लकड़ी को अंदर-ही-अंदर खाता रहता है और एक दिन उसे खोखला कर देता है। कबीर ने यहां जीव की विवशता का वर्णन किया है।

'कबीर' हसँणां दूरि करि, करि रोवण सौ चित्त।
बिन रोयाँ क्यूँ पाइये, प्रेम पियारा मित्व॥

कबीर कहते हैं कि हंसना छोड़ो और रोने में ही मन लगाओ। बिना रोए प्यारा मित्र भला किसी को कैसे मिल सकता है अर्थात् प्रभु के विरह में रोओ तभी वह तरस खाकर अपनी कृपा की बारिश करेंगे।

सुखिया सब संसार है, खावै और सोवै।
दुखिया दास कबीर है, जागै अरू रोवै॥

कबीर कहते हैं कि यह संसार सुखी है खाता है और सोता है लेकिन दास कबीर तो दुःखी है, रात भर जागता है और दिन भर रोता है।

परबति परबति मैं फिर्या, नैन गँवाए राइ।
सो बूटी पाऊँ नहीं, जातैं जीवनि होइ॥

कबीर कहते हैं कि पर्वत-पर्वत मैं फिरता रहता हूं और रो-रोकर आंखों को भी गंवा दिया है लेकिन वह बूटी मुझे मिलती नहीं, जिससे मेरा जीवन सफल हो जाए।

पूत पियारी पिता कौं, गौहनि लागो घाइ।
लोभ-मिठाई हाथ दे, आपण गयो भुलाइ॥

कबीर कहते हैं कि पिता का प्यारा पुत्र दौड़ते हुए उसके पीछे लग गया।

पिता ने लोभ की मिठाई उसके हाथ में दे दी। पुत्र मिठाई के स्वाद में इतना मशगूल हो गया कि स्वयं में ही रम गया और नतीजा यह हुआ कि पिता का साथ छूट गया।

कहने का भाव है कि इस संसार में माया की मिठाई सब के ही हाथ में है। सभी इस मिठाई के स्वाद में इतने रम गए हैं कि परमात्मा का साथ छूट गया है।

जानि बुझि साँचहिं तर्जें, करै झूठ सूँ नेहु।
ताकि संगति राम जी, सुपिने ही पिनि देहु॥

कबीर कहते हैं कि जो व्यक्ति जान-बूझकर सच का त्याग कर देता है और झूठ से प्रेम संबंध बना लेता है, उसका साथ हे प्रभु, स्वप्न में भी कभी न देना।

'कबीर' तास मिलाइ, जास हियाली तू बसै।
नहिंतर बेगि उठाइ, नित का गंजर को सहै॥

कबीर कहते हैं कि मेरे प्रभु, तुम मुझे किसी ऐसे व्यक्ति से मिला दो जिसके हृदय में तुम रहते हो। ऐसा नहीं कर सकते तो मुझे आज ही इस दुनिया से उठा ले। रोज-रोज का यह कष्ट अब मुझसे सहा नहीं जाता है।

'कबीर' बन-बन में फिरा, कारणि आपणै राम।
राम सरीखे जन मिले, तिन सारे सवेरे काम॥

कबीर कहते हैं कि मैं अपने राम की तलाश करते-करते एक जंगल में आ गया वहां मेरे राम के समान एक भक्त मिल गए, उन्होंने मेरे सारे बिगड़े काम बना दिए।

'कबीर' तन पंषो भया, जहाँ मन वहीं उड़ि जाइ।
जो जैसी संगति करै, सो तैसे फल खाइ॥

कबीर कहते हैं कि यह शरीर जैसे चिड़िया बन गया है जहां इच्छा करे वहां उड़ा ले जाता है। जो जैसे लोगों के साथ रहता है उसी के अनुसार उसे फल भी मिलता है।

'कबीरा' खाई कोट की, पानी पिवै न कोई।
जाइ मिलै जब गंग से, तब गंगोदक होइ॥

कबीर कहते हैं कि चारों तरफ से किले से घिरी खाई का पानी कोई नहीं पीता और जब वही खाई गंगा से जा मिलती है तब उसका जल सब पीते हैं और उसको गंगोदक कहकर उसका सम्मान बढ़ाते हैं।

माषी गुड़ मैं गड़ि रही, पंख रही लपटाई।
ताली पीटै सिरि धुनै, मीठै बोई माइ॥

कबीर कहते हैं कि मक्खी गुड़ में गड़ी हुई है और पंख उसके गुड़ से चिपके हैं। वह अब उड़ नहीं पा रही। बेचारी गुड़ की मिठास के लोभ में वह

अपनी जान ही गंवा बैठी। लाख कोशिश करने के बाद गुड़ की चिपचिपाहट से स्वयं को मुक्त नहीं करा सकी। यह गुड़ रूपी दुनिया भी ऐसी ही है।

'कबीर' मारूं मन कूँ, टूक-टूक है जाइ।
बिव की क्यारी बोइ करि, लुणत कहा पछिताइ॥

कबीर कहते हैं कि यह मन ही सारे फसाद की जड़ है। मैं इस को ऐसा मारूंगा कि टुकड़े-टुकड़े हो जाएगा। यह मन का ही किया-धरा है कि जीवन रूपी उपवन में जहर बो दिया। अब अफसोस करने से कुछ नहीं होता, उन कर्मों की सजा अब भुगतनी ही पड़ेगी।

कागद केरी नाव री, पाणि केरी संग।
कहै कबीर कैसे तिरूँ, पंच कुसंगी संग॥

कबीर कहते हैं कि कागज की यह नाव है तथा चारों तरफ पानी-ही-पानी है। फिर पांच कुसंगियों (पांच इंद्रियों) का साथ है। समझ में नहीं आता मैं किस तरह से इस भवसागर को पार कर सकूंगा।

मैं मन्ता मन मारि रे, घट ही माहैं घेरि।
जबहीं चालै पीठि दे, अंकुस दै-दै फेरि॥

कबीर कहते हैं कि मनरूपी मदमस्त हाथी को घर में ही घेरकर काबू में कर लो। वह जब भी पैर उठाए, उसे अंकुश दे-देकर मोड़ दो। तभी यह स्थिर रहेगा।

मनह मनोरथ छाँड़िये, तेरा किया न होइ।
पाणि में घीव नीकसै, तो रूखा खाइ न कोइ॥

कबीर कहते हैं कि हे प्राणी! तू अपनी इच्छाओं का त्याग कर दे क्योंकि तेरा सोचा हुआ नहीं होगा। यदि पानी में घी निकलता तो रूखी रोटी को कोई नहीं खाता अर्थात् जो कुछ भी है, वह परमात्मा के हाथ में है, आदमी के वश में कुछ भी नहीं है।

इक दिन ऐसा होइगा, सब सूँ पड़े बिछोइ।
राजा राणा छत्रपति, सावधान किन होइ॥

कबीर कहते हैं कि एक दिन ऐसा होगा कि सबसे बिछड़ जाना ही होगा। फिर बड़े-बड़े राजा और छत्रधारी राजा सावधान क्यों नहीं हो जाते? यही तो किसी के वश में नहीं है। मौत से भला कोई कैसे सावधान हो सकता है।

बिन रखवाले बाहिरा, चिड़िया खाया खेत।
आधा-परधा ऊबरै, चेति सकै तो चैति॥

कबीर कहते हैं कि खेत का रखवाला कोई नहीं है। चिड़ियों ने खेत को काफी कुछ हद तक चुग लिया है। अभी से भी समय है। सावधान हो जा, जो आधा बचा है, वह तो कम-से-कम बच जाए।

**नान्हा कातौ चित्त दे, महँगे मोल बिलाइ।
गाहक राजा राम है, और न नेडा आइ॥**

कबीर कहते हैं कि मन लगाकर महीन सूत चरखे पर कातो, वह महंगे दाम पर बिकेगा। उसके ग्राहक तो राजा राम हैं, दूसरा तो इसके पास भी नहीं आने वाला।

**'कबीर' केवल राम की, तू जिनि छाँडै ओट।
घण-अहरनि बिचि लौह ज्यूँ, घणी सहै सिर चोट॥**

कबीर कहते हैं कि राम की ओट को तुम कभी मत छोड़ो। इसे छोड़ दिया तो तुम्हारी वही हालत होगी जो हथौड़े और निहाई के बीच आकर लोहे की होती है। उसे चोट-पर-चोट सहनी पड़ती है अर्थात् हालातों के हथौड़ों की मार से राम की ओट ही तुम्हारी रक्षा कर सकती है।

**कैसो कहा बिगाड़िया, जो मुँडै सौ बार।
मन को काहे न मूँड़िये, जामै विषम-विकार॥**

कबीर कहते हैं कि इन बालों ने क्या बिगाड़ा है कि सैंकड़ों बार ही उन्हें मुंडवा दिया। अरे बाबले, अपने मन को मुंडो, जिसमें दोष-ही-दोष भरे हैं।

**चतुराई हरि ना मिलै, ए बाताँ की बात।
एक निस प्रेही निरधार का गाहक गोपीनाथ॥**

कबीर कहते हैं कि ज्ञान के माध्यम से ईश्वर को प्राप्त नहीं किया जा सकता। गोपीनाथ तो प्रेम का भूखा है। उसे प्राप्त करने के लिए बस एक प्रेम ही आधार है और वह परम पिता बस प्रेम का ही ग्राहक है। उसके आगे चालाकी काम नहीं करती। सारा ज्ञान धरा-का-धरा ही रह जाता है।

प्रेममय भक्ति से ही गोपीनाथ को रीझाया जा सकता है।

**सिंहों के लेहँड नहीं, हंसों की नहीं पांत।
लालों की नहि बोरियाँ, साथ न चलै जमात॥**

कबीर कहते हैं कि सिंहों का कोई झुंड नहीं होता और हंसों की कोई कतार नहीं होती। लाल बोरियों में नहीं रखे जाते और साधु मंडली को लेकर कभी नहीं चलते।

**जिहिं हिरदै हरि आइया, सो क्यूँ छानाँ होइ।
जतन-जतन करि दाबिये, तऊ उजाला सोइ॥**

कबीर कहते हैं कि जिसके हृदय में ईश्वर आ गया है, फिर वह उसे कैसे छिपा सकता है। दीपक को कितने ही उपाय करके छिपाओ, फिर भी उसकी रोशनी से उजाला तो हो ही जाता है।

**कबीर हरि सब कूँ भजै, हरि कूँ भजै न कोइ।
जब लग आस सरीर की, तब लग दास न होइ॥**

कबीर कहते हैं कि हरि तो सब को याद करता है लेकिन हरि को कोई नहीं याद करता। जब तक शरीर से नेह है और विषय-वासनाओं के प्रति मोह है, कोई हरि का सच्चा भक्त हो ही नहीं सकता है।

रोड़ा है रहा बाट का, तजि पाखंड अभिमान।
ऐसा जे जन है रहै, ताहि मिलै भगवान॥

पाखंड और अभिमान को मन से निकालकर तू रास्ते का कंकड़ बन जा। इस तरह से जो आदमी रहता है, उसे ही भगवान की भक्ति प्राप्त होती है।

सांई मेरा वाणियाँ, सहति करै व्यौपार।
बिन डाँडी बिन पालड़ै, तौले सब संसार॥

कबीर कहते हैं कि मेरा सांई बनिया है, जो सहज रूप से व्यापार करता है। बिना डांडी, पलड़े के ही तराजू पर सारे संसार को तौलता है और अन्याय किसी के साथ भी नहीं करता है।

'कबीर' हरि कग नाव सूँ, प्रीति रहै इकवार।
तौ मुख तैं मोती झड़ै, हीरे अन्त न पार॥

कबीर कहते हैं कि अगर ईश्वर के प्रति प्रेम लगातार बना रहे तो उस भक्त के मुख से मोती ही मोती झड़ेंगे और हीरों की इतनी बरसात होगी कि जिनकी गिनती नहीं की जा सकती।

बैरागी बिरकत भला, गिरही चित्त उदार।
दुहुँ चुका रीता पड़ै, वाकूँ वार न पार॥

कबीर कहते हैं कि बैरागी वही भला, जिसमें सच्ची वैराग्य भावना हो, गृहस्थ व्यक्ति वही भला, जिसका मन उदार हो। वैरागी में वैराग्य-भाव नहीं, गृहस्थ में उदार-भाव नहीं तो इन दोनों का ही विनाश निश्चित है और इतना विनाश की उसकी कोई हद नहीं।

बारी-बारी आपणीं, चले पियारे म्यंत।
तेरी बारी रे जिया, नेड़ी आवै निंत॥

कबीर कहते हैं कि अपने संगी-साथी एक-एक करके विदा होते जा रहे हैं। हे मन! अब तेरी बारी धीरे-धीरे करके आती जा रही है। अब तो तू सावधान हो जा। हरि चरणों में ध्यान लगा।

निंदक नेड़ा राखिये, आँगणि कुटि बँधाइ।
बिन सावण पाणि बिना, निरमल करै सुभाइ॥

कबीर कहते हैं कि अपनी आलोचना करने वाले को अपने नजदीक ही रखिए और वह भी आंगन में उसके लिए कुटिया भी बना दें क्योंकि निंदक यानी

आलोचक बिना साबुन-पानी के मन को धोकर सहज व निर्मल बना देता है।

गोत्यंद के गुण बहुत हैं, लिखे जु हिरदै माँहि।
डरता पाणि जा पीऊँ, मति वै धोये जाहि॥

कबीर कहते हैं कि गोविंद के न जाने कितने ही गुण मेरे हृदय में अंकित हैं। मैं तो पानी पीते वक्त भी डरता हूं कि कहीं वे गुण धुल या मिट न जाएं।

जो ऊग्या सो आँथवै, फूल्या सो कुमिलाइ।
जो चिणियाँ सो ढहि पड़ै, जो आया सो जाइ॥

कबीर कहते हैं कि जिसका उदय होता है उसका अस्त भी होता है। जो फूल खिलता है वह मुरझाता भी है। जो घर बनता है, वह एक दिन गिरता भी और जो जन्म लेता है, वह मरता भी है। इस दुनिया के यही नियम है।

राजा की चोरी करे, रहै रंक की ओट।
कहैं कबीर क्यों उबरै, काल कठिन की चोट॥

कबीर कहते हैं कि कोई राजा के घर से चोरी करके निर्धन का नाटक कर बचना चाहे तो यह संभव नहीं है। इसी प्रकार से गुरु से नजरें चुराकर जीव मृत्यु की कठोर चोट से कैसे बचा रह सकता है।

हीरा परा बजार में, रहा छार लपिटाइ।
बतक मूरख चलि गये, पारखि लिया उठाइ॥

कबीर कहते हैं कि हीरा बाजार में पड़ा था, वह भी धूल-मिट्टी से ढका हुआ, जितने भी मूर्ख थे वे उसे देखकर भी चले गए और जो पारखी हैं, उसने उस हीरे को उठा लिया।

हीरा तहाँ न खोलिये, जहँ खोटी है हाटि।
कसकरि बाँधो गाठरी, उठि करि चालौ बाटि॥

कबीर कहते हैं कि हीरा वहां गांठ खोलकर मत दिखाओ जहां छोटा बाजार लगा हो। बुद्धिमानी तो इसी में है कि अपनी पोटली बांधों और आगे बढ़ जाओ।

क्या मुख लै बिनती करौं, लाज आवत है मोहि।
तुम देखत ओगुन करौं, कैसे भावों तोहि॥

कबीर कहते हैं कि मैं किस मुंह से तुम्हारी विनती करूं, प्रभु! मुझे शर्म आती है। तुम्हारी आंखों के सामने ही मैं पाप कर्म करता हूं। भला मैं तुझे कैसे पसंद आ सकता हूं।

सब काहू का लीजिये, साँचा सबद निहार।
पच्छपात ना कीजिये, कहै 'कबीर' बिचार॥

कबीर कहते हैं कि सत्य वाणी हर किसी की अपनाइए। पक्ष-विपक्ष का

ध्यान न रखकर सच्ची बात को हृदय में बैठा लीजिए।

जो गुरु बसै बनारसी, सीष समान समुन्दर तीर।
एक पलक बिसरै नहीं, जो गुण होय शरीर॥

अगर गुरु बनारस में रहते हों और शिष्य समुन्दर के तीर पर वास करता हो तो इससे कोई फर्क नहीं पड़ता यदि शिष्य में गुरु का ज्ञान है अर्थात् गुरु के प्रति शिष्य के मन में थोड़ी-सी भी आस्था कम नहीं होगी।

पुरपाटण सुवस बसा, आनन्द ठाँयें ठाँइ।
राम-सनेही बाहिरा, उलजेड़ मेरे भाइ॥

कबीर कहते हैं कि जिस गांव व शहर में राम के भक्त नहीं रहते, वे गांव-शहर वीरान ही होते हैं, भले ही वे गांव-शहर कितने ही सुंदर ढंग से क्यों न बसाए गये हों।

काबा फिर कासी भया, राम भया रे रहीम।
मोट चून मैदा भया, बैठि कबीरा जीम॥

कबीर कहते हैं कि काबा अब काशी बन गया है और मेरा राम ही रहीम हो गया है। जो आटा मोटा था वह मैदा बन गया है। संत कबीर जो है स्वाद ले-लेकर खा रहा है। सांप्रदायिकता की आग को शांत करने के लिए कबीर ने राम-रहीम को एक ही सूत्र में पिरो दिया है और वास्तविकता भी यही है। राम-रहीम में कोई अंतर नहीं है।

दुखिया भूखा दुःख कौं, सुखिया सुख कौं झूरि।
सदा अजंदी राम के, जिनि सुख-दुःख गेल्हे दूरि॥

कबीर कहते हैं कि यह संसार बहुत ही विलक्षण है-दुखिया दुःख से परेशान है और सुखिया अत्याधिक दुःख के कारण परेशान है लेकिन जो राम के भक्त हैं वे हमेशा मजे में रहते हैं क्योंकि दुःख-सुख दोनों से वे परे हैं। न तो उन्हें दुःख की चिंता है और न ही सुख की परवाह है।

'कबीर' का तू चिंतवे, का तेरा च्यंत्या होइ।
अणच्यंत्या हरि जी करै, जो तोहि च्यंत न होइ॥

कबीर कहते हैं कि क्यों तू चिंता कर रहा है। तेरे चिंता करने से क्या होता है। मेरे हरि तो ऐसे हैं, जिस बात की तुझे चिंता नहीं है, उसे भी वह पूरा कर देता है।

कायर बहुत एभांव ही, बहकि न बोले सूर।
काम षड्यां ही जाणिये, किस मुख परि है नूर॥

कबीर कहते हैं कि कायर ही लम्बी-लम्बी डींगे मारते हैं, जो शूरवीर होते हैं, वे तो कभी बड़ बोल बोलते ही नहीं हैं। यह तो रणक्षेत्र में ही पता चलता है कि कौन शूरवीर है और किसके चेहरे पर शूरवीरता की चमक है।

**'कबीर' कूता राम का, मुतिया मेरा नाउँ।
गले राम की जेवड़ी, जित खैंचे तित जाउँ॥**

कबीर कहते हैं कि मैं तो राम का कुत्ता हूं और मेरा नाम मोती है। मेरे गले में राम के नाम का ही पट्टा है। वह जिधर खींचते हैं, मैं उधर ही जाता हूं अर्थात् राम ही सबको नचा रहे हैं।

**जब लग भगहित सकामता, तब लग निर्फल सेव।
कहै 'कबीर' वै क्यूँ मिले निहकामी निज देव॥**

कबीर कहते हैं कि आराधना जब तक स्वार्थ से भरी है भगवान की पूजा तब तक निष्फल है। निःस्वार्थ भाव से की गई पूजा ही स्वीकार की जाती है।

**परनारी का राचण्णौ, जिसकी लहसण की खानि।
खूणैं बेसीर खाइय, परगट होइ दिवानि॥**

कबीर कहते हैं कि पराई स्त्री का संग-साथ लहसुन खाने के बराबर है, कोई कितना भी छिपकर लहसुन खाए उसकी गंध सबके सामने आ ही जाती है।

**परनारी राता फिरैं, चोरी बिढ़िता खाहिं।
दिवस चारि सरसा रहै, अति समूला जाहिं॥**

कबीर कहते हैं कि पराई नारी से जो नेह लगाते हैं और गलत धंधे की कमाई खाते हैं, भले ही वे कुछ दिनों तक हरे-भरे रहें लेकिन अंत में उनका पूरी तरह से विनाश हो जाता है। इसमें कोई संशय नहीं है। पर स्त्री और चोरी का धन सदा ही दुःख दायक होता है। सज्जन लोग इनसे दूर ही रहते हैं।

**ग्यानि मूल गँवाइया, आपण भये करना।
ताथैं संसारी भला, मन में रहै डरना॥**

कबीर कहते हैं कि ज्ञानी जो हैं, उन्होंने ज्ञान के अहंकार में पड़कर अपना सब कुछ ही गंवा दिया। वह स्वयं को ही ईश्वर तुल्य मानने लगा। तथा सबका भाग्य विधाता मानने लगा। ऐसे ज्ञानियों से गृहस्थी जो हैं, वे अच्छे हैं। वे कम-से-कम डर कर तो कोई भी कार्य करते हैं कि कहीं कुछ गलत न हो जाए। ज्ञानी होने का लाभ तभी है जब मन में अहंकार भाव न पैदा हो।

**इहि उदर कै कारणे, जग पाच्यो निस जाम।
स्वामी-पणौ जो सिरि चढयो, सिर यो न एको काम॥**

कबीर कहते हैं कि इस पेट के कारण ही साधु के रूप में आदमी दिन-रात मांगता फिरता है और उसके सिर पर स्वामी होने का नशा चढ़ जाता है। लेकिन वह वास्तव में तो स्वामी बना नहीं, जिससे वह कुछ भी नहीं पा सका – न तो साधु बना और न स्वामी और न पेट ही भर सका।

ब्राह्मण गुरु जगत् का, साधू का गुरु नाहिं।
उरझि-पुरझि करि भरि रह्या, चारिउँ बेदा माँहि॥

कबीर कहते हैं कि ब्राह्मण जगत का गुरु भले ही हो लेकिन साधु का गुरु नहीं हो सकता भले ही साधु निम्न वर्ग का क्यों न हो। ब्राह्मण साधु का गुरु भला कैसे हो सकता है वह तो चारों वेदों में ही उलझा हुआ होता है।

'कबीर' कलि खोटी भई, मुनियर मिलै न कोइ।
लालच लोभी मसकरा, तिनकूँ आदर होइ॥

कबीर कहते हैं कि इस कलियुग में बहुत बुरा हो गया है, आज कहीं भी साधु-संन्यासी नहीं दिखते। इस कलियुग में मसखरों, लालची, लोभी लोगों को सम्मान मिल रहा है।

कलि का स्वामी लोभिया, मनसा धरी बधाई।
दैहि पईसा ब्याज को, लेखाँ करता जाई॥

कबीर कहते हैं कि कलियुग में जो स्वामी या साधु हैं, वे सब लोभी हो गए हैं। इच्छाओं से सब बंधे हुए हैं। सारा समय लोगों का ब्याज का पैसा वसूलने और गिनने में ही बीत जाता है।

'कबीर' इस संसार कौ, समझाऊँ कै बार।
पूँछ जो पकड़ै भेड़ की उतर या चाहे पार॥

कबीर कहते हैं कि मैंने इस संसार के लोगों को कई बार समझाया कि वे भेड़ की पूंछ पकड़कर भवसागर पार उतर नहीं सकते हैं। ज्ञान रूपी नाव की जरूरत है भवसागर को पार करने के लिए। लेकिन रूढ़िवादी विचारधारा के लोग कहां समझते हैं।

'कबीर' सो धन संचिये, जो आगै कू होइ।
सीस चढ़ाये पोटली, ले जात न देख्या कोइ॥

कबीर कहते हैं कि वह धन इकट्ठा करो, जो आगे काम आए। तुमने जो यह धन जोड़ा है, इसमें कुछ नहीं रखा है। क्या आपने किसी को सिर पर गठरी ले जाते हुए देखा है। सभी यहां से खाली हाथ, वह भी नंगे ही तो जाते हैं।

बुगली नीर बिटालिया, सागर चढ़या कलंक।
और पखेरू पी गये, हँस न बोवे चंच॥

कबीर कहते हैं कि बगुली ने चोंच मारकर सागर का पानी जूठा कर दिया। इससे सागर कलंकित हो गया। दूसरे पक्षी तो जल पी-पी चले गए लेकिन हंस ने उस जूठे पानी में अपनी चोंच न डुबोई।

कबीर इस संसार का, झूठा माया मोह।
जिहि धरि जिता बाधवणा, तिहीं धरि तिता अंदोह॥

कबीर कहते हैं कि इस संसार का सारा मोह-माया झूठा है। इसका कोई मोल नहीं है। यह मूल्यहीन है। जिस घर में जितनी ही बधाइयां बजती हैं उस घर में उतनी ही समस्याएं और आपदाएं पैदा होती हैं।

कहने का भाव है कि दिखावा से अधिक हकीकत की जरूरत है। सुखी रहने के लिए रूढ़िगत मान्यताओं की नहीं ज्ञान की जरूरत होती है।

करती दीसै कीरतन, ऊँचा करि तुंड।
जाने-बुझै कुछ नहीं, यौं ही अंधा रूंड॥

कबीर कहते हैं कि मैंने उन लोगों को देखा है, जो मुंह को उठा कर ऊंची आवाज में कीर्तन करते हैं। जानते-समझते तो कुछ भी नहीं, क्या अच्छा है क्या बुरा। ऐसे लोगों को अंधा कहा जाए या बिना सिर का केवल धड़?

'कबीर' पढ़ियो दूरि करि, पुस्तक देइ बहाइ।
बावन आषिर सेधि करि, 'ररै' 'ममै' चित्त लाइ॥

कबीर कहते हैं कि लिखना-पढ़ना बंद करो और पुस्तकों को एक तरफ कर दो। इन्हें बहा दो पानी में। बावन अक्षरों में से 'रकार' और 'मकार' बस तुम ये दो अक्षर ही ढूंढ़ कर ले लो और इन्हीं को जपना शुरू कर दो। सारी किताबों का सार इन अक्षरों में ही है।

काजी-मुल्ला भ्रंमियाँ, चल्या युनीं कै साथ।
दिल थे दीन बिसारियाँ, करद लई जब हाथ॥

कबीर कहते हैं कि काजी-मुल्ला सभी खुदा के रास्ते से भटक गए हैं और अपने हिसाब से चलने लगे हैं। रोजी-रोटी और अल्लाह के नाम पर इन्होंने जिबह करने के लिए हाथ में छुरी भी पकड़ ली है।

प्रेम-प्रीति का चोलना, पहिरि कबीरा नाच।
तन-मन तापर वारहूँ, जो कोई बौलै साँच॥

प्रेम-प्रीति का चोला पहन कर कबीर अपनी ही धुन में नाच रहा है और उस पर अपना तन-मन वार रहा है, जो कोई सच बोलता है।

कहने का भाव है कि सत्य ही ईश्वर का दूसरा रूप है।

तीरथ तो सब बेलड़ी, सब जग मेल्या छाइ।
कबीर मूल निकंदिया, कौन हलाहल खाइ॥

कबीर कहते हैं कि तीर्थ एक ऐसी अमर बेल है, जिसने संसार को बुरी तरह से अपनी लताओं में जकड़ लिया है। लेकिन कबीर ने इस अमर बेल की जड़ को ही काट दिया है, यह सोचकर कि कौन विषपान करे।

कबीर ने तीर्थ स्थलों को अमर बेल बताकर यह समझाने का प्रयास किया है कि ईश्वर तीर्थ स्थलों में नहीं व्यक्ति के हृदय में है। भटकने की क्या जरूरत है।

बूँद पड़ी जो समुद्र में, ताहि जाने सब कोय।
समुद्र समाना बूँद में, बूझै बिरला कोय॥

यह सबको पता है कि समुद्र में जो बारिश की बूंद पड़ती है, वह उसमें ही सदा के लिए मिल जाती है। लेकिन कोई-कोई ही यह समझ पाता है कि बिंदु रूपी जीवात्मा कैसे ईश्वर रूपी समुद्र में विलीन हो जाती है।

हद से चले सो मानव, बेहद चले सो साध।
हद बेहद दोनों तजे, ताको भता अगाध॥

कबीर कहते हैं कि जो अपनी शक्ति के अनुसार कार्य करता है, वह मनुष्य है, जो शक्ति से अधिक कार्य करता है, वह साधु है और जो शक्ति और हद से भी बढ़कर कार्य करता है उसको अत्यधिक ज्ञान प्राप्त होता है।

ज्ञान रतन का जतन कर, माटी का संसार।
आय कबीर फिर गया, फीका है संसार॥

कबीर कहते हैं कि यह दुनियादारी रूपी वैभव तो मिट्टी है और ईश्वर का ज्ञान रत्न है। कबीर ने इस संसार में जो कुछ भी देखा उसे छोड़ दिया क्योंकि संसार के सारे पदार्थों को मैंने ईश्वर-ज्ञान से कम ही कीमती पाया।

क्षमा बड़े न को उचित है, छोटे को उत्पात।
कहा विष्णु का घटि गया, जो भृगु मारी लात॥

कबीर कहते हैं कि छोटे अगर गलती करते हैं तो बड़ों को चाहिए कि वे उन्हें क्षमा कर दें। भगवान विष्णु का क्या घट गया जो भृगु मुनि ने उनके हृदय पर लात मार दिया।

'कबीर' सतगुर ना मिल्या, रही अधूरी सीष।
स्वाँग जती का पहरि करि, धरि-धरि माँगे भीष॥

कबीर कहते हैं कि जिन्हें सच्चा गुरु नहीं मिला उनकी शिक्षा अधूरी ही रह गई। साधु का ढोंग कर वे घर-घर भीख मांगते फिरते हैं। उनका जीवन व्यर्थ में ही गुजर गया।

को छूटौ इहिं जाल परि, कत फुरंग अकुलाय।
ज्यों-ज्यों सुरभि भजौ चहै, त्यों-त्यों उरझत जाय॥

कबीर कहते हैं कि इस सांसारिक मोह-माया के बंधन से कोई नहीं मुक्त हो सकता। पक्षी रूपी जीव जैसे-जैसे छुड़ा कर भागना चाहता है वैसे-वैसे वह उलझता ही जाता है।

जो तोकू कांटा बुवे, ताहि बोय तू फूल।
तोकू फूल के फूल है, बाकू है त्रिशूल॥

कबीर कहते हैं कि जो तुम्हारे लिए कांटा बोता है, उसके लिए तुम फूल

बोओ। तुम्हें फूल के बदले फूल ही मिलेंगे और जिसने कांटा बोया है, उसे त्रिशूल के समान तेज कांटे ही मिलेंगे अर्थात् सब का भला करो। दूसरों के लिए बुरा न करो।

कुटिल वचन सबसे बुरा, जारि कर तन छार।
साधु वचन जल रूप, बरसे अमृत धार॥

कबीर कहते हैं कि कड़वे वचन सबसे बुरे होते हैं। शरीर को जलाकर राख कर देते हैं। मीठे वचन जल के समान शीतल होते हैं, जिनसे अमृत की धार बरसती है।

धीरे-धीरे रे मना, धीरे सब कुछ होय।
माली सींचे सौ घड़ा, ऋतु आए फल होय॥

कबीर कहते हैं कि हे मन! धीरे-धीरे सब कुछ प्राप्त होता है। माली सैकड़ों घड़े पानी से पेड़-पौधों को सींचता है लेकिन फल ऋतु आने पर ही लगता है। धैर्य से ही सब काम बनता है।

जेहि खोजत ब्रह्मा थके, सुर नर मुनि अरू देव।
कहै कबीर सुन साधवा, करू सतगुरु की सेव॥

कबीर कहते हैं कि जिसको खोजते-खोजते ब्रह्मा, देवता, मनुष्य और महादेव थक गए। ऐ सज्जनों! उसे प्राप्त करने के लिए सिर्फ सद्गुरु की आराधना करो। वह उस ब्रह्म से साक्षात्कार करवा सकते हैं।

मनहिं दिया निज सब दिया, मन से संग शरीर।
अब देवे को क्या रहा, यों कयि कहहिं कबीर॥

तूने अपना मन गुरु को दे दिया तो सब कुछ दे दिया क्योंकि मन के साथ ही शरीर है। अब देने के लिए कुछ भी नहीं रहा। मन दे दिया तो शरीर अपने-आप सद्गुरु की शरण में आ जाता है।

सतगुरु को माने नहीं, अपनी कहै बनाय।
कहै कबीर क्या कीजिये, और मता मन माय॥

तू सद्गुरु की ज्ञान भरी बातों को मानता नहीं और अपनी उल्टी-सीधी बातें बनाकर कहता है। कबीर कहते हैं कि ऐसे व्यक्तियों का कुछ नहीं हो सकता। वे तो अपनी ही बात को मानते हैं।

बिन सतगुरु उपदेश, सुर नर मुनि नहिं निस्तरे।
ब्रह्मा-विष्णु, महेश और सकल जिव को गिनै॥

कबीर कहते हैं कि बिना सद्गुरु के उपदेश के सुर, मनुष्य, मुनि को भी सद्गति नहीं मिलने वाली। ब्रह्मा, विष्णु, महेश और सकल जीव की गिनती कौन करे। सद्गुरु ही ईश्वर से मिला सकता है और सारे देवों की अनुकंपा का

भागी बना सकता है।

सतगुरु खोजो सन्त, जीव काज को चाहहु।
मेटो भव को अंक, आवा गवन निवारहु॥

कबीर कहते हैं कि हे प्राणी! अगर तुम मोक्ष चाहते हो तो अपने लिए सद्गुरु की खोज करो और सच्चा ज्ञान प्राप्त कर जीवन-मरण से मुक्ति पा लो।

शिश्य पुजै गुरु आपना, गुरु पूजै सब साध।
कहैं कबीर गुरु शीष को, मत है अगम अगाध॥

कबीर कहते हैं कि शिष्य गुरु को पूजता है और गुरु सब साधुओं को पूजता है। गुरु-शिष्य का मन अगम अपार है।

हिरदे ज्ञान न उपजै, मन परतीत न होय।
ताके सद्गुरु कहा करें, घनघसि कुल्हरन होय॥

कबीर कहते हैं कि जिस मनुष्य के हृदय में ज्ञान नहीं उपजता और मन में आस्था भाव भी उत्पन्न नहीं होता, ऐसे व्यक्ति को सद्गुरु भी ज्ञान देकर क्या करेंगे। हथौड़े को घिसकर कुल्हाड़ी नहीं बनाई जा सकती।

शिष किरपिन गुरु स्वारथी, किले योग यह आय।
कीच-कीच के दाग को, कैसे सके छुड़ाय॥

कबीर कहते हैं कि शिष्य कंजूस है और गुरु स्वार्थी है तो फिर कीचड़ के दाग को कीचड़ कैसे छुड़ा सकता है।

देश-देशान्तर मैं फिरूँ, मानुष बड़ा सुकाल।
जा देखै सुख उपजै, वाका पड़ा दुकाल॥

कबीर कहते हैं कि मैंने देश-देशान्तर का देशाटन किया, मुझे मनुष्यों की कोई कमी नजर नहीं आई लेकिन जिसको देखकर मन हर्षित हो, वैसा कोई नहीं दिखा मानो ऐसे लोगों का अकाल पड़ गया हो।

कबीर गुरु की भक्ति बिन, नारी कूकरी होय।
गली-गली भूंकत फिरै, टूक न डारै कोय॥

कबीर कहते हैं कि गुरु की भक्ति के बिना स्त्रियां कुतिया का शरीर धारण कर गली-गली भौंकती फिरती हैं और उन्हें एक रोटी का टुकड़ा भी कोई नहीं देता है।

जो कामिनि परदै रहै, सुनै न गुरुगुण बात।
सो तो होगी कूकरी, फिरै उघारे गात।

कबीर कहते हैं कि जो स्त्रियां परदे में रहती हैं और सद्गुरु के ज्ञान से वंचित रहती हैं वे कुतिया का शरीर धारण कर शरीर उघारे भटका करती हैं।

कहने का भाव है कि परदा में रहने वाली स्त्रियों को भी ज्ञान की बातें सुननी चाहिए।

झिरमिर झिरमिर बरसिया, पाहन ऊपर मेह।
माटी गलि पानी भई, पाहन वाही नेह॥

कबीर कहते हैं कि पत्थर के ऊपर रिमझिम-रिमझिम पानी बरसा। मिट्टी गलकर पानी के साथ घुल-मिल गई लेकिन पत्थर जैसा था वैसा ही रहा। अपनी कठोरता के कारण पानी के साथ वह नहीं घुल-मिल सका।

जो लोग कठोर स्वभाव के होते हैं, वे जल्दी किसी के साथ घुल-मिल नहीं पाते हैं।

कबीर हृदय कठोर के, शब्द न लागे सार।
सुधि-बुधि के हिरदे विधे, उपजै ज्ञान विचार॥

कबीर कहते हैं कि कठोर हृदय वाले व्यक्ति को ज्ञान की बातें नहीं बेधतीं। जो ज्ञानी होते हैं और सहृदय होते हैं, उनके हृदय को ही ज्ञान-ध्यान की बातें प्रभावित करती हैं और वही ज्ञान को ग्रहण करते हैं।

पशुआ सों पालो परो, रहू-रहू हिया न खीज।
ऊसर बीज न उगसी, बोवै दूना बीज॥

कबीर कहते हैं कि जो व्यक्ति पशु प्रवृत्ति वाले होते हैं, उनसे ज्ञानी लोग नाराज उसी प्रकार नहीं होते जिस प्रकार दुगुना बीज बोने पर भी बंजर जमीन में वह नहीं उगता अर्थात् ज्ञानी लोग मूर्खों की बातों का बुरा नहीं मानते।

साकट कहा न कहि चलै, सुनहा कहा न खाय।
जो कौवा मठ हगि भरै, तो मठ को कहा नशाय॥

कबीर कहते हैं कि अज्ञानी लोग क्या नहीं कह देते, कुत्ता क्या नहीं खा लेता है। अगर कौवा मंदिर में बीट कर दे तो मंदिर अपवित्र थोड़े ही हो जाता है।

कबीर साकट की सभा, तू मति बैठे जाय।
एक गुवाड़े कदि बड़ै, रोज गदहरा गाय॥

कबीर कहते हैं कि तुम मूर्खों और दुष्टों की मंडली में भूलकर भी मत जाओ क्योंकि एक गौशाला में नीलगाय, गधा तथा गाय के रहने से आपस में झगड़ा तो होना ही है।

टेक न कीजै बावरे, टेक माहि है हानि।
टेक छाड़ि मानिक मिलै, सत गुरु वचन प्रमानि॥

कबीर कहते हैं कि हे प्राणी! कभी भी हट न करो। हठ करने से तेरा ही नुकसान है। हठ का परित्याग जो कर देता है, उसे सदगुरु के ज्ञान के समान मानिक रत्न की प्राप्ति होती है।

खसम कहावै बैरनव, घर में साकट जोय।
एक घरा में दो मता, भक्ति कहा ते होय॥

कबीर कहते हैं कि एक ही घर में दो विचारों के लोग होने से घर में सुख-शांति का अभाव हो जाता है। भला पतिव्रता और दुष्ट स्त्री एक ही घर में हों तो क्या घर में भक्ति-भाव उत्पन्न हो सकेगा। दो अलग-अलग मतों के लोग कभी भी शांति से नहीं रहते।

घर में साकट स्त्री, आप कहावे दास।
वो तो होगी शूकरी, वो रखवाला पास॥

कबीर कहते हैं कि घर में दुष्ट स्त्री है तो स्त्री शूकरी होगी और पति उसकी ही निगरानी में रहेगा। अब इसे पत्नी की भक्ति कह लो या मजबूरी में उपजी भक्ति कह लो।

आंखों देखा घी भला, न मुख मेला तेल।
साधु सो झगड़ा भला, ना साकट सों मेल॥

कबीर कहते हैं कि आंखों से घी को देखना अच्छा है, पर मुंह में तेल डालना ठीक नहीं है। इस प्रकार साधु से झगड़ पड़ना ठीक है, पर दुष्ट से दोस्ती अच्छी नहीं है।

कबीर सोई दिन भला, जा दिन साधु मिलाय।
अंक भरे भारी भेटिये, पाप शरीर जाय॥

कबीर कहते हैं कि वह दिन सबसे अच्छा है, जिस दिन साधु से भेंट हो जाए। दिल खोलकर उससे मिलो। दिल के सारे मैल दूर हो जाएंगे।

कबीर दर्शन साधु के, करत न कीजै कानि।
ज्यों उद्यम से लक्ष्मी, आलस मन से हानि॥

कबीर कहते हैं कि साधु से मिलते समय मन में किसी भी तरह का संशय या अभिमान न लाओ। जैसे परिश्रम करने से लक्ष्मी प्राप्त होती है और मन में आलस लाने से हानि होती है।

खाली साधु न बिदा करूं, सुन लीजै सब कोय।
कहै कबीर कछु भेंट धरूं, जो तेरे घर होय॥

कबीर कहते हैं कि अपने घर से साधुओं को खाली हाथ विदा मत करो। इस बात का मन में गांठ बांध लो। कुछ-न-कुछ भेंट स्वरूप दो, जो भी तुम्हारे पास हो।

टूका माही टूक दे, चीर माहि सो चीर।
साधु देत न सकुचिये, यों कशि कहहिं कबीर॥

कबीर कहते हैं कि रोटी के टुकड़े में से टुकड़ा और कपड़े में से कपड़ा फाड़कर साधुओं को देने में कंजूसी न करो।

कबीर लौंग-इलायची दातुन, माटी पानि।
कहै कबीर सन्तन को, देत न कीजै कानि॥

कबीर कहते हैं कि लौंग, इलायची, दातुन, मिट्टी, पानी लेकर संतों को दो। इसमें शरमाने की आवश्यकता नहीं है क्योंकि संत सेवा से बिगड़े कार्य भी सिद्ध हो जाते हैं।

साधु आवत देखिकर, हंसी हमारी देह।
माथा का ग्रह उतरा, नैनन बढ़ा सनेह॥

कबीर कहते हैं कि साधु को आते हुए देखकर हमारी सारी देह ही खुशी के मारे उमंगित हो उठी। माथे का ग्रह उतर गया और आंखों में प्रेम उमड़ पड़ा।

साधु शब्द समुद्र है, जामें रत्न भराय।
मन्द भाग मट्टी भरे, कंकर हाथ लगाय॥

कबीर कहते हैं कि साधु का जो नाम है, वह समुद्र की तरह गहरा है, जिसमें बेशुमार रत्न हैं। जो भाग्यहीन होते हैं उन्हें साधुओं के पास जाकर भी मुट्ठी भर कंकड़ ही मिलता है क्योंकि वे गुण ग्रहण न कर साधु में अवगुण की ही तलाश करते हैं।

साधु बिरछ सतज्ञान फल, शीतल शब्द विचार।
जग में होते साधु नहिं, जर मरता संसार॥

कबीर कहते हैं कि साधु वृक्ष हैं और सद्ज्ञान का फल उनमें लगा है और उनके विचार शीतल छाया है। यदि संसार में साधु नहीं होते तो इस संसार के अविवेकी लोग जल मरते। उन्हें बचाने वाला कोई नहीं होता। इन संतजनों के कारण ही तो यह संसार बचा हुआ है। संतों की सेवा अवसर निकालकर अवश्य करो।

साधु बड़े परमारथी, शीतल जिनके अंग।
तपन बुझावै और की, देदे अपनो रंग॥

कबीर कहते हैं कि जो साधु लोग होते हैं वे बहुत परमार्थी होते हैं और उनका स्वभाव बहुत ही कल्याणकारी होता है, जिससे वे दूसरों का भला करते हैं।

साधुन की झुपड़ी भली, न साकट के गांव।
चंदन की कुटकी भली, ना बबूल बनराव।

कबीर कहते हैं कि साधुओं की कुटिया भली है लेकिन दुष्टों का गांव भला नहीं है। चंदन का टुकड़ा अच्छा है लेकिन बबूल का जंगल ठीक नहीं है।

वेद थके, ब्रह्मा थके, याके सेस महेस।
गीता हूं कि गत नहीं, सन्त किया परवेस॥

कबीर कहते हैं कि वेद थक गए, ब्रह्मा थक गये तथा शेष, महेश सब

थक गए, और गीता भी नहीं बता सकी जिस ब्रह्म का भेद उस ब्रह्म को साधु-संत भेद बताने में समर्थ हैं क्योंकि उन्हें भक्ति करने आती है। भक्ति करो। इससे बड़ी कोई शक्ति नहीं।

सन्त मिले जानि बीछुरों, बिछुरों यह मम प्रान।
शब्द सनेही ना मिले, प्राण देह में आन॥

कबीर कहते हैं कि हे प्राण! तुम भले ही मुझसे अलग हो जाओ, मंजूर है लेकिन ज्ञानी संत लोग की संगति से मैं दूर न रहूं। क्या पता आत्मज्ञानी संतों से फिर मिलना हो या नहीं। प्राण का क्या, वह तो मरने के बाद पुन: शरीर धारण करने पर मेरे पास आ ही जाएगा।

साधु सिद्ध बहु अन्तरा, साधु मता परचण्ड।
सिद्ध जु वारे आपको, साधु तारि नौ खण्ड॥

साधु और सिद्ध में अन्तर है। साधु का विचार ही सर्वोत्तम होता है और सिद्ध तो केवल अपना ही भला करते हैं। सिद्ध से साधु बड़ा है और साधु जगत का हमेशा कल्याण ही चाहता है।

मानपमाप न चित धरै, औरन को सनमान।
जो कोई आशा करै, उपदेशै तेहि ज्ञान॥

कबीर कहते हैं कि साधु लोग मान-अपमान को मन में नहीं रखते यानी बुरा नहीं मानते। दूसरों का सम्मान करते हैं। जो कोई भी उनसे उम्मीद रखता है, उन्हें वे ज्ञान देकर सन्मार्ग की ओर ले जाते हैं।

जौन चाल संसार की जौ साधु की नाहिं।
डिंभ चाल करनी करे, साधु कहो मत ताहिं॥

कबीर कहते हैं कि जो चाल यानी व्यवहार संसार के लोगों का होता है, वह व्यवहार साधु का नहीं होता है। जो साधु अपने ज्ञान व साधुत्व पर अभिमान करता है, उसे साधु मत मानना।

इन्द्रिय मन निग्रह करन, हिरदा कोमल होय।
सदा शुद्ध आचरण में, रह विचार में सोय॥

कबीर कहते हैं कि इंद्रिय मन का निग्रह करना, हृदय कोमल होना, हमेशा शुद्ध आचरण-व्यवहार में रहना सच्चे संत की पहचान है। संत लोग इंद्रिय विकार से मुक्त होते हैं और उनका हृदय सच्चा होता है और उनका व्यवहार सबके अनुकूल होता है। वे संसार का कल्याण करने में इसका इस्तेमाल करते हैं।

कोई आवै भाव ले, कोई अभाव लै आव।
साधु दोऊ को पोषते, भाव न गिनै अभाव॥

कबीर कहते हैं कि कोई भाव लेकर आता है और कोई अभाव लेकर आता

है। साधु दोनों का ही कल्याण करते हैं। वे भाव-अभाव की गिनती नहीं करते हैं और न ही किसी से ईर्ष्या करते हैं।

सन्त न छाड़ै सन्तता, कोटिक मिलै असंत।
मलय भुवंगय बेधिया, शीतलता न तजन्त॥

कबीर कहते हैं कि जो संत है, वह सज्जनता नहीं छोड़ता है चाहे करोड़ों दुष्ट क्यों न मिल जाएं जैसे चंदन के तने से सर्प लिपटे रहते हैं, पर वह अपनी शीतलता नहीं छोड़ता है।

कमल पत्र हैं साधु जन, बसैं जगत के माहिं।
बालक केरि धाय ज्यों, अपना जानत नाहिं॥

कबीर कहते हैं कि संसार में रहकर भी साधुजन मैथुन, नशा, नाच, रंग आदि से मुक्त रहते हैं। जैसे बच्चे को दूध पिलाने वाली दाई बच्चे को अपना मानकर मातृत्व नहीं देती, वैसे ही साधुजन संसार में रहकर भी सांसारिक चीजों से कोई लगाव नहीं रखते।

एक छाड़ि पय को गहैं, ज्यों रे गऊ का बच्छ।
अवगुण छाड़ै गुण गहैं, ऐसा साधु लच्छ॥

कबीर कहते हैं कि जैसे गाय का बछड़ा खून को छोड़कर दूध को ही पीता है, वैसे ही साधु का स्वभाव होता है। वह अवगुणों को छोड़कर सिर्फ सद्गुणों को ही ग्रहण करता है।

जौन भाव ऊपर रहै, भितर बसावै सोय।
भीतर और न बसावई, ऊपर और न होय॥

कबीर कहते हैं कि जैसा भाव हृदय में हो, वही भाव ऊपर होना चाहिए। हृदय में कुछ और तथा बाहर कुछ और भाव नहीं होना चाहिए।

ढोल दमामा गड़झड़ी, सहनाई और तूर।
तीनों निकसि न बाहुरैं, साधु सती औ सूर॥

कबीर कहते हैं कि ढोल, डुग्गी, नगाड़ा, शहनाई और तुरही से निकले शब्द जैसे वापस नहीं होते वैसे ही साधु, सती, वीर युद्ध के मैदान की तरफ बढ़ जाते हैं तो वापस नहीं लौटते। हार या जीत का फैसला होने के बाद ही वे वापस घर को लौटते हैं।

सन्त समागम परम सुख, जान अल्प सुख और।
मान सरोवर हंस है, बगुला ठौरे ठौर॥

कबीर कहते हैं कि सन्त समागम परम सुखदायक होता है और दूसरे सुख इसके सामने कम ही है। हंस तो मानसरोवर में मिलते हैं तथा बगुले जगह-जगह घूमते हैं।

सो दिन गया इकारथे, संगत भई न सन्त।
ज्ञान बिना पशु जीवना, भक्ति बिना भटकन्त॥

कबीर कहते हैं कि वह दिन बेकार है, जिस दिन संतों से भेंट नहीं हुई। ज्ञान के बिना यह जीवन पशु के समान है और भक्ति के बिना चारों ओर भटकता फिरता है।

आशा तजि माया तजै, मोह तजै अरू मान।
हरष शोक निन्दा तजै, कहैं कबीर सन्त जान॥

कबीर कहते हैं कि संत वही है, जिसने आशा, माया, मोह, मान, हर्ष, शोक, पर निन्दा आदि त्याग दिया है।

आसन तो इकान्त करैं, कामिनी संगत दूर।
शीतल सन्त शिरोमनी, उनका ऐसा नूर॥

कबीर कहते हैं कि जो संत एकांत में आसन करते हैं और स्त्री के संग-साथ से दूर रहते हैं, ऐसे विनम्र संत का प्रकाश इतना प्रभावी होता कि वह संतों में शिरोमणि होता है।

साधु दरश को जाइये, जेता धरिये पांय।
डग-डग पे असमेध जग, है कबीर समुझाय॥

कबीर कहते हैं कि साधु से मिलने के लिए व्यक्ति जाता है तो जितने ही पांव रखता है अश्वमेघ यज्ञ का उतना ही फल मिलता है। संत वचन व संत-दर्शन दोनों ही मुक्ति का द्वार खोलते हैं।

सन्त होत हैं, हेतु के, तहां चलि जाय।
कहैं कबीर के हेत बिन, गरज कहा पतियाय॥

साधु-संत प्यार के भूखे होते हैं। जहां पर लोगों का प्रेम रहता है, वहां बरबस ही चले जाते हैं। कबीर कहते हैं कि प्रेम के बिना किसी पर विश्वास करने का उनका कोई प्रयोजन नहीं है।

कहने का भाव है कि साधुजन प्रेम के वश में होते हैं और जहां प्रेम-भाव होता है, वहीं पर उनका आगमन होता है। प्रेम के अतिरिक्त कोई ऐसा कारण नहीं, जिसके चलते वे वहां जाएं।

सन्त सेव गुरु बन्दगी, गुरु सुमिरन वैराग।
ये ता तबही पाइये, पूरन मस्तक भाग॥

कबीर कहते हैं कि संतों की सेवा, गुरु की पूजा, गुरु सुमिरन तथा वैराग्य ये सब भाग्यशाली लोगों को ही प्राप्त होते हैं। कर्महीन लोगों को इतने अच्छे अवसर नसीब नहीं होते।

साधु भौंरा जग कली, निशि दिन फिरै उदास।
टुक-टुक तहां विलम्बिया, जहं शीतल शब्द निवास॥

कबीर कहते हैं कि साधुरूपी भौंरे संसार रूपी फूलों पर निर्विकार रूप से मंडराते फिरते हैं। थोड़ा-बहुत वहीं रुकते हैं, जहां सज्जन लोग रहते हैं।

साधु जन सब में रमैं, दुःख न काहू देहि।
अपने मत गाड़ा रहै, साधुन का मत येहि॥

कबीर कहते हैं कि साधु लोग सबके साथ प्रेमपूर्वक रहते हैं। वे अमीर-गरीब, ऊंच-नीच का ध्यान नहीं रखते हैं तथा किसी को भी कष्ट नहीं पहुंचाते हैं। अपने विचार व निर्णय पर अटल रहते हैं, साधु का स्वभाव ऐसा ही होता है।

साधु-साधु सब एक हैं, जस अफीम का खेत।
कोई विवेकी लाल है, और सेत का सेत॥

कबीर कहते हैं कि साधु-साधु सब एक हैं यानी सभी साधु एक ही हैं जैसे सभी खेतों की तरह अफीम का खेत होता है। जो साधु विवेकवान है, वह लाल रत्न के समान है तथा दूसरे सफेद का सफेद रूपधारी है।

बाना पहिरे सिंह का, चलै भेड़ की चाल।
बोली बोले सियार की कुत्ता खावै फाल॥

कबीर कहते हैं कि शेर का रूप बनाकर जो भेड़ की चाल चले और सियार की बोली बोले तो उसे एक दिन कुत्ता अवश्य ही फाड़कर खाता है।

गिरही सेवै साधु को, भाव भक्ति आनन्द।
कहैं कबीर बैरागी को, निरबानी निरदुन्द॥

जो व्यक्ति साधु की सेवा करता है और भाव-भक्ति में आनंदित रहता है, वही सच्चा गृहस्थ है। कबीर कहते हैं कि वैराग्य धारण करने वाले संत का धर्म है कि द्वेष भाव रहित व्यवहार करे और खुशी-गम से मुक्त निर्भय होकर जिए।

पांच-सात सुमता भरी, गुरु सेवा चित लाय।
तब गुरु आज्ञा लेय के, रहे देशान्तर जाय॥

कबीर कहते हैं कि पांच-सात साल तक विवेकपूर्ण ढंग से गुरु की सेवा में मन लगाओ। इसके बाद गुरु से आज्ञा लेकर दूसरे शहर में कमाने जाओ।

गुरु के सन्मुख जो रहे, सहै कसौटी दुख।
कहैं कबीर ता दुःख पर वारों, कोटिक सुख॥

कबीर कहते हैं कि गुरु के सामने जो रहता है और उसकी कसौटी पर खरा उतरता है, लाख दुःख सहने के बाद भी ऐसे दुःख पर करोड़ों सुख न्यौछावर हैं। गुरु की अनुकंपा उस पर इतना बरसती है कि वह धन्य हो जाता है।

बोली ठोली मस्करी, हंसी खेल हराम।
मद माया और इस्तरी, नहिं सन्तन के काम॥

कबीर कहते हैं कि बोली-ठोली, मजाक, हंसी-खेल सब हराम है। मद,

माया और स्त्री-संग यह संतों का काम नहीं है।

> मांगन मरण समान है, तोहि दई मैं सीख।
> कहैं कबीर समझाय के, मति कोई मांगे भीख॥

कबीर कहते हैं कि मांगना मौत के समान है। मैं तुम्हें सीख देता हूं और समझा भी रहा हूं कि कोई भी किसी से हाथ फैलाकर भीख न मांगे। मांगने से आदमी का महत्व खत्म हो जाता है।

> अजहूं तेरा सब मिटै, जो मानै गुरु सीख।
> जब लग घर में रहै, मति कहु मांगे भीख॥

कबीर कहते हैं कि अभी भी समय है। आज भी तेरा सारा दुःख-दर्द दूर हो सकता है अगर तू सदगुरु की सीख को मान ले। जब तक घर में रहो कहीं पर भी भीख मत मांगो।

> गिरिये परबत सिखर ते, परिये धरनि मंझार।
> मूरख मित्र न कीजिये, बूड़ो काली धार॥

कबीर कहते हैं कि पहाड़ से गिरकर मर जाना ठीक है, धरती में समा जाना अच्छा है तथा गहरे कुएं में डूब मरना अच्छा है लेकिन मूर्ख मित्र अच्छा नहीं है क्योंकि वह मझधार में ही ले डूबता है।

> सज्जन सों सज्जन मिले, होवे दो-दो बात।
> गदहा सो गदहा मिले, खावे दो-दो लात॥

कबीर कहते हैं कि सज्जन व्यक्ति की सज्जन व्यक्ति से बनती है और वे आपस में अच्छी बातें करते हैं। लेकिन गधे से गधा मिलता है तो अच्छी बात न होकर दो-दो लात वे एक दूसरे को मारते हैं।

> कबीर विषधर बहु मिले, मणिधर मिला न कोय।
> विषधर को मणिधर मिले, विष तजि अमृत होय॥

कबीर कहते हैं कि विषधर सर्प तो बहुत मिलते हैं पर मणिधर कोई नहीं मिला। अगर विषधर को मणिधर मिल जाए तो विष मिटकर अमृत हो जाता है अर्थात् सज्जन लोग दुष्टों को अपने ज्ञान से सज्जन बना देते हैं।

> प्रीति कर सुख लेन को, सो सुख गया हिराय।
> जैसे पाइ छछून्दरी, पकड़ि सांप पछिताय॥

कबीर कहते हैं कि मनुष्य आनंद की प्राप्ति के लिए कुसंगतियों से प्रेम करता है लेकिन कुसंगति के कारण उसे वह सुख नहीं मिल पाता है फिर उस मनुष्य की वही हालत हो जाती है जैसे छछूंदर को मुंह में लेने के बाद सर्प अफसोस करता है। उसे न तो खाते बनता है और न ही निगलते बनता है।

जो छोड़े तो आंधरा, खाये तो मरि जाय।
ऐसे संग छछून्दरी, दोऊ भांति पछितायं॥

कबीर कहते हैं कि सर्प ने छछूंदर को मुंह में तो ले लिया लेकिन दुविधा में है कि अगर छछूंदर को छोड़ देगा तो अंधा हो जाएगा और खा लेगा तो मर जाएगा। आखिर वह करे तो क्या करे। कबीर कहते हैं कि ऐसे ही इंसान की संगति कुसंगति से हो जाती है तो वह सर्प की तरह पछताता है। कुसंगति को छोड़ता है तो वे दुश्मन बन जाते हैं और नहीं छोड़ता है तो मरता-पिसता रहता है।

तरूवर जड़ सो काटिया, जबै सम्हारो जहाज।
तारे पर बोरे नहीं, बाह गहे की लाज॥

कबीर कहते हैं कि आदमी पेड़ को जड़ से काट डालता है और जब पेड़ की लकड़ी से जहाज बनता है तब वह काटने वाले को भी नदी से पार करता है, बदले की भावना उसमें नहीं रहती है। वह काटने वाले को डुबोता नहीं है। यह सच है कि जो सज्जन लोग होते हैं, वे बांह पकड़ने पर पार लगा ही देते हैं।

कहने का भाव है कि बड़े लोग अपनी मर्यादा को जानते हैं और बदले की भावना उनके मन में नहीं होती है।

सन्त सुरसरी गंग जल, आनि पखारा अंग।
मैले से निरमल भये, साधु जन के संग॥

कबीर कहते हैं कि संत जगतारन गंगाजल हैं, जिसमें आकर लोग अपना अंग धोते हैं और अपने सारे विकार धोकर निर्मल हो जाते हैं। साधु संगति पापी को भी पुण्यवान बना देती है।

साधु संग गुरु भक्ति अरू, बढ़त-बढ़त बढ़ि जाय।
ओछी संगत खर शब्द अरू, घटत-घटत घटि जाय॥

कबीर कहते हैं कि साधु की संगति और गुरु-भक्ति बढ़ते-बढ़ते बढ़ जाती है। ओछे लोग की संगति और गधे की आवाज बढ़ते-बढ़ते घटकर नष्ट हो जाती है। संगति करना ही है तो साधु की करें।

दाग जु लागा नील का, सौ मन साबुन धोय।
कोटि जतन परमोधिये, कागा हंस न होय॥

कबीर कहते हैं कि नील का दाग लग जाने पर सौ मन साबुन से धोने पर भी नहीं धुलता है। इसी प्रकार से करोड़ों उपाय करने पर भी दुष्ट कभी सज्जनता ग्रहण नहीं करते हैं जैसे कौआ कभी हंस नहीं बनता।

ब्राह्मण केरी बेटिया, मांस शराब न खाय।
संगति भई कलाल की, मद बिन रहा न जाय॥

कबीर कहते हैं कि ब्राह्मण की कन्या मांस-शराब का सेवन नहीं करती लेकिन उसकी मित्रता शराब बनाने वाले कलार से हो जाती है तो वह भी शराब पीने लगती है अर्थात् संगति का प्रभाव व्यक्ति पर अवश्य ही पड़ता है।

मूरख को समुझावते, ज्ञाप गांठि का जाय।
कोयल होय न ऊजला, सौ मन साबुन लाय॥

कबीर कहते हैं कि मूरख को समझाने पर अपने पास का ज्ञान व्यर्थ में ही चला जाता है, जैसे सौ मन साबुन से मल-मलकर धोने पर भी कोयल कभी उजली नहीं होती है।

कोयला भी हो ऊजला, जरि बरि है जो सेत।
मूरख होय न ऊजला, ज्यों कालर का खेत॥

कबीर कहते हैं कि कोयला जब अच्छी तरह से जलकर राख हो जाता है तो वह सफेद हो जाता है लेकिन मूर्ख को लाख ज्ञान देने पर भी वह अपनी मूर्खता नहीं छोड़ता है।

तोहि पीर जो प्रेम की, पाका सेती खेल।
काची सरसों पेरिकै, खरी भया न तेल॥

कबीर कहते हैं कि अगर सद्ज्ञान से प्रेम करने के लिए तेरे दिल में पीड़ा यानी विरह है तो पका सद्ज्ञान के लिए साधना कर, कच्ची सरसों की पेराई करने से न तेल निकलता है और न ही खली।

कहने का भाव है कि सद्ज्ञान की प्राप्ति ही करनी है तो पहले मन में उसके प्रति सच्ची आस्था पैदा करो।

तेल तिली सो ऊपजै, सदा तेल को तेल।
संगति को बेरो भयो, ताते नाम फुलेल॥

कबीर कहते हैं कि तेल तिल से निकलता है और सदा तेल का तेल ही रहता है। उसमें कोई बदलाव नहीं होता है। लेकिन जब उस तेल में फूलों का अर्क पड़ जाता है तो उसका नाम तेल से बदलकर फुलेल हो जाता है अर्थात् संगति से किसी भी चीज का पूरा अस्तित्व व स्वरूप ही बदल जाता है। सज्जन व्यक्ति की संगति में दुष्ट सज्जन बन सकता है और दुष्ट की संगति में सज्जन भी दुष्ट बन सकता है।

सेवक स्वामी एक मत, मन में मत मिलि जाय।
चतुराई रीझै नहीं, रीझै मन के भाय॥

कबीर कहते हैं कि सेवक व स्वामी का मत ऐसा होना चाहिए कि दोनों के मत मिलकर एक हो जाएं। चालाकी से स्वामी खुश नहीं होता है। वह तो सेवा भक्ति से सेवक पर प्रसन्न होता है।

कहने का भाव है कि सेवक अपने कार्यों व ईमानदारी से ही स्वामी को प्रसन्न कर सकता है।

तू तू करूं तो निकट है, दुर दुर करूं हो जाय।
ज्यों गुरु राखै त्यों रहै, जो देवै सो खाय॥

कबीर कहते हैं कि गुरु तू-तू करके शिष्य को बुलाए तो नजदीक आए, दूर-दूर करके दूर भागए तो दूर भागे। जैसे गुरु रखे वैसे रहे और जो भी दे वह खाए अर्थात् गुरु के आदेश का पालन होना चाहिए।

आशा करै बैकुण्ठ की, दुरमति तीनों काल।
शुक कही बलि ना करीं, ताते गयो पताल॥

कबीर कहते हैं कि गुरु आशा तो बैकुण्ठ की करता है, पर तीनों समय मन में बुरे विचार ही रहते हैं। गुरु शुक्राचार्य का कहना राजा बलि ने नहीं माना और तब, उन्हें राज्य को छोड़कर पाताल जाना पड़ा।

कबीर गुरु सबको चहै, गुरु को चहै न कोय॥
जब लग आश शरीर की, तब लग दास न होय॥

कबीर कहते हैं कि गुरु सभी को चाहता है यानी सब को एक दृष्टि से देखता है। लेकिन गुरु को कोई नहीं चाहता है। जब तक अभिमान है और शरीर सबल है तब तक कोई गुरु की शरण में नहीं जाता। गुरु तब याद आता है जब बात बिगड़ जाती है।

कबीर गुरु के भावते, दूरहि ते दीसन्त।
तन छीना मन अनमना, जग से रूठि फिरन्त॥

कबीर कहते हैं कि गुरु के प्रति मन में कितनी निष्ठा है, यह तो दूर से ही नजर आ जाती है। उसका शरीर दुर्बल तथा मन व्याकुल रहता है तथा संसार से निराश व उदास होकर घूमता फिरता है।

दासातन हिरदै नहीं, नाम धरावै दास।
पानी के पीये बिना, कैसे मिटै पियास॥

कबीर कहते हैं कि मन में दीनता का भाव नहीं है लेकिन स्वयं को दास कहलवाने का शौक है फिर कल्याण कैसे हो सकता है। प्यास भला शीतल जल को पिये बिना कैसे बुझ सकती है।

लगा रहे सतज्ञान सो, सबही बन्धन तोड़।
कहैं कबीर वा दास सो, काल रहै हथजोड़॥

कबीर कहते हैं कि जो हमेशा सद्ज्ञान की प्राप्ति में लगा रहे और सारे बंधनों से मुक्त हो, उसके आगे काल भी हाथ जोड़कर सिर झुकाता है।

भक्ति भाव भादौं नदी, सबै चली घहराय।
सरिता सोई सराहिये, जेठ मास ठहराय॥

कबीर कहते हैं कि भादो के महीने में सभी नदियों का जल बढ़ जाता है लेकिन वह नदी प्रशंसनीय है, जो ज्येष्ठ माह में जल से भरी रहती है। इसी प्रकार दूसरों को देखकर किसी में भक्ति-भाव उमड़ पड़ना कोई महत्त्व नहीं रखता है, यही स्थिति जब हर समय और मुश्किलों की घड़ियों में भी बनी रहती है तो काबिले तारीफ है।

> भक्ति बीज पलटै नहीं, जो जुग जाय अनन्त।
> ऊंच नीच घर अवतरै, होय सन्त न सन्त॥

कबीर कहते हैं कि भक्ति रूपी बीज का कभी नाश नहीं होता है चाहे कितने ही युग क्यों न बीत जाएं। भक्ति करने वाला प्राणी ऊंची-नीची किसी भी जाति में क्यों न पैदा हो, वह भक्त का भक्त ही रहता है। उसका महत्त्व कम नहीं होता।

> भक्ति कठिन अति दुर्लभ, भेष सुगम नित सोय।
> भक्ति जु न्यारी भेष से, यह जानै सब कोय॥

कबीर कहते हैं कि भक्ति बहुत कठिन व दुर्लभ है और रोजाना वेश बना लेना तो बहुत सुगम है। भक्ति वेश से भिन्न है और वेश बनाने वाली भक्ति सच्ची भक्ति से अलग है, यह सभी को पता है।

> भक्ति नसेनी मुक्ति की, संत चढ़े सब धाय।
> जिन जिन मन आलस किया, जनम-जनम पछिताय॥

कबीर कहते हैं कि भक्ति ही मुक्ति यानी मोक्ष का पायदान है। जो भक्त भक्ति रूपी पायदान पर चढ़ते हैं, वे ईश्वर को प्राप्त कर लेते हैं और जो आलस्य करते हैं वे जन्म-जन्म तक अफसोस करते हैं।

> भक्ति दुवारा साकरा, राई दशवें भाय।
> मन तो मैगल होय रहा, कैसे आवै जाय॥

कबीर कहते हैं कि भक्ति का जो द्वार है वह बहुत ही संकरा है और वह भी राई के दाने के दसवें भाग के बराबर है और अभिमान वश तुम्हारा मन तो मस्तमौला हो रहा है, बताओ उस दरवाजे में उसका आना-जाना कैसे होगा।

> भक्ति गेंद चौगान की, भावै कोइ लै लाय।
> कहैं कबीर कुछ भेद नहिं, कहा रंक कहं राय॥

कबीर कहते हैं कि भक्ति तो मैदान में पड़ी गेंद के समान पड़ी है, जिसे अच्छी लगे वह ले जाए। धनी-गरीब, ऊंच-नीच का कोई भी भेद-भाव इसमें नहीं है। जिसके मन में प्रभु-प्रेम है, उसके लिए ही भक्ति का मार्ग है।

> कबीर गुरु की भक्ति करूं, तज विषया रस चौंज।
> बार-बार नहिं पाइये, मानुष जन्म की मौज॥

कबीर कहते हैं कि हे प्राणी! सद्गुरु की भक्ति कर और विषय-वासनाओं का रस लेना छोड़। बार-बार मानुष तन नहीं मिलने वाला और न ही यह सौभाग्य ही प्राप्त होने वाला है।

कबीर गुरु की भक्ति का, मन में बहुत हुलास।
मन मनसा माजै नहीं, होन चहत है दास॥

कबीर कहते हैं कि सद्गुरु की भक्ति का मन में बहुत श्रद्धा है लेकिन वासनाओं का त्याग किए बिना गुरु की शरण में जगह नहीं मिलने वाली। तुम उनका दास नहीं बन सकते।

जब लग नाता जाति का, तब लग भक्ति न होय।
नाता तोड़े गुरु भजै, भक्त कहावै सोय॥

कबीर कहते हैं कि जब तक मन में जाति-कुल का अभिमान है तथा ऊंच-नीच का भ्रम है, तब तक भक्ति तुमसे नहीं हो सकती है। अभिमान से नाता तोड़ने के बाद सद्गुरु का ज्ञान हो सकता है और उनकी भक्ति में मन लग सकता है।

प्रेम बिना जो भक्ति है, सो नित दंभ बिचार।
उदर भरत के कारन, जन्म गंवाये सार॥

कबीर कहते हैं कि जिस भक्ति में प्रेम नहीं है, वह भक्ति नहीं मात्र दिखावा है। पेट भरने की खातिर ऐसे भक्त अपनी सारी उम्र यूं ही बिता देते हैं।

टोटे में भक्ती करै, ताका नाम सपूत।
मायाधारी मसखरैं, केते गये अऊत॥

कबीर कहते हैं कि जो घाटे में भी ईश्वर की भक्ति करता है, वह सच्चा भक्त है। छद्म वेशधारी कितने ही मसखरे झूठी भक्ति के गुमान में समाप्त हो गए। भक्ति मजाक की चीज नहीं है। भक्ति करो तो सच्चे मन से करो।

खेत बिगारेउ खरतुआ, सभा बिगारी कूर।
भक्ति बिगारी लालची, ज्यों केसर में धूर॥

कबीर कहते हैं कि घास खेत की फसल को बिगाड़ देती है, महफिल को दुष्ट प्रकृति के लोग खराब कर देते हैं। लोभी प्रकृति के लोग भक्ति को बदनाम कर देते हैं और केसर को धूल खराब कर देती है।

तिमिर गया रवि देखते, कुमति गयी गुरु ज्ञान।
सुमति गयी अति लोभ ते, भक्ति गयी अभिमान॥

कबीर कहते हैं कि सूर्य के निकलते ही अंधकार चला जाता है और गुरु-ज्ञान से कुमति चली जाती है। अति लोभ से सुमति चली जाती है तथा अभिमान करने से भक्ति नष्ट हो जाती है।

भक्ति महल बहु ऊंच है, दूरहि ते दरशाय।
जो कोई जन भक्ति करे, शोभा बरनि न जाय॥

कबीर कहते हैं कि भक्ति का मंदिर बहुत ऊंचा है और दूर से ही दिखता है। जो कोई व्यक्ति भक्ति करता है उसके सौंदर्य का कोई वर्णन नहीं।

भक्ति निसेनी मुक्ति की, संत चढ़े सब आय।
नीचे बाधिनि लुकि रही, कुचल पड़े कू खाय॥

कबीर कहते हैं कि भक्ति जो है मोक्ष का सोपान है। सभी संत उस पर आकर चढ़ते हैं और सीढ़ी के नीचे माया रूपी बाधिन छुपकर घात लगाए बैठी है, जो जरा-सी भी गलती करेगा वह उसको अपने पंजों में दबोचकर खा जाएगी।

कहने का भाव है कि जो भक्तजन हैं, उन्हें माया से बचना चाहिए।

कबीर गर्ब न कीजिये, काल गहे कर केस।
ना जानो कित मारि हैं, क्या घर क्या परदेस॥

कबीर कहते हैं कि स्वयं पर गर्व न करो। काल ने तुम्हारे केश को पकड़ रखा है। न जाने कहां मार दे-घर में या परदेश में। जीवन का कोई भरोसा नहीं।

कबीर गर्ब न कीजिये, ऊंचा देखि अवास।
काल परौं भुंइ लेटना, ऊपर जमसी घास॥

कबीर कहते हैं कि ऊंचा महल देखकर अभिमान न करो। कल-परसों कभी तो जमीन पर लेटना ही है और तुम्हारी देह पर घास उगनी ही है।

कबीर गर्ब न कीजिये, चाम लपेटी हाड़।
हयबर ऊपर छत्रतट, तो भी देवैं गाड़॥

कबीर कहते हैं कि चाम लपेटी हाड़-मांस की देह पर घमंड न करो। अच्छे घोड़े की सवारी करो या राजगद्दी पर बैठो तुम्हारे मृत पड़े शरीर को पलक झपकते ही लोग माटी में गाड़ देंगे।

कबीर नौबत आपनी, दिन दस लेहु बजाय।
यह पुर पट्टन यह गली, बहुरि न देखहु आय॥

कबीर कहते हैं कि धन-संपदा के नशे में मस्त होकर दस दिन ढोल-नगाड़े भले ही बजवा लो। इसके बाद तो यह गली, यह गांव दुबारा देखने को नहीं मिलेंगे।

कबीर थोड़ा जीवना, माढ़ै बहुत मढ़ान।
सबही ऊभा पन्थ सिर, राव रंक सुल्तान॥

कबीर कहते हैं कि जीवन तो थोड़ा-सा है और दुनिया भर की सुख-सुविधाएं जमा कर रखा है। राजा-रंक सबको ही आना-जाना है।

जीवन-मृत्यु का यह खेल सब खेल रहे हैं। कोई भी इससे मुक्त नहीं है, फिर इतनी सुख-सुविधाएं किसलिए?

कबीर धूल सकेलि के, पुड़ी जो बाधी येह।
दिवस चार का पेखना, अन्त खेह की खेह।।

कबीर कहते हैं कि जीव ने मिट्टी को इकट्ठा कर यह शरीर खड़ा कर लिया है। लेकिन यह तो बस चार रोज के लिए ही है। अंततः इसे मिट्टी में मिल जाना ही है।

कबीर यह संसार है, जैसा सेमल फूल।
दिन दस के व्यवहार में, झूठे रंग न भूल।।

कबीर कहते हैं कि यह संसार सेमर के फूल की तरह केवल देखने में ही खिला हुआ दिखता है। दस दिन के इस जीवन चक्र में संसार की चहल-पहल में यह मत भूलो कि तुम्हें मरकर यहां से जाना भी है।

कबीर जो दिन आज है, सो दिन नाहीं काल।
चेति सकै तो चेत ले, मीच परी है ख्याल।।

कबीर कहते हैं कि जो दिन आज है, वह कल भी रहेगा, कोई ठीक नहीं। समझ सके तो समझ ले, मौत तेरे सिर पर सवार है।

कबीर बेड़ा जरजरा, कूड़ा खेवनहार।
हरूये हरूये तरि गये, बूड़े जिन सिर भार।।

कबीर कहते हैं कि बेड़ा (जहाज) जर्जर अवस्था में है और खेने वाला नाविक मूर्ख है। जो अभिमानी नहीं हैं, वे तो भवसागर पार कर गए और जिनके शरीर पर अहंकार का बोझ है, वे मझधार में ही डूब गए।

कबीर नाव तो झांझरी, भरी बिराने भार।
केवट सो परचै नहीं, क्यों कर उतरे पार।।

कबीर कहते हैं कि शरीर रूपी नाव तो झांझरी है यानी उसमें अनेक छेद हैं और वह भी मायावी भार सिर पर रख लिया है तथा पार लगाने वाला केवट यानी सदगुरु है उससे कोई परिचय नहीं है। परिचय हो तो कैसे, कभी भजन-कीर्तन किया ही नहीं। फिर वह पार कैसे ले जा सकता है।

कबीर जन्त्र न बाजई, टूटि गये सब तार।
जन्त्र बिचारा क्या करे, गया बजावन हार।।

कबीर कहते हैं कि शरीर रूपी यंत्र कैसे बजेगा, जब सारे तार टूट गए हैं। यंत्र बेचारा कर ही क्या सकता है जब बजाने वाला सांस रूपी तार ही नहीं है अर्थात् तब शरीर में जीव ही नहीं है तो फिर यह शरीर कैसे कोई हरकत करेगा। अब तो यह जीव बिना माटी है।

पाव पलक तो दूर है, मो पै कहा न जाय।
ना जानो क्या होयगा, पाव के चाथै भाय॥

कबीर कहते हैं कि पल भर की बात कौन करे। मुझसे तो इतना भी कहा नहीं जाता कि न मालूम पल के चौथाई के चौथाई पल में क्या होगा। यहां तो भविष्य का ज्ञान किसी को भी नहीं है।

ऊचा दीसे धौरहा, माड़ी चीती पोल।
एक गुरु के नीम बीन, जम मारेंगे रोज॥

कबीर कहते हैं कि ऊंची अटारी नजर आ रही है और रंगों से तरह-तरह की चित्रकारी की गई है लेकिन सब बेकार है। एक गुरु के ज्ञान बिना काल पल-भर में ही यह जीवन नष्ट कर देगा।

कहा चुनावै मेड़िया, लम्बी भीत उसारि।
घर तो साढ़े तीन हाथ, घना तो पौने चारि॥

कबीर कहते हैं कि तू लम्बी दीवार व बरामदा सहित महल बनवाने में व्यस्त है। तेरा घर तो बस साढ़े तीन हाथ का ही है। बहुत हुआ तो पौने चार हाथ, इससे अधिक तो होने से रहा। तू सावधान हो जा।

मौत बिसारि बाबरी, अचरज कीया कौन।
मन माटी में मिल गया, ज्यों आटा में लौन॥

कबीर कहते हैं कि ऐ बावली! तू मौत को कैसे भूल गई। तुझे इस गलत-फहमी में किसने रखा कि वह नहीं आएगी। मुझे तो तुझे देखकर हैरत हो रही है। एक रोज यह शरीर माटी में उस तरह ही मिल जाना है, जैसे आटा में नमक मिल जाता है।

जनमै मरन विचार के, कूरे काम निवारि।
जिन पंथा तोहि चालना, सांई पंथ संवारि॥

कबीर कहते हैं कि कर्मफल भोगने के लिए आत्मा जन्म-मरण के चक्रव्यूह में घूमता रहता है—इस चक्रव्यूह से बाहर कैसे आया जाए यह सोचकर बुरे कर्मों को छोड़ने की कोशिश करो। जिस रास्ते पर तुम्हें चलना है, बस उसी रास्ते को संवारो।

लकड़ी कहै लुहार से, तू मति जारे मोहिं।
एक दिन ऐसा होयगा, मैं जारौंगी तोहि॥

कबीर कहते हैं कि लकड़ी लोहार से कहती है—तू मुझे मत जला। एक रोज ऐसा भी होगा कि मैं तुझे जलाऊंगी और इतना जलाऊंगी कि तू राख हो जाएगा।

यह जन काचा कुंभ है, लिया फिरै थे साथ।
टपका लागा फुटि गया, कछु न आया हाथ॥

कबीर कहते हैं कि यह शरीर कच्चे घड़े के समान है, हम इसको साथ लिए घूम रहे हैं। अचानक ही समय का एक झटका लगा और फूटकर बिखर गया। हमारे हाथ कुछ भी न लगा। हम तो यूं ही गलतफहमी के शिकार हो गए।

कबीर पानी हौज का, देखत गया बिलाय।
ऐसे ही जीव जायगा, काल जु पहुंचा आय।।

कबीर कहते हैं कि हौज के पानी का क्या देखते-ही-देखते सारा पानी नाली के रास्ते बह गया। जीव की भी गति ऐसी ही है। उसे भी ऐसे ही एक दिन जाना है। शरीर रूपी हौज से श्वास नाक रूपी नाली से निकलते-निकलते एक दिन अचानक ही गायब हो जाएगा और यह शरीर यूं ही मिट्टी की तरह जमीन पर पड़ा रह जाएगा। बस काल के पहुंचने की देर है।

मरेंगे मरि जायेंगे, कोई न लेगा नाम।
ऊजड़ जाय बसायेंगे, छोड़ि बसन्ता गाम।।

जो लोग हैं उन्हें मरना ही है और निश्चित रूप से मरना है, इसमें कोई शक नहीं है। मरने के बाद उन्हें कोई याद नहीं करेगा। फिर अपना गांव छोड़कर पशु आदि योनि में जन्म लेंगे और जंगल में अपना घर बनाएंगे अर्थात् जो मरेंगे, उनका दोबारा जन्म अवश्य ही होगा।

ऊजड़ खेड़े टेकरी, घड़ि गये कुम्हार।
रावन जैसा चलि गया, लंका का सरदार।।

कबीर कहते हैं कि जंगल की जमीन को खेत बनाकर फसल उगाने वाले किसान और भूमि को खोद-खोद कर गड्ढा बनाने वाले कुम्हार की क्या बिसात जब रावण जैसा महाबली वीर व विद्वान लंकापति भी मृत्यु से नहीं बच पाया।

आज काल के बीच में, जंगल होगा वास।
ऊपर ऊपर हल फिरै, ढोर चरेंगे घास।।

कबीर कहते हैं कि सद्गुरु की शरण में जाओ। आजकल करते-करते यह शरीर जंगल में फूंक दिया जाएगा, फिर इसके ऊपर हल से जुताई होगी और पशु घास चरेंगे।

हाड़ जरै जस लाकड़ी, केस जरै ज्यों घास।
सब जग जरता देखि करि, भये कबीर उदास।।

हड्डी ऐसे जले जैसे लकड़ी जलती है और केश ऐसे जले जैसे घास जलती है। सारे संसार को जलता हुआ देखकर यह कबीर वास्तव में ही उदास हो गया कि लोग हरि भजन क्यों नहीं करते।

या मन गहि जो थिर रहै, गहरी धूनी गाड़ि।
चलती बिरियां उठि चला, हस्ती घोड़ा छाड़ि।।

कबीर कहते हैं कि इस मन को पकड़कर जो स्थिर रहता है और ध्यान में मग्न रहता है, वही ज्ञानी है। संसार से जाते समय लोग हाथी, घोड़ा सब छोड़ जाते हैं। कुछ भी साथ नहीं जाता है।

**मैं भौंरा तोहि बरजिया, बन बन बास न लेय।
अटकेगा कहु बेलि में, तड़फि तड़फि जिय देय॥**

कबीर कहते हैं कि हे चंचल मन! मैंने तुझसे मना किया था कि भौंरा बनकर विषय के उपवनों में मत अपना घर बना। कहीं खूबसूरत बेलि यानी स्त्री आदि में उलझ जाएगा तो यूं ही तड़प-तड़प कर दम तोड़ देगा। तूने मेरा कहा नहीं माना, अब सजा भुगत।

**डर करनी डर परम गुरु, डर पारस डर सार।
डरत रहै सो ऊबरे, गाफिल खाई मार॥**

कबीर कहते हैं कि यह डर बड़े काम की चीज है। बुरे कर्मों से डरने के कारण ही आदमी बुरे कर्म नहीं करता है, डर के कारण ही गुरु के प्रति आस्था उत्पन्न होती है, डर ही पारस पत्थर है, डर ही जगत का सार है। जो संसार में डर-डरकर कार्य करता है यानी सावधान रहता है, वह सागर को पार कर जाता है और जो डरता नहीं और असावधान रहता है, वही मार खा जाता है। डर सारे पापों से दूर रखने वाला एक ऐसा अमोघ मंत्र है, जो बुरा कर्म करने से हर पल रोकता है।

**हे मतिहीनी माछिरी, राखि न सकी शरीर।
सो सरवर सेवा नहीं, जाल काल नहिं कीर॥**

कबीर कहते हैं कि हे बुद्धिहीन मछली! तू अपने-आपको सुरक्षित नहीं रख सकती क्योंकि तूने ऐसे विशाल व बड़े तलाब में अपना घर नहीं बनाया है, जिसमें जाल न डाला जा सके। तेरी मौत निश्चित है।

**दुनिया सेती दोसती, मुआ, होत भजन में भंग।
एकाएकी राम सों, कै साधुन के संग॥**

कबीर कहते हैं कि कुसंगति करने से या सांसारिक लोगों से मेल-जोल बढ़ाने पर भजन-कीर्तन में बाधा ही उत्पन्न होती है। सच्चिदानंद भगवान राम से नेह लगाओ या साधुओं के साथ बैठकर सत्संग का लाभ उठाओ।

**कुल खोये कुल ऊबरै, कुल राखे कुल जाय।
राम निकुल कुल भेटिया, सब कुल गया बिलाय॥**

कबीर कहते हैं कि कुल को खोने से कुल का मान बढ़ता है। कुल को रखने से कुल जाता है। सब कुल-जाति से मुक्त राम की भक्ति प्राप्त हो जाने

पर जाति, धर्म, कुल का नाश हो जाता है।

कुल करनी के कारने, हंसा गया बिगोय।
तब कुल काको लाजि है, चारि पांव का होय।

कबीर कहते हैं कि तुमने कुल, खानदान व जाति की मर्यादा में पड़कर जाने क्या-क्या नीच कर्म किए और इस जन्म को बिगाड़ लिया। क्या तब भी कुल की मर्यादा बची रहेगी जब भक्तिभाव न होने के कारण अगले जन्म में चार टांगों वाला पशु बनोगे? अरे समय है, सुधर जाओ।

मलमल खासा पहिनते, खाते नागर पान।
टेढ़ा होकर चलते, करते बहुत गुमान॥
महलन माही पौढ़ते, परिमल अंग लगाय।
ते सपने दीसै नहीं, देखत गये बिलाय॥

कबीर कहते हैं कि मलमल के वस्त्र धारण करते थे, नागर-पान खाते थे। गर्व से चूर तनकर चलते थे और स्वयं पर बहुत उन्हें नाज था। आलीशान महलों में वह रहते थे और सुगंधित द्रव्यों को अंग पर मलते थे। वह अब सपने में भी कहीं नजर नहीं आते। देखते-ही-देखते वह अपने अस्तित्व के साथ गायब हो गए। कहने का भाव है कि इस जीवन का कोई अस्तित्व नहीं है।

ज्यों कोरी रेजा बुनै, नीरा आवै छौर।
ऐसा लेखा मीच का, दौरि सकै तो दौर॥

कबीर कहते हैं कि जैसे जुलाहा नरी चलाकर एक-एक धागा पिरोते हुए कपड़ा बुनता है और उसका छोर पास आता जाता है, वैसे ही मौत भी रोजाना आती-जाती है, अभी भी समय है, दम है तो दौड़ लगाओ और मोक्ष के लिए सदगुरु की शरण में जाकर ध्यान लगाओ।

कबीर संगत साधु की, नित प्रति कीजै जाय।
दुरमति दूर बहावसी, देशी सुमति बताय॥

कबीर कहते हैं कि प्रतिदिन साधु संगति करो यानी साधु-संतों के साथ उठो-बैठो, इससे मन निर्मल होकर सद्बुद्धि प्राप्त करेंगी तथा दुर्बुद्धि जाएगी।

एक बुन्द के कारने, रोता सब संसार।
अनेक बुन्द खाली गये, तिनका नहीं बिचार॥

कबीर कहते हैं कि संतान का शरीर वीर्य की एक बूंद होता है, उसकी मृत्यु हो जाने पर संसारी लोग रोते-बिलखते हैं और जब अनेक बूंदें यूं ही सहवास के वक्त खराब हो जाती हैं तो कोई नहीं रोता। यह संसार और इस संसार की माया जाने कैसी है।

कबीर कलह अरू कल्पना, संतसंगति से जाय।
दुख वासो भागा फिरे, सुख में रहै समाय॥

कबीर कहते हैं कि कलह और कल्पना सत्संग से ही दूर होती है। इससे दु:ख गायब हो जाता है और सुखों की निधि प्राप्त हो जाती है। सत्संग में अपार शक्ति होती है।

जो तू परा है फंद में निकसेगा कब अंध।
माया मद तोकूं चढ़ा मत भूले मतिमंद।।

कबीर कहते हैं कि तू जिस मोह-माया के फंदे में पड़ा है अंधे, उससे कब मुक्त होगा? तेरे मन में तो माया का रंग चढ़ा है। लेकिन हे मंदबुद्धि! तू इसमें उलझकर अपना जीवन मत गंवा।

कबीर काया पाहुनी, हंस बटाऊ माहिं।
ना जानूं कब जायगा, मोहि भरोसा नाहिं।।

कबीर कहते हैं कि यह शरीर एक सवारी है और यह जीव एक यात्री है, जो शरीर रूपी सवारी पर चढ़ गया है। यह किसी को भी नहीं पता कि यह यात्री कब चल देगा। मुझे तो इस पर जरा-सा भी विश्वास नहीं है।

जिन घर नौबत बाजती, होत छतीसों राग।
सो घर खाली पड़े, बैठन लागे काग।।

कबीर कहते हैं कि जिन घरों में रोजाना नगाड़े बजते थे, खुशियां मनाई जाती थी, सारंगी बजा करती थी और तरह-तरह के राग अलापे जाते थे, वे घर भी खाली पड़े हैं और उन पर कौओं ने अपना बसेरा बना लिया है। काल के साथ-साथ सब कुछ समाप्त हो जाता है।

क्या करिये क्या जोड़िये, थोड़े जीवन काज।
छाड़ि छाड़ि सब जात हैं, देह गेह धन राज।।

कबीर कहते हैं कि क्या करना क्या जोड़ना यह जीवन बस थोड़ा-सा ही है। छोड़-छोड़कर सब जा रहे हैं देह, घर, धन और राजपाट। कुछ भी तो कोई यहां से लेकर नहीं जा रहा है।

जागो लोगों मत सुवो, ना करूं नींद से प्यार।
जैसा सपना रैन का, ऐसा यह संसार।।

कबीर कहते हैं कि ऐ प्राणी! जाओ सोओ मत। नींद से इतना प्यार न करो। जैसा सपना रात का ऐसा यह संसार है। सपना कभी भी अपना नहीं होता है। आज जो देखा वह सुबह नहीं दिखेगा।

गुरु मूरति आगे खड़ी, दुतिया भेद कछु नाहिं।
उन्हीं को फरमान करि, सकल तिमिर मिट जाहिं।।

कबीर कहते हैं कि गुरु की मूरत और गुरु में कोई अन्तर नहीं है। गुरु नहीं है तो क्या हुआ, उनकी मूरत से ही आज्ञा लो और उनकी मूरत को ही

प्रणाम करो। तुम्हारे मन के सारे अंधकार मिट जाएंगे।

गुरु नाम है गम्भ का, शीष सीख ले सोय।
बिनु पद बिनु भरजाद नर, गुरुशीष नहिं कोय॥

कबीर कहते हैं कि मोक्ष का रास्ता दिखाने वाला गुरु ही है और शिष्य वह है जो गुरु की सद्बातों को ग्रहण कर ले। गुरु ज्ञान दे और शिष्य उस ज्ञान को ग्रहण करे, यही गुरु-शिष्य की मर्यादा है।

गुरुवा तो सरता भया, कौड़ी अर्थ पचास।
अपने तन की सुधि नहीं, शिष्य करन की आस॥

कबीर कहते हैं कि आजकल लोभी गुरु बहुत हैं। उन्हें इस बात का भी बोध नहीं कि उनका व्यवहार कैसा है। भला शिष्य उनसे ज्ञान प्राप्त करने की आशा करते हैं तो कैसे यह संभव हो सकता है।

बंधे को बन्धा मिला, छूटे कान उपाय।
कर सेवा निरबंध की, पल में लेय छुड़ाय॥

कबीर कहते हैं कि बंधे यानी अज्ञानी को बंधा यानी अज्ञानी मिल जाए तो वह किसी भी बंधन से छूट नहीं सकता है। निरबंध यानी ज्ञानी की सेवा करने पर वह तुरंत ही यम के बंधनों से भी मुक्त करा लेगा। इसलिए सेवा करनी हो तो ज्ञानी की सेवा करो।

कहता हूं कहि जात हूं, देता हूं हेला।
गुरु की करनी गुरु जाने चेला की चेला॥

कबीर कहते हैं कि सबको ऊंची आवाज में कहकर सुनाता हूं—गुरु जो करेंगे उसकी सजा भुगतेंगे और शिष्य जैसा कर्म करेगा वैसा फल वह भुगतेगा। अपने-अपने कर्मों की सजा दोनों ही भुगतेंगे।

आगे अन्धा कूप में, दूज लिया बुलाय।
दोनों बूड़े बापुरे, निकसे कौन उपाय॥

कबीर कहते हैं कि अज्ञानी गुरु गलती से कुएं में गिर पड़ा है और शिष्य को भी बुलाकर उसी कुएं में डाल दिया है। अंतत: उन्हें डूबना ही था, दोनों ही डूब गए। अज्ञानी अपनी अज्ञानता के कारण ऐसे ही डूब मरते हैं और साथ वालों को भी डुबो देते हैं।

अहं अग्नि निशि दिन जरै, गुरु सौ चाहे मान।
ताको जम न्योता दिया, होड़ हमार मेहमान॥

कबीर कहते हैं कि जो व्यक्ति दिन-रात घमंड की आग में जलते रहते हैं, और गुरु से आदर और ज्ञान की कामना करते हैं, उनको यम न्यौता दे देता है कि तुम हमारे यहां आओ। गुरु के पास तुम्हारे लिए कोई जगह नहीं है।

कहने का भाव है कि अभिमानी की जगह सिर्फ और सिर्फ यमपुरी में ही है।

मूल ध्यान गुरु रूप है, मूल पूजा गुरु पांव।
मूल नाम गुरु वचन है, मूल सत्य सतभाव॥

कबीर कहते हैं कि गुरु ही ध्यान का मूल रूप है और पूजा का मूल रूप गुरु चरणों की वंदना है। मूल नाम गुरु के उपदेश हैं और सत्य को ग्रहण करने की लालसा ही सत्य का मूल है।

जैसी प्रीति कुटुम्ब की, तैसी गुरु सो होय।
कहै कबीर ता दास का, पग न पकड़े कोय॥

कबीर कहते हैं कि जैसी प्रीति अपने परिजनों से है वैसी प्रीति गुरु से भी हो जाए तो शिष्य का उद्धार हो जाए लेकिन कोई शिष्य गुरु से इतना गहरा लगाव नहीं रख पाता है और जान-बूझकर नरक की पीड़ा सहता है। गुरु ज्ञान का रूप है।

जो गुरु पूरा होय तो, शीषहि लेय निबाहि।
शीष भाव सुत्त जानिये, सुत ते श्रेष्ठ शिष आहि आहि॥

कबीर कहते हैं कि जो गुरु पूरी तरह से ज्ञानी होता है, वह शिष्य को सद्मार्ग पर ले जाता है। शिष्य-भाव और पुत्र-भाव एक जैसा ही होता है, फिर भी पुत्र से शिष्य हर मामले में श्रेष्ठ होता है क्योंकि बेटा से संबंध स्वार्थवश है और शिष्य ज्ञान-प्राप्ति का इच्छुक होता है, वह गुरु को ईश्वर तक पहुंचने का माध्यम मानकर उसकी वंदना करता है।

साबुन बिचारा क्या करे, गांठे राखे मोय।
जल सों अरसा परस नहिं, क्योंकर ऊजल होय॥

कबीर कहते हैं कि बेचारा साबुन क्या कर सकता है जब उसे गांठ में बांधकर रखा है अर्थात् उसका इस्तेमाल ही नहीं किया जा रहा है। पानी से जब उसका कोई संबंध ही नहीं, तो फिर सूखे रगड़ने से वस्त्र कैसे साफ हो सकता है।

अबुध सुबुध सुत, मातु पितु, सबहिं करे प्रीतिपाल।
अपनी ओर निबाहिये, सिख सुत गहि निज चाल॥

कबीर कहते हैं कि माता-पिता निर्बुद्धि हों या बुद्धिमान हों अपने पुत्रों का पालन-पोषण अवश्य ही करते हैं वैसे ही गुरु भी पुत्र के समान अपने शिष्य को ज्ञान के माध्यम से सद्मार्ग की राह दिखाते हैं।

सोइ सोइ नाच नचाइये, जेहि निबहे गुरु प्रेम।
कहै कबीर गुरु प्रेम बिन, कितुहुं कुशल नहिं क्षेम॥

कबीर कहते हैं कि अपने मन व इंद्रियों को इतना क्रियाशील करो कि गुरु के मन में तुम्हारे प्रति प्रेम पैदा हो जाए क्योंकि गुरु के प्रेम के बिना कहीं भी

तुम्हारा कल्याण या कुशलक्षेम नहीं है।

सतगुरु सम कोई नहीं, सात दीप नौ खण्ड।
तीन लोक न पाइये, अरू इकइस ब्रह्माण्ड॥

कबीर कहते हैं कि सद्गुरु के समान कोई नहीं है। सात द्वीप, नौ खण्ड, तीन लोक और इक्कीस ब्रह्माण्डों में सद्गुरु की तरह तुम्हारा भला चाहने वाला कोई नहीं है, स्वयं तुम भी नहीं। सद्गुरु की शरण में जाओ। वह तुम्हारी रक्षा करेंगे।

डूबा औधर न तरै, मोहि अन्देशा होय।
लोभ नदी की धार में, कहा पड़ो नर सोय॥

कबीर कहते हैं कि नदी के चकोह (कुधार) में डूब रहा इंसान चाहकर भी बच नहीं पाता है। मुझे तो भय है कि लोभ रूपी नदी के चकोह में तुम सदा के लिए डूब न जाओ। लोभ की नदी के चकोह से बाहर निकलो।

सतगुरु मिलै जु सब मिलै, न तो मिला न कोय।
मात-पिता सुत बौधवा, ये तो घर-घर होय॥

कबीर कहते हैं कि सद्गुरु अगर तुम्हें मिल गए तो समझो सब कुछ मिल गया। सद्गुरु नहीं मिला तो तुम्हें कुछ भी नहीं मिला। माता-पिता, भाई-बहन तो घर-घर होते हैं।

संगत सोई बिगुर्चईं, जो है साकट साथ।
कंचन कटोरा छाड़ि के, सनहक लीन्ही हाथ॥

कबीर कहते हैं कि जो लोग दुष्टों के साथ रहते हैं, वे संकटों में पड़ जाते हैं। बुद्धिमान लोग सोने का कटोरा छोड़कर मिट्टी के बर्तन से काम चलाते हैं लेकिन दुष्टों से बर्तन नहीं लेते हैं।

कहने का भाव है कि दुष्टों की संगति में न तो रहिए और न ही उनसे कोई लेन-देन कीजिए।

शुकदेव सरीखा फेरिया, तो को पावे पार।
बिन गुरु निगुरा जो रहे, पड़े चौरासी धार॥

कबीर कहते हैं कि शुकदेव जैसा महाज्ञानी भी निगुरा होने पर भगवान विष्णु की सभा से निकाल दिया गया, फिर औरों की क्या औकात है। गुरु मुख हुए बिना मनुष्य की गति नहीं। उसे तो चौरासी लाख योनियों में यूँ ही जीवन-मरण की धारा में बहते ही रहना है।

कबीर गुरु की भक्ति बिन, राजा रासभ होय।
माटी लदै कुम्हार की, घास न डारै कोय॥

कबीर कहते हैं कि गुरु भक्ति के बिना राजा भी मरकर गधा बन जाता

है, जो सारा दिन कुम्हार की मिट्टी लादता है और कुम्हार उसके आगे घास भी डालने की जरूरत नहीं समझता है।

हरि संगत शीतल भया, मिटी मोह की ताप।
निशि वासर सुख निधि लहा, आन के प्रगटा आप॥

कबीर कहते हैं कि भगवान का सुमिरन करने से जीव को शांति मिलती है और मन शीतल होता है। मोह-माया से प्रेम करने से दु:ख-कष्ट बढ़ता है। रात-दिन व्यक्ति सुख से दूर रहता है। यही सब दुनिया की मूल्यवान निधि है और यह निधि ईश्वर भक्ति से ही मिलती है।

वृक्ष बोला पात से, सुन पत्ते मेरी बात।
इस घर की यह रीति है, एक आवत एक जात॥

कबीर जीवन-मरण के संदर्भ में समझाते हुए कहते हैं कि पेड़ अपने पत्तों को गिरता हुआ देखकर कहता है कि इस संसार की तो यही रीति है। पुराने पत्ते टूटकर गिरते हैं और नये पत्ते आते हैं। एक आता है और एक जाता है। इसी तरह से बूढ़े मरते हैं और नए लोग जन्म लेते हैं। जीवन-मरण का यह खेल अनवरत यूं ही चलता रहेगा। इसमें बुरा मानने की जरूरत नहीं है।

आन देव की आश करि, मुख मेले मद मास।
जाके जन भोजन करें, निश्चय नरक निवास॥

कबीर सांसारिक लोगों को समझाते हैं कि जिन देवी-देवताओं को लोग नहीं जानते, उनसे चमत्कार की आशा करके उन पर मदिरा-मांस चढ़ाते हैं और उसे प्रसाद मानकर ग्रहण करते हैं, ऐसे लोग निश्चित रूप से नरक में जाते हैं और घोर कष्ट सहते हैं।

सौ बरसहिं गुरु भक्ति करूं, एक दिन पूजै आन।
सो अपराधी आत्मा, परै चौरासी खान॥

कोई सौ वर्ष तक गुरु की भक्ति करके अगर एक रोज भी कल्पित देवी-देवताओं की पूजा करता है, वह जीवन-मरण से कभी छुटकारा नहीं पाता है।

कन्या वर अरु कारने, आनदेव को खाय।
सो नर ढोल बाजते, निश्चय नरके जाय॥

कबीर कहते हैं कि वर-कन्या की चाह में या दूसरे किसी कारण से जो लोग किसी कल्पित देवता के नाम पर जीव की बलि चढ़ा के उस मरे हुए जीव को खाता है, वह ढोल-बाजे के साथ अवश्य ही नरक में जाता है। उसे कोई नरक जाने से रोक नहीं सकता है।

होम कनामत कारने, साकुट रांधा खाय।
जीव विष्ठा खान की, मूआ नरके जाय॥

कबीर कहते हैं कि हवन-श्राद्ध में भोजन करने की इच्छा से जो लोग महापात्र लोगों का बनाया हुआ भोजन करते हैं, वे जिन्दा ही कुत्ते का मल-मूत्र खाने के समान व्यवहार करते हैं और मरने पर उन्हें निश्चित रूप से नरक की प्राप्ति होती है।

कामी तरै कोधी तरै, लोभी की गति होय।
सलिल भक्त संसार में, तरत न देखा कोय॥

कबीर कहते हैं कि कामी तर जाता है, क्रोधी तर जाता है, लोभी भी तर जाता है लेकिन शराब पीने वालों को तरते हुए हमने नहीं देखा है। मदिरा सेवन सबसे निकृष्ट कर्म है, जो व्यक्ति से सारे पाप करवाता है।

तन मन लज्जा ना कर, काम बान उर साल।
एक काम सब बस किये, सुन नर मुनि बेहाल॥

काम भावना जब प्रबल होती है तब व्यक्ति अपने तनमन का ध्यान नहीं रखता। लोक-लाज का भी उसे ध्यान नहीं रहता। एक कामदेव ने सबको ही अपने वश में कर लिया है तथा इस काम की आग में सुर-नर बेहाल हैं।

बुन्द खिरी नर नारि की, जैसी आतमघात।
अज्ञानी मानै नहीं, मेहि बात उत्पात॥

कबीर कहते हैं कि वीर्यपात हो जाने के बाद स्त्री-पुरुष दोनों की ही कामाग्नि शांत हो जाती है और वे आत्महत्या की तरह अफसोस करने लगते हैं लेकिन फिर अगले ही पल वही गलती दोहराते हैं। अज्ञानता के कारण लोग मानते नहीं हैं, यही तो आश्चर्य की बात है।

कहता हूं कहि जात हूं मानै नहीं गंवार।
बैरागी गिरही कहा, कामी वार न पार॥

कबीर समझाते हैं—कहता हूं और कहकर जाता हूं लेकिन गंवार नहीं मानते हैं। संत हों या गृहस्थी कामी प्रवृत्ति के लोगों का उद्धार नहीं होता। काम-वासना ज्ञान प्राप्ति के सारे रास्तों को सदा के लिए बंद कर देती है।

कामी तो निरभय भया, करै न काहू संथ।
इन्द्री केरे बसि पड़ा, भुगते नरक निसंक॥

कबीर कहते हैं कि कामी निर्लज्ज व निर्भय हो जाता है और किसी से भी डरता नहीं है। वह इंद्रियों के वशीभूत होकर लोक-परलोक बिगाड़कर नरक में वास करता है।

कामी कुत्ता तीस दिन, अन्तर होय उदास।
कामी नर कुत्ता सदा, छह रितु बारह मास॥

कबीर कहते हैं कि कुत्ता काम के वश में महीने में केवल एक दिन

समागम करता है, फिर वह काम के वश में नहीं रहता है लेकिन कामी पुरुष छह ऋतु और बारह माह सदा कुत्ता ही बना रहता है। वह विषय-वासना से कभी उदासीन नहीं होता है।

भग भोगे भग उपजै, भग ते बचे न कोय।
कहै कबीर भगते बचै, भक्त कहावै सोय॥

कबीर समझाते हैं कि विषयों को भोगने पर विषय द्वारा जन्म लेना पड़ता है। ऐसे व्यक्ति जन्म-मरण से छुटकारा नहीं पाते। जो लोग विषय-वासना से दूर रहते हैं, वही सही अर्थों में भक्त होते हैं।

काम क्रोध मद लोभ की, जब लग घाट में खान।
कबीर मूरख पण्डिता, दोनों एकसमान।

कबीर कहते हैं कि काम, क्रोध, मद, लोभ जब तक मन में वास करते हैं तब तक मूर्ख और पंडित में कोई फर्क नहीं होता है। दोनों एक जैसे ही होते हैं। जो इन दुर्गुणों से दूर रहते हैं, वही सच्चे पंडित हैं।

कामी अमी न भावई, विष को लेवै शोध।
कुबुद्धि न भाजै जीव की, भावै ज्यों परमोध॥

कबीर कहते हैं कि कामी पुरुष को ब्रह्मचर्य रूपी अमृत अच्छा नहीं लगता है। उसे विष रूपी विषय-वासना ही भाती है। कामी पुरुष के मन से कामेच्छा नहीं निकाली जा सकती; चाहे जितना ही ज्ञान की बातें कर लें।

निन्दक एकहु मति मिलै, पापी मिलै हजार।
इस निन्दक के शशि पर, लाख पाप का भार॥

कबीर कहते हैं कि पापी हजारों मिल जाएं, कोई बात नहीं, पर एक भी निंदक से मुलाकात न हो क्योंकि एक निंदक के सिर पर लाखों पाप का बोझ होता है। संत कबीर ने निंदक को सबसे बड़ा पापी माना है।

निन्दक तो है नाक बिन, निसदिन विष्ठा खाय।
गुन छाड़ै अवगुन गहै, तिसका यही सुभाय॥

कबीर कहते हैं कि निंदक की तो नाक होती ही नहीं है। वह नाक के बिना होता है, जो प्रतिदिन दूसरों की निंदा कर बिष्ठा खाने जैसा दुष्कर्म करता है। निंदक गुण को छोड़कर अवगुण को ग्रहण करता है, उसका तो ऐसा स्वभाव ही है। उसे सुधारा नहीं जा सकता।

निन्दक तो है नाक बिन, सोहै नकटों माहि।
साधु जन गुरु भक्त जो, तिन में सोहै नाहि॥

निंदक जो होता है वह बिना नाक का होता है और वह उन्हीं के बीच शोभा देता है, जो नक्कटे होते हैं। सज्जनों और संतों के बीच में वह शोभा नहीं देता है।

निन्दक से कुत्ता भला, हटकर माड़ै रार।
कुत्ते से क्रोधी बुरा, गुरु दिलावै गार॥

कबीर कहते हैं कि निंदक से अच्छा कुत्ता होता है, जो दूर से भौंकता है। कुत्ते से क्रोधी बुरा होता है, जो अपने गुरु को भी गाली दिलवा सकता है।

जो कोई निन्दै साधु को, संकट आवै सोय।
नरक जाय जन्मै मरै, मुक्ति कबहुं नहि होय॥

कबीर कहते हैं कि जो साधु की निंदा करता है, उसका कभी उद्धार नहीं होता है। वह नरक को प्राप्त करता है और जन्म-मरण के फेर में पड़कर अपार कष्ट सहता है। उसे मोक्ष कभी नहीं मिलता है।

कबीर निन्दक मरि गया, अब क्या कहिय जाय।
ऐसा कोई ना मिला, बीड़ा लेय उठाय॥

कबीर कहते हैं कि मेरा निंदक मर गया। अब क्या कहा जाए? ऐसा कोई नहीं मिला जो फिर से मेरी निंदा करने का बीड़ा उठा सके।

कंचन को तजबो सहल, सहल त्रिया को नेह।
निन्दा केरो त्याग बो, बड़ा कठिन है येह॥

सोना, धन और स्त्री का त्याग कर साधु का चोला पहन लेना आसान है, पर दूसरों की बुराई करने की आदत को छोड़ना आसान नहीं है।

काहू को नहि निन्दिये, चाहे जैसा होय।
फिर फिर ताको बन्दिये, साधु लच्छ है सोय॥

कबीर कहते हैं कि कोई कैसा भी हो, उसकी निंदा करने की जरूरत नहीं है। इसके विपरीत उसकी बार-बार प्रशंसा ही करनी चाहिए। यही एक संत की पहचान है।

अड़सठ तीरथ निन्दक न्हाई, देह पलों से मैल न जाई।
छप्पन कोटि धरती फिरि आवै, तो भी निन्दक नरकहि जावै॥

कबीर कहते हैं कि अड़सठ तीर्थों में निंदक स्नान करता है तो भी उसके शरीर का मैल नहीं धुलता है। वह पृथ्वी की अनेक बार परिक्रमा कर ले, तब भी निंदक नरक में ही जाता है।

सातों सागर मैं फिरा, जम्बू दीप दै पीठ।
पर निन्दा नाहि करे, सो कोइ बिरला दीठ॥

मैं सातों सागरों से घिरी पृथ्वी पर घूमा। जम्बूद्वीप से आगे गया लेकिन एक भी ऐसा आदमी नहीं मिला, जो दूसरे की निंदा न करता हो। निंदक हर जगह हैं।

आपन को न सराहिये पर निन्दिये न कोय।
चढ़ना लम्बा धौहरा, ना जाने क्या होय॥

कबीर कहते हैं कि अपनी प्रशंसा तथा दूसरे की निंदा कोई न करे क्योंकि अभी बहुत आगे जाना है, पता नहीं आने वाले समय में क्या हो?

माखी गहै कुवास को, फूल वास नहिं लैय।
मधुमाक्खी हैं साधु जन, पुष्प बास चित दैय॥

कबीर कहते हैं कि मक्खी दुर्गंध को ही ग्रहण करती है और फूल की सुगंध को नहीं लेती है। ये जो निंदक हैं, वे मक्खी के समान है। मधुमक्खी हमेशा फूल की सुगंध ही ग्रहण करती है। मधुमक्खी जैसा स्वभाव साधुजन का होता है, वे सदा गुणों को ही ग्रहण करते हैं।

यह जग कोठी काठ की, चहुं दिसि लागी आग।
भीतर रहें सो जलि मुये, साधु उबरे भाग॥

यह संसार काठ का महल है और चारों तरफ आग लगी है, जो भीतर रहते हैं या मोहमाया के बंधनों में हैं, उन्हें जलना ही है। सिर्फ साधु और भक्त ही इस आग से बच पाते हैं।

कोटि करम लागे रहे, एक कोध की लार।
किया कराया सब गया, जब आया हंकार॥

कबीर कहते हैं कि एक क्रोध के साथ में करोड़ों पापकर्म होते हैं। जैसे ही अहंकार मन में पैदा होता है, सब किया-कराया नष्ट हो जाता है। धर्म-कर्म सब बेकार हो जाता है।

जोगी जंगम सेवड़ा, ज्ञानी गुनी अपार।
षट् दर्शन से क्या बने, एक लोभी की लार॥

कबीर कहते हैं कि जोगी, जंगम, जैनी, ज्ञानी, अपार गुणी और षट् दर्शन के सब लोग अगर लालच में पड़ जाएं तो उनका सारा तप-ज्ञान नष्ट हो जाता है। उनका कोई कल्याण नहीं होता है।

एक मोह के कारने, भरत धरी दुइ देह।
ते नर कैसे छुटि है, जिनके बहुत सनेह॥

कबीर कहते हैं कि यह मोह बड़ा ही कुटिल है। एक हिरण के बच्चे से स्नेह हो जाने के कारण भरत को दो शरीर धारण करना पड़ गया। फिर हे प्राणी! तुम भवसागर से कैसे पार होओगे, तुम्हारे मन में जाने कितने ही लोगों का स्नेह समाया हुआ है। मोह-प्रेम दुःखों के कारण हैं।

सुर नर ऋषि मुनि सब फंसे, मृग त्रिस्ता जगमोह।
मोह रूप संसार है, गिरे मोह निधि जोह॥

कबीर कहते हैं कि सुर, नर, मुनि सब मोह की मृगतृष्णा में उलझे हुए हैं। यह पूरी दुनिया ही माया से बनी है। सभी मोह-निधि यानी मोह के समुद्र

में डूब-उतर रहे हैं। उन्हें कुछ सूझ नहीं रहा है। हरि भजन का खयाल किसी को भी नहीं है।

तद अभिमान न कीजिये, कहै कबीर समुझाय।
जा सिर अहं सु संचरे, पड़ै चौरासी जाय।।

कबीर कहते हैं कि अभिमान करना ठीक नहीं। जिसके सिर पर अभिमान होता है, वह चौरासी लाख योनियों में भटकता फिरता है। उसे मुक्ति कभी नहीं मिलती है।

फिकर सबी को खा गयी, फिकरहि सबका पीर।
फिकर का फाका कौ, ताका नाम कबीर।।

फिक्र, तनाव, अवसाद आदि सब ऐसे विकार हैं, जो जिन्दा मनुष्य को खा जाते हैं और फिक्र ही सब दुःखों का कारण है। जो चिंता नहीं करता है वही सच्चा संत है।

बहुत गयी थोरी रही, व्याकुल मन मत होय।
धीरज सबको मित्र है, करी कमाई न खोय।।

कबीर कहते हैं कि काफी समय गुजर गया। अब थोड़ा ही रह गया है। परेशान होकर धैर्य मत खोओ। धैर्य ही सबका सच्चा मित्र है। जो इतने दिनों से कमाया है, उसे खत्म न करो।

धीरज बुधि तब जानिये, समझे सबकी रीत।
उनका अवगुन आप में, कबहुं न लावै मीत।।

कबीर कहते हैं कि धैर्य, बुद्धि तुममें है, तभी यह समझो, जब सबके मनोभावों को पढ़ सको तथा किसी की गंदी लतों को ग्रहण न कर सको।

बड़ी बड़ाई ऊंट की, लादै जह लग सांस।
मुहकम सलिता लादि के, ऊपर चढ़ै परास।।

कबीर कहते हैं कि ऊंट की बड़ी बड़ाई है, वह सिर उठाकर चलता है, जिससे जीवन भर बोझ ढोता है। उसकी पीठ पर कठोर काठी कसकर चरवाहा उस पर बैठ जाता है।

कहने का भाव है कि अभिमानी और तनकर चलने वालों का हश्र यही होता है।

बड़ी विपत्ति बड़ाई है, नन्हा करम से दूर।
तारे सब न्यारे रहैं, गहै चांद अरू सूर।।

कबीर कहते हैं कि बड़ाई यानी प्रशंसा में बहुत विपत्ति है और बड़ाई के मोह से दूर लघुता में खुशियां-ही-खुशियां हैं। तारों पर कोई मुसीबत नहीं आती है, लेकिन सूर्य और चन्द्रमा को ग्रहण की पीड़ा झेलनी पड़ती है।

कहने का भाव है कि अपनी प्रशंसा खुद न करो और कर्म छोटा ही क्यों न हो सच्चे मन से करो। कोई भी कर्म छोटा नहीं होता है।

आस आस जग फंदिया, गले करम की फांस।
जनम जनम भरमत फिरै, तबहु न छूटे आस॥

कबीर कहते हैं कि आशा-ही-आशा में मनुष्य मोह-माया की फांसी गले में डालकर बंध जाता है और जन्म-जन्म तक भटकता फिरता है, फिर भी आशा का साथ नहीं छोड़ता है। विषय-वासना के कारण ही वह बार-बार जन्म लेता है और बार-बार मरता है।

आसा त्रिस्ना दो नदी, तहां न मन ठहराय।
इन दोनों को लंघ करि, चौड़े बैठे जाय॥

कबीर कहते हैं कि आशा और तृष्णा ये दो नदियां हैं, इन नदियों में जीव प्रवेश कर जाता है तो असीमित इच्छाएं उसका पीछा करने लगती हैं। आशा और तृष्णा रूपी नदियों को जो पार कर जाता है, वह चौड़े बैठकर जाता है अर्थात् उसे मोक्ष प्राप्त हो जाता है।

तृस्ना सींची न बुझै, दिन-दिन बढ़ती जाय।
जाबासा का रूख ज्यों, घन मेघा कुम्हिलाय॥

कबीर कहते हैं कि तृष्णा को शान्त करने पर वह और बढ़ती ही जाती है जैसे ज्यादा वर्षा होने पर जाबासा का पेड़ सूख जाता है। मन की तृष्णा गुरु की भक्ति से ही बुझती है। सद्गुरु की शरण में जाओ।

आसा त्रिस्ना सिन्धुगति, तहां न मन ठहराय।
जो कोई आसा में फंसा, लहर तमाचा खाय॥

कबीर कहते हैं कि आशा और तृष्णा ये दोनों ही सागर की लहरे हैं, उसमें प्रवेश जब जीव करता है तब मन अशांत हो जाता है। इसमें जो जीव फंसता है, उसे मिलता तो कुछ नहीं है, हां उसकी लहरों के चाटे खाता है।

आसा जीवै जग मरै, लोग मरै मरि जाय।
धन संचै तै भी मरे, उबरै सो धन खाय॥

कबीर कहते हैं कि आशा के पीछे भागते-भागते जीव मर जाता है लेकिन आशा का कुछ नहीं बिगड़ता है। जो एक-एक पैसा जोड़कर मोटी रकम जमा कर लेते हैं, वे भी मर जाते हैं और जो जिंदा रहते हैं, वे उस धन का उपभोग करते हैं। कहने का भाव है कि धन का अनावश्यक संग्रह खतरनाक है।

बहुत पसारा जानिक रे, कर थोड़े की आस।
बहुत पसारा निज किया, तेई गमे निरास॥

कबीर कहते हैं कि अधिक धन का संग्रह न करो और इच्छाओं को सीमित ही रखो। बस थोड़े की ही इच्छा रखो। जिन्होंने बहुत अधिक संग्रह किया या इच्छाओं को असीमित कर दिया, उन्हें यहां से हताश और निराश ही जाना पड़ा।

जोगी है जग जीतता, विहरत है संसार।
एक अंदेशा रहि गया, पीछे पड़ा अहार॥

कबीर कहते हैं कि मोह-माया का त्याग कर, जो संसार में अपना कर्म करता है, यदि उसे संदेह है कि वह सांसारिक मोह-माया से उबर नहीं सकता तो इसका मतलब वह सच्चा जोगी नहीं है। वह विषय-वासनाओं से पूरी तरह से मुक्त नहीं हो पाया है। साधु तो वही है, जो हर चीज से विरक्त होकर अपना कार्य करता रहे और पीछे मुड़कर न देखे।

भू दुखी अवधूत दुखी, दुखी रंक विपरीत।
कहै कबीर ये सब दुखी, दुखी सन्त मन जीत॥

कबीर कहते हैं कि राजा दुःखी है, अवधूत भी दुःखी है, निर्धन भी दुःखी है और धनी भी दुःखी है अर्थात् यहां सभी को कोई-न-कोई दुःख है। सब हरि भक्ति में लीन सुन्दर विचार वाले संत ही यहां सुखी हैं।

जाके आगे इक कहूं, सो कहवै इक्कीस।
एक-एक ते धाझिया, कहां से काढू़ बीस॥

कबीर कहते हैं कि जिसके आगे एक दुःख को बताता हूं, वह 21 दुःख बताने लगता है। एक दुःख से तो व्यक्ति उबर सकता है, फिर 21 दुखों वालों का क्या हाल होगा और उसे कैसे इतने दुखों से बचाया जा सकता है।

कबीर सुख को जाय था, बिच में मिल गया दुख।
सुख जाहू घर आपने, मैं अरू मेरा दुःख॥

कबीर कहते हैं कि सुख की तलाश में घूम रहा था, तभी दुःख से मुलाकात हो गई। फिर वह कहने लगा कि ऐ विषय-सुख! अपने घर जाओ। मैं और मेरे दुःख का ही मिलन उत्तम है। कहने का भाव है कि विषय-सुख से कहीं अच्छा वैराग्य-दुःख है।

जा दिन ते जिब जनमिया, कबहुं न पाया सुख।
डालै डालै मैं फिरा, पातै पातै देख॥

कबीर कहते हैं कि जिस दिन से संसार में जीव आया है। कभी भी उसने सुख नहीं प्राप्त किया। मैंने संसार की हर डाली और हर पत्तों पर जाकर यह देख लिया है कि जीव को कहीं पर भी आराम नहीं है।

फूटी आंख विवेक की, लखे ना सन्त असन्त।
जाके संग दस-बीस हैं, ताको नाम महन्त॥

कबीर कहते हैं कि ज्ञान व विवेक रूपी आंखें अगर फूट गई हों तो वह संत-असंत की पहचान भला कैसे कर सकता है। ऐसे लोगों का हाल तो यह है कि जिस किसी के साथ दस-बारह शिष्य दिखे, उसे ही महन्त मान लिया। ऐसे महन्त सदा ही दुखों के कारण होते हैं।

> रे मन भाग्यहि भूल मत, जो आया मन भाग।
> सो तेरा टलता नहीं, निश्चय संसै त्याग॥

कबीर कहते हैं कि हे मन! भाग्य को मत भूलो। जो मिल जाए उसे ही अपना भाग्य समझो। उससे अधिक के चक्कर में अपने पास का भी न गंवाओ। भाग्य में जो लिखा है, वह टल नहीं सकता, इसलिए मन से संशय को निकालकर कर्म करो। भाग्य से ज्यादा और समय से पहले तुझे कुछ भी नहीं मिलने वाला।

> जहं यह जियरा पगु धरे, बखत बराबर साथ।
> जो है लिखा नसीब में, चलै न अविचल बात॥

कबीर कहते हैं कि आदमी जहां-जहां जाता है, भाग्य भी वहां-वहां उसके साथ जाता है, जो नसीब में लिखा है, उसे भोगना ही है। वह टालने पर भी नहीं टल सकता।

> काला मुख कर करम का, आदर लाओ आग।
> लोभ बड़ाई छाड़िके, रांचो गुरु के राग॥

कबीर कहते हैं कि कर्म का मुख काला कर दो और मान-सम्मान को जाकर भस्म कर दो। लोभ, बड़ाई सब विकार छोड़कर गुरु की शरण में आ जाओ। तुम्हारा कल्याण निश्चित है।

> कीन्हैं बिना उपाये के, देव कबहु नहिं देत।
> खेत बीज बोवै नहीं, तो क्यों जामे खेत॥

कबीर कहते हैं कि कर्म करने पर ही फल प्राप्त होता है, ईश्वर कुछ नहीं देता। खेत में बीज नहीं डालोगे तो फसल नहीं होगी। खेत बीज डालने पर ही तुम्हें फसल देगा।

> आधी औ रूखी भली, सारी साग सन्ताप।
> जो चाहेगा चूपड़ी, बहुत करेगा पाप॥

कबीर कहते हैं कि आधी और सूखी रोटी भली है, पेट भर खाने से दुःख-संताप ही बढ़ेगा। जो तू घी लगी रोटी की इच्छा करेगा तो बहुत पाप करेगा। सेहत और शरीर दोनों का ही नाश करेगा आधी और सूखी रोटी ही तुझको सदा स्वस्थ रखेगी।

> रूखा सूखा खाये के, ठण्डा पानी पीव।
> देखि पराई चूपड़ी, मत ललचावै जीव॥

रूखा-सूखा खाकर ठंडा पानी पियो। दूसरों की घी लगी हुई रोटी देखकर अपना जी मत ललचाओ। इससे तुम्हारा शरीर और मन दोनों का ही नाश होगा।

खट्टा मीठा देखि के, रसना मे ले नीर।
जब लग मन पाको नहीं, काचो निपट कथीर।।

कबीर कहते हैं कि खट्टा-मीठा देखकर जीभ में पानी आ जाए तो समझो मन पक्का नहीं है, प्राणी कच्चा है और कांच की तरह दरक जाने वाला है। जीभ पर संयम रखने वाला ही दीर्घायु होता है।

मूड़ मुड़ाया मुक्ति का, सालन को पछिताय।
गोड़ा टुटै जोग बिन, लोगन सो सिथिलाय।।

कबीर कहते हैं कि मोक्ष को पाने के लिए मुंडन करवाया और मसालेदार सब्जी खाने के लिए पछता रहा है। तेरा मन तो वश में है नहीं, क्यों झूठे आसन लगाकर अपने पांव को दुखी कर रहा है। संन्यास जब लिया है तो मन पर संयम रख।

खट्टा मीठा चर्परा, जिभ्या सब रस लेय।
चोरों कुतिया मिलि गयी, को अब पहरा देय।।

कबीर कहते हैं कि जीभ खट्टा, मीठा, चटपटा हर तरह का स्वाद ले रही है। चोरों से कुतिया अब मिल गई है, पहरा भला कौन दे? जीभ को कबीर ने कुतिया कहा है और विषयों को चोर बताया है। खट्टा, मीठा, चटपटा ये चोर ही तो हैं, जो जीभ रूपी कुतिया से मिल जाते हैं तो देह का सत्यानाश करके ही दम लेते हैं।

मानुष सोई जानिये, जाहि विवेक विचार।
जाहि विवेक विचार, सो नर ढोर गंवार।।

मनुष्य वही है, जो विवेकवान व विचारवान है, जिसके पास विवेक, विचार नहीं है वह जानवर और गंवार की तरह ही है।

सोइ अच्छर सोई भनै, सोई जन जीवंत।
अकिलमन्द कोई मिलै, महारस अमि पीवंत।।

कबीर कहते हैं कि जो अक्षरों को जानने वाला, जीवित और अक्लमंद है तथा ज्ञान को ग्रहण करने वाला है, वही पुरुष संत व ज्ञानी है। लेकिन ऐसे ज्ञानी व संत पुरुष कहां हैं।

आचारी सब जग मिला, बिचारी मिला न कोय।
कोटि अचारी बारिये, एक बिचारी होय।।

कबीर कहते हैं कि अचारी हर जगह मिल जाते हैं लेकिन विचारी नहीं मिलते हैं। एक विचारवान व्यक्ति पर करोड़ों अचारवान व्यक्ति वारे जा सकते हैं। जो विचारवान है, वही पुण्यवान है और वही सच्चा धर्मात्मा है।

राम-राम सब कोई कहै, कहने माहि बिचार।
सोइ राम जो सति कहै, सोइ कौतिक हार॥

सभी राम-राम का नाम सुमिरते हैं लेकिन 'राम-राम' बोलने में अन्तर है। वही राम का नाम बोलकर सती-स्त्री देह का त्याग कर देती है और वही राम का नाम लेकर ढोंगी लोग तमाशा दिखाते हैं। जब राम का नाम हृदय से निकलता है तब बात बनती है।

कहै कबीर पुकारि के, सन्त विवेकी होय।
जामें शब्द विवेक हैं, छत्र धनी है सोय॥

कबीर कहते हैं कि संत विवेकवान होता है। जिसमें अच्छे-बुरे शब्दों का विवेक है, वही धनवान और सबसे ऊपर है। जिसमें विवेक नहीं है, वह संत नहीं है।

गुरु पशु नर पशु नारि पशु, वेद पशु संसार।
मानुष ताको जानिये, जाहि विवेक विचार॥

गुरु का पक्ष जो लेता है, वह गुरु-पशु, बड़े लोगों का जो पक्ष लेता है, वह नर-पशु, स्त्री का पक्ष जो लेता है, वह नारी-पशु, शास्त्र-वेद का पक्ष जो लेता है, वह वेद-पशु है। संसार में ये सभी पशु हैं। मनुष्य तो वही है, जो किसी का भी पक्ष न लेते हुए अपने विवेक व विचार से व्यवहार करता है।

प्रगटै प्रेम विवेक दल, अभय-निसान बजाय।
उग्र ज्ञान उर आवतै, जग का मोह नशाय॥

कबीर कहते हैं कि प्रेम-भक्ति के प्रभाव में जब मन में विवेक की सेना प्रकट होती है तब मन में उत्तम ज्ञान की उत्पत्ति खुद-ब-खुद ही होने लगती है, फिर अभय का नगाड़ा बजाकर विवेक की सेना मोहमाया की सेना पर विजयश्री हासिल कर ही लेती है।

कहने का भाव है कि विवेकवान व्यक्ति जीवन में कभी न तो हारते हैं और न ही धोखा खाते हैं। भवसागर से सहज रूप से ही पार हो जाते हैं।

मुख में थूकन दे नहि, गुहर कोई सन देही।
कहै कबीर या चिलम को, मांगी चिलम नहि लीन॥

यह संसार व संसार के लोग अजीब है। अगर कोई सोने की गिन्नी देकर मुंह में थूकना चाहे तो कोई इसके लिए तैयार नहीं होगा लेकिन सैकड़ों लोगों का जूठा हुक्का सब बड़े शौक से पीते हैं।

राखे बरत एकादशी, करै अन्न को त्याग।
मांग तमाखू न तजै, कहै कबीर अभाग॥

कबीर कहते हैं कि लोग एकादशी का व्रत रखते हैं और अन्न ग्रहण नहीं

करते हैं लेकिन भांग-तम्बाकू का त्याग नहीं करते हैं। यह कैसा व्रत है। ऐसे लोग अभागे ही तो हैं।

विद्या मद औ गुहि मद, राज मछ उनमत्त।
इतने मद को रद करे, तब पावै अनहार॥

विद्या-मद, गुण-मद तथा राज-मद ये सभी उन्माद बढ़ाते हैं। इन मदों का त्याग कर देने पर परमात्मा की प्राप्ति हो जाती है। अभिमान ही व्यक्ति को सदमार्ग पर चलने नहीं देता है।

औगुन कहुं शराब का, ज्ञानवंत सुनि लेय।
मानुष सो पशुवा करै, द्रव्य गाठि का देय॥

हे मनुष्य! अब से भी चेतो, शराब का अवगुण बता रहा हूं। सुनो, यह शराब मनुष्य को पशु बना देती है और पास में जो धन होता है उसका भी नाश करवा देती है। शराब से दूर रहकर ही सद्गति है।

भौड़ी आवै बास मुख, हिरदा होय मलीन।
कहै कबीर ऐ रामजन, मांगि चिलम नहि लीन॥

कबीर कहते हैं कि तंबाकू-गांजा आदि का सेवन जो लोग करते हैं, समझ में नहीं आता क्यों करते हैं—मुख से दुर्गंध आती है, आत्मा मलिन होती है। ऐ रामजनो, किसी से चिलम या हुक्का मांग कर मत लो। नशा आत्मा व शरीर दोनों का नाश करता है।

सुरापान अचवन करै, पिवै तमाखू भंग।
कह कबीर ऐ रामजन, तिनको करो न संग॥

जो शराब पीते हैं और भांग-तंबाकू खाते-पीते हैं। कबीर कहते हैं कि ऐ रामजनो, ऐसे लोगों के साथ न रहो। तुम्हारे लोक-परलोक दोनों ही बिगड़ जाएंगे।

भांग भरवै बल बुद्धि को, आफू अहमक होय।
दोय अमल औगुन कहा, ज्ञानवुंत न जोय॥

संतों ने अफीम और भांग को दुर्गुण माना है। भांग का सेवन जो करते हैं उनका बल-बुद्धि घटता है और अफीम का नशा करने वालों की बुद्धि भ्रष्ट हो जाती है। वे अज्ञानी और विवेकहीन हो जाते हैं।

भांग तमाखू छूतरा, पर निन्दा पर नार।
कहै कबीर इनको तजै, तब पावै दीदार॥

कबीर कहते हैं कि भांग, तम्बाकू, पर निंदा तथा पराई स्त्री—इनका त्याग करने पर ही सद्ज्ञान की प्राप्ति होती है।

गऊ जो बिष्ठा भच्छई, विप्र तमाखू भंग।
साधु सस्तर बांधई, यह कलियुग का रंग॥

कबीर कहते हैं कि गाय विष्ठा खाती है, ब्राह्मण तंबाकू-भांग का सेवन करता है, साधु हथियार लेता है तो यह कलियुग का ही प्रभाव है और यह महापाप का लक्षण है।

अजामेध गोमेध जग, अश्वमेध नरमेध।
कहै कबीर अधर्म को, धर्म बतावै बेद॥

कबीर कहते हैं कि अजामेध, गोमेध, अश्वमेध, नरमेध यज्ञ, जिनमें जीव हत्या होती है। वेद इस अधर्म कार्य को धर्म कार्य बताता है। भला जीव हत्या जिस यज्ञ में हो, वह धर्म-कर्म कैसे हो सकता है।

आठ बाट बकरी गयी, मोस मुल्ला गये खाय।
अजहू खाल खटीक घर, भिस्त कहां ते जाय॥

कबीर समझाते हैं कि बकरी की हत्या का पाप आठ रास्ते से आठ लोगों पर चला गया, और मुल्ला साहब ऐसे मांस को गटक गये। बधिक के घर पर उसकी चमड़ी आज भी है, जो बकरी की हत्या करने का जीता-जागता सबूत है, फिर तुम ही कहो, मुल्ला स्वर्ग भला कैसे जा सकेंगे?

मुसलिम मारे करद सों, हिन्दू मारे तलवार।
कहै कबीर दोनों मिलि, जैहैं जम के द्वार॥

कबीर कहते हैं कि मुस्लिम छुरी से रेतकर जीव हत्या करते हैं और हिन्दू लोग तलवार से झटका मारकर जीव-हत्या करते हैं। ये दोनों नरक नहीं जाएंगे तो कहां जाएंगे।

कबीर तेई पीर है, जे जाने पर पीर।
जे पर पीर न जानई, ते काफिर के पीर॥

कबीर कहते हैं कि पीर वही है, जो दूसरे की पीड़ा को भी जानता है। जो दूसरों की पीड़ा को नहीं जानता है, वह शैतान है। उसे पीर नहीं कहा जा सकता है। पर पीड़ा को समझने वाला ही भगवान है।

काजी तुझे करीम का, कब आया फरमान।
घट फोड़ा घर-घर किया, साहिब का नीसान॥

कबीर मुस्लिम समाज से पूछते हैं कि हे काजी! तुम्हारे पास खुदा का फरमान कब आया कि तुम जीव हत्या करो। तुम्हीं तो कहते हो कि सभी जीवों के शरीर खुदा की अमानत हैं, फिर क्यों जीव हत्या को कुर्बानी का नाम देकर घर-घर जीव हिंसा का प्रचार करते हो।

हिन्दू के दाया नहि, मेहर तुरक के नाहिं।
कहै कबीर दोनों गये, लख चौरासी माहिं॥

कबीर कहते हैं कि जिन हिन्दू-मुसलमानों में दया नहीं है, वे जीव हत्या करते

हैं, वे दोनों अवश्य ही नरक में जाएंगे क्योंकि ईश्वर को हिंसा पसंद नहीं है।

गला काटि कलमा करै, कीया कहै हलाल।
साहिब लेखा मांगसी, तबहीं कौन हवाल॥

हत्या करके कलमा पढ़ते हैं और कहते हैं कि यह उचित है, लेकिन इनका खुदा जब इनसे हिसाब मांगेगा, फिर इसका जवाब कौन देगा। इनकी तो बोलती ही बंद हो जाएगी। जीव हत्या जैसे पाप कर्म करके भला पुण्य कैसे संचय किया जा सकता है।

तिल भर मछरी खाय के, कोटि गऊ दे दान।
कासी करवट लै मरै, तो भी नरक निदान॥

कबीर कहते हैं कि जीव हत्या का कोई प्रायश्चित नहीं है। तिल भर मछली खाकर कोई उससे मुक्ति पाने के लिए करोड़ों गाय दान कर दे, काशी में जाकर मरे, फिर भी अंत में नरक में ही जाना पड़ेगा। उसका उद्धार नहीं हो सकता।

जोर किया तो जुलुम हैं, मांगे जवाब खुदाय।
खालिक दर खूनी पड़ा, मार मुंही मुंह खाय॥

कबीर कहते हैं कि जोर-जबर्दस्ती अगर तुमने किसी पर किया तो वह जुर्म है, कयामत के दिन खुदा इसका जवाब अवश्य ही तुमसे मांगेगा। फिर खुदा के दरबार में तू पड़ा-पड़ा मुंह-ही-मुंह मार खायेगा और तेरी रक्षा कोई नहीं करेगा।

जीन हने हिंसा करै, प्रगट पाप सिर होय।
पाप सबन को देखिया, पुण्य न देखा कोय॥

कबीर कहते हैं कि जो जीव को मारता है, हत्या करता है, वह अपने सिर पर पाप को धारण करता है। ये खूनी सभी पापी हैं। कोई भी पुण्यात्मा नहीं है। हिंसा का मार्ग अपनाकर कोई मोक्ष प्राप्त ही नहीं कर सकता।

पीर सबन की एक-सी, मूरख जानै नाहि।
अपना गला कटाय के, किस्त बसै क्यों नाहि॥

कबीर कहते हैं कि सभी का दर्द एक-सा ही होता है, जो मूर्ख लोग हैं, वे इस बात को जानते नहीं हैं। यज्ञ में अपना गला कटवाकर जीव स्वर्ग में जाते हैं या कुर्बानी से जन्नत मिलता है तो जीवों की बलि देने वाला अपना गला कटवाकर जन्नत में क्यों नहीं जाता।

कांचे को क्या ताइये, होत जतन में भंग।
साधु सज्जन ताइये, चढ़ै सवाया रंग॥

कबीर कहते हैं कि अनुभवहीन और कच्चे मनुष्य को कसौटी पर क्या कसना, वह तो देखभाल करते-करते ही नष्ट हो जाता है। साधु और सज्जन

पुरुष को कसौटी पर कसो। वे परीक्षा की घड़ी में और भी अधिक निखर जाते हैं।

घायल ऊपर घाव लै, टोटै त्यागी सोय।
भर जीवन में शीलवंत, विरला होय तो हाय॥

कबीर कहते हैं कि घाव के ऊपर घाव को लेना, घाटे में दान देना तथा आजीवन शीलवान बने रहना—ऐसे व्यक्ति बहुत कम ही होते हैं यानी न के बराबर ही होते हैं।

ज्ञानी ध्यानी संयमी, दाता सूर अनेक।
जपिया तपिया बहुत हैं, सीलवंत कोई एक॥

कबीर कहते हैं कि ज्ञानी, ध्यानी, संयमी, दाता, वीर अनेक धरती पर हैं और जप-तप करने वाले भी बहुत हैं, लेकिन शीलवान व्यक्ति धरती पर गिने-चुने ही हैं।

कबीरा संगति साधु की, हरे और की व्याधि।
संगति बुरी असाधु की, आठो पहर उपाधि॥

कबीर कहते हैं कि साधु की संगति सबसे भली, जो दूसरों की व्याधि को दूर करती है। असाधु की संगति सब से बुरी, जो आठों प्रहर व्याधि-ही-व्याधि फैलाती है।

चिन्ता ऐसी डाकिनी, कारि करेजा खाय।
बैद बिचारा क्या करै, कहं तक दबा लगाय॥

कबीर कहते हैं कि चिन्ता ऐसी डाकिनी है, जो कलेजा ही निकालकर खाती है। वैद्य भी कुछ नहीं कर पाता। वह बेचारा भला कहां तक इलाज करे या कहां तक दवा खिलाए।

गो धन गज धन बाजि धन और रतन धन खान।
जब आवै सन्तोष धन, सब धन धूरि समान॥

कबीर कहते हैं कि गोधन, गजधन, अश्वधन और रत्नधन खान, ये सब तब बेकार हो जाते हैं जब मनुष्य के पास संतोष धन आ जाता है। संतोष धन के सामने सारे धन धूल के समान हो जाते हैं अर्थात् सबसे बड़ा धन संतोष धन ही है।

झूठ बात नहि बोलिये, जब लग पार बसाय।
अहो कबीरा सांच गहु, आवागमन नशाय॥

कबीर कहते हैं कि जान-बूझकर झूठ न बोलो। हमेशा सत्य बोलो। झूठ बोलने से जीवन-मरण के फंदे से जीव कभी मुक्त नहीं हो पाता है।

सांच कहूं तो मारि है, झूठै जग पतियाय।
यह जग काली कूतरी, जो छेड़ै तेहि खाय॥

कबीर कहते हैं कि सत्य बोलने पर लोग मारते हैं और झूठ पर विश्वास करते हैं। यह संसार तो काली कुतिया है, जिसे छेड़ोगे तो काट खाएगी।

काया काढ़ा काल धुन, जतन-जतन सो खाय।
काया ब्रह्म ईश बस, मर्म न काहूं पाय॥

कबीर कहते हैं कि इस शरीर को समय रूपी घुन अंदर-ही-अंदर खा रहा है। शरीर में ईश्वर का वास है, लेकिन इस बात को बहुत कम लोग ही जानते हैं। जो इस सच को जान जाता है, उसके मन में वैराग्य उत्पन्न हो जाता है।

अपने-अपने साख की, सब ही लीनी भान।
हरि की बात दुरन्तरा, पूरी ना कहू जान॥

कबीर कहते हैं कि ईश्वर को जानना आसान नहीं है, उसे पूरी तरह से किसी ने भी नहीं जाना। जिस किसी के भी मन में यह बात आ गई कि मैंने ईश्वर को पूरी तरह से जान लिया तो फिर वह ईश्वर को थोड़ा-सा भी जान नहीं पाता। ईश्वर को जानने का घमंड जिसे भी हुआ उसे ईश्वर नहीं मिला क्योंकि अहंकार से ईश्वर को जाना नहीं जा सकता। ईश्वर को तो भक्ति-भाव से समझा जा सकता है।

नमन क्षमन अरू दीनता, सबकूं आदर भाव।
कहै कबीर सोई बड़े, जामे बड़ा स्वभाव॥

कबीर कहते हैं कि बड़ा वही है, जिसका स्वभाव बड़ा है और नम्रता, क्षमा, दीनता तथा आदर भाव सबके प्रति है। धन से कोई बड़ा नहीं हो जाता है।

कबीर सबते हम बुरे, हमसे भले सब कोय।
जिन ऐसा करि बुझिया, मीत हमारा सोय॥

कबीर कहते हैं कि सबसे बुरे हम हैं और हमसे अच्छे सब हैं। जो भी व्यक्ति ऐसा सोचता है, वही व्यक्ति साधुओं के समाज में रहने लायक है। जो ऐसा नहीं सोचता, उसकी जरूरत नहीं है।

इकबानी सो दीनता, सब कछु गुरु दरबार।
यही भेंट गुरुदेव की, संतन कियो बिचार॥

कबीर कहते हैं कि दीनता में अपार शक्ति है। यह ईश्वर का रूप है। एक दीनता को धारण कर लेने से सद्गुरु का दरबार उसके लिए खुल जाता है। दीनता ही सद्गुरु के लिए सबसे उत्तम पुरस्कार है।

आज काल दिन पांच में, बरस पांच जुग पंच।
जब तक साधु तारसी, और सकल परपंच॥

कबीर कहते हैं कि आज, कल में, दिन, पांच दिन में, पांच साल या पांच

युग में उद्धार कोई करेगा तो कोई संत ही करेगा। दूसरे सब तो मन वाणी के प्रपंच हैं।

सन्त मता गज राज का, चालै बन्धन छोड़।
जग कुत्ता पीछे फिरै, सुनै न वाको सोर॥

कबीर कहते हैं कि हाथी की तरह संतों की सोच होती है। वे सभी बंधनों को तोड़कर हाथी के समान चलते चले जाते हैं। संसार के कुत्ते पीछे पड़े भौंकते रहते हैं, पर संत हाथी की तरह ही शोर-गुल से परे होते हैं। उन्हें किसी की भी परवाह नहीं होती है।

साधु ऐसा चाहिए, जहा रहै तहैं गैब।
बानी के विस्तार में, ताकूं कोटिक ऐब॥

कबीर कहते हैं कि साधु ऐसा हो कि वह जहां रहे वहां किसी भी तरह की चमक-दमक की चीजें न हों और वहां का वातावरण बिल्कुल शांत हो। चमक-दमक की चीजें होने पर साधु की वाणी में सांसारिक चीजों के प्रति विस्तार हो सकता है। उसकी साधना में विघ्न-बाधा उत्पन्न हो सकती है और उसमें करोड़ों दोष आ सकते हैं।

कह आकाश को फेर है, कह धरती को तोल।
कहा साधु की जाति है, कह पारस का मोल॥

कबीर कहते हैं कि आसमान की कोई हद नहीं है। धरती की कोई तोल नहीं है। साधु की कोई जाति नहीं है और पारस पत्थर का कोई मोल नहीं है। ये सब अमूल्य और अतुलनीय हैं।

साधु आया पाहुना, मागे चार रतन।
धूनी पानी साथरा, सरधा सेती अन्न॥

कबीर कहते हैं कि साधु अतिथि आये हैं और वे चार रत्न मांगते हैं। धूप-दीप, पानी, आसन और भोजन। कहने का भाव है कि मेहमान को ये चार चीजें देकर उसका सत्कार करें। इसका बहुत बड़ा महात्म्य है।

आज काल के लोग हैं, मिलि कै बिछुरी जाहि।
लाहा कारण आपने, सौगंध राम की खाहि॥

आजकल के जितने भी सगे-संबंधी हैं, हित-मित्र हैं और जान-पहचान के हैं, वे सब मिलने के बाद बिछुड़ जाएंगे लेकिन आदमी है कि दो दिन के जीवन में अपने स्वार्थवश राम की कसम खा लेता है। यह मनुष्य की अज्ञानता ही तो है, जो राम की कसम खाकर लोक-परलोक बिगाड़ता है।

मानपमान न चित धरै, औरन को सनमान।
जो कोई आशा करै, उपदेशै तेहि ज्ञान॥

कबीर कहते हैं कि साधु या संतजन अपने मान-अपमान का ध्यान नहीं रखते और दूसरों को पूरा सम्मान देते हैं। जो कोई व्यक्ति उनसे ज्ञान प्राप्त करना चाहता है तो उसे उपदेश भी देते हैं। साधु के मन में कोई भी ईर्ष्या-द्वेष भाव नहीं रहता।

धारा तो दोनों भली, बिरही कै बैराग।
गिरही दासातन करे, बैरागी अनुराग॥

कबीर कहते हैं कि दोनों ही आश्रम गृहस्थ व वैराग्य भले हैं। गृहस्थ आश्रम में रहने वालों को संत-संन्यासियों की सेवा करनी चाहिए तथा वैरागी को वैराग्य धारण करना चाहिए।

बैरागी बिरकत भला, गिरही चित्त उदार।
दोऊ चूकि खाली पड़े, ताको वार न पार॥

कबीर कहते हैं कि वैरागी में विरक्तता तथा गृहस्थ में उदारता के गुण अच्छे होते हैं। अगर दोनों अपने-अपने गुणों से चूक गए तो उनका उद्धार नहीं होता है।

घर में रहै तो भक्ति करू, नातरू करू बैराग।
बैरागी बन्धन करै, ताका बड़ा अभाग॥

कबीर कहते हैं कि घर में रहो तो भक्ति करो और साधु-गुरु की इज्जत करो और नहीं तो घर को छोड़कर वैराग्य धारण कर लो। वैराग्य छोड़कर अगर पुनः घर आने की कामना करते हो तो यह तुम्हारा दुर्भाग्य है। तुम्हें नरक में भी जगह नहीं मिलेगी।

भेष देख मत भूलिये बूझि लीजिये ज्ञान।
बिना कसौटी होत नहि, कंचन की पहिचान॥

कबीर कहते हैं कि वेश देखकर मत भूलो कि यह साधु के वेश में ढोंगी भी हो सकता है, उससे ज्ञान की बातें पूछो। बिना कसौटी के तो सोना की भी पहचान नहीं होती है।

अजहूं तेरा सब मिटै, जो मानै गुरु सीख।
जब लग तू घर में रहै मति कहूं मांगे भीख॥

कबीर कहते हैं कि आज भी तेरा सारा दुःख मिट सकता है अगर तू गुरु की शिक्षा ग्रहण कर ले। जब तक तू घर में रह कभी भी भिक्षा न मांग। गृहस्थ आश्रम में रहने वाले के लिए भीख मांगना पाप है।

जिहि घटि प्रीति न प्रेम-रस, फुनि रसना नहि राम।
ते नर इस संसार में उपजि खये बेकाम॥

कबीर कहते हैं कि जिसके हृदय में प्रेम-रस नहीं है और जिसकी जीभ पर राम नहीं है–वह इस संसार में व्यर्थ ही उत्पन्न हुआ तथा उसका जीवन

किसी काम का नहीं।

**काचा सेती मति मिलै, पाका सेती बान।
काचा सेती मिलत ही, ह्वै तन धन की हान॥**

कबीर कहते हैं कि दुराचारी लोगों से मत मिलो, सज्जन व्यक्तियों से ही बात करो और मिलो। दुराचारी और आचरणहीन लोगों से बात करने या उनके साथ रहने से शरीर, मन और धन की हानि होती है। आचरणहीन और दुष्ट प्रकृति के लोगों से दूर रहना ही ठीक है।

**प्रीति कर सुख लेने को, सो सुख गया हिराय।
जैसे पाई छछुन्दरी, पकड़ि सांप पछिताय॥**

कबीर कहते हैं कि आदमी प्रेम करता है सुखानंद प्राप्त करने के लिए लेकिन जो उसके पास वास्तविक सुख होता है, वह भी प्रेम करने के बाद गायब हो जाता है, फिर उसकी हालत उस सांप की तरह हो जाती है, जो छछूंदर को पकड़कर पछताता है।

**लकड़ी जल डूबै नहिं, कहो कहा की प्रीति।
अपनी सींची जानि के, यही बड़न की रीति॥**

कबीर कहते हैं कि लकड़ी जल में डूबे नहीं क्योंकि जल से लकड़ी की गहरी प्रीति है। जल को पता है कि लकड़ी को उसने ही कभी सींचा था। यही स्थिति बड़ों यानी सज्जनों की है। वे भी प्रीति करते हैं तो अंतिम समय तक निभाते हैं।

**भुवगंम बास न बेधई, चन्दन दोष न लाय।
सब अंग तो विष सो भरा, अमृत कहा समाय॥**

कबीर कहते हैं कि चन्दन के तने से लिपटे रहने पर भी सांप के शरीर में चंदन की गंध नहीं बसती तो इसमें चंदन का क्या दोष? सांप का तो सारा शरीर जहर से भरा है, भला चंदन की खुशबू उसके शरीर में कैसे समाए।

**जीवन जोबन राज मद, अविचल रहै न कोय।
जु दिन जाय सत्संग में, जीवन का फल सोय॥**

कबीर कहते हैं कि जीवन, जवानी, राजमद—ये तीनों हमेशा नहीं रहते हैं। जिस दिन व्यक्ति सत्संग में जाना शुरू कर देता है, उसी दिन से जीवन का फल मिलना शुरू हो जाता है।

**निर्पक्षी की भक्ति है, निर्मोही को ज्ञान।
निरद्वंदी की मुक्ति है, निर्लोभी निर्वान॥**

कबीर कहते हैं कि जो निरपक्षी हैं वही भक्ति कर सकते हैं तथा जो मोह का त्याग कर चुके हैं, वही ज्ञान प्राप्त करते हैं। जो हर्ष-शोक से परे निर्द्वंद्व

रहने वाले हैं, वही मुक्ति प्राप्त करते हैं तथा जो निर्लोभी हैं, वही सारे बंधनों से मुक्त होते हैं।

कबीर गुरु की भक्ति करूं, तज विषया रस चौंज।
बार-बार नहिं पाइये, मानुष जन्म की मौज।।

कबीर कहते हैं कि विषय-वासना का रस छोड़कर गुरु की भक्ति करना कठिन है। यह मानव शरीर और मानव शरीर का आनंद बार-बार नहीं मिलता है। अगले जन्म को इससे बेहतर बनाने के लिए गुरु भक्ति करना जरूरी है।

आरत ह्वै गुरु भक्ति करूं, सब कारज सिध होय।
करम जाल भौ साल में, भक्त फंसे नहिं कोय।।

कबीर कहते हैं कि मोह के बंधनों से मुक्त होकर गुरु की भक्ति करो। तुम्हारे सारे मनोरथ पूरे हो जाएंगे। जो भक्त है वह भवजाल में नहीं फंसता और मोक्ष उसे प्राप्त हो जाता है।

भक्ति भेष बहु अन्तरा, जैसे धरनि आकाश।
भक्ति लीन गुरु चरण में, भेष जगत की आश।।

कबीर कहते हैं कि भक्ति में और वेश में बहुत अंतर है जैसे आकाश और धरती में है। भक्त तो गुरु के चरण में लीन रहता है पर वेशधारी संत विषय-वासनाओं के मोह में विचरण करता रहता है।

भक्ति बिना नहिं निस्तेर, लाख करे जो कोय।
शब्द सनेही होय रहे घर को पहुंचे सोय।।

कबीर कहते हैं कि भक्ति के बिना मुक्ति नहीं है। जो गुरु के सद्ज्ञान का आकांक्षी होता है, वही सत्संग का लाभ उठाता है।

ज्ञानी होय सो मान ही, बुझे शब्द हमार।
कहैं कबीर सों बांचि हैं, और सकल जमधार।।

कबीर कहते हैं कि जो विवेकवान होगा, वह संतों की भाषा को समझ सकेगा और उनके शब्दों पर विश्वास भी करेगा। गुरु-ज्ञान को मानने वाले ही भवसागर को पार करेंगे। अज्ञानी तो जमधार यानी मोह-माया की धार में बह कर नष्ट हो जाएंगे।

कबीर पगरा दूरि है, आय पहुंची सांझ।
जन जन को मन राखता, वेश्या रहि गयी बांझ।।

कबीर कहते हैं कि हे प्राणी! मोक्ष का रास्ता बहुत लम्बा है और शाम होने वाली है। जैसे लोगों का मन रखते-रखते वेश्या संतानहीन ही रह गई, वैसे ही मोह-माया के बंधनों में पड़कर सबको खुश करते-करते व्यक्ति भक्तिहीन

ही रह गया। सदगति नहीं मिली।

काल पाय जग ऊपजो काल पाय सब जाय।
काल पाय सब बिनशि हैं, काल काल कहें खाय॥

कबीर कहते हैं कि समय के प्रभाव से जीव पैदा होता है और समय के प्रभाव से सब मिटते भी रहते हैं। समय के प्रभाव से सबका विनाश भी होता है और किसी समय में बनी वस्तु को समय ही खाता है, अर्थात् यहां काल यानी समय का ही बोल-बाला है। वही पैदा करता है और खा भी जाता है।

खुलि खेलो संसार में, बांधि न सक्कै कोय।
घाट जगाती क्या करै, सिर पर पोट न होय॥

कबीर कहते हैं कि मोह-बंधन को छोड़कर खुले मन से संसार में विचरण करो, फिर तुम्हें कोई भी बांध नहीं सकता। घाट जगाती यानी चुंगी वसूलने वाला क्या करेगा जब सिर पर मोह-माया की गठरी ही नहीं है।

आस पास जोधा खड़े, सबै बजावै गाल।
मंझ महल से ले चला, ऐसा परबल काल॥

कबीर कहते हैं कि आस-पास योद्धा खड़े हैं और सभी बड़ी-बड़ी बातें कर रहे हैं। बीच महल से काल पकड़कर ले चला, काल इतना धीठ और प्रबल है।

काल फिरै सिर ऊपरै, हाथों धरी कमान।
कहै कबीर अहु ज्ञान को, छोड़ सकल अभिमान॥

कबीर कहते हैं कि काल सिर के ऊपर चक्कर काट रहा है और हाथों में कमान ले रखा है। सारा अभिमान छोड़कर ज्ञान का सार तत्व ग्रहण करो।

अजि हठ मत कर बावरे, हठ से बात न होय॥
ज्यूं ज्यूं भी जै कामरी, त्यूं त्यूं भारी होय॥

कबीर कहते हैं कि हे प्राणी! ज्यादा जिद ठीक नहीं। जिद करने से बात नहीं बनती। जैसे-जैसे कंबल भीगता रहता है वैसे-वैसे भारी होता जाता है। जिद करते-करते मनुष्य भी जड़ बन जाता है।

हिय हीरा की कोठरी, बार-बार मत खोल।
मिलै हीरा का जौहरी, तब हीरों की मोल॥

कबीर कहते हैं कि ज्ञान रूपी हीरों से भरी मन की कोठरी को बार-बार सबके सामने न खोलो। जब ज्ञान रूपी हीरों का कोई जौहरी मिल जाए तब ज्ञान रूपी हीरों का मोल-भाव करो।

पढ़ना गुनना चातुरी, यह तो बात सहल्ल।
काम दहन मन बस करन, गगन चढ़न मुसकल्ल॥

कबीर कहते हैं—पढ़ना, लिखना, समझना और चालाकी यह सब तो सहज है। लेकिन विषय-वासनाओं को जड़ से समाप्त कर मन को पूरी तरह से अपने वश में कर लेना बहुत कठिन है।

जिहि जिवरी से जग बंधा, तू जनि बंधै कबीर।
जासी आटा लौन ज्यों, सोन समान शरीर॥

कबीर कहते हैं कि जिस रस्सी से संसार के लोग बंधे हैं, ऐ मुक्ति चाहने वालों, तुम सब उस रस्सी से मत बंधो। जैसे आटा नमक के बिना फीका पड़ जाता है वैसे ही सोने जैसा तुम्हारा शरीर भजन के बिना मूल्यहीन हो जाता है।

खोद खाद धरती सहै, काट कूट बन राय।
कुटिल वचन साधु सहैं, और से सहा न जाय॥

खोद-खाद धरती बर्दाश्त करती है और काट-कूट जंगल बर्दाश्त करता है। कड़वे वचन साधुजन बर्दाश्त करते हैं। इनके अलावा औरों से ये सब बर्दाश्त नहीं होता।

कुबुद्धि कमानी चढ़ि रही, कुटिल वचन के तीर।
भरि मारे कान में, सालै सकल सरीर॥

कबीर कहते हैं कि कुबुद्धि रूपी धनुष पर कुटिल वचन रूपी तीर हमेशा चढ़ा ही रहता है और अज्ञानी लोग खींच-खींचकर सबके कानों में मारते रहते हैं, फिर इनकी मार से सारे शरीर में अपार पीड़ा होती है।

शीतल शब्द उचाटिये, अहं आनिये नाहिं।
तेरा प्रीतम तुझहि में, दुसमन भी तुम माहिं॥

कबीर कहते हैं कि हमेशा मीठे और ठंडे शब्द निकालो। अहंकार को मन में आने न दो। तेरा प्रियतम तुझमें ही है और दुश्मन भी तुममें ही है।

साखी

दंडवत गोविंद गुरु, वन्दौ अब जन सोय।
पहिले भये प्रनाम तिन, नमो जु आगे होय॥

गोविंद यानी ईश्वर के कमल-चरणों में दण्डवत प्रणाम है। इस समय जितने भी सद्गुरु हैं, उन सबके चरणों में भी सादर वंदना है। जो संत गुरु हुए हैं, उनके भी चरणों में प्रणाम है और जो भविष्य में सद्गुरु होंगे उनके भी चरणों में सप्रेम नमस्कार है।

कहने का भाव है कि जो गुरु हैं, वे हर समय में पूजनीय और आदरणीय हैं। उनका एकमात्र लक्ष्य होता है अंधकार से प्रकाश की ओर ले जाना और पर ब्रह्म का ज्ञान कराना।

गुरु हैं बड़े गोविंद ते, मन में देखु विचार।
हरि सिरजे ते वार हैं, गुरु सिरजे ते पार॥

गुरु महाराज, गोविंद या परमात्मा से बड़े हैं। मन में जरा विचार कर देखो तो सही – गोविन्द का बनाया हुआ जो कुछ भी है, वह इस दुनिया में ही है। सब कुछ हमें नजर आता है। यह दिगर बात है कि हम अज्ञानता वश देखते नहीं हैं, लेकिन गुरु अपने ज्ञानामृत से जो भक्ति भाव का वातावरण तैयार करता है, उससे शिष्य के ज्ञानचक्षु खुल जाते हैं और वह गोविंद की माया नगरी को सहजता से पहचान जाता है, फिर आसानी से इस संसार सागर को पार कर जाता है। इसलिए गुरु बड़ा है, वह हमें भव सागर से पार जाने का मार्ग बताता है।

बलिहारी गुरु आपकी, घरी घरी सौ बार।
मानुष ते देवता किया, करत न लागी वार॥

हे सद्गुरु महाराज! आप पर मैं अपना सब कुछ न्योछावर करूं, आप पर मैं बलिहारी जाऊं, हर घड़ी में सौ बार मैं अपना तन-मन न्योछावर करता हूं। मुझे आपने मनुष्य से देवतुल्य कर देवता बनाने में एक पल का भी समय नहीं

लगाया। चुटकियों में ही अपने ज्ञानामृत से मेरा काया कल्प कर दिया।
> तन मन दिया जु क्या हुआ, निज मन दिया न जाय।
> कहैं कबीर ता दास सों, कैसे मन पतियाय॥

गुरु की सेवा में तन-मन दे दिया तो क्या हो गया। यह कोई बड़ी बात नहीं है। अपना अन्तर्मन तो तुमने गुरु-भक्ति में लगाया ही नहीं। बहुत कम भक्त ही अपना अन्तर्मन गुरु सेवा में लगा पाते हैं। बड़ी बात तब होगी जब अन्तर्मन भी गुरु भक्ति में लगा हो। कबीर कहते हैं कि अन्तर्मन से भक्ति न करने वाले शिष्य पर भला गुरु विश्वास करे तो कैसे करे? गुरु के प्रति एक निष्ठता आवश्यक है।

> जो दीसै सो विनसि है, नाम धरा सो जाय।
> कबीर सोई तत गह्यो, सतगुरु दीन्ह बताय॥

जो इस जगत में नजर आता है, उसका विनाश हो जाता है। वह किसी भी स्थिति में रहता नहीं है। क्योंकि यह संसार नश्वर है। बड़ी धूमधाम के साथ जिसका नाम रखा जाता है, वह यहां नहीं रहता, एक दिन चला ही जाता है। कबीर कहते हैं कि सद्गुरु ने यही देखकर तो बताया है कि वही तत्व ग्रहण करो जो अविनाशी है अर्थात् गुरु-ज्ञान ग्रहणकर ईश्वर से अपना नाता जोड़ लो। बस वही एक अविनाशी अजर और अमर है।

> शब्दै मारा खैंचि करि, तब हम पाया ज्ञान।
> लगी चोट जो शब्द की, रही कलेजे छान॥

सद्गुरु ने ज्ञान रूपी शब्दों के बाण को चलाकर मारा तब हमने जगत के मोह-माया के बंधनों से मुक्त होकर ज्ञानामृत पाया। शब्दों के बाण से ऐसी चोट लगी कि वह अभी तक हृदय में साल रही है अर्थात् सत्य का ज्ञान हो गया है और अंधकार मिट गया है। असत्य के जाने से सार तत्व का भी बोध हो गया है।

> सतगुरु बड़े सराफ हैं, परखे खरा-रु-खोट।
> भौसागर ते काढ़िके, राखे अपनी ओट॥

सद्गुरु बहुत बड़े जौहरी हैं, जो खरे और खोटे की पहचान करते हैं। सत्य-असत्य को परखने में उन्हें समय नहीं लगता है। जो खरा है और उसमें कोई खोट नहीं है, उसे भव सागर से निकालकर अपनी शरण में ले लेते हैं अर्थात् उसकी सांसारिक मोह-माया से रक्षा करते हैं और सद्गति के मार्ग की तरफ खींचकर ले जाते हैं।

सतगुरु मेरा सूरमा, बेधा सकल शरीर।
शब्द बाण से मीर रहा, क्यों जीये दास कबीर॥

सद्गुरु जैसा महान योद्धा कोई नहीं है। उन्होंने मेरे सारे शरीर को भीतर और बाहर से बेध दिया है। विषय-वासना में लिप्त रहने वाला यह शरीर गुरु के शब्द रूपी बाणों से घायल होकर मर रहा है। कबीर कहते हैं कि फिर भौतिक सुखों के लिए शिष्य यानी भक्त क्यों जीवित रहे। ज्ञान का अमृत पीकर वह क्यों न मरे।

लौ लागी तब जानिये, छूटि न कबहूं जाय।
जीवन लौ लागी रहे, मूये तहां समाय॥

अपने गोविन्द से दिल लग जाए तो जानिए आपने मुक्ति का मार्ग ढूंढ लिया। अब ध्यान यह रहे कि कभी उसका साथ छूट न सके। इसमें कोई कमी न आने पाए और यह अनवरत चलता रहे, जब तक जीवन रहे। जब सांस निकले तो वह गोविन्द में ही विलीन हो जाए। अपने गोविन्द से ऐसा प्रेम होना चाहिए।

लौ लागी तो डर किसा, आप बिसरजन देह।
अमृत पीवै आतमा, गुण सों जुड़ै सनेह॥

जब गोविन्द से प्रेम हो गया, तुम उनकी साधना में जी-जान से लग गए तो फिर भय कैसा? अब तो निर्भय हो जाओ। शरीर को लेकर न डरो। यह तो तुम्हें भी पता है कि शरीर क्षण-भंगुर है। कोई भी जतन कर लें, लेकिन इसे तो नष्ट होना ही है। जो सच्चे भक्त होते हैं, वे तो सद्ज्ञान से प्रेम संबंध जोड़ते हैं और मोक्ष दिलाने वाले गुरु-ज्ञान का अमृत-पान करते रहते हैं। उन्हें शरीर के रहने-न-रहने की चिंता नहीं रहती है।

लौ लागी तब लौ लगूं, कहूं न आऊं नांव।
लै बूडूं तो लै तरूं, लै लै तेरा नांव॥

जब से गोविन्द से प्यार हो गया, मैं उसी में हर पल मग्न रहने लगा हूं। न तो कहीं जाता हूं और न कहीं से वापस आता हूं अर्थात् सांसारिक बंधनों से मैंने नाता तोड़ लिया है। हे मेरे गोविन्द! मैं अब भव सागर में डूबूं या तैरूं, बस अब तो तुम्हारे ही नाम का सहारा है। मुझे मालूम है, तू मुझे डूबने नहीं देगा।

सोऊं तो सुपनै मिलूं, जागूं तो मन मांहि।
लोचन राता सुधि हरी, बिछुरत कबहूं नांहि॥

मैं गहरी नींद में रहूं तो हे गोविन्द! स्वप्न में तुमसे मिलूं और जाग्रत अवस्था में रहूं तो मन-ही-मन तुम्हारे नाम का सुमिरन करता रहूं अर्थात् मन-ही-मन तुमसे मिलता रहूं। तुम्हें देखने-मिलने की इस व्याकुलता में आंखें लाल हो गई हैं तथा बुद्धि ऐसी हरण हो गई है कि तुम पर से कभी ध्यान हटता ही नहीं। हे गोविन्द! अब तो दिन-प्रतिदिन तुममें ही मैं समाता जा रहा हूं, तुम्हारे प्रति प्रेम ही इतना गहरा हो गया है।

जिहि बन सिंह न संचरै, पंछी उडि न जाय।
रैन दिवस की गम नहीं, तहं कबीर लौ लाय॥

जिस जंगल में सिंह भ्रमण नहीं करता और न पक्षी उड़ान भरते हैं, जहां रात-दिन नहीं होते यानी न तो चन्द्रमा की शीतल किरणें पहुंच पाती हैं और न ही सूर्य की तपती किरणें, ऐसे निर्जन और अगम्य जंगल में जो ज्ञानी-ध्यानी होते हैं, गोविन्द से अपना संबंध बनाते हैं। कहने का भाव है कि साधना के लिए या गोविन्द से नाता जोड़ने के लिए एकाग्रता की आवश्यकता है।

काया कमंडल भरि लिया, ऊजल निरमल नीर।
पीवत तृषा न भाजई, तिरषावंत कबीर॥

जिज्ञासु भक्तों ने अपना शरीर रूपी कमंडल इष्ट-प्रेम रूपी जल से भर लिया, जो जल पवित्र है और निर्मल है। कबीर कहते हैं कि वे पी-पीकर छक गए हैं, लेकिन प्यास है कि बुझने का नाम नहीं ले रही अर्थात् ईश्वर-भजन की ऐसी लत लग गई है कि प्यास बुझ ही नहीं रही, बढ़ती ही जा रही है।

सुपना में साईं मिला, सोवत लिया जगाय।
आंखि न मीचौं डरपता, मति सुपना है जाय॥

मुझे स्वप्न में साईं यानी सद्गुरु मिले। मैं सो रहा था, लेकिन उन्होंने मुझे जगा दिया। मैं इतना डर गया कि आंखें भी नहीं मींच सका कि कहीं वही स्वप्न दोबारा न आ जाए। कहने का भाव है कि सद्गुरु ने मुझे अंधकार से खींचकर प्रकाश में अचानक ही ला दिया, जिससे मैं डर गया क्योंकि मैं तो प्रकाश का अभ्यस्त हूं ही नहीं।

लौ लागी निरभय भया, भरम भया सब दूर।
बन बन में कहं ढूंढता, राम इहां भरपूर॥

गोविन्द से प्रेम की लगन लग गई। मैं निडर हो गया। सारे मोह-माया के बंधनों से मुक्त हो गया, मन के सारे भ्रम दूर हो गए। मैं वन-वन यानी

बाहर-ही-बाहर कहां अपने राम को ढूंढता फिरता था जबकि मेरे हृदय में ही पूर्ण ब्रह्म राम विराजमान हैं।

कहने का भाव है कि ईश्वर हर जीव के अंदर ही हैं। उन्हें और कहीं ढूंढने की जरूरत नहीं है।

जाके मन विश्वास है, सदा गुरु हैं संग।
कोटि काल झक सोलहीं, तऊ न ही मन भंग॥

जिस व्यक्ति के मन में विश्वास है यानी सद्गुरु के प्रति आस्था है, उसके साथ गुरु सदा ही होते हैं, इसमें कोई भी शक की गुंजाइश नहीं। करोड़ों काल कितनी भी विघ्न-बाधाओं के साथ हमला क्यों न बोलें, लेकिन सद्गुरु की भक्ति में लीन भक्त को उसके मार्ग से हटा नहीं सकते।

राम नाम की लौ लगी, जग से दूर रहाय।
मोहि भरोसा नाम का, बंदा नरक न जाय॥

पूर्ण ब्रह्म राम से प्रेम हो गया तो फिर संसार और विषय-वासनाओं से भक्त का कैसा रिश्ता। वह संसार व सारी तृष्णाओं से सदा के लिए ही दूर हो जाता है। भक्त तो बस यही कहता है कि मुझे तो राम के नाम पर भरोसा है। राम के नाम पर भरोसा करने वाला व्यक्ति गलती से भी दुनिया के मोह-बंधनों में नहीं पड़ता है और राम उसे सांसारिक दुःखों से सदा दूर ही रखते हैं। देह त्यागने के बाद वह सीधे राम के धाम पहुंचता है।

रचनहार को चीन्हि ले, खाने को क्या रोय।
मन मन्दिर में पैठि के, तान पिछोरी सोय॥

खाने को लेकर तू क्या रोता है अर्थात् शारीरिक भूख-प्यास की चिंता में क्यों रोता फिर रहा है। रचनहार यानी सृजन-कर्ता को पहचान ले, फिर मन-मंदिर में शांत चित्त होकर उसकी सुमिरन रूपी चादर ओढ़कर सो जा अर्थात् ईश्वर पर अपना सब कुछ छोड़ दे। तेरा कल्याण हो जाएगा।

हरिजन गांठि न बाधहीं, उदर समाना लेय।
आगे पीछे हरि खड़े, जो मांगै सो देय॥

जो हरि भक्त होते हैं, वे धन-संपत्ति का संचय नहीं करते हैं और न ही स्वयं तक ही उसे रखते हैं। वे तो बस भूख मिटाने के लिए धन का उपयोग करते हैं क्योंकि उन्हें यह अच्छी तरह से मालूम होता है कि आगे-पीछे हरि खड़े हैं। वे मांगने पर उनकी जरूरतें पूरी कर ही देते हैं तो धन का संग्रह करने से क्या लाभ?

कबीर चिन्ता क्या करे, चिन्ता सों क्या होय।
चिन्ता तो हरि ही करे, चिन्ता करो न कोय॥

कबीर कहते हैं कि तुझे चिंता करने की जरूरत नहीं है। तुम्हारे चिंता करने से कोई फर्क नहीं पड़ता है। चिंता करने का कार्य तो केवल परमात्मा का है। उनके सिवा दूसरा कोई भी चिंता न करे।

चिन्तामनि चित में बसै, सोइ चित्त में आनि।
बिना प्रभु चिन्ता करै, यह मूरख का बानि॥

चिन्तामणि यानी भगवान का वास तो मन में है। अपने मन में उसका ध्यान करो, उसका सुमिरन करो। वह व्यक्ति तो मूर्ख ही है, जो ईश्वर का चिन्तन न कर दूसरों की या अन्य विषयों की चिन्ता करता है।

साईं दीया सहज में, सोई रिजक हलाल।
हैवां सबै हराम है, तजि संसै जिव साल॥

तुम्हारी मेहनत व भाग्य के अनुसार साईं ने खुशी मन से जो तुम्हें दिया है, वही तुम्हारे हित में है और वही ईमानदारी का है। बाकी सब ईमानदारी का नहीं है। ऐसी कमाई से तुम्हें हानि ही होगी। बेईमानी का धन ग्रहण न करो। तुम्हें यह धन दुःख ही देगा।

करम करीमा लिखि रहा, अब कछु लिखा न होय।
मासा घटै न तिल बढ़ै, जो सिर पटके कोय॥

भाग्य में जो लिखा है, उसमें अब बदलाव नहीं होने वाला है। उसे वैसा ही रहना है। अब कुछ भी लिखने-करने का साहस किसी में भी नहीं है। न तो एक माशा घट सकता है और न ही एक तिल बढ़ सकता है अर्थात् प्रारब्ध में जो है वही रहेगा, कितना भी जोर लगा लो कुछ भी नहीं होने वाला।

जाके दिल में हरि बसै, सो जन कलपै काहि।
एकै लहर समुद्र की, दुःख दारिद्र बहि जाहि॥

जिसके हृदय में हरि का वास है, वह व्यक्ति दुखी क्यों है। परमात्मा रूपी समुद्र की एक ही लहर से उसका सारा दुःख पलक झपकते ही बह जाता है और दरिद्रता का नामोनिशान भी नहीं रहता है।

कहने का भाव है कि जब ईश्वर पर विश्वास है तो फिर दुःखी होने की आवश्यकता ही नहीं है। वह तो ऐसा है, जो पलक झपकते ही सारी पीड़ा दूर कर देता है।

भक्त भरोसे राम के, निधड़क ऊंची दीठ।
तिनकूं करम न लागई, राम ठकोरी पीठ॥

भक्त जो होते हैं, वे हमेशा राम के भरोसे रहते हैं और राम के बल पर ही वे अपनी नजर हमेशा ऊंची रखते हैं। उनकी पीठ पर सदा ही राम का कृपा भरा हाथ होता है और उन्हें कर्म नहीं बांधते अर्थात् वे भव सागर में डूबते नहीं हैं। उन्हें राम का सहारा जो मिला होता है।

जो सांचा बिसवास है, तौ दुःख क्यौं ना जाय।
कहैं कबीर विचारि के, तन मन देहि जराय॥

जब ईश्वर पर पूरा विश्वास है तब दुःख क्यों नहीं जाएगा। कबीर कहते हैं कि ईश्वर की प्रेमाग्नि के हवन में अपना तन-मन जला दो ताकि विषय-वासनाओं का जो यह उफान बार-बार उठ रहा है, वह न उठे और अलौकिक आनंद की प्राप्ति तुम्हें होने लगे।

राम किया सोई हुआ, राम करै सो होय।
राम करै सो होयगा, काहे कल्यो कोय॥

राम ने जो किया वही हुआ, राम जो करते हैं वही होता है और राम जो करेंगे वही होगा। तीनों कालों (भूत, भविष्य, वर्तमान) में अन्तर्यामी ईश्वर राम की ही सत्ता है, दूजा कोई नहीं है। उस पर विश्वास करो।

पीछे चाहै चाकरी, पहिले महीना देय।
ता साहिब सिर सौंपते, क्यूं कसकाता देह॥

राम दुनिया के कर्ता-धर्ता हैं, लेकिन उनका नियम इस दुनिया से भिन्न है। वह नौकरी बाद में करवाते हैं और पहले वेतन देते हैं अर्थात् वह जन्म से पहले ही भरण-पोषण का इंतजाम कर देते हैं, इसके बाद नौकरी-चाकरी करवाते हैं। उस भगवान राम को अपना सब कुछ सौंपने से क्यों दुविधा में है? वह तेरे एक-एक कर्म का ब्याज सहित फल देने के लिए तैयार हैं।

चकवी बिछुरी रैन की, आय मिली परभात।
जो जन बिछुरे नाम सो, दिवस मिले नहिं रात॥

रात-भर की बिछुड़ी चकवी सुबह होते ही अपने प्रेमी चकवा से आ मिली, लेकिन जो लोग अपने राम से बिछुड़े हुए हैं, वे न दिन में मिल सकते हैं और न रात में ही मिल सकते हैं।

वासर सुख नहिं रैन सुख, ना सुख सपना मांहि।
जो नर बिछुरे राम सों, तिनको धूप न छांहि॥

जो व्यक्ति ईश्वर को भूल गए हैं या ईश्वर को याद नहीं करते हैं, उन्हें न दिन में सुख प्राप्त हो सकता है और न रात में ही सुख नसीब हो सकता है। यहां तक कि स्वप्न में भी उन्हें सुख की अनुभूति नहीं हो सकती है। जो लोग राम से बिछुड़ गए हैं, उनको धूप-छांव में भी आराम नहीं मिलने वाला।

बहुत दिनन की जोहती, बाट तुम्हारी राम।
जिय तरसै तुव मिलन को, मन नाहीं बिसराम॥

हे राम! बहुत दिनों से मैं तुम्हारी राह देख रही हूं। मेरा हृदय तुमसे मिलने के लिए तरस रहा है। एक पल भी मेरे मन को विश्राम नहीं है। कहने का भाव है कि हे मेरे प्रभु राम! भव बाधा से उबार कर मुझे अपनी शरण में ले लो, मुझे मोक्ष प्रदान कर दो।

बिरहिनि देय संदेसरा, सुनो हमारे पीव।
जल बिन मछली क्यों जिये, पानी में का जीव॥

प्रभु राम के विरह में जल रही विरहिणी कह रही है– हे मेरे पिया राम! सुनो अर्ज हमारी। जल के बिना मछली कैसे जिन्दा रह सकती है। वह तो पानी में रहने वाली है अर्थात् मैं तो तुमसे प्रेम करती हूं। तुम्हारे विरह में तड़प रही हूं, भला मैं तुम्हारी कृपा और दर्शन के बिना कैसे जीवित रह सकती हूं।

बिरहिनि जलती देखि के, साईं आये धाय।
प्रेम बूंद सो छिरकि के, जलती लेय बुझाय॥

अपनी विरहिणी को विरह की अग्नि में जलते-तड़फड़ाते हुए देखकर साईं यानी पूर्ण ब्रह्म परमेश्वर नंगे पांव ही दौड़कर चले आए। अपनी वियोगिनी पर शीतल-निर्मल प्रेम बूंदों को छिड़क, जलती हुई आग बुझा दी अर्थात् अपनी भक्तिन को दर्शन देकर जन्म-जन्म के पापों को धो दिया। वह शांत और निर्मल चित्त वाली हो गई। सारा शोक-संताप दूर हो गया।

बिरहिनि थी तो क्यों रही, जरी न पिव के साथ।
रहि रहि मूढ़ गहेलरी, अब क्यों मीजै हाथ॥

तू सचमुच ही विरहिनी थी तो जिंदा क्यों रही? अपने पिया के साथ जल, क्यों न मरी? तू तो मूर्ख की मूर्ख ही रह गई। अब जब प्रभु चले गए तो हाथ मल-मलकर पछता क्यों रही है अर्थात् जब प्रभु ही चले गए तो फिर तू क्यों जिन्दा रह गई। भक्ति की सार्थकता तो प्रभु की भक्ति में लीन हो, स्वयं को मिटाने में ही है।

विरह तेज तन में तपै, अंग सबै अकुलाय।
घट सूना जिव पीव में, मौत ढूंढ़ि फिरि जाय॥

विरह की अग्नि विरहिणी के सारे बदन को तपा रही है और सभी अंगों में आकुलता व्याप्त है। उसका जीव यानी प्राण प्रभु-पिया की याद में खोया हुआ है, जिससे हृदय खाली पड़ गया है। उस वियोगिनी को प्रभु में इस तरह से मग्न देखकर उसकी तलाश करते हुए मौत भी वापस लौट गई। कहने का भाव है कि ईश्वर की साधना में भक्तिन इस कदर लीन है या ईश्वर के विरह में इस कदर जल रही है कि मृत्यु भी उसके प्राण लेने से घबरा रही है।

बिरह कमंडल कर लिये, वैरागी दो नैन।
मांगै दरस मधूकरी, छके रहै दिन रैन॥

ईश्वर की भक्ति को प्राप्त करने की लालसा में विरहिणी ने अपने हाथ में कमंडल ले लिया और सांसारिक मोह-माया से मुक्त उसके दोनों नेत्र वैरागी हो गए। ऐसी दशा में उसकी बस यही इच्छा है कि प्रभु का दर्शन हो जाए ताकि वह दिन-रात तृप्त और संतुष्ट रहे। उसका मन कहीं भटके नहीं।

बिरह बिथा वैराग की, कही न काहू जाय।
गूंगा सपना देखिया, समझि समझि पछताय॥

विरह और वैराग्य की जो व्यथा है वह अलौकिक है, जिसका वर्णन किसी से चाहकर भी नहीं किया जा सकता। यह तो गूंगे के सपना देखने के समान है, मन-ही-मन समझ-समझकर पछताता है। वाणी तो उसके पास होती नहीं कि वह कुछ बोल सके अर्थात् वैरागी वैराग्य को महसूस तो कर सकता है, पर शब्दों में उसे बयां नहीं कर सकता, क्योंकि वैराग्य की महिमा अपरंपार है।

बिरह बड़ो बैरी भयो, हिरदा धरै न धीर।
सूरत सनेही ना मिलै, मिटै न मन की पीर॥

यह विरह तो बहुत ही बड़ा दुश्मन हो गया, थोड़ा-सा भी धीरज धारण नहीं करता। जब तक अपने मनानुकूल स्नेह नहीं मिल जाता तब तक मन की पीड़ा नहीं मिटती। कहने का भाव है कि वैरागी - मन तभी जाकर शांत हो पाता है, जब वह अपने उद्देश्य की प्राप्ति कर लेता है। यहां पर तो वैरागी का उद्देश्य ईश्वर को प्राप्त करना है।

बिरह प्रबल दल साजिके, घेरि लियो मोहि आय।
नहिं मारै छाड़ै नहीं, तलफि तलफि जिय जाय॥

विरह-व्यथा से पीड़ित वियोगिनी कहती है - विरह ने अपनी शक्तिशाली

सेना के साथ मुझे घेर लिया है। अब तो यह न मुझे मार रहा है और न ही छोड़ रहा है, तड़प-तड़पकर मेरी जान निकल रही है।

बिरह कुल्हाड़ी तन बहै, घाव न बांधै रोह।
मरने को संशै नहीं, छूटि गया भ्रम मोह॥

विरह की कुल्हाड़ी जब शरीर पर चलती है तब शरीर बहता है और उससे पैदा हुआ घाव भी भरता नहीं है, फिर भी मौत का डर नहीं है। भला मौत का डर क्यों सताए जब भ्रम-मोह सब पीछे छूट गए हैं और सद्ज्ञान का बोध हो गया है।

बिरह की जलाई मैं जलूं, जलती जलहर जाऊं।
मो देखा जलहर जलै, सन्तो कहं बुझाऊं॥

विरहिणी कहती है - हे प्रभु! मैं तुम्हारी विरह की अग्नि में जल रही हूं और इस आग को बुझाने के लिए जलधर यानी सरोवर जा रही हूं, लेकिन मैं क्या करूं, मुझे विरहाग्नि में जलता हुआ देखकर सरोवर भी जलने लगा है। हे सज्जनों! अब तुम्हीं कहो, मैं इस विरहाग्नि को कहां बुझाऊं? यह विरह की आग तो तभी बुझेगी जब प्रभु-पिया से मिलन होगा।

बिरहा मोसों यौं कहै, गाढ़ा पकड़ो मोहि।
चरण कमल की मौज में, ले पहुंचावौ तोहि॥

विरही कहता है - विरह तो मुझसे ऐसा कहता है कि मुझे पूरी मजबूती के साथ पकड़ लो यानी अपनी पकड़ थोड़ी-सी भी ढीली मत रखो। मैं तुझे तेरे प्रभु राम के चरण-कमलों के परम धाम में फौरन ही पहुंचा दूंगा अर्थात् प्रभु के प्रति मन में सच्ची विरह-व्यथा होने पर उनकी कृपा अवश्य ही प्राप्त हो जाती है।

कबीर हंसना दूर करु, रोने से करु चीत।
बिन रायैं क्यों पाइये, प्रेम पियारा मीत॥

कबीर कहते हैं - हंसना छोड़ दो और रोने की आदत डालो, क्योंकि बिना मीत की यादों में रोए, उसको पाया नहीं जा सकता। कहने का भाव है कि प्रभु को पाने के लिए उसकी विरह-व्यथा में खुद को तपाना आवश्यक है।

कबीर वैद बुलाइया, जो भावैं सो लेय।
जिहिं जिहिं औषध हरि मिलै, सो सो औषध देय॥

कबीर कहते हैं - विरहाग्नि के ताप से निजात पाने के लिए विरही ने वैद्य को बुलाया। वैद्य ने दशा देखकर कहा कि जो पसंद हो वही ले लो। विरही

को मन मांगी मुराद मिल गयी। बोला - जिस-जिस औषधि के लेने से मेरे स्वामी मुझे मिल जाएं, वही औषधि दे दो। कहने का भाव है कि हरि को पाने के लिए वह सब करना आवश्यक है, जिससे उनकी अनुकंपा प्राप्त हो जाए।

आय न सकिहौं तोहि पै, सकूं न तुझे बुलाय।
जियश यौं ही लेहुगे, बिरह तपाय तपाय॥

विरह जन्य ताप में जल रहा विरही अपने प्रभु से कहता है - हे नाथ! मैं तुम्हारे पास आ नहीं सकता हूं और न ही तुम्हें अपने पास बुलाने की क्षमता ही रखता हूं। लगता है मुझे सामर्थ्य हीन जानकर तुम विरहजन्य अग्नि में ही मुझे तपा-तपाकर मार दोगे। कहने का भाव है कि क्या तुम आकर मुझसे नहीं मिल सकते?

कैविरहिनी को मीच दे, कै आप आ दिखाय।
आठ पहर का दाझना, मो पै सहा न जाय॥

विरहिणी प्रभु से शिकायत के लहजे में कह रही है - हे मेरे प्रभु! या तो तुम मुझ विरहिणी को मार दो या आप खुद चलकर मुझे दर्शन दो। आठों प्रहर का जलना-तपना अब मुझसे बर्दाश्त नहीं हो रहा है, मैं इस जीवन से ऊब गई हूं।

कहने का भाव है कि विरह एक तपस्या ही है और भक्तगण भगवान के विरह में जलने-तपने के बाद ही ईश्वर को प्राप्त करते हैं या उसके ही विरह में जान दे देते हैं। यह हठ योग क्या है, विरह का ही तो एक रूप है।

लकड़ी जल कूइला भये, मो मन अजहूं आग।
बिरह की ओदि लाकड़ी, सिलग सिलग उठ जाग॥

भगवान की विरह-व्यथा में जल-तप रहा एक भक्त कहता है - यह लकड़ी जलकर कोयला हो गई है, लेकिन मेरे शरीर में विरह-अग्नि आज तक लगी हुई है। कच्ची या भीगी हुई लकड़ी की तरह ही यह विरह की आग सुलग-सुलगकर उठती-जलती रहती है। कहने का भाव है कि गीली लकड़ी की तरह ही यह विरहगिन है, जो अंदर-ही-अंदर सुलगती-जलती रहती है।

तन मन जोबन जरि गया, बिरह अगिनि घट लाग।
बिरहिन जानै पीर को, क्या जानेगी आग॥

विरहाग्नि से तन, मन, यौवन सब कुछ ही जल गया। इस विरहागिन की पीड़ा को तो केवल विरहिणी ही जान पाती है। उस आग को उसकी पीड़ा का क्या अनुमान, जो उसमें लगी है।

कहने का भाव है कि विरह-व्यथा की अनुभूति, जिसके तन-मन में आग लगती है, वही करता है, सामने वाले को उसकी पीड़ा का अनुमान भला कैसे हो सकता है।

अंखियन तो झांई परी, पंथ निहार निहार।
जिभ्या तो छाला पड़या, नाम पुकार पुकार॥

ईश्वर की भक्ति में ऐसा ही होता है - अपने प्रभु राम की राह देखते-देखते आंखों में झांई पड़ गई अर्थात् आंखों से दिखना बंद हो गया। उस परम पिता प्रभु का सुमिरन करते-करते जीभ पर छाले पड़ गए अर्थात् अब सुमिरन भी नहीं हो पा रहा है। वह विरही बिल्कुल ही मजबूर हो गया है। ईश्वर को उस पर तरस खाकर दर्शन देना ही चाहिए।

नैनन तो झड़ि लाइया, रहट बहे निसुवास।
पपिहा ज्यों पिव पिव रटै, पिया मिलन की आस॥

चलते हुए रहट से जैसे जल गिरता है वैसे ही आंखों से आंसुओं की झड़ी-सी लगी हुई है। प्रभु के दर्शन पाने की आस में वह विरहिणी पपीहे की तरह पिया-पिया रट रही है। कहने का भाव है कि वह दिन-रात बस ईश्वर के काम का जप किए जा रही है, बस इस आस में कि कभी तो वह मिलेंगे। आशा ही तो जीवन है।

हंसु तो दुःख न बिसरूं, रोऊं बल घटि जाय।
मनही मांहि बिसूरना, ज्यों घुन काठहि खाय॥

विरही कह रहा है - हसूं तब भी यह विरह-वेदना भूल नहीं पाता तथा रोऊं तो शरीर की शक्ति घटती है। अब तो बस मन-ही-मन बिसूरना यानी घुटना है जैसे दीमक अंदर-ही-अंदर लकड़ी को खाता रहता है और लकड़ी खोखली हो जाती है, पर कुछ कर नहीं पाती है। कोई उसके दर्द को समझ नहीं पाता, ऐसी ही हालत एक विरही की भी है।

नैना अन्तर आव तू, निशदिन निरखूं तोहि।
कब हरि दरशन देहुगे, सो दिन आवै मोहि॥

विरही भक्त ईश्वर से याचना करता है - 'हे मेरे स्वामी! तुम मेरे नयनों में आ जाओ, ताकि मैं प्रतिदिन तुम्हें देख सकूं अर्थात् हर पल तुम्हारी छवि का दर्शन करता रहूं। हे हरि! तुम्हीं बताओ, कब दर्शन दोगे, वह दिन कब आयेगा?

गलौं तुम्हारे नाम पर, ज्यों पानी में लौन।
ऐसा बिरहा मेलि के, नित दुःख पावै कौन॥

भक्त की यह इच्छा है - हे प्रभु! मैं तुम्हारे नाम पर ऐसे गल जाऊं जैसे पानी में नमक गल जाता है। ऐसे विरह के मिलने से भला कोई कब तक दुःख-दर्द पाता रहे। तुम्हारे नाम पर गल जाना ही अच्छा है, गल जाने के बाद तो तुम आओगे ही खबर लेने।

भली भई जो पिव मुवा, नित उठि करता रार।
छूटी गल की फांसरी, सोऊं पांव पसार॥

अच्छा ही हुआ, जो पति यानी मोह-इच्छा का निधन हो गया। वह रोजाना सुबह उठकर झगड़ा करता था। उसके निधन के बाद मेरे गले से फांसी का फंदा निकल गया है और मैं अब पैर फैलाकर सुख की नींद लेती हूं। कहने का भाव है कि मोह-माया-इच्छा का शमन हो जाने के बाद व्यक्ति भयमुक्त होकर सुख की जिन्दगी जीता है। उसका सीधा संबंध ईश्वरीय शक्ति से हो जाता है। सच्चे अर्थों में ऐसे व्यक्ति ही संत होते हैं।

मांस गया पिंजर रहा, तमकन लागे काग।
साहिब अजहुं न आइया, मन्द हमारे भाग॥

प्रभु की भक्ति करते-करते शरीर का मांस खत्म हो गया, बस हड्डियों का ढांचा ही रह गया और अब मृत्यु रूपी कौआ मंडराने लगा है, लेकिन मेरे प्रभु अभी तक नहीं आए। मैं कितना भाग्यहीन हूं।

कहने का भाव है कि मनुष्य तन पाने के बाद भी ईश्वर का दर्शन मुझे नहीं हो सका।

मैं तुमको ढूंढत फिरूं, कहूं न मिलिया राम।
हिरदा मांहि उठि मिलै, कुसल तुम्हारे काम॥

हे राम! मैं तुम्हें चारों तरफ खोजता फिरा, लेकिन तुम कहीं पर भी नहीं मिले। तुम विलक्षण हो और तुम्हारे काम अनुपम हैं, तुम तो मेरे हृदय में ही प्रकट होकर मुझे मिल गए।

कहने का भाव है कि राम घट-घट में हैं, उन्हें बाहर ढूंढने की जरूरत नहीं है।

अविनाशी की सेज का, कैसा है उनमान।
कहिबे को शोभा नहीं, देखे ही परमान॥

ईश्वर की अनुकंपा प्राप्त भक्तिन से दूसरी भक्तिन ने पूछा - उस अविनाशी, अगम, अगोचर परमात्मा की सेज का तुम्हें कैसा अनुभव हुआ? वह भक्तिन आंखों में आंसुओं को भरकर भाव विह्वल होकर बोली - उसकी

शोभा अवर्णनीय है, शब्दों में बयां नहीं की जा सकती। उसकी सेज की अनुभूति तो करने से ही हो सकती है। उसे अनुभव करने वाला मुख से बता नहीं सकता है। वह तो अगम और अगोचर है।

खरी कसौटी राम की, काचा टिकै न कोय।
राम कसौटी जे सहै, जीवत मिरतक होय॥

राम की कसौटी ही खरी है अर्थात् राम की भक्ति ही सत्य है, इसके सामने कोई भी भ्रम जाल टिकने वाला नहीं है। राम भक्ति की कसौटी पर जो खरा उतरता है, वह जिन्दा ही मृतक हो जाता है अर्थात् सारे मोह के बंधनों से मुक्त होकर राम के धाम को प्राप्त कर लेता है। वह जीवित ही मोक्ष प्राप्त कर लेता है।

सोने रूप धाह दइ, उत्तम हमारी जात।
वन ही में की घूंघची, तोली हमरे साथ॥

सोने और चांदी को जब आग की भट्टी में डाला गया तब उन्होंने बता दिया कि हममें कोई खोट नहीं है, लेकिन यह ठीक नहीं किया, जंगल में पैदा हुई घुंघची को हमारे साथ तोल दिया।

कहने का भाव है कि सोने का मुकाबला घुंघची नहीं कर सकती। इसी तरह से सज्जन व दुर्जन एक ही साथ नहीं तोले जा सकते।

तोल बराबर घूंघची, मोल बराबर नांहि।
मेरा तेरा पटतरा, दीजै आगी मांहि॥

सोना कहता है कि घुंघची तोल में मेरे बराबर हो सकती है, पर मूल्य में मेरा मुकाबला नहीं कर सकती। मेरी-तेरी बराबरी का पता तब चलेगा जब हम दोनों को ही आग में डालकर जलाया जाएगा। घुंघची तो राख हो जाएगी, पर सोने पर और चमक आ जाएगी। सज्जनों और दुर्जनों की पहचान भी ऐसे ही की जाती है।

लाली मेरे लाल की, जित देखूं तित लाल।
लाली देखन मैं गई, मैं भी हो गई लाल॥

मेरे प्रभु की शोभा अनुपम है, जिधर भी देखूं, उधर ही उसकी शोभा नजर आ रही है। जब अपने प्रभु की शोभा देखने गई तो मैं भी उसकी सौंदर्य-आभा में खो गई और उसकी तरह ही हो गई।

कहने का भाव है कि ईश्वर की शोभा अनुपम है। भक्त जब उसकी शोभा में डूब जाता है तो उस जैसा ही हो जाता है। भक्त का अपना कुछ रह ही नहीं जाता।

हम वासी वा देश के, जहां पुरुष की आन।
दुख सुख कोई व्यापै नहीं, सब दिन एक समान॥

हम उस देश के रहने वाले हैं, जहां संतों की मर्यादा है। कोई भी दुःख-सुख वहां पर नहीं व्यापता। सभी दिन एक समान होते हैं।

कहने का भाव है कि जहां परमात्मा होता है, जहां संत होते हैं, वहां सुख-दुःख नहीं होते हैं।

हम वासी वा देश के, जहां ब्रह्म का कूप।
अविनासी विनसै नहीं, आवै जाय सरूप॥

हम उस देश के रहने वाले हैं, जहां ईश्वरीय ज्ञान का विशाल कुंआ है। वहां पर जो अविनाशी है यानी ईश्वरीय-तत्व है, उसका तो कभी नाश होता ही नहीं है, लेकिन जो शरीर है, उसका नाश होता रहता है। वह जन्म-मरण के चक्र से मुक्त नहीं हो पाता है। जन्म लेता है, फिर मरता है। यह क्रम चलता ही रहता है।

कहने का भाव है कि आत्मा ईश्वरीय-तत्व है और शरीर क्षण-भंगुर है।

हम वासी वा देश के, बारह मास विलास।
प्रेम झरै विगसै कमल, तेज पुंज परकास॥

हम उस देश के रहने वाले हैं जहां पर हमेशा हर्षोल्लास ही बरसता रहता है। रोग, शोक, भय कहीं नहीं व्याप्ता। वहां पर हमेशा प्रेम बरसता रहता है और हृदय-कमल हर पल खिलता रहता है यानी बिहंसता रहता है तथा चारों तरफ ईश्वरीय प्रकाश के पुंज से उजाला-ही-उजाला फैला रहता है।

हम वासी वा देश के, जाति वरन कुल नांहि।
शब्द मिलावा है रहा, देह मिलावा नाहिं॥

हम उस देश के वासी हैं, जहां पर जाति, रंग, कुल का झमेला नहीं है। वहां पर ज्ञान-से-ज्ञान का मिलन तो हो रहा है, पर देह-का-देह से मिलन नहीं हो रहा।

बिन पावन का पंथ है, बिन बस्ती का देश।
बिना देह का पुरुष है, कहैं कबीर सन्देश॥

जहां पर जाना है, वह देश अनोखा है। वह देश बिना गांव-नगर का है और रास्ता ऐसा है कि चलने के लिए पैरों की जरूरत ही नहीं है। कबीर कहते हैं कि जो ऐसे देश का मालिक है, वह निराकार है। वह बिना देह का है, लेकिन वह है सत्य पुरुष।

नोंन गला पानी मिला, बहुनि न भरिहैं गौन।
सुरति शब्द मेला भया, काल रहा गहि मौन॥

नमक जब गलकर पानी में एकदम घुलमिल जाता है, तब उसे लाख चाहने के बाद भी बोरी में नहीं भरा जा सकता। ऐसे ही जब मनुष्य का मन ईश्वरीय-स्वरूप में मिल जाता है, तब काल भी मौन धारण कर लेता है वह भी उस व्यक्ति का कुछ नहीं बिगाड़ पाता।

कहने का भाव है कि जब मृत्यु का भय ही न रहा तो फिर काल क्या डरा सकता है, काल तो उसे ही डरा सकता है जो मृत्यु से डरता है और जीवन से असीम प्रेम करता है।

पिंजर प्रेम प्रकाशिया, जागी जोति अनंत।
संशै छूटा भय मिटा, मिला पियारा कन्त॥

ईश्वर का ज्ञान होने से शरीर रूपी मंदिर में प्रेम की ज्योति चारों तरफ फैल गई है। अब सारा संशय दूर हो गया है और भय भी दिमाग से छंट गया है, जब से जगदीश्वर का दर्शन हो गए हैं।

मेरी मिटि मुक्ता भया, पाया अगम निवास।
अब मेरे दूजा नहीं, एक तुम्हारी आस॥

अहम् के दूर हो जाने से मैं, अब पूरी तरह से मुक्त हो गया हूं और शांत चित्त होकर ठहर गया हूं। हे सद्गुरु! तुम्हारे सिवा अब मेरा दूसरा कोई नहीं। बस एक तुम्हारी ही आस है, तुम्हारे सिवा मैं अब किसी को भी नहीं जानता।

पवन नहीं पानी नहीं, नहिं धरती आकास।
तहां कबीरा संत जन, साहिब पास खवास॥

प्रभु के धाम का वर्णन करते हुए कबीर कहते हैं कि वहां पर न तो हवा है, न पानी है, न ही धरती-आकाश ही हैं। वहां पर सन्त-ज्ञानी जन ईश्वर के ध्यान में डूबे हुए, उनकी भक्ति करते हैं अर्थात् ईश्वर का धाम शून्य में है और अगम है। कोई उसका भेद नहीं पा सकता है।

अगुवानी तो आइया, ज्ञान विचार विवेक।
पीछे हरि भी आएंगे, सारे सौंज समेत॥

ईश्वर की अनुकंपा जब होती है तो व्यक्ति में सबसे पहले ज्ञान, विचार, विवेक आते हैं, इसके बाद सारे सुख-आनंद, हर्ष-उल्लास समेत परमात्मा भी आ जाते हैं। कहने का भाव है कि ज्ञान, विचार, विवेक आदि जिसमें होते हैं, वही ईश्वर की अनुकंपा प्राप्त कर पाता है।

**कबीर देखा एक अंग, महिमा कही न जाय।
तेज पुंज परसा धनी, नैनों रहा समाय।।**

कबीर कहते हैं कि जिसके एक अंग को देखकर उसकी महिमा का बखान नहीं किया जा सकता, उस परमात्मा के तेज ज्योति-पुंज को छूकर या देखकर उसे बिसराया नहीं जा सकता। वह तो बस आंखों में ही समाया रहता है, जिसने भी एक बार दर्शन कर लिया, समझो उसका कल्याण हो गया।

**सुरति उड़ानी गगन को, चरन विलंबी जाय।
सुख पाया साहेब मिला, आनंद उर न समाय।**

पवित्र व निर्मल मनोवृत्ति ने आकाश में एक लम्बी उड़ान भरी और परमेश्वर के चरणों में जा पड़ी। परमानंद की अनुभूति हुई और हरी का दर्शन हो गया। अब तो यह अथाह आनंद हृदय में समा ही नहीं रहा।

कहने का भाव है कि ईश्वर की भक्ति में लवलीन जीव हर पल परमानंद की ही अनुभूति करता है।

**सीप नहीं सागर नहीं, स्वाति बूंद भी नांहि।
कबीर मोती नीपजै, सुन सरवर घट मांहि।।**

सीप नहीं, सागर नहीं, स्वाति नक्षत्र की बूंद भी नहीं है। कबीर कहते हैं कि वह मोती तो प्रभु की भक्ति में लवलीन हृदय के अनुपम शून्य सरोवर में उपजता है अर्थात् किसी सीप या सागर में नहीं बल्कि भक्त जनों के हृदय सरोवर में वह अनमोल मोती (ज्ञान-पुंज) उपजता है।

**ममता मेरा क्या करै, प्रेम उदारी पोल।
दरशन भया दयाल का, शूल भई सुख सोल।।**

ममता मेरा अब क्या बिगाड़ेगी? अब तो दीनदयाल का दर्शन मुझे हो गया है और मैंने अपने हृदय में प्रभु-भक्ति को बसा लिया है, क्योंकि भक्ति रूपी प्रेम का द्वार मेरे हृदय में खुल गया है। अब तो जो कांटे हैं वे भी फूलों जैसे कोमल व आनंददायक हो गए हैं।

**ऐसा अविगति अलख है, अलख लखा नहीं जाय।
जोति सरूपी राम है, सब में रह्यौ समाय।।**

जो राम है, वह ज्योतिस्वरूप है और वह सब में ही समाया हुआ है। वह इतना अगम और अलख है कि सामान्य जन उसे देख या पहचान नहीं सकता।

**खाला नाला हीम जल, सो फिर पानी होय।
जो पानी मोती भया, सो फिर नीर न होय।।**

खाला, नाला तथा बर्फ का पानी फिर से पानी हो जाता है अर्थात् पानी किसी भी रूप में होने के बाद भी पानी ही हो जाता है, लेकिन जो पानी सीप में जाकर मोती बन जाता है, वह दुबारा पानी नहीं बनता है।

कहने का भाव है कि जो आत्मा परमात्मा में विलीन हो जाती है, वह पुनः किसी शरीर में नहीं जाती। उसे जन्म-मरण के बंधनों से मुक्ति मिल जाती है।

फेर पड़ा नहिं अंग में, नहिं इन्द्रियन के मांहि।
फेर पड़ा कछु बूझ में, सो निरुवारै नांहि॥

किसी के भी शरीर के अंगों में कोई अंतर नहीं है और न ही इंद्रियों में कोई अंतर है। जो अन्तर है, वह समझ-बूझ का है, जिसे मूढ़ और अज्ञानी लोग कभी सुधारने का प्रयास तक भी नहीं करते।

कहने का भाव है कि समझ-बूझ में ही अंतर होता है। मनुष्य को इसके लिए अच्छे लोगों के साथ रहना चाहिए, ताकि यह अंतर भी न रहे।

शीतल कोमल दीनता, संतन के अधीन।
वासों साहिब यों मिले, ज्यौं जल भीतर मीन॥

जो लोग शांत, कोमल, विनम्र प्रकृति के होते हैं, वे संतों के अधीन होते हैं। ऐसे लोगों से ईश्वर ऐसे मिलता है जैसे मछली जल से मिलती है।

कहने का भाव है कि भक्त-भगवान का मिलन तभी होता है, जब दुर्जनता की सारी कोंपलें नष्ट हो जाती हैं।

कबीर आदू एक है, कहन सुनन कूं दोय।
जल से पाला होत है, पाला से जल होय॥

कबीर कहते हैं कि आदि-अंत सबका आनंद स्वरूप परमात्मा ही है। बस कहने-सुनने को दो हैं, जैसे पानी से पाला (बर्फ) बनता है और पाला से पानी हो जाता है, लेकिन जल तो एक ही होता है। परमात्मा का स्वरूप भी जल के समान है। जल के समान वह भी समय-समय पर रूप बदलता रहता है, पर है वह एक ही।

राम नाम तिरलोक में, सकल रहा भरपूर।
लाजै ज्ञान शरीर का, दिखावै साहिब दूर॥

तीनों लोकों में राम का नाम खूब लिया जाता है। हर व्यक्ति के हृदय में राम है। उस राम को, जो व्यक्ति बहुत दूर का बताता है, उसका शारीरिक-ज्ञान तो कुछ भी नहीं है। उसे ऐसे ज्ञान पर लज्जा आनी चाहिए क्योंकि उसे इतना भी नहीं मालूम कि जिसे वह दूर बताता है, वह तो शरीर के अंदर ही है।

जिन जेता प्रभु पाइया, ताकूं तेता लाभ।
ओसे प्यास न भागई, जब लग धसै न आभ॥

जिस व्यक्ति ने जितना ईश्वरीय ज्ञान प्राप्त कर लिया, उसको उतना ही लाभ हुआ। ओस-बूंदों से भला कभी प्यास बुझती है, जब तक जल में जाकर भरपूर जलपान न किया जाए ऐसे ही केवल ईश्वर का ज्ञान प्राप्त करने का ढोंग करने से आत्मा को शांति नहीं मिलती और कोई लाभ भी नहीं होता।

कबीर देखी परखि ले, परखी के मुंह खोल।
साधु असाधु जानि ले, सुनि सुनि मुख का बोल॥

कबीर कहते हैं कि पहले देख-परख लो, फिर किसी के विषय में कोई बात कहो। साधु-असाधु की पहचान उसके मुख के बोल से करो, उसके बाद ही कोई प्रतिक्रिया व्यक्त करो।

कहने का भाव है कि बिना किसी को जाने कोई बात मुंह से न निकालो।

कबीर देखी परखि ले, परिख के मुखा बलाय।
जैसी अन्तर होयेगी, मुख निकसैगी आय॥

कबीर कहते हैं कि आगुंतक को पहले अच्छी तरह से जान-समझ लो, फिर उसके मुख से बुलवाओ। उसके हृदय में जो भी होगा, अपने आप उसके मुख से बाहर निकल आएगा।

पहिले शब्द पिछानिये, पीछे कीजै मोल।
पारख परखै रतन को, शब्द का मोल न तोल॥

किसी से मिलने पर पहले उसकी बातों को ध्यान से सुनो फिर उसको पहचानो, इसके बाद उसके अनुकूल बातचीत करो। जौहरी रत्न को परखता है, पर सत्य-असत्य का मोल-तोल नहीं है। इसे तो कोई ज्ञानी ही बड़ी मुश्किल से परख सकता है।

जब गुन को गाहक मिलै, तब गुन लाख बिकाय।
जब गुन को गाहक नहीं, कौड़ी बदले जाय॥

गुण का सच्चा खरीददार जब मिलता है, तब वह गुण लाख रुपये में बिक जाता है, लेकिन जब गुण का कोई सच्चा खरीददार नहीं मिलता है तब वह कौड़ी के भाव बिकता है अर्थात् गुण की कद्रदान न होने पर गुण की कोई कीमत नहीं होती।

एक ही बार परखिए, ना वा बारम्बार।
बालू तौहू किरकिरी, जो छानैं सौ बार।

किसी भी आदमी को अच्छी तरह से एक ही बार परखो। बार-बार किसी को परखने की जरूरत नहीं है। बालू यानी रेत को सौ बार भी छानने पर उसकी किरकिरी नहीं जाती। कहने का भाव है कि अज्ञानियों को परखना बेकार है क्योंकि वे हरबार एक नई किरकिराहट के साथ ही दिखते हैं और व्यक्ति के साथ छल कर ही जाते हैं।

ज्ञानी जन हैं जौहरी, करमी सकल मजूर।
देह भार को टोकरा, लिए सीस भरपूर॥

जो ज्ञानी लोग हैं, वे जौहरी हैं और जो सांसारिक कार्यों में लिप्त हैं, वे सब मजदूर हैं, शरीर रूपी बोझ का टोकरा सिर पर लिए फिरते हैं, यानी अज्ञानी जन अपनी असीम इच्छाओं के बोझ तले हमेशा दुःखी ही रहते हैं।

कबीर जग के जौहरी, घट की आंखी खोल।
तुला सम्हारि विवेक की, तोलै शब्द अमोल॥

कबीर कहते हैं कि संसार की समझ रखने वाले जौहरी संत अन्तर्मन की आंखें खोल देते हैं। वे विवेक की तुला पर अनमोल सार-शब्दों को सावधानीपूर्वक तोल लेते हैं।

गाहक मिलै तो कुछ कहूं, ना तर झगड़ा होय।
अन्धों आगे रोइये, अपना दीदा खोय॥

ज्ञान को ग्रहण करने की इच्छा रखने वाला ग्राहक मिले तो मैं कुछ कहूं, नहीं तो अविवेकी के सामने कुछ कहने पर झगड़ा ही तो होगा, जैसे अंधे के आगे रोकर अपनी आंखों को खोना ही है, क्योंकि अंधे को क्या मालूम कि मैं रो रहा हूं।

मोती है बिन सीप का, जगत मगर उंजियार।
कहैं कबीर जब पावई, भोजन मिले हमार॥

मोती ऐसा है जो बिना सीप का है, जिससे चारों तरफ उजाला हो रहा है। कबीर कहते हैं कि इस उजाले रूपी सत्संग में सज्ञान का प्रसाद मिले तो संत जन रूपी हंस सादर ग्रहण करते हैं। कबीर ने ईश्वरी-स्वरूप को मोती की संज्ञा व उपमा दी है।

हंसा बगुला एक सा, मानसरोवर माहिं।
बगा ढिंढौरै माछरी, हंसा मोती खांहि॥

हंस और बगुला दोनों एक जैसे ही दिखते हैं। उनका रंग भी एक-सा ही होता है और दोनों ही मानसरोवर में होते हैं। बगुला मछली ढूंढकर खाता है और हंस मोती चुगकर खाता है।

कहने का भाव है कि संसार में सज्जन व दुर्जन दोनों ही रहते हैं और रूप-रंग में कोई भेद नहीं है। सज्जन ज्ञान को ग्रहण करते हैं और दुर्जन अज्ञान के पीछे भागते हैं।

चंदन गया विदेसरे, सब कोय कहै पलास।
ज्यौं ज्यौं चूल्है झोंकिया, त्यौं त्यौं अधिक सुवास॥

चन्दन की लकड़ी विदेश पहुंची, वहां सबने उसे पलाश कहा, लेकिन जैसे-जैसे चूल्हे में वह जलती गई वैसे-वैसे उसकी महक हवा में फैलती गई। सुगंध की अनुभूति होने के बाद लोगों ने विश्वास किया कि यह लकड़ी चंदन की है, पलाश की नहीं।

कहने का भाव है कि गुणवान अपरिचित व्यक्ति को लोग तब गुणवान मानते हैं, जब उसे नजदीक से जान-समझ जाते हैं।

कबीर गुदरी बीखरी, सौदा गया बिकाय।
खोटा बांधा गांठरी, खरा लिया नहिं जाय॥

कबीर कहते हैं कि सत्संग के मेले में ज्ञान की गठरी खोल दी। सज्जनों ने पलक झपकते ही ज्ञान रूपी सौदा खरीद लिया, लेकिन जिनकी गठरी में खोटा (असत्य) सिक्का है, उन्होंने ज्ञान रूपी सौदा नहीं खरीदा।

कहने का भाव है कि जिसके मन में मैल रूपी अज्ञानता है, वे भला ज्ञान को कैसे ग्रहण करेंगे।

कबीर खांडहि छांड़ि के, कांकर चुनि चुनि खाय।
रतन गंवाया रेत में, फिर पाछै पछिताय॥

कबीर कहते हैं कि खांड को छोड़कर कंकड़ चुन-चुनकर जो खाते हैं, वे अज्ञानी ही तो होते हैं। वे लोग रतन रूपी ज्ञान को विषय-वासनाओं की रेत में खोकर आजीवन पछताते हैं कि हमने यह क्या कर डाला।

कहने का भाव है कि समय बीत जाने के बाद पछताने से कुछ नहीं होता।

मैं जानूं हरि दूर है, हरि है हिरदे मांहि।
आड़ी टाटी कपट की, तासे दीसत नांहि॥

मैं अज्ञानी तो जानता था कि हरि दूर हैं, लेकिन वह तो मेरे हृदय में ही हैं। बस, कपट की टाट की आड़ होने से, वह नजर नहीं आते थे।

कहने का भाव है कि छल-कपट की आड़ ने हरि से अलग कर दिया था। वास्तव में वह तो मेरे हृदय में ही हैं।

> ज्ञान जीव को धर्म है, भर्म त्रास जो मेट।
> सांच पंथ पावै परखि, जब तिहि सतगुरु भेट॥

ज्ञान जीव का धर्म है, यह समझकर उसे चाहिए कि वह डर, भ्रम सब मन से निकाल दे। जब प्राणी की सद्गुरु से भेंट हो जाती है तब सच्चे रास्ते की परख कर वह सत्य के मार्ग पर चल पड़ता है।

> अन्धे औघट जात हैं, चारों लोचन नांहि।
> संत उपकारी ना मिला, छोड़े बस्ती मांहि॥

वे लोग जिनके चारों नेत्र (दो अंदर के और दो बाहर के) नहीं हैं, कुमार्ग पर जा रहे हैं, उन्हें कोई उपकारी संत नहीं मिला, जो उन्हें सच्चे लोगों की बस्ती में खींचकर ले जाए।

कहने का भाव है कि उनको सद्ज्ञान देने वाला कोई नहीं मिला, जिससे बेचारे नेत्रों का इस्तेमाल कर सकें।

> सांझ पड़ी दिन ढल गया, बाघन घेरी गाय।
> गाय बिचारी ना मरै, बाघ न भूखा जाय॥

सांझ हो गई, दिन ढल गया अर्थात् जीवन ढल गया, बुढ़ापा आ गया और बाघ ने गाय को घेर लिया अर्थात् मृत्यु ने जीव को आकर घेर लिया, फिर भी वह आत्मा रूपी गाय नहीं मरी, लेकिन मृत्यु रूपी बाघ भी भूखा नहीं रहा। आत्मा तो अविनाशी ठहरी, वह देह छोड़कर चलती बनी और बाघ ने शरीर को खा लिया। अंततः देह और आत्मा का संबंध-विच्छेद हो गया।

> आपा मेटै हरि मिलै, हरि मेटै सब जाय।
> अकथ कहानी प्रेम की, कोई नहिं पतिताय॥

अहंकार के मिटते ही हरि मिल जाते हैं और हरि के मिटते यानी भुलाते ही सब कुछ चला जाता है। इस प्रेम की कहानी अकथनीय है, इस पर कोई नहीं यकीन करता।

> झाल उठी झोली जली, खपरा फूटम फूत।
> जोगी था सो रमि गया, आसन रही भभूत॥

मृत्यु की ज्वाला उठी, झोली रूपी मृत शरीर जल गया और खोपड़ी, हड्डियां जल-फूटकर बिखर गईं। जो आत्मा थी वह तो ईश्वर में विलीन हो गई और शव जलकर राख हो गया।

> आग जु लागी नीर में, कादौं जरिया झार।
> उत्तर दिसि का पंडिता, रहा विचार विचार॥

हृदय के सरोवर में ज्ञान की अग्नि लगते ही काम, क्रोध, मद, मोह, लोभ सब जलकर खाक हो गए, पर सूर्य के उत्तरायण में शरीर रखकर मोक्ष पाने की उम्मीद में पंडित जन अपनी पोथी-पत्रा लेकर सोचते-विचारते ही रह गए अर्थात् इसका कोई लाभ नहीं हुआ।

नदिया जलि कोइला भई, समुंदर लागी आगि।
मच्छी बिरछा चढ़ि गई, ऊठ कबीरा जागि॥

ज्ञान की इच्छा रखने वाले भक्तों के हृदय रूपी समुद्र में ऐसी ज्ञान की अग्नि लगी कि जीवन की आशा रूपी नदी जलकर राख हो गई, मनोवृत्ति रूपी मछली अविनाशी परमात्मा रूपी पेड़ पर चढ़ गई। कबीर कहते हैं कि उठो और जाग जाओ। यह सोने का समय नहीं है।

पंछि उड़ानी गगन को, पिंड रहा परदेस।
पानी पीया चोंच बिन, भूलि गया वह देस॥

मन रूपी पंछी ने आकाश में उड़ान भरी। नश्वर शरीर उसके लिए परदेश की तरह हो गया। ऐसे में शरीर और इंद्रियों के बिना ही ऐसे सुखों का अनुभव किया कि शरीर रूपी देश को ही भुला दिया अर्थात् आत्मा को मोक्ष प्राप्त हो गया।

माता मूये एक फल, पिता मुये फल चार।
भाई मूये हानि है, कहै कबीर विचार॥

माता यानी ममता के मरने से आदमी सांसारिक बंधनों से मुक्त हो जाता है और उसे इसका एक फल मिलता है। पिता यानी अभिमान के मरने से फल ही फल प्राप्त होते हैं। व्यक्ति सर्वप्रिय हो जाता है, लेकिन भाई यानी भाव के मरने से हानि है। कबीर ने बहुत ही सोच-विचारकर इन बातों को कहा है।

घटी बढ़ी जानै नहीं, मन में राखै जीत।
गाड़र लड़ै गयन्द सों, देखी उलटी रीत॥

कुछ व्यक्ति ऐसे भी होते हैं, जो ज्यादा-कम यानी गलत-सही का ध्यान नहीं रखते हैं और हमेशा अपनी विजय की ही इच्छा मन में रखते हैं। ऐसे अहंकारी भेड़ रूपी व्यक्ति, हाथी जैसे धीर-गंभीर व्यक्ति से लड़कर अपना सब कुछ गंवा बैठते हैं। कबीर कहते हैं कि इन उलटी खोपड़ी वाले व्यक्तियों को क्या कहा जाए।

माता का सिर मूंडिये, पिता कुं दीजै मार।
बन्धु मारि डारै कुआं, पंडित करो विचार॥

माता यानी ममता का सिर मूंड दीजिए अर्थात् उसे मार दीजिए। अहंकार रूपी पिता को भी मार दीजिए। बन्धु यानी विषय-वासना की अभिलाषी इंद्रियों

को भी मारकर कुंए में डाल दीजिए, इसके बाद आत्म-चिंतन में ध्यान लगाइए, कल्याणकारी रास्ता यही है।

हम जाये ते भी मुआ, हम भी चालनहार।
हमरे पीछे पूंगरा, तिन भी बांधा भार॥

जिसने मुझे जन्म दिया, वे भी मर गए और अब मैं भी गुजरने वाला हूं। मेरे जो पुत्र-पौत्र हैं, वे भी अपने-अपने कर्मों के साथ चलने की तैयारी में हैं। यह मृत्यु लोक है। यहां जो भी है, उसे नष्ट हो जाना है।

कबीर हरि रस जिन पिया, अन्तर गति लौ लाय।
रोम रोम में रमि रहे, और अमल क्या खाय॥

कबीर कहते हैं कि जिन्होंने हरि रस यानी गहराइयों में डूबकर परमात्मा का सुमिरन किया और भक्ति रस को पिया, परमात्मा उनके रोम-रोम में बसा हुआ है। इसमें ही इतना आनंद प्राप्त हो रहा है कि अब कोई दूसरा अमल यानी आनंद-रस पान करने का इरादा ही नहीं रहा।

हरि रस महंगा पीजिये, छांड़ि जीव की बानि।
सिर के साटै हरि मिले, तब लग सुहंगा जानि॥

हे भक्तों! पहले मन व शरीर में मौजूद सारी गंदी आदतों को छोड़ दो, फिर ईश्वर के बेशकीमती अमृत-रस का पान करो। अगर तुम्हारे सिर के एवज में हरि मिलता है तो उसे महंगा नहीं बल्कि सस्ता ही समझो यानी ईश्वर तभी प्राप्त होता है, जब अपना सब कुछ उस पर वार दिया जाता है।

सती जरन को नीकसी, चित धरि एक विवेक।
तन मन सौंपा पीव को, अन्तर रही न रेख।

अपने मन में एक दृढ़-विवेक धरकर सती अपने सतीत्व के लिए जलने को चल दी। तन-मन अपने स्वामी को सौंप दिया ताकि इसमें कोई भी संशय न हो कि उसकी प्रेम रूपी भक्ति में जरा-सा भी अंतर है।

सती डिगै तो नीच घर, सूर डिगै तो कूर।
साधु डिगै तो सिखरते, गिरि भय चकनाचूर॥

अपने सतीत्व से अगर सती डिग जाती है तो वह नीच श्रेणी के व्यवहारहीन परिवार में जाती है, शूरवीर जंग के मैदान में पीठ दिखाता है तो खूंखार व क्रूर योनि में जाता है, साधु अपने कर्त्तव्य मार्ग से डिगता है तो उसे कोई योनि नसीब नहीं होती है, वह रसातल को चला जाता है। इसलिए संतों को अपनी गरिमा व मर्यादा का सदा ध्यान रखना चाहिए।

सती बिचारी सत किया, ले अपना वे भेष।
एक एक जब है मिली, अंतर रही न रेख॥

सतीत्व की गरिमा को बनाए रखने के लिए सती ने वेश बनाया तथा पूरी निष्ठा के साथ सतीत्व धर्म को निभाया और अपने पिया के साथ घुल-मिल गई। अब एक रेखा के बराबर भी अंतर नहीं रह गया।

सती चमाकै अगनि सूं, सूरा सीस डुलाय।
साधु जु चूकै टेकसों, तीन लोक अथड़ाय॥

अगर सती चिता की अग्नि की लपटों को देखकर देह चमकाए यानी अग्नि से बचने की कोशिश करे, शूरवीर लड़ाई के मैदान में अपना सिर हिलाए, साधु परोपकार के नियम-संयम में चूक जाए तो तीनों लोकों में इनकी हंसी होती है और पतित कहलाते हैं। अत: अपने पद की मर्यादा का ध्यान होना चाहिए।

पतिबरता को एक है, व्याभिचारिन के दोय।
पतिबरता व्याभिचारिनी, कहु क्यौं मेला होय॥

पतिव्रता का सिर्फ एक पति होता है और व्यभिचारिन के दो या दो से भी अधिक पुरुष होते हैं, वह भी पति नहीं। फिर भला पतिव्रता और व्यभिचारिन का मेल कैसे हो सकता है।

पतिबरता मैली भली, गले कांच की पोत।
सब सखियन में यौं दिपै, ज्यों सूरज की जोत॥

पतिव्रता तन से मैली होने पर अच्छी होती है, भले ही उसके गले में कांच की माला ही क्यों न हो। वह सखियों के बीच सूर्य के तेज की तरह तेजस्वी दिखती है।

कहने का भाव है कि वह पतिव्रता है, उसका कर्म अच्छा है। उसका मूल्यांकन आभूषणों और वस्त्रों से नहीं बल्कि अच्छे कर्मों से होता है।

पतिबरता पति को भजै, पतिभज धर विश्वास।
आन दिसा चितवै नहीं, सदा पीव की आस॥

पतिव्रता हमेशा पति की ही सेवा में रहती है और उसकी पूरी निष्ठा पति के प्रति ही होती है। वह केवल उस पर ही विश्वास करती है। वह स्वप्न में भी पर-पुरुष को अपने मन में नहीं लाती है और सदा अपने प्रियतम की आस में ही बैठी रहती है।

पतिबरता तब जानिये, रती न खण्डै नैन।
अन्तर सो सूची रहै, बोलै मीठा बैन॥

असली पतिव्रता तो वह है, जिसकी आंखें अपने पति के सिवा दूसरे किसी पर न जाएं। वह हमेशा मन, कर्म, वचन से पवित्र रहे और पति से मीठे वचन ही बोले।

पतिबरता के एक तू, और न दूजा कोय।
आठ पहर निरखत रहै, सोइ सुहागिन होय॥

पतिव्रता के मन में बस प्रियतम ही होता है और दूसरा कोई नहीं होता। आठों पहर उसे अपने प्रियतम का ही ध्यान रहता है। ऐसी पतिव्रता ही हमेशा सुहागिन रहती है।

पतिबरता तो पिव भजै, पिया पिया रट लाय।
जीवत जस है जगत में, अन्त परम पद पाय॥

पतिव्रता पिया-पिया का सुमिरन हर पल करती है और उसके होंठों पर बस 'पिया' शब्द ही रहता है। इस तरह से संसार में जीते हुए उसे पति का प्यार तो मिलता ही है, साथ ही वह परम पद को प्राप्तकर ईश्वर में समाहित हो जाती है।

नैना अंतर आव तूं, नैन झांपि तुहि लेव।
ना मैं देखौं और को, ना तुहि देखन देव॥

पतिव्रता अपने पति से कहती है – हे प्राणनाथ! तुम मेरे नयनों में आ जाओ और मैं तुम्हें पलकों में बंद कर लूं। न मैं दूसरों को देखूं और न तुम्हें दूसरों को देखने दूं।

कहने का भाव है कि बस हम दोनों ही एक-दूसरे में रहें। तीसरे के लिए कोई जगह ही न रहे।

कबीर सीप समुद्र की, रटै पियास पियास।
और बूंद को न गहे, स्वाति बूंद की आस॥

कबीर कहते हैं कि समुद्र में रहने वाली सीप को देखो, हर पल 'प्यास-प्यास' की रट लगाए रहती है, परन्तु समुद्र के जल की एक बूंद को भी ग्रहण नहीं करती है, बस उसे स्वाति नक्षत्र की बूंद की आस होती है।

कहने का भाव है कि साधुजन सत्य को ही ग्रहण करते हैं और असत्य के बीच में रहने के बाद भी उसकी ओर कोई ध्यान नहीं देते।

कबीर सीप समुद्र की, खारा जल नहिं लेय।
पानी पीवै स्वाति का, सोभा सागर देय॥

कबीर कहते हैं कि समुद्र में ही पैदा हुई सीप को देखो, समुद्र का खारा पानी एक बूंद भी नहीं पीती है। वह स्वाति नक्षत्र का पानी पीती है और बहुमूल्य मोती को पैदाकर समुद्र की महत्ता और शोभा को दोगुना कर देती है।

**नाम न रटा तो क्या हुआ, जो अन्तर है हेत।
पतिबरता पिव को भजै, मुख से नाम न लेत॥**

अपने इष्ट देव के नाम का सुमिरन नहीं किया तो क्या हुआ, मन में उसके प्रति सच्चा प्रेम तो है। पतिव्रता स्त्री भी मुख से पति का नाम कहां लेती है, बस सच्चे मन से अपने पति की सेवा-पूजन करती रहती है। मन-ही-मन ईश्वर-पूजन करना श्रेष्ठ है, हल्ला मचाने से प्रभु प्रसन्न नहीं हो जाते। उन्हें तो भाव भरा प्रेम चाहिए।

**साईं मोर सुलच्छना, मैं पतिबरता नारी।
देहु दीदार दया करो, मेरे निज भरतार॥**

पतिव्रता आग्रह भाव से कहती है – हे सुन्दर गुणों वाले मेरे प्रियवर! तुम मेरे साईं यानी परमेश्वर हो और मैं तुम्हारी पतिव्रता नारी हूं। इसलिए हे प्रियवर! दर्शन देकर मुझ पर दया करो।

**साईं मेरा एक तू, और न दूजा कोय।
दूजा साईं क्या करूं, तुझ सम और न कोय॥**

पतिव्रता नारी विनय भाव से कहती है – मेरा साईं यानी स्वामी तो बस एक तुम ही हो, दूसरा कोई नहीं है। दूसरे स्वामी का मैं करूंगी भी क्या? तुम्हारे समान सर्वसम्पन्न कोई और नहीं। मैं तो बस तुमसे ही प्रेम करती हूं।

**आठ पहर चौंसठ घड़ी, मेरे और न कोय।
नैना मांहीं तूं बसै, नींद ठौर नहिं होय॥**

पतिव्रता नारी भाव विह्वल होकर कहती है – आठों पहर और चौंसठ घड़ी तुम्हारे अतिरिक्त मेरा दूसरा कोई नहीं है। आंखों में बस तुम ही बसते हो और नींद के लिए भी आंखों में कोई जगह नहीं है। हर पल तेरा ही ध्यान रहता है।

**बार बार क्या आखिये, मेरे मन की सोय।
कलि तो ऊखल होयगी, साईं और न होय॥**

पतिव्रता समझाते हुए कहती है – मेरे मन में तुम को लेकर जो नेह की बातें हैं, उन्हें बार-बार क्या सुनोगे-जानोगे? तुम्हें तो इसका बोध है ही। यह

समय भले ही बदल जाएगा, पर मैं कह देती हूं, मेरा प्रियवर कोई और नहीं तुम ही होओगे...तुम ही।

जो यह एक न जानिया, बहु जाने क्या होय।
एकै ते सब होत है, सब ते एक न होय॥

जो इस एक को ठीक से जान न सका अर्थात् जो एक ईश्वर को समझ न सका, उसके भला अधिक जानने से क्या होगा। एक से सब होता है और सब से एक कभी नहीं होता है अर्थात् अकेला ईश्वर बहुत है, पर बहुत ईश्वर तुल्य नहीं है।

एकै साधै सब सधै, सब साधै सब जाय।
माली सींचै मूल को, फूलै फलै अघाय॥

उस एक ईश्वर को साधने से सब अपने आप ही सध जाता है। सब साधने से, सारा कुछ चला जाता है। माली पेड़ की जड़ को सींचता है तो पेड़ फल फूल से लदकर खुद भी अघाता है और माली को भी खुश कर देता है।

एक नाम को जानि कर, दूजा दिया बहाय।
जप तप तीरथ ब्रत नहीं, सतगुरु चरण समाय॥

एक ईश्वर का नाम सुमिरन कर, जितने भी नाम थे सबको बहा दिया। जप, तप, तीर्थ, व्रत आदि को छोड़ दिया और बस ईश्वर के चरणों में ही खुद को अर्पित कर दिया, जीवन-मरण के बंधन से सदा के लिए मुक्ति मिल गई।

मैं अबला पिव पिव करूं, निरगुन मेरा पीव।
सुन्न सनेही राम बिन और न देखूं जीव॥

भक्तिन नारी कहती है – मैं अबला यानी एक शक्तिहीन नारी हूं और प्रेमवश अपने स्वामी के नाम को भजती हूं। मेरा प्रेम कोई मामूली-प्रेम नहीं है बल्कि मेरा स्वामी निर्गुण है। शून्य के वासी, उस अन्तर्यामी राम के बिना उद्धार भी तो नहीं है। मेरे अन्तर्यामी स्वामी ही मेरा कल्याण कर सकते हैं।

सुन्दरि तो साईं भजै, तजै खलक की आस।
ताहि न कबहूं परिहरै, पलक न छाड़ै पास॥

सद्गुणों वाली सुंदरी, अपने स्वामी के नाम को ही हमेशा भजती है, वह दुनिया की हर चीज की उम्मीद छोड़ देती है। तभी तो उसका प्रियवर उसका कभी परित्याग नहीं करता और पल-भर के लिए भी कभी उसका साथ नहीं छोड़ता।

घर परमेश्वर पाहुना, सुनो सनेही दास।
खटरस भोज भक्ति करि, कबहूं छाड़ै पास॥

कबीर कहते हैं – हे सज्जनो! प्रेमपूर्वक मैं जो कहता हूं, उसे सुनो। तुम्हारे शरीर रूपी मंदिर में अतिथि की तरह ईश्वर मौजूद है, छह रसों वाले भोजन से भोग लगाकर उसकी भक्ति करो। फिर वह कभी भी तुम्हारा साथ नहीं छोड़ेगा।

**ऊंची जाति पपीहरा, पिये न नीचा नीर।
कै सुरपति को जांचई, कै दुःख सहै सरीर॥**

पपीहा पक्षियों में उच्च जाति का होता है, इसीलिए वह कभी भी नीच नीर यानी तालाब, नदी, कुआं आदि का जल बूंद-भर भी नहीं पीता है। वह हर पल स्वाति जल के इंतजार में रहता है या फिर इंद्र से इसके लिए प्रार्थना करता रहता है या फिर खुद ही इस दुःख को बर्दाश्त करता रहता है।

**पड़ा पपीहा सुरसरी, लागा बधिक का बान।
मुख मूंदै सुरति गगन में, निकसि गये यूं प्रान॥**

किसी शिकारी के बाण से घायल पपीहा गंगा में जा गिरा, फिर भी उसने अपना मुंह बंद करके अपना ध्यान आसमान की तरफ लगा दिया। स्वाति जल की आस में उसके प्राण निकल गए, पर गंगा जैसी पवित्र नदी का जल ग्रहण नहीं किया।

**पपीहा पन को ना तजै, तजै तो तन बेकाज।
तन छाड़ै तो कुछ नहीं, पन छाड़ै है लाज॥**

पपीहा भूलकर भी कभी अपनी स्वाभाविक प्रवृत्ति को नहीं छोड़ता है। यदि वह ऐसा करता है तो उसका तन यानी जीवन बेकार है। क्षण भंगुर शरीर का त्याग कर दे तो कोई बात नहीं, पर अपनी स्वाभाविक प्रवृत्ति को छोड़ देगा तो जग हंसाई हो जाएगी। फिर उसे पपीहा कौन कहेगा? उसकी मर्यादा ही चली जाएगी।

**तीर तुपक सों जो लड़ै, सो तो सूरा नाहिं।
सूरा सोइ सराहिये, बांटि बांटि धन खांहि॥**

तीर-कमान, बंदूक यानी शस्त्रों आदि से जो युद्ध करते हैं, वे शूरवीर नहीं होते। उसी शूरवीर को सराहिए, जो सब में बांटकर धन का सदुपयोग करते हैं।

कहने का भाव है कि सबके प्रति जिसके मन में समभाव है, वही असली सूरमा है। शस्त्रों से सबको परास्त जो कर दे, वह सूरमा प्रशंसा के योग्य नहीं है।

**घायल की गति और है, औरन की गति और।
प्रेम बान हिरदै लगा, रहा कबीरा ठौर॥**

घायल के दर्द को एक घायल ही जानता है और जो प्रेम में घायल होते हैं, उनके तन-मन में एक अनजानी-सी पीड़ा उठती-दबती रहती है। दूसरों की जो दशा होती है, वह सामान्य भी होती है और दूसरी तरह की भी होती है। कबीर कहते हैं कि जब प्रेम-बाण हृदय में लग जाता है तो ईश्वर को चाहने वाला भक्त उचित स्थान पर स्थिर हो जाता है और परमात्मा से उसका जुड़ाव हो जाता है।

चित चेतन ताजी करै, लौ की करै लगाम।
शबद गुरु का ताजना, पहुंचै संत सुठाम॥

अपनी मनोवृत्ति को घोड़ी बनाओ, ध्यान को लगाम बनाओ और गुरु के उपदेश-ज्ञान का कोड़ा ले लो। इस प्रकार से संत-साधु प्रभु के सुंदर धाम को प्राप्त कर जाते हैं।

मेरे संशय कोय नहीं, गुरु सो लागा हेत।
काम क्रोध सों जूझता, चौड़े मांडा खेत॥

भक्त कहता है - मेरे मन में तनिक-सा भी संशय नहीं है। मेरा तो ईश्वर से गहरा प्रेम है। यही तो वजह है कि मैं काम, क्रोध आदि विकारों से चौड़ा होकर लड़ता-फिरता हूं।

लालच लोभ न मोह मद, एकल भला अनीह।
हरिजन ऐसा चाहिए, जैसा बन का सिंह॥

लोभ-लालच, मोह और घमंड आदि न करो, इनमें कभी भी तुम्हारा हित नहीं हो सकता। ईश्वर का भक्त तो ऐसा होना चाहिए जैसा जंगल का राजा सिंह होता है।

कहने का भाव है कि भक्त को सिंह की तरह साहसी, स्पष्टवादी और अकेला विचरण करने वाला होना चाहिए, तभी वह निर्भय होकर ज्ञान की बातें बोल सकता है।

कोनै परा न छूटि हैं, सुन रे जीव अबूझ।
कबीर मंड मैदान में, करि इन्द्रियन सों जूझ॥

कबीर कहते हैं - हे प्राणी! तू मेरी बातें सावधानीपूर्वक सुन, इस तरह चुपचाप पड़े रहने से तुझे कभी भी मुक्ति नहीं मिलने वाली। सजग हो जा और अपने जीवन के मैदान में अपनी इंद्रियों से घनघोर युद्ध कर।

कहने का भाव है कि शत्रु रूपी इंद्रियों से लड़ो। सारे पापों की जड़ यही हैं। इनके उकसाने पर ही शरीर तरह-तरह के कर्म कर अपना अगला-पिछला जन्म बेकार कर डालता है।

कबीर चढ़ै सिकार को, हाथै लाल कमान।
मूरख नर सो रहि गये, मारे संत सुजान॥

कबीर कहते हैं कि अपने हाथों में तीर-कमान लिए शूर जन शिकार के लिए बढ़ चले, लेकिन जो कायर मूर्ख जन थे, वे सब यूं ही सोचते रह गए और सिद्ध संत शूरवीरों ने अपने दुश्मनों को मार गिराया।

कहने का भाव है कि जो संत होते हैं वे किसी शूरवीर से कम नहीं होते हैं और ज्ञान रूपी शस्त्र से मूर्खों की अज्ञानता को मारकर उन्हें नवजीवन प्रदान करते हैं।

रन रहै सूरा भये, सूर भये जो सूर।
सूरा पूरा रहि गये, भागि गये सब कूर॥

जो जंग के मैदान में लड़ते रहते हैं, वे ही असली शूरवीर होते हैं और उन्हें ही शूरवीर कहा जाता है। जो जंग के मैदान में वास्तव में ही शूरवीर थे वही रह गए और जो कायर थे, वे सब-के-सब ही मैदान से भाग खड़े हुए।

जो शूरवीर साधक होता है, वह शूरवीर की तरह साधना-स्थल में डटा रहता है और जो ढोंगी होता है, वह भाग खड़ा होता है।

सूरा तो बहुतक मिले, घायल मिला न कोय।
घायल कूं घायल मिले, राम भक्ति दृढ़ होय॥

शूरवीर तो बहुत मिले, लेकिन जो युद्ध के मैदान में घायल हुआ हो, ऐसा कोई नहीं मिला। जब घायल को घायल मिलता है यानी जब घायल साधक को घायल साधक मिलता है तभी राम की भक्ति में मजबूती आती है।

कहने का भाव है कि अनुभवी संत से दूसरा अनुभवी संत मिलता है तो ईश्वर तक पहुंचना आसान हो जाता है।

कबीर कलियुग आय के, कीया बहुत जमीत।
जिन दिल बांधा एक से, ते सुख सोच निचिंत॥

कबीर कहते हैं कि कलियुग में आकर बहुत से स्त्री-पुरुषों ने एक से अधिक संबंध स्वार्थवश बनाए और ऐसा कर दु:खी ही रहे, लेकिन जिसने एक से दिल लगाया, उसे निश्चित रूप से ही जीवन का असली आनंद प्राप्त हुआ, बहु संबंध को कबीर गलत ठहराते हैं।

गुरु मरजाद न भक्तिपन, नहिं पिव का अधिकार।
कहैं कबीर बिभिचारिनी, नित्त नया भरतार॥

कबीर कहते हैं कि जो व्यभिचारिणी (पतिता स्त्री) होती है, वह रोजाना

नया यार तलाशती है। उसका न तो गुरु-मर्यादा पर, न भक्ति-साधना पर और न ही अपने पति पर कोई अधिकार होता है। उसका सिर्फ अपने व्यभिचार पर ही अधिकार होता है और वह भी युवावस्था तक ही, इसके बाद वह रो-रो नरक भोगती है।

बिभिचारिन के बस नहीं, अपनो तन मन दोय।
कहैं कबीर पतिबरत बिन, नारी गई बिगोय॥

व्यभिचारिन स्त्री के वश में उसका अपना तन-मन नहीं होता। कबीर कहते हैं कि पतिव्रत धर्म के बिना नारी की स्त्री-मर्यादा खत्म हो जाती है।

नारि कहावै पीव की, रहै और संग सोय।
जार सदा मन में बसै, खसम खुशी क्यों होय॥

स्त्री (व्यभिचारिणी) तो अपने पति की ही कहलाती है, लेकिन वह किसी दूसरे के साथ सोती है। उसके मन में हमेशा यार बसा हुआ होता है तो फिर ऐसी स्त्री का पति उससे कैसे प्रसन्न रह सकता है?

सेज बिछावै सुन्दरी, अन्तर परदा होय।
तन सौंपे मन दे नहीं, सदा दुहागिन सोय॥

सुन्दरी यानी व्यभिचारिणी स्त्री अपने अन्तर्मन में कपट भाव रखे हुए पति की सेज सजाती है। शरीर पति को सौंप देती है, पर मन नहीं देती है। ऐसी कर्कशा और कलंकिनी औरत सदा ही तनावग्रस्त रहती है और भयंकर कष्ट सहती है।

कबीर मन दीया नहीं, तन कर डाला जेर।
अन्तरजामी लखि गया, बात कहन का फेर॥

कबीर कहते हैं – मन तो दिया नहीं और शरीर को पति के सामने कर दिया, ऐसी बदचलन स्त्री का पति उसके मन के भावों को जान जाता है। बस, मर्यादा वश वह कुछ नहीं कह पाता है।

कहने का भाव है कि कुलटा पत्नी को पति समझ जाता है।

कबीर जो कोई सुन्दरी, जानि करै बिभिचार।
ताहि न कबहूं आदरै, परम पुरुष भरतार॥

कबीर कहते हैं कि जो कोई सुंदरी अर्थात् व्यभिचारिणी स्त्री जान-बूझकर व्यभिचार करती है, उसे परम पुरुष परमात्मा की ओर से भी कभी आदर नहीं मिलता है। कहने का भाव है कि अच्छे-बुरे का ज्ञान होने के बाद भी अगर कोई स्त्री पर पुरुष के साथ संबंध बनाती है तो परम परमेश्वर भी उसको माफ नहीं करते हैं और उनकी भक्ति उसे प्राप्त नहीं होती है।

नौ सत साजै सुन्दरी, तन मन रही संजोय।
पिय के मन मानै नहीं, विडंब किये क्या होय॥

पत्नी ने सोलह शृंगार कर अपने तन-मन को खूबसूरत बना लिया है, लेकिन पति को उसका यह शृंगार पसंद नहीं है। फिर इस प्रकार के शृंगार का क्या करना।

सौ बरसां भक्ति करै, एक दिन पूजै आन।
सौ अपराधी आत्मा, पड़ै चौरासी खान॥

कबीर कहते हैं कि कामी, क्रोधी, लोभी अनेक भव सागर पार कर गए, लेकिन जिन्होंने सद्गुरु को भुलाकर दूसरे की पूजा की, वे नहीं तर पाए।
कहने का भाव है कि जो लोग अपने आराध्य से विमुख हो जाते हैं, उनका उद्धार नहीं हो पाता है।

माइ मसानि सिढि सितला, भैरु भूत हनुमंत।
साहिब सों न्यार रहै, जो इनको पूजन्त॥

अज्ञानता वश जो लोग माई, मसान, चुड़ैल, भैरव, भूत-प्रेत, हनुमंत आदि की अराधना करते हैं, वे पूर्ण ब्रह्म परमेश्वर से दूर रहते हैं और इस भवसागर से उनका कभी भी उद्धार नहीं होता। वे जन्म-जन्मांतर जीवन-मृत्यु के चक्र में पड़े रहते हैं।

चलो चलो सब कोई कहै, पहुंचै बिरला कोय।
एक कनक अरु कामिनी, दुरगम घाटी दोय॥

स्वर्ग जाने की बात सभी करते हैं अर्थात् जाना सभी चाहते हैं, लेकिन कोई बिरला ही वहां तक पहुंच पाता है क्योंकि एक कनक यानी सोना और दूसरी कामिनी यानी सुन्दर स्त्री-इन दोनों ही दुर्गम घाटियों को पारकर स्वर्ग लोक तक जाना कठिन है। अधिक धन और सुन्दर स्त्री की लालसा ये दोनों ही, मनुष्य को सद्कर्म करने नहीं देते।

एक कनक अरु कामिनी, ये लम्बी तरवार।
चाले थे हरि मिलन को, बीचहि लीन्हा मार॥

सोना और सुन्दर स्त्री - ये दोनों ही लम्बी तलवार हैं। लोग चले थे हरि-दर्शन के लिए, लेकिन बीच रास्ते में इन्होंने सबको ही मार दिया। सभी धन व कामिनी में उलझकर सद्गुरु की भक्ति से दूर हो गए।

एक कनक अरु कामिनी, तजिये भजिये दूर।
गुरु बिच पाडै अन्तरा, जम देसी मुख धूर॥

कनक और कामिनी दोनों से ही दूर-दूर रहिए। उनका त्याग कर उनसे बहुत दूर भाग जाइए, क्योंकि ये गुरु और ज्ञान के बीच अंतर पैदा कर देते हैं और मुख में विषय-वासना की धूल भी झोंकते रहते हैं।

नारि पराई आपनी, भोगै नरकै जाय।
आग आग सब एकसी, हाथ दिये जरि जाय॥

स्त्री दूसरे की हो या अपनी हो, है तो वह स्त्री ही, उसमें अधिक आसक्ति दुःखों का कारण है। जो भी व्यक्ति दिन-रात उसी की छवि में या देह में उलझा रहता है, उसे नरक की प्राप्ति निश्चित रूप से होती है। आग भट्टी की हो, गैस की हो या फिर किसी की भी हो, आग तो आग है, उसकी प्रकृति में कोई भी फर्क नहीं है। उसमें हाथ डालने पर हाथ जल ही जाता है।

कहने का भाव है कि स्त्री के प्रति अधिक आसक्ति लौकिक-परलौकिक हानि का कारण बनती है।

जहर पराया आपना, खाये से मरि जाय।
अपनी रक्षा ना करै, कहैं कबीर समुझाय॥

जहर अपना हो या पराया हो, उसे खाने के बाद मौत निश्चित है। कबीर समझाकर कहते हैं कि भोग-विलासिता की चीजें कभी भी विलासी की रक्षा नहीं करतीं। उनका स्वभाव ही होता है मारना।

नारि निरखि न देखिये, निरखि न कीजै दौर।
देखत ही ते विष चढ़ै, मन आवै कछु और॥

स्त्री को गौर से मत देखिए और न ध्यान से देखकर चिंतन-मनन कीजिए। उसे देखते ही काम भावना रूपी जहर सारे बदन में चढ़ने लगता है और मन में तरह-तरह के कुविचार जन्म लेने लगते हैं।

नारी नाहीं नाहरी, करै नैन की चोट।
कोइ कोइ साधू उबरै, ले सतगुरु की ओट॥

स्त्री तो सिंहनी की तरह खूंखार होती है, जो आंखों के कोरों से वार करती है। कोई साधु प्रकृति का व्यक्ति या जो ईश्वर-भजन में खुद को लवलीन कर लेता है, नयनों के बाण की चोट से बच पाता है।

नारि पुरुष को इस्त्री, पुरुष नारि का पूत।
याही ज्ञान विचारि के, छाड़ि चला अवधूत॥

नारी पुरुष की स्त्री है और पुरुष नारी का पुत्र है। यही सोचकर ज्ञानीजन नारी को छोड़कर संन्यास ले लेते हैं।

पर नारी पैनी छुरी, विरला बांचै कोय।
कबहूं छेड़ि न देखिये, हंसि हंसि खावे रोय॥

पर-नारी पैनी छुरी के समान तेजधार वाली है, इससे शायद ही कोई योगी बच पाता है। पर-स्त्री को कभी भी छेड़कर न देखो। यह हंस-हंसकर भी और रो-रोकर भी यानी दोनों प्रकार से ही खाती है।

पर नारी का राचना, ज्यूं लहसुन की खान।
कोने बैठे खाइये, परगट होय निदान॥

पर-स्त्री के साथ दिल लगाना जैसे लहसुन का खाना है। लहसुन को कोने में बैठकर भी क्यों न खाया जाए, उसकी गंध सबको मालूम हो जाती है। पर-स्त्री के साथ किया गया प्रेम भी छिपता नहीं है क्योंकि गंध व प्रेम दोनों ही बहुत जल्दी चारों तरफ फैल जाते हैं।

छोटी मोटी कामिनी, सबही विष की बेल।
बैरी मारै दाव से, यह मारै हंसि खेल॥

छोटी हो चाहे बड़ी, कैसी भी स्त्री हो, दोनों ही विष-बेल की तरह हैं। दुश्मन तो दांव से मारता है, लेकिन वह हंस-हंसकर ही खत्म कर देती है।

जो कबहूं के देखिये, बीर बहिन के भाय।
आठ पहर अलगा रहै, ताको काल न खाय॥

जब भी स्त्री को देखिए तो बहन व मां के भाव से देखिए। जो व्यक्ति स्त्री से आठों प्रहर अलग रहता है, उसको काम कल्पना रूपी काल मार नहीं पाता है।

सरब सोने की सुन्दरी, आवै वास सुवास।
जो जननी है आपनी, तऊ न बैठे पास॥

स्त्री स्वर्ग की अप्सरा-सी सुंदर क्यों न हो, उसके अंगों से खुशबू ही क्यों न आती हो, चाहे वह मां ही क्यों न हो तो भी निर्जन स्थान में उसके साथ न बैठें। कहने का भाव है कि हर हाल में स्त्री से अलग रहें।

दीपक झोला पावन का, नर का झोला नारी।
साधु झोला शब्द का, बोलै नांहि विचारि॥

वायु का झोंका दीपक के लिए खतरनाक है और स्त्री का झोंका पुरुष के लिए खतरनाक है, शब्दों का झोंका साधु के लिए खतरनाक है, यदि वह विचारकर नहीं बोलता है।

नारी नरक न जानिये, सब संतन की खान।
जामें हरिजन ऊपजे, सोई रतन की खान॥

ऐसा भी नहीं है कि हर स्त्री नरक यानी दु:खों का कारण होती है; वह तो सब संतों की जननी है, जिसमें हरि भक्त पैदा हुए। उन सब अनमोल रत्न रूपी संतों की खान यानी जननी नारी ही तो है।

पण्डित और मसालची, दोनों सूझत नांहि।
औरन को करै चांदना, आप अंधेरे मांहि।।

पंडित और मसाल दिखाने वाले दोनों को कुछ नजर नहीं आता। दूसरों को तो रोशनी दिखाते हैं, लेकिन खुद अंधेरे में रहते हैं। पहले उन्हें स्वयं के उजाले की व्यवस्था करनी चाहिए ताकि वे दूसरों को सही ढंग से प्रकाश (ज्ञान का प्रकाश) दिखा सकें।

पण्डित पोथी बांधि के, दे सिरहाने सोय।
वह अक्षर इनमें नहीं, हंसि दे भावै रोय।।

पंडित! तुम अपनी पोथी समेटकर सिरहाने रखो और सो जाओ। इस पोथी में वह शब्द-ज्ञान नहीं है, जो रोते हुए के मन को सुकून दे और वह खुश हो जाए।

पोथी पढ़ि पढ़ि जग मुआ, पंडित हुआ न कोय।
एकै अक्षर प्रेम का, पढ़ै सो पंडित होय।।

पोथी पढ़-पढ़कर सारा संसार मर गया, लेकिन कोई भी पंडित नहीं हुआ। बस एक अक्षर प्रेम का जिसने पढ़ लिया, वही पंडित है।

कबीर पढ़ना दूर कर, अति पढ़ना संसार।
पीर न उपजै जीव की, क्यौं पावै करतार।।

कबीर कहते हैं कि यह पढ़ना-लिखना बंद, अधिक पढ़ना तो सांसारिक लोगों के लिए है। पढ़ाई से जरूरी है दया भाव का ज्ञान, क्योंकि जब तक मनुष्य के अंदर दयाभाव उत्पन्न नहीं होगा, तब तक वह ईश्वर को कैसे जान सकेगा।

मैं जानौं पढ़ना भला, पढ़ने ते भल जोग।
रामनाम सों प्रीति कर, भावे निन्दो लोग।।

मेरी जानकारी में पढ़ना अच्छा था, लेकिन बाद में पता चला कि पढ़ाई से तो भली योग साधना है। भले ही लोग निन्दा करें, पर अगम-अगोचर राम से निर्भय होकर प्रेम करो। इसी में जीवन का कल्याण है।

कबीर ब्राह्मण की कथा, सो चोरन की नाव।
सब अन्धे मिलि बैठिया, भावै तहं लै जाव।।

कबीर कहते हैं कि ब्राह्मण की कहानी चोरों की नाव की तरह है, जिसमें सभी अन्धे यानी अज्ञानी लोग बैठे हैं, वे उन्हें जहां चाहे ले जाएं। भला चोरों यानी अज्ञानियों की नाव भवसागर के उस पार कैसे पहुंचेगी।

कलि का ब्राह्मन मसखरा, ताहि न दीजै दान।
कुटुम्ब सहित नरकै चला, साथ लिया यजमान॥

कबीर कहते हैं कि कलियुग का ब्राह्मण मसखरा है, उसे दान न दीजिए। परिवार सहित नरक चला और साथ में यजमान को भी लेकर चल पड़ा।

पढ़ै पढ़ावै कछु नहीं, ब्राह्मन भक्ति न जान।
व्याहै श्राद्धे कारनै, बैठा सूंडा तान॥

कलयुगी ब्राह्मणों का क्या कहना, जो न तो पढ़ता है और न पढ़ाता है तथा भक्ति का तो उसे ज्ञान है ही नहीं। वह बस ब्याह-श्राद्ध करने के लिए यजमानों के घर पर मुंह खोलकर बैठा रहता है।

पढ़ते गुनते जनम गया, आसा लागी हेत।
बोया बीजहि कुमति ने, गया जु निर्मल खेत॥

पढ़ते-समझते सारा जीवन यूं ही बीत गया और विषय-वासनाओं में लगे रहे। संग्रह करने के लोभ ने कुछ करने नहीं दिया। कुमति ने पाप का ऐसा बीज बोया कि सारा अनमोल जीवन रूपी खेत बरबाद हो गया।

पंडित पढ़ते वेद को, पुस्तक हस्ती लाद।
भक्ति न जाने राम की, सबै परीक्षा बाद॥

पंडित वेद-शास्त्र पढ़ते हैं और हाथों में पुस्तकों भार लादे रहते हैं, लेकिन फिर भी भगवान राम से अनजान ही रहते हैं। पुस्तकों में इतना सिर खपाने से क्या लाभ जब परमात्मा को समझ तक भी न सके।

हरि गुन गावे हरिष के, हिरदय कपट न जाय।
आपन तो समुझै नहीं, औरहि ज्ञान सुनाय॥

हरि गुण तो खूब हर्षित मन से गाते हैं, लेकिन मन में जो कपट है वह गया नहीं। खुद को तो कुछ समझ में आता नहीं और दूसरों को ज्ञान देने चले हैं। ऐसे ढोंगी - प्रपंची लोगों की आजकल भरमार है। भजन कीर्तन खूब करते हैं, पर मन में झूठ फरेब का अंबार रहता है।

कै खाना कै सोवना, और न कोई चित्त।
हरि सा प्रीतम बीसरा, बालापन का मित्त॥

ईश्वर से विमुख जो व्यक्ति होते हैं, उन्हें खाना-पीना या सोना अच्छा

लगता है, इसके सिवा उनके मन को कुछ नहीं अच्छा लगता है। जो बाल्यावस्था से ही मीत है (परमात्मा) उसे बिसरा दिया। हरि से प्रेम जो व्यक्ति करते हैं, वे विषय-विकारों में नहीं फंसते हैं।

> तारा मण्डल बैठि के, चांद बड़ाई खाय।
> उदै भया जब सूर का, तब तारा छिपि जाय॥

तारा मंडल बैठि के अर्थात् अनेक तारों के समूह में बैठा चांद अपनी बहुत प्रशंसा हांकता है अर्थात् गौरवान्वित होता है, लेकिन जब सूर्य निकलता है तब तारों के साथ चन्द्रमा गायब हो जाता है। उसका सारा मान-अभिमान चूर हो जाता है। अज्ञानी लोग भी ज्ञानी के सामने ऐसे ही प्रभावहीन हो जाते हैं।

> कबीर स्वामी कोय नहिं, स्वामी सिरजन हार।
> स्वामी है करि बैठही, बहुत सहेगा मार॥

कबीर कहते हैं कि इस संसार में कोई किसी का मालिक नहीं है। सच्चा मालिक तो बस एक वही है; जो सबको बनाने वाला है। इस सच का ज्ञान होने के बाद भी अगर तू स्वामी बनकर बैठा है तो तुझे बहुत मार पड़ेगी, तू बहुत कष्ट सहेगा।

> कबीर व्यास कथा कहैं, भीतर भेदे नाहिं।
> औरों कूं परमोधतां, गये मुहर का माहिं॥

कबीर कहते हैं कि व्यास की गद्दी पर बैठकर पंडित कथा बांचता है, लेकिन वे बातें जब उसे ही प्रभावित नहीं कर पातीं तो दूसरों को क्या प्रभावित करेंगी। वह दूसरों को तो उपदेश देता है, लेकिन खुद दान-दक्षिणा के लालच में पड़ा, अज्ञानता में जीता है।

> कबीर कहहिं पीर को, समझावै सब कोय।
> संसय पड़ेगा आपकूं, और कहै का होय॥

कबीर कहते हैं कि जो खुद किसी गुरु का शिष्य ढंग से बन नहीं पाया, वह गुरु बन गया, लेकिन उसे संशय से उत्पन्न जीवन-मरण के कष्टों को जब भोगना पड़ेगा तो अधूरे ज्ञान के साथ गुरु बनने का अतः अवश्य ही पछतावा होगा। अधूरे ज्ञान को लेकर दूसरों को समझाने-बुझाने से क्या लाभ।

> निन्दक हमारा जनि मरो, जीवो आदि जुगादि।
> कबीर सतगुरु पाइया, निन्दक के परसादि॥

हमारा जो निंदक है, वह कभी न मरे। वह युग-युग तक जिंदा रहे। कबीर कहते हैं कि निंदक के निंदा करने के कारण ही सद्गुरु से भेंट हुई है।

कहने का भाव है कि निंदक या आलोचक जो होता है, वह दोषों को ही बताता है, जिससे आत्म-सुधार की प्रक्रिया शुरू हो जाती है और व्यक्ति में गुणों की वृद्धि उत्तरोत्तर होती चली जाती है और वह सफलता के शिखर को छू लेता है।

कबीर निन्दक मरि गया, अब क्या कहिये जाय।
ऐसा कोई ना मिले, बीड़ा लेय उठाय॥

कबीर कहते हैं कि निंदक जो था, वह तो मर गया। अब क्या कहा जाए, मुझे ऐसा कोई नहीं मिला, जो मेरी निंदा करने का कार्य अपने हाथ में ले सके।

काहू को नहिं निन्दिये, सबको कहिये सन्त।
करनी अपनी से तरे, मिलि भजिये भगवन्त॥

किसी की भी निंदा न करें, सभी को संत कहें। अपनी करनी से ही सब तरेंगे। सब मिलकर ईश्वर का गुणगान करें, सबका उद्धार ईश्वर-भजन से ही होगा।

आन देव को आस करि, मुख मेले मद मांस।
जाके जन भोजन करै, निश्चय नरक निबास॥

ईश्वर को भुलाकर मनगढ़ंत देवी-देवताओं से शुभ की कामना कर, जो लोग उन्हें पूजते हैं और चढ़ावा चढ़ाते हैं तथा मांस-मदिरा का सेवन करते हैं, वे तो नरक में जाते ही हैं, साथ ही उनके यहां जो भोजन करते हैं, उन्हें भी नरक की प्राप्ति होती है।

काजल तजै न श्यामता, मुक्ता तजै न स्वेत।
दुर्जन तजै न कुटिलता, सज्जन तजै न हेत॥

काजल कभी भी कालेपन का त्याग नहीं करता है, मोती कभी भी सफेदपन का त्याग नहीं करता है, दुर्जन कभी भी कुटिलता का त्याग नहीं करता है और सज्जन कभी भी सज्जनता का त्याग नहीं करता है।

कहने का भाव है कि अपने स्वाभाविक गुणों का त्याग कोई भी नहीं करता है।

दुर्जन की करुणा बुरी, भलौ सज्जन की त्रास।
सूरज जब गरमी करै, तब बरसन की आस॥

दुर्जन की करुणा में भी बुराई ही होती है। उसकी करुणा से तो सज्जन का दिया हुआ दर्द भला होता है, जैसे सूरज जब असहनीय गरमी उत्पन्न करता है तब बारिश होने की आशा होती है।

कहने का भाव है कि दुष्टों की करुणा से सज्जनों की निर्दयता भली होती है।

**कछु कहि नीच न छेड़िये, भलो न वाको संग।
पत्थर डारे कीच में, उछलि बिगाड़े अंग॥**

कुछ भी कहकर दुष्ट व्यक्ति को भूलकर भी न छेड़ें और साथ भी उसका अच्छा नहीं है क्योंकि पत्थर कीचड़ में फेंकने से स्वयं के ऊपर ही कीचड़ के छींटे पड़ते हैं।

**चंदा सूरज चलत न दीसे, बढ़त न दीसे बेल।
हरिजन हरि भजता ना दिसे, ये कुदरत का खेल॥**

चंदा, सूरज कभी चलते हुए नहीं दिखते हैं, बढ़ती हुई बेल भी कभी दिखाई नहीं पड़ती है। हरि भक्त हरि भजन करता हुआ नहीं दिखता है। यह कुदरत का निराला खेल है, समझना आसान नहीं है।

**जो जाको गुन जानता, सो ताको गुन लेत।
कोयल आमहि खात है, काग लिंबोरी लेत॥**

जो जिस चीज का गुण जानता है, वह उसके गुण को लेता है। कोयल आम खाती है और कौआ निंबोली लेता है। यही हाल सज्जन-दुर्जन का है। जो सज्जन होते हैं सगुण का सेवन करते हैं और जो दुर्जन होते हैं, वे दुर्गुणों का सेवन करते हैं।

**इश्क खुन्नस खांसि जो, और पीवे मद पान।
ये छुपाया ना छुपे, परगट होय निदान॥**

इश्क, क्रोध, खांसी और मदिरापान ये छुपाने पर भी नहीं छिपते हैं, अंततः सबके सामने आ ही जाते हैं।

**ना कछु किया न करि सका, न करने जोग शरीर।
जो कुछ किय साहिब किये, ताते भये कबीर॥**

कबीर कहते हैं – मैंने न तो कभी कुछ किया और न ही कुछ कर सकता हूं। कुछ करने के काबिल मेरा शरीर भी नहीं है, जो कुछ भी अब तक हुआ है उसे ईश्वर ने किया है, उन्हीं की कृपा से मैं इतना समर्थवान दिख रहा हूं।

**जो कुछ किया सो तुम किया, मैं कछु कीया नांहि।
कहूं कहीं जो मैं किया, तुम्हीं थे मुझ मांहि॥**

कबीर कहते हैं – जो कुछ भी किया, हे प्रभु! तुमने किया। मैंने तो कुछ भी नहीं किया। अगर मैं कहूं कि कभी मैंने कुछ किया है तो उस वक्त भी तुम ही थे मेरे हृदय में और तुम्हारी प्रेरणा से ही यह सब हो सका।

कीया कछू न होत है, अनकीया ही होय।
कीया जो कछु होत तो, करता औरै कोय॥

अभिमान वश किया हुआ कार्य पूरा नहीं होता है, लेकिन जो स्वाभाविक रूप से होता है, वह कार्य निश्चित रूप से पूरा हो जाता है। किया हुआ कार्य अगर सफल होता भी है तो उसमें ईश्वर की ही मर्जी होती है।

इत कूवा उत बावड़ी, इत उत थाह अथाह।
दहूं दिसा फान फन कढ़ै, समरथ पार लगाह॥

कबीर कहते हैं – हे मालिक! इधर कुआं है, उधर तालाब है, इधर-उधर यानी चारों तरफ ही थाह-अथाह है। दसों दिशाओं में मोह-माया रूपी सर्प फन उठाए फुंफकार रहे हैं। मैं संकटों से घिर गया हूं। हे प्रभु! तुम समर्थवान हो, मुझे पार उतारो।

धन धन साईं तूं बड़ा, तेरी अनुपम रीत।
सकल भुवन पति सांइया, है करि रहै अतीत॥

हे अगम-अगोचर! तुम धन्य हो। तुम ही सबसे बड़े हो और तुम्हारी रीति अनुपम और निराली है। सारे संसार के मालिक होने के बावजूद तुम अदृश्य होकर रहते हो, किसी को भी नजर नहीं आते हो।

साईं मैं तुझ बाहरा, कौड़ी हू नहिं पाऊं।
जो सिर ऊपर तुम धनी, महंगे मोल बिकाऊं॥

हे प्रभु! तुम्हारी कृपा से वंचित रहकर तो मेरा मोल एक कौड़ी भी नहीं है अर्थात् मैं निरर्थक हूं। हे धनवानों के भी धनी, अगर तुम्हारा हाथ मेरे सिर पर रहे तो मैं महंगे से महंगे मूल्य पर बिक जाऊं।

कहने का भाव है कि तुम्हारी कृपा मुझ पर हो जाए तो मैं सबकी नजर में सम्माननीय व्यक्ति बन जाऊं।

साईं मेरा बानिया, सहज करै व्यौपार।
बिन डांड़ी बिन पालड़े, तौले सब संसार॥

मेरा प्रभु तो बनिया है यानी व्यापारी है, लेकिन उसका व्यापार बहुत ही सहज है। उसके व्यापार का किसी को कुछ पता ही नहीं चलता। बिना डंडी-पलड़े के ही पूरा संसार तोलता रहता है और अन्याय किसी एक के साथ भी नहीं करता है।

साईं तेरा बहुत गुन, औगुन कोई नांहि।
जो दिल खोजूं आपना, सब औगुन मुझ मांहि॥

हे स्वामी! आपमें गुण ही गुण हैं; बहुत गुण हैं और एक भी अवगुण नहीं है, लेकिन मैं जब भी अपने भीतर झांककर देखता हूं तो मुझमें अवगुण ही अवगुण नजर आता है, मैं अवगुणों की खान हूं। मेरा उद्धार कैसे होगा, आप ही सोचो।

बाटरिया दूभर भई, मति कोय कायर होय।
जिन यह भार उठाइया, रिबाहेगा सोय॥

हे सज्जनों! यह सही है कि ईश्वर की भक्ति प्राप्त करना बहुत ही कठिन है, लेकिन तुम इससे घबराकर पीछे मत हटो। जिसने भक्तों को भवसागर से पार उतारने की जिम्मेदारी ली है, वह इतना निर्दयी नहीं है, वह प्रभु पार उतारकर अपनी जिम्मेदारी अवश्य ही निभाएगा।

हाथी अटक्यो कीच में, काढ़ै को समरथ्थ।
कीबल निकलै आपनै, की साईं पसारै हथ्थ।

हाथी कीचड़ में अटक गया। उसे बाहर निकालने में कौन समर्थ है? या तो वह अपने बल (शक्ति) से स्वयं बाहर निकले या फिर उस परम शक्तिमान ईश्वर के आगे हाथ पसारकर विनती करे। वही अपने हाथ का सहारा देकर उसे कीचड़ से बाहर निकाल सकते हैं।

कहने का भाव है कि संकट की घड़ी में जब बुद्धि काम न करे तब व्यक्ति को ईश्वर के भरोसे सब कुछ छोड़ देना चाहिए।

औगुन हारा गुन नहीं, मन का बड़ा कठोर।
ऐसे समरथ साईंया, ताहि लगावै ठौर॥

हे प्रभु! तेरा कोई जवाब नहीं। जिसमें अवगुण है, जो मन का बहुत कठोर है, तू उसको भी अपनी शरण में ले लेता है अर्थात् तू उसे भी तार देता है, फिर जो गुणीजन हैं, उनको तू क्यों नहीं तारेगा।

बालक रूपी साईंयां, खेलै सब घट मांहि।
जो चाहै सो करत है, भय काहू का नांहि॥

हे प्रभु! तू बालक के रूप में सबके हृदय-सागर में खेल रहा है। जो तू चाहता है, वह करता है। तुझे किसी का भी भय नहीं है।

कहने का भाव है कि तू सर्वशक्तिमान है। तुझसे बड़ा कोई नहीं है।

साहिब तुम जनि बीसरो, लाख लोग मिलि जांहि।
हमसे तुमको बहुत हैं, तुम सम हमको नांहि॥

भक्त कहता है - हे मेरे प्रभु! तुझे कितने ही लोग क्यों न मिल जाएं,

लेकिन मुझे कभी न भुलाना। मैं मानता हूं कि मेरे जैसे बहुतेरे तेरे भक्त हैं, लेकिन तुम्हारे जैसा मेरा कोई नहीं है।

तुम्है बिसारै क्या बनै, किसके सरनै जाय।
सिव विरंचि मुनि नारदा, हिरदे नांहि समाय॥

हे प्रभु! तुम ही मुझे भुला दोगे तो फिर क्या बनेगा। मैं फिर किसकी शरण में जाऊंगा। शंकर, ब्रह्मा और नारद मुनि तो मेरे हृदय में समाते नहीं, मैं सिर्फ तुम पर ही विश्वास करता हूं।

कबीर भूल बिगाड़िया, करि करि मैला चित्त।
नफर तो दीन अधीन है, साहिब राखै हित्त॥

कबीर कहते हैं कि हम संसारी लोग मोह-मायादि में आकर भूल-बिगाड़ तो करते ही रहते हैं क्योंकि हमारा चित जो मलिन होता है। यही वजह है कि हम दीन, तुम्हारे अधीन हैं। हे साहेब! मेरा भला करें।

साहिब तुमहि दयाल हो, तुम लग मेरी दौर।
जैसे काग जहाज को, सूझे और न ठौर॥

हे सद्गुरु! तुम ही दयालु हो और मेरी दौड़ सिर्फ तुम तक ही है, जैसे सागर के बीच जहाज पर बैठे कौवे को उस जहाज के अतिरिक्त और कोई स्थान नहीं सूझता, वैसी ही स्थिति मेरी भी है।

अजगर करै न चाकरी, पंखी करै न काम।
दास कबीरा यूं कहैं, सबके दाता राम॥

अजगर किसी की नौकरी नहीं करता है और पक्षी किसी का काम नहीं करता है, फिर भी उनके भोजन की व्यवस्था होती ही रहती है। कबीर कहते हैं कि सभी के दाता राम गोसाईं हैं। सबका भरण-पोषण उनकी ही कृपा से होता है।

जाको राखै साईंया, मारि सकै नहिं कोय।
बाल न बांका करि सके, जो जग बैरी होय॥

जिसकी रक्षा ईश्वर करते हैं, उसे कोई नहीं मार सकता, बाल बांका यानी बाल भी टेढ़ा नहीं कर सकता है, चाहे सारा संसार ही दुश्मन क्यों न हो जाए।

आतम अनुभव जब भयो, तब नहिं हर्ष विषाद।
चित्र दीप सम है रहे, तजि कर वाद विवाद॥

जब आत्म-अनुभव होता है तब शोक-हर्ष नहीं रह जाता। सारे वाद-विवाद को त्यागकर आत्म-अनुभवी व्यक्ति, तस्वीर में स्थित दीपक के समान स्थिर हो जाते हैं।

**आतम अनुभव ज्ञान की, जो कोय पूछै बात।
सो गूंगा गुड खाय के, कहै कौन मुख स्वाद॥**

आत्मा के अनुभव-ज्ञान की बात कोई पूछता है तो कुछ कहा नहीं जा सकता, जैसे गूंगा गुड़ खाने के बाद स्वाद तो महसूस करता है, पर उसका स्वाद पूछने पर भी किसी को बता नहीं पाता है।

**नर नारी के सूख को, खसी नहीं पहिचान।
त्यौं ज्ञानी के सूख को, अज्ञानी नहिं जान॥**

जैसे स्त्री-पुरुष के शारीरिक मिलन के सुखानंद को छक्के नहीं महसूस कर सकते, वैसे ही ज्ञानी के सुख को अज्ञानी नहीं जान सकते हैं। कहने का अर्थ है कि एक-दूसरे के विपरीत जो लोग हैं, वे उन विपरीत सुख प्राप्तकर्ताओं के सुखों की अनुभूति नहीं कर सकते।

**लिखा लिखी की है नहीं, देखा देखी बात।
दुलहा दुलहिन मिलि गए, फीकी पड़ी बारात।**

आत्म-ज्ञान लिखने-लिखाने का नहीं है, यह खुद ही महसूस करके देखा-देखी की बात है। यह तो वह स्थिति है जब दूल्हा-दुल्हन मिल जाते हैं तब बारात का कोई महत्त्व नहीं रह जाता। कहने का भाव है कि जीव और परमात्मा जब एक दूजे में मिल जाते हैं तब सारी दुनियादारी महत्त्वहीन हो जाती है।

**ज्ञान भक्ति वैराग सुख, पीव ब्रह्म लौं धाय।
आतम अनुभव सेज सुख, तहां न दूजा जाय॥**

ज्ञान, भक्ति, वैराग्य-सुख और भगवान ब्रह्म तक भक्तजनों की नजर दौड़कर चली जाती है, लेकिन आत्म-अनुभव की सुख-सेज पर दूसरा कोई भी पहुंच नहीं पाता, वहां तो प्रभु का सच्चा भक्त ही पहुंच पाता है।

कहने का भाव है कि आत्म-अनुभव ही सच्चा ज्ञान है।

**भरा होय तो रीतई, रीता होय भराय।
रीता भरा न पाइये, अनुभव सोय कहाय॥**

जो भरा हुआ होता है, वह खाली भी होता है और जो खाली होता है, वह भरता भी है, लेकिन जो न तो भरा है न खाली है, वही वास्तविक अनुभव-ज्ञान कहलाता है।

**निजानी सों कहिए कहा, कहत कबीर लजाय।
अन्धे आगे नाचते, कला अकारथ जाय॥**

कबीर कहते हैं कि मूर्ख-अज्ञानियों से क्या कुछ कहना। ज्ञानी तो उनके विषय में कुछ कहते हुए भी शरमाता है। अंधों के सामने नाचने से अपनी नृत्यकला बेकार ही जाती है।

कहने का भाव है कि मूर्खों को कुछ भी समझाना व्यर्थ है।

ज्ञानी तो निरभय भया, मानै नाहीं संक।
इन्द्रिन केरे बसि पड़ा, भुगते नरक निसंक॥

ज्ञानी तो निर्भय हो जाता है। पाप-पुण्य की शंका उसे ज्ञानाभिमान के कारण नहीं होती, लेकिन ऐसे ही अभिमानी ज्ञानी इंद्रियों के वश में पड़कर निश्चित रूप से ही नरक का जीवन भुगतते हैं।

ज्ञानी मूल गंवाइया, आप भये करता।
तातें संसारी भला, जो सदा रहै डरता॥

जो लोग ज्ञानी होते हैं, वे अपने ज्ञान के अभिमान में सत्संग, भक्ति, विवेक आदि मूल स्वरूप को यूं ही गंवा देते हैं और खुद ही करता-धरता बन जाते हैं। इस तरह ज्ञानवान होकर भी वे ईश्वर का सच्चा भक्त नहीं बन पाते हैं। उनसे अच्छे तो संसारी लोग हैं, पाप के डर से सत्कर्म करते रहते हैं और इस तरह से ईश्वर की भक्ति भी वे प्राप्त कर लेते हैं।

आसा तो गुरुदेव की, दूजी आस निरास।
पानी में घर मीन का, सो क्यों मरै पियास॥

आशा तो गुरुदेव की है क्योंकि दूसरी आशाएं निराश ही करती हैं। पानी में मछली का घर होता है, फिर वह प्यासी क्यों मरे। वैसे भी जब मनुष्य का तन मिला है तो फिर सद्गुरु का सुमिरन कर, यह जन्म क्यों न पारस बनाया जाए।

आसा जीवै जग मरै, लोग मरै मरि जांहि।
धन संचै ते भी मरै, उबरै सो धन खाहि॥

नश्वर संसार मरता है, लेकिन आशा जीवित रहती है। लोग मरते हैं, फिर मरते हैं और मरते ही रहते हैं। जो धन जोड़ते हैं, वे भी मरते हैं और जो उनके पीछे बचे रह जाते हैं, वे उस संग्रहित धन को कुछ समय तक खाते हैं।

आसा तृष्णा सिंधु गति, तहां न मन ठहराय।
जो कोइ आसा में फंसा, लहर तमाचा खाय॥

आशा और तृष्णा समुद्र की उछलती तरंगों के समान हैं, अत: इनके बीच मन ठहरता नहीं है। जो कोई भी आशा में फंसता है, वह उसकी लहरों की चोट खाता है।

आसन मारे कह भयो, मरी न मन की आस।
तेली केरे बैल ज्यौं, घर ही कोस पचास॥

आसन लगाकर बैठने से क्या होगा, अगर मन की आस नहीं मरी। यह तो तेली के बैल वाली बात हो गई, वह दिन-भर में इतने चक्कर काटता है कि उसके लिए घर ही पचास कोस का हो जाता है।

कहने का भाव है कि मन-ही-मन जप करने से क्या फायदा, जब मन ही स्थिर नहीं है। आशाओं को पूरा करने के लिए भटक रहा है।

तृस्ना सींची ना बुझै, दिन दिन बढ़ती जाय।
जावासा का रुख ज्यों, घन मेहा कुम्हिलाय॥

तृष्णा ऐसी है, जो विषय-वासनाओं रूपी जल से, पूरी तरह सींच दी जाए तब भी वह नहीं शांत होती। वह दिन-पर-दिन बढ़ती ही जाती है। जैसे जावास झाड़ का पेड़ अधिक बारिश से कुम्हला जाता है, वही हाल तृष्णा का है।

शब्द

सन्तोभक्ति सतोगुरुआनी।।1।।
नारी एक पुरुष दुई जाया। बूझो पण्डित ज्ञानी।।2।।
पाहन फोरि गंग एक निकरी। चहुंदिश पानी पानी।।3।।
तेहि पानी दुइ पर्वत बूड़े दरिया लहर समानी।।4।।
उड़ि माखी तरवर को लागी। बोलै एकै बानी।।5।।
वह माखी को माखा नाहीं। गर्भ रहा बिनु पानी।।6।।
नारी सकल पुरुषवै खाये। ताते रहै अकेला।।7।।
कहहिं कबीर जो अबकी बूझै। सोई गुरु हम चेला।।8।।

संतों अपने अन्तर्मन में भक्ति को पैदा करो। भक्तिरूपी नारी एक है और उसने ज्ञान तथा वैराग्य दो पुत्रों को जन्म दिया है। हे ज्ञानी पंडितों! इस मर्म को समझो। पत्थर को फोड़कर जिस तरह से गंगा निकली और चारों तरफ पानी-ही-पानी भर दिया, उसी तरह से मनुष्य के अज्ञानता रूपी पत्थर को फोड़कर भक्ति रूपी गंगा का अवतरण हुआ और आध्यात्मिक-रस में सबको ही डुबो दिया। इस भक्ति रूपी गंगा में अभिमान व ममता के दोनों पत्थर डूब गए और सदा के लिए ही विलीन हो गए। कबीर कहते हैं कि जिस तरह से जलमग्न हो जाने पर मक्खियां उड़कर पेड़ों पर बैठ जाती हैं और एक ही आवाज में बोलने लगती हैं, वैसे ही आध्यात्मिक-जल से जीवन के जलमग्न हो जाने पर भक्त सांसारिक बंधनों के धरातल से उड़कर भक्ति रूपी वृक्ष पर जा बैठता है और ज्ञान की बातें करने लगता है। जब पुरुष या वीर्य के बिना ही गर्भधारण हो जाए तो सबको ही आश्चर्य होगा कि यह अजूबा कैसे हो गया? ऐसे ही सिर्फ भक्ति के प्रभाव से विषय-वृत्ति ज्ञान-वृत्ति बन जाए तो आश्चर्य ही तो होगा। भक्ति रूपी नारी तो जगततारिणी है जबकि माया रूपी नारी ने सारे पुरुषों को उनके मार्ग से भटका दिया है। ज्ञानी पुरुषों को चाहिए कि वे माया रूपी नारी का परित्याग कर, अकेले ही रहें।

कबीर कहते हैं कि जो भी पुरुष जीवन के इस सत्य को जान गया और उसे आत्म-बोध हो गया तो वह स्वयं गुरु है। मैं उसका शिष्य बनने के लिए तैयार हूं।

सन्तो घर में झगरा भारी॥1॥
राति-दिवस मिलि उठि-उठि लागैं। पांच ढोटा एक नारी॥2॥
न्यारो-न्यारो भेजन चाहैं। पांचों अधिक सवादी॥3॥
कोइ काहू का हटा न मानै। आपुहि आपु मुरादी॥4॥
दुर्मति केर दोहगिन मेटै। ढोटहि चांप चपेरे॥5॥
कहिहिं कबीर सोई जन मेरा। जो घर की रारि निबेरे॥6॥

हे संतों! हर व्यक्ति के घर में बहुत भारी झगड़ा है। ज्ञानेंद्रिय रूपी पांच लड़के और कुमति रूपी एक स्त्री- ये सब आपस में मिलकर रात-दिन जीवात्मा से झगड़ते रहते हैं। ये पांचों इंद्रियां खाने-पीने के मामले में बहुत ही शौकीन हैं, ये सब अलग-अलग खाने की मांग करती रहती हैं। ये किसी का भी कहना नहीं मानतीं और अपने आप ही अपनी इच्छाओं व पसंद को पूरा करने में लगी रहती हैं। भक्त को चाहिए कि पहले वह कुमति को जड़ से ही समाप्त कर दे और इंद्रिय रूपी बच्चों को डांट-डपटकर शांत कर दे। कबीर कहते हैं कि सच्चा सेवक या सच्चा भक्त या सच्चा ज्ञानी वही है जो अपने मन रूपी घर के झगड़े को मिटा दे।

सन्तो देखत जग बौराना॥1॥
सांच कहों तो मारन धावै। झूठे जग पतियाना॥2॥
नेमी देखा धर्मी देखा। प्रात करे अस्नाना॥3॥
आतम मारि पषाणहि पूजे। उनमें किछउ न ज्ञाना॥4॥
बहुतक देखा पीर औलिया। पढ़े कितेब कुराना॥5॥
कै मुरीद तदबीर बतावैं। उनमें उहै जो ज्ञाना॥6॥
आसन मारि डिम्भ धरि बैठे। मन में बहुत गुमाना॥7॥
पीतर पाथर पूजन लागे। तीरथ गर्भ भुलाना॥8॥
टोपी पहिरे माला पहिरे। छाप तिलक अनुमाना॥9॥
साखी शब्दै गावत भूले। आतम खबरि न जाना॥10॥
हिन्दू कहैं मोहिं राम पियारा। तुरुक कहैं रहिमाना॥11॥
आपुस में दोउ लरि-लरि मूये। मर्म न काहू जाना॥12॥
घर-घर मन्तर देत फिरत हैं। महिमा के अभिमाना॥13॥
गुरु सहित शिष्य सब बूड़े। अन्त काल पछिताना॥14॥
कहिहिं कबीर सुनो हो सन्तो। ई सब भरम भुलाना॥15॥
केतिक कहौं कहा नहिं मानै। सहजे समाना॥16॥

हे संतो! संसार के पागलपन को देखो। सच कहो तो मारने को दौड़ते हैं और झूठ बोलने पर झट से विश्वास कर लेते हैं। नियम से धर्माचारी सुबह स्नान कर लेते हैं, लेकिन जीवों को मारकर पत्थरों को पूजते हैं मानो उनमें कोई ज्ञान ही न हो। ऐसे ही बहुत से पीर औलिया को कुरान की किताब पढ़ते देखा और वे अपने शिष्यों व चाहने वालों को भी यही बताते हैं कि निर्दोष जीवों की हत्या करोगे तो खुदा तुम सब को जन्नत बख्शेगा। जो अज्ञान उनके पास होता है, वही श्रोताओं के मन में भी भर देते हैं।

कई व्यक्ति आसन मारकर बैठ जाते हैं और मन में गुमान होता है कि उन्हें सिद्धियां प्राप्त हैं। पीतल, पत्थर पूजते हैं और कहते हैं कि हमने बड़े-बड़े तीर्थों का दर्शन किया है। टोपी, माला धारण करते हैं तथा छाप-तिलक लगा, स्वयं को भुलाकर काल्पनिक रूप में डूबे रहते हैं तथा साखी, शब्द गाने के गर्व में अकड़े फिरते हैं। हिन्दू कहता है कि मुझे राम प्यारा है और मुसलमान कहता है कि मुझे रहीम प्यारा है। आपस में दोनों इस बात को लेकर लड़-लड़ मरते हैं, पर इस मर्म को जानने की कोशिश नहीं करते हैं कि राम-रहीम में कोई भी फर्क नहीं है, बस नाम-भर का ही फर्क है।

जो घर-घर गुरुमंत्र देते फिरते हैं, खुद गुरु विहीन होते हैं। केवल जाति की महिमा के घमंड में डूबकर गुरु बन जाने वाले खुद तो डूबते ही हैं, अपने शिष्यों को भी डुबो देते हैं। अंत समय में बस पछताना ही रह जाता है। कबीर कहते हैं कि हे संतों सुनो! ये सब भ्रम व भुलावे में पड़े हुए हैं। कितना भी कहो, पर कहना नहीं मानते, समझाने पर भी नहीं सुनते। इनके आगे ज्ञान की बातें करना गाल बजाने के बराबर ही है।

सन्तों अचरज एक भौ भारी। कहौं तो को पतियाई।।1।।
एकै पुरुष एक है नारी। ताकर करहु विचारा।।2।।
एकै अण्ड सकल चौरासी। भरम भुला संसारा।।3।।
एकै नारी जाल पसारा। जग में भया अन्देशा।।4।।
खोजत-खोजत काहु अन्त न पाया। ब्रह्मा विष्णु महेशा।।5।।
नाग फांस लिये घट भीतर। मूसेनि सब जग झारी।।6।।
ज्ञान खड्ग बिनु सब जग जूझे। पकरि न काहू पाई।।7।।
आपै मूल फूल फुलवारी। आपुहि चुनि-चुनि खाई।।8।।
कहहिं कबीर तेई जन उबरे। जेहि गुरु लियो जगाई।।9।।

हे संतों! दुनिया का एक सबसे बड़ा आश्चर्य मैं बताता हूं। तुम सब खुद इस विषय पर सोचो कि एक जीव रूप पुरुष है और एक प्रकृति रूप स्त्री है। इस पर विचार करो, इन्हीं के पीछे चौरासी लाख योनियां इस दुनिया में गतिमान हैं। इन्हीं के भ्रम में सारी दुनिया भूली हुई है। इस माया रूपी नारी

के मोहजाल में मनुष्य सब कुछ भूल भालकर भटकते फिर रहे हैं, लेकिन उन्हें कहीं भी अंत नहीं मिल पा रहा है। यहां तक कि ब्रह्मा, विष्णु और महेश भी उसके अंत की थाह नहीं लगा सके हैं।

माया रूपी नारी ने सत, रज और तम की नागफांस ले, मनुष्य के हृदय में घर बना लिया है और इसी कारण मनुष्य अपनी आत्मा से अलग हो गया है। बिना ज्ञान की तलवार के सब लोग माया रूपी नारी से लड़ रहे हैं, लेकिन मारना तो दूर उसे कोई पकड़ तक भी नहीं सका है। उसे पकड़ने के लिए ज्ञान रूपी तलवार की जरूरत है। जीव खुद माया की फुलवारी का रखवाला है और खुद ही उसके फल-फूल को चुन-चुनकर खा भी जाता है।

कबीर कहते हैं कि इस माया रूपी नारी से वही भक्त उबर सकता है, जिसने सद्गुरु को प्रसन्न कर लिया है और उनके सद्ज्ञान से अपनी आत्मा को प्रज्ज्वलित कर लिया है।

> सन्तो अचरच एक भौ भारी। पुत्र धइल महतारी॥1॥
> पिता के संगे भई बावरी। कन्या रहल कुवांरी॥2॥
> खसमहि छाड़ि ससुर संग गौनी। सो किन लेहु बिचारी॥3॥
> भाई के संग सासुर गौनी। सासुहि सावत दीन्हा॥4॥
> ननद भौज परपंच रचो है। मोर नाम कहि लीन्हा॥5॥
> समधी के संग नाहीं आई। सहज भई घरबारी॥6॥
> कहहि कबीर सुनो हो सन्तो। पुरुष जन्म भौ नारी॥7॥

हे संतों! संसार में यह बड़े आश्चर्य की बात है। माता ने अपने पुत्र को और पुत्र ने अपनी माता को पकड़ लिया है अर्थात् माया रूपी माता ने जीव रूपी पुत्र को और जीव रूपी पुत्र ने माया रूपी माता को पकड़ लिया है।

अब दूसरा आश्चर्य सुनो - एक अविवाहित कन्या अपने पिता के साथ बावली हो गई है अर्थात् माया रूपी अविवाहित कन्या, जीव रूपी पिता के साथ बावली हो गयी है और जीव रूपी पिता को पतित बना दिया है।

अब तीसरा आश्चर्य सुनो - माया रूपी नारी अपने पति रूपी जीव को छोड़कर घमंड रूपी ससुर के साथ भाग गई है। मनोइच्छा रूपी नारी अज्ञान रूपी भाई के साथ अपनी ससुराल चली गई। यह दुनियादारी ही उसकी ससुराल है और संशयरूपी सास ही उसकी सौत है जो उसे यातनाएं देती रहती है। आदमी की मनोवांछाएं शक-संशय की वजह से ही तो उसे तरह-तरह के कष्ट देती रहती हैं, लेकिन आदमी समझता नहीं है।

नन्द-भाभी का झगड़ा तो सबको ही मालूम है। नन्द-भाभी आपस में कहती हैं कि तुमने मेरा नाम क्यों लिया और बस इसी कहा-सुनी में घर में महाभारत छिड़ जाता है। एक स्त्री समधी यानी बुद्धि के संग नहीं आई, फिर भी घर वाली बन

गई। पुरुष रूपी जीव की मनोवांछा ही नारी है। कबीर कहते हैं कि हे संतों सुनो! पुरुष का जन्म नारी से ही हुआ अर्थात् मनोवांछा रूपी नारी पुरुष से ही तो पैदा हुई या जीव रूपी पुरुष नारी से ही तो पैदा हुआ। कहने का भाव है कि जीव सदा इच्छाओं के साथ रहता है और उसी को महसूस करता है अत: जैसी मनोवांछा अर्थात् मन की इच्छा होती है, जीव वैसा ही सोचता है। मनोवांछा के आधार पर ही वह भक्त या कामी बनता है। इन इच्छाओं पर नियंत्रण रखना आवश्यक है।

सन्तो कहौं तो को पतियाई। झूठ कहत सांच बनि आई॥1॥
लौके रतन अबेध अमोलिका। नहिं ग्राहक नहिं साईं॥2॥
चिमिक-चिमिक चिमकै दृग दहुंदिशि। अर्ब रहा छिरियाई॥3॥
आपै गुरु कृपा कछु कीन्हा। निर्गुण अलख लखाई॥4॥
सहज समाधी उन्मनि जागे। सहज मिले रघुराई॥5॥
जहं-जहं देखो तहं-तहं सोई। मन मानिक बेधो हीरा॥6॥
परम तत्व गुरु सो पावै। कहैं उपदेश कबीरा॥7॥

हे संतों! मैं कुछ कहता हूं तो उस पर कोई भी यकीन नहीं करता है। उसे सब झूठ मानते हैं जब कि साधना के शिखर पर पहुंचकर कोई देखे तो उसे मेरी बातें सच ही सच लगेंगी। मन में जो आत्म स्वरूप चेतन बैठा है, वह अखंड, अनमोल रत्न है। उसका न तो कोई ग्राहक है और न ही कोई स्वामी है। वह चमकता हुआ ज्ञान-प्रकाश है, जो दसों दिशाओं में और उनके बाहर भी फैला हुआ है। खुद परब्रह्म की अनुकंपा से उनके निज स्वरूप का बोध हुआ है। मन और इच्छाएं जब आत्म-स्वरूप में लग गईं तब उस अलख, अगोचर ब्रह्म स्वरूप राम का दर्शन हो गया। अब तो जहां देखो, बस वही है। हर जीव में राम-ही-राम तो हैं। एक धागे में मन रूपी मोतियों को पिरोकर हीरा स्वरूप परमात्मा का स्मरण जीव सदा करता रहता है। कबीर कहते हैं कि यह परम तत्व (ईश्वर-ज्ञान) सद्गुरु की अनुकंपा से ही प्राप्त होता है।

सन्तो। बोले ते जग मारे॥1॥
अनबोले ते कैसक बनि है। शब्दहि कोई न बिचारे॥2॥
पहले जन्म पुत्र का भयऊ। बाप जन्मिया पाछे॥3॥
बाप पूत की एकै नारी। ई अचरज कोई काछे॥4॥
दुन्दुर राजा टीका बैठे। विषहर करै खवासी॥5॥
श्वास बापुरा धरिन ढाकनो। बिल्ली घर में दासी॥6॥
कार दुकार कार करि आगे। बैल करे पटवारी॥7॥
कहहिं कबीर सुनो हो सन्तो। भैंसे न्याव निबेरी॥8॥

हे संतो! सत्य वचन बोलने पर संसार के लोग मारने लगते हैं, लेकिन चुपचाप बैठने से भी तो कोई बात नहीं बनने वाली। क्या करें, शब्दों पर कोई चिंतन-मनन करता ही नहीं है। पहले पुत्र का जन्म होता है, फिर वह शादी के बाद पिता बनता है।

कहने का भाव है कि पुत्र चरित्रवान है तो वह समय आने पर चरित्रवान पिता अवश्य बनेगा। इसमें दो राय नहीं है, दुनिया में जितने भी लोग हैं सब पिता और पुत्र ही हैं और सभी स्त्री जाति से ही पैदा हुए हैं अर्थात् स्त्री ही जननी और स्त्री ही पत्नी भी है। बाप-पूत की एक ही नारी है यह कहना गलत न होगा, लेकिन इस सच को लोग कहां मानते हैं।

जब मेंढक के समान तामसी प्रवृत्ति के लोग टीका लगाकर राजा बन बैठे हैं और सर्प के समान विषैले लोग उस राजा के चमचे व सेवक हैं तथा कुत्ते अपनी पूंछ से अपना गुप्तांग भी ढांप नहीं पाते और वे संसार को ढांपने के दंभ भरें तो आश्चर्य ही होता है।

कहने का भाव है कि रक्षक ही भक्षक है तो कैसे बात बनेगी। बिल्ली को घर की दासी बना दिया जाए तो क्या घर का खाना जूठा करने से मानेगी? सब खाना जूठा कर देगी। लोभी लोग अधिकार पा जाते हैं तो बीच में ही सब माल हजम कर जाते हैं जैसे बैल को पटवारी बना दिया जाए तो क्या वह सारे खेतों को चर नहीं जाएगा।

कबीर कहते हैं कि संतों सुनो! अब भगवान ही भला करे क्योंकि भैंसे अर्थात् तामसी वृत्ति वाले लोग न्यायासन पर जज बनकर बैठ गए हैं। अब तो ईश्वर ही इस दुनिया का मालिक है।

सन्तो राह दुनों हम दीठा॥1॥
हिन्दू तुरुक हटा नहिं मानें। स्वाद सबन को मीठा॥2॥
हिन्दू बरत एकादशि साधे। दूध सिंघारा सेती॥3॥
अन को त्यागे मन को न हटके। पारन करे सगौती॥4॥
तुरुक रोजा-निमाज गुजारे। बिसमिल बांग पुकारे॥5॥
इनको बिहिस्त कहां से होवै। जो सांझै मुरगी मारे॥6॥
हिन्दू की दया मेहर तुरुकन की। दोनों घट से त्यागी॥7॥
ई हलाल वै झटका मारें। आग दुनों घर लागी॥8॥
हिन्दू तुरुक की एक राह है। सतगुरु सोई लखाई॥9॥
कहिं कबीर सुनो हो सन्तो। राम न कहूं खुदाई॥10॥

हे संतो! मैंने दोनों ही मार्गों पर चलकर देख लिया है। हिन्दू-मुसलमान दोनों ही अच्छी बातें नहीं मानते। सभी मीठे स्वाद के ही प्रेमी हैं। हिन्दू एकादशी व्रत तो करते हैं, लेकिन अनाज को छोड़कर दूध, सिंघाड़ा आदि सब

खूब छक कर खाते हैं तथा दूसरे दिन मांस के साथ व्रत तोड़ते हैं।

कहने का भाव है कि यह एक ढोंग ही तो है। इसी प्रकार से मुसलमान रोजा रखते हैं। वे दिन में उपवास रखते हैं और रात में खूब छक कर खाते हैं। दिन में नमाज पढ़ते हैं, खुदा का नाम पुकार-पुकारकर मस्जिदों में बांग देते हैं यानी अजान देते हैं, लेकिन रात होते ही मुर्गी काटकर खा जाते हैं, भला इन्हें जन्नत कैसे नसीब होगी।

हिन्दू-मुसलमान दोनों ही खूंखार, बर्बर, क्रूर और निर्मोही हैं क्योंकि दोनों ही बेजुबान जीवों की नृशंस हत्या करते हैं। हिन्दू एक झटके में ही हत्या करते हैं और मुसलमान धीरे-धीरे रेतकर जीव को हलाल करते हैं।

ये दोनों ही बर्बरता की अग्नि में सुलग रहे हैं। इन दोनों के ही घर में आग लगी है। हिन्दू-मुसलमान दोनों के एक ही रास्ते हैं - सत्य और अहिंसा के दोनों को ही रास्ते सद्गुरु ने दिखाए हैं। कबीर कहते हैं कि सुनो संतो! न तो कहीं राम है और न ही कहीं खुदा है। जीव ही भगवान है, जीव पर दया भाव रखना ही कल्याणकारी है।

> सन्तो पांडे निपुण कसाई॥1॥
> बकरा मारी भैंसा पर धावैं। दिल में दर्द न आई॥2॥
> करि स्नान तिलक दै बैठे। विधि सों देवि पुजाई॥3॥
> आतमराम पलक में बिनसे। रुधिर की नदी बहाई॥4॥
> अति पुनीत ऊंचे कुल कहिये। सभा माहिं अधिकाई॥5॥
> इनहते दीक्षा सब कोई मांगे। हंसी आवै मोहि भाई॥6॥
> पाप कटन को कथन सुनावैं। कर्म करावैं नीचा॥7॥
> हम तो दूनों परस्पर देखा। यम लाये हैं धोखा॥8॥
> गाय बधे ते तुरुक कहिये। इनते वै क्या छोटे॥9॥
> कहहि कबीर सुनो हो सन्तो। कलि मा ब्राह्मण खोटे॥10॥

हे संतों! पांडे यानी ब्राह्मण भी कुशल कसाई हैं। बकरा मारकर देवी-देवताओं पर चढ़ाते हैं और भैंसे को भी मारने से बाज नहीं आते हैं। क्या उन्हें ऐसा करते समय जरा-सी भी दया या दर्द की अनुभूति नहीं होती? वैसे तो स्नान करते हैं, तिलक लगाते हैं, पूजा करते हैं और मंत्रों के साथ विधिवत् पत्थर की पूजाकर उस निष्प्राण मूर्ति के सामने ही एक जीवित जीव का गला काट देते हैं। खून की नदी चारों तरफ बह चलती है। इन हत्यारों को ही उच्च कुल का तथा पवित्र माना जाता है और सभा आदि में इनको ही श्रेष्ठ अधिकार सहित श्रेष्ठ स्थान दिया जाता है। इनसे ही सब शिक्षा-दीक्षा लेते हैं। मुझे तो यह सब देखकर हंसी आती है। मजे की बात है कि ये खुद हत्या करते-करवाते हैं और पाप से मुक्त होने का उपाय भी यही सुझाते हैं।

मैंने तो इन कर्म व कथन दोनों को ही परस्पर मिलाकर देखा है। यमराज नाम ही धोखा लगता है या यमराज के धोखे में ये सब उलझ पड़े हैं। गाय को जो मारता है उसे मुसलमान कहा जाता है, लेकिन उनसे क्या कम हत्यारे ब्राह्मण हैं। मुर्गी, बकरा, भैंसा क्या जीव नहीं हैं। जीव छोटा हो या बड़ा उसकी हत्या करना महापाप है। ब्राह्मण मुसलमान से कम पापी नहीं हैं।

कबीर कहते हैं कि सुनो हे संतों! इस कलियुग में जीव हत्या करने वाले जितने भी ब्राह्मण हैं, वे सब-के-सब खोटे हैं अर्थात् हिंसक, बर्बर, निर्दयी और महापापी हैं। वे ब्राह्मण हैं, इससे वे इस महापाप से मुक्त नहीं हो सकते।

राम तेरी माया दुन्द मचावै॥1॥
गति मति वाकी समुझि परे नाहिं। सुर नर मुनिहि नचावै॥2॥
क्या सेमर तेरी शाखा बढ़ाये। फूल अनुपम बानी॥3॥
के तेक चातृक लागि रहे हैं। देखत रुवा उड़ानी॥4॥
काह खजूर बड़ाई तेरी॥ फल कोई नहिं पावै॥5॥
ग्रीष्म ऋतु जब आनि तुलानी। तेरी छाया काम न आवै॥6॥
आपन चतुर और को सिखवै। कनक कामिनी सयानी॥7॥
कहहिं कबीर सुनो हो सन्तो। राम चरण ऋतु मानी॥8॥

हे राम! तुम्हारी माया चारों तरफ ऊधम मचा रही है। लोग तुम्हारी न तो गति को ही समझ पाते हैं और न ही तुम्हारी लीला को ही समझ पाते हैं। तुम्हारी माया सुर, नर, मुनि सबको ही अपने इशारों पर नचा रही है। सेमल वृक्ष की डालियां बड़ी हो गईं तो क्या हुआ, फूल भी उसके सुन्दर तो होते हैं, पर उनमें खुशबू तो नहीं होती है। पक्षी उसकी खूबसूरती देखकर मंडराते रहते हैं, फूल जब फल में परिवर्तित हो जाते हैं तब पक्षी बड़ी आशा के साथ चोंच मारते हैं, लेकिन रुई देखकर उड़ जाते हैं। उन्हें निराशा ही हाथ लगती है अर्थात् इस संसार से लोगों को निराशा ही मिलती है। खजूर का पेड़ बड़ा हुआ तो क्या हुआ, फल तो किसी को भी नहीं मिलता है। तपती गरमी में उसकी छाया भी किसी के काम नहीं आती है। खजूर के पेड़ की तरह ही दूसरों के काम न आने वाले व्यक्ति का क्या लाभ, जो धन और स्त्री-सुख को जमा करने में निपुण होते हैं और दूसरों को भी वैसा ही करने की सीख देते हैं।

कबीर कहते हैं कि हे संतों सुनो! जो व्यक्ति कामिनी व धन जमा करने के चक्कर में लगे रहते हैं, वे भी स्वयं को राम के चरणों का भक्त ही होने का दावा करते हैं, लेकिन क्या वे सही अर्थों में राम के भक्त होते हैं?

रामुरा संशय गांठि न छूटै। ताते पकरि-पकरि यम लूटै॥1॥
होय कुलीन मिस्कीन कहावै। तू योगी संन्यासी॥2॥
ज्ञानी गुणी सूर कवि दाता। ये मति किनहु न नासी॥3॥

सुमृति वेद पुराण पढ़ें सब। अनुभव भाव न दरसे॥4॥
लोह हिरण्य होय धौं कैसे। जो नहिं पारस परसे॥5॥
जियत न तरेउ मुये का तरिहो। जियतहि जो न तरै॥6॥
गहि परतीत कीन्ह जिन जासों। सोई तहां अमरे॥7॥
जो कुछ कियउ ज्ञान अज्ञाना। सोई समुझ सयाना॥8॥
कहां हे कबीर तासों क्या कहिये। जो देखत दृष्टि भुलाना॥9॥

हे प्राणी! तुम्हारे हाथ से संशय की गांठ नहीं छूट रही है, यही कारण है कि विषय-वासनाएं तुम्हें पकड़-पकड़कर लूट रही हैं। चाहे तुम कुलीन हो, अकुलीन हो, चाहे तुम योगी हो या सन्यासी हो, यानी, गुणी, सूर, कवि, दाता या कुछ भी हो, संशय पर विजय नहीं पा सके तो निर्भय होकर जी नहीं सकते। अपने आप को नहीं जानते तो वेद, पुराण सब पढ़ना व्यर्थ है। अनुभव से भाव दिखाई देना चाहिए। लोहा कितना भी अच्छा हो, पर पारस पत्थर के छुए बिना सोना नहीं बन सकता। जब जीवित रहने पर नहीं तरे तो मरने के बाद क्या तरोगे। जीवित अवस्था में ही सारे बंधनों और पापों से मुक्ति पा लो। जिसने भी पूरे यकीन के साथ अपने मन को प्रभु में लगाया, उसे मुक्ति अवश्य ही मिली।

कबीर कहते हैं कि तुम अपने ज्ञान-अज्ञान के बारे में सोचो और जो ऐसा सोचता है, वह चतुर-सयाना होता है। उसे क्या कहा जाए, जो सब देखकर भी भूल रहा है। उसे तो ज्ञानोपदेश देना भी व्यर्थ ही है।

रामहि गावै औरहि समझावै। हरि जाने बिनु बिकल फिरै॥1॥
जेहि मुख वेद गायत्री उचरै। ताके बचन संसार तरै॥2॥
जाके पांव जगत उठि लागे। सो ब्राह्मण जीव बद्ध करै॥3॥
आपन ऊंच नीच घर भोजन। घीन कर्म हठि वेद भरै॥4॥
ग्रहण-अमावस ढुकि-ढुकि मांगे। कर दीपक लिये कूप परै॥5॥
एकादशी व्रत नहिं जानै। भूत-प्रेम हठि हृदय धरै॥6॥
तजि कपूर गांठी विष बांधे। ज्ञान गवाये मुग्ध फिरै॥7॥
छीजै साहु चोर प्रतिपालै। सन्त जना की कूटि करै॥8॥
कहहिं कबीर जिभ्या के लम्पट। यहि विधि प्राणी नर्क परै॥9॥

जो राम नाम के महात्म्य को गाता फिरता है और दूसरों को भी उनके नाम की महिमा को समझाता है, वही राम के बारे में कुछ नहीं जानता है और व्याकुल है राम के भेद को जानने के लिए।

जिसके मुख से वेद, गायत्री-मंत्र निकलता है और जो अपने आशीर्वाद से संसार के लोगों को तारने वाला बना है। जिसके पांव को संसार छूता है, वह

ब्राह्मण जीव की हत्या करता है। जो ऊंच-नीच जाति वालों के घर अपने स्वार्थ के लिए भोजन करता है, इतना ही नहीं घृणित कर्म करता है और हठपूर्वक वध कर्म करता है। सूर्यग्रहण व चन्द्रग्रहण के समय घूम-घूमकर दान भी मांगता है, वह शास्त्र रूपी ज्ञान का दीपक हाथ में लेने के बाद भी नरक रूपी कुएं में गिर जाता है।

जो एकादशी व्रत तो करता है, लेकिन दश इंद्रियों और एक मन, इस एकादशी को नहीं जानता। भूत-प्रेम के अस्तित्व को जबरदस्ती स्वीकार करता है और दूसरों को भी स्वीकार करवाता है, ऐसा व्यक्ति ही तो कपूर यानी ईश्वर का त्यागकर अज्ञान यानी जहर को अपनी गांठ में बांध लेता है और ज्ञान को गंवाकर मोह माया के पीछे भागता रहता है। ज्ञान-तत्व और वेद के रास्ते का त्यागकर ऐसे लोग संतों एवं सज्जनों को कष्ट देते हैं। कबीर कहते हैं कि इस तरह के जीभ के लोभी ही नरक में जाते हैं।

राम गुण न्यारो न्यारो न्यारो।।1।।
अबुझा लोग कहां लों बूझै। बूझनहार विचारो।।2।।
केतेहि रामचन्द्र तपसी से। जिन्ह यह जग बिटमाया।।3।।
केतेहि कान्ह भये मुरलीधर। तिन्ह भी अन्त न पाया।।4।।
मच्छ कच्छ बराह स्वरूपी। बामन नाम धराया।।5।।
केतेहि बौद्ध निकलंकी कहिये। तिन्ह भी अन्त न पाया।।6।।
केतेहि सिद्ध साधक सन्यासी। जिन्ह बनवास बसाया।।7।।
केतेहि मुनिजन गोरख कहिये। तिन्ह भी अन्त न पाया।।8।।
जाकी गति ब्रह्मौ नहिं जानी। शिव सनकादिक हारे।।9।।
ताके गुण नर कैसेक पैहो। कहहिं कबीर पुकारे।।10।।

राम गुण न्यारा है। इसे अज्ञानी लोग नहीं समझ सकते हैं, समझने वाले विचार कर-करके हार गए। समझने वाला बस विचार-भर ही कर सकता है। अनेक अवतार हुए, जो ईश्वर होने के भ्रम में छले गए। अयोध्या पति रामचन्द्र को जो लोग समझते हैं कि वे ही ईश्वर हैं, वे राम की असलियत को नहीं जानते। ईश्वर के अंत को पाना कठिन है। मुरलीधर के समान कितने ही अवतार हुए, पर वे खुद भी ईश्वर को समझ नहीं सके। मत्स्य, कच्छप, वराह, वामन, बुद्ध, कल्कि जैसे अवतारी पुरुष भी ईश्वर का भेद नहीं पा सके। कितने ही साधु सन्यासी जंगल में कुटी बनाकर रहे, लेकिन वे भी ईश्वर को समझ नहीं सके। जिसकी गति ब्रह्मा, विष्णु, महेश, सिद्ध गोरखनाथ आदि शक्तियों ने नहीं जानी तो तुम क्या जानोगे। ईश्वर तो वह तत्व है, जिसे जितना भी जानो, कम ही है।

ये तत्तु राम जपो हो प्रानी। तुम बूझहु अकथ कहानी॥1॥
जागे भाव होत हरि ऊपर। जागत रैनि बिहानी॥2॥
डाइनि डारे स्वनहा डोरे। सिंह रहै बन घेरे॥3॥
पांच कुटुम मिलि जूझन लागे। बाजन बाहु घनेरे॥4॥
रेहु मृगा संशय बन हांके। पारथ बाणा मेलै॥5॥
सायर जरे सकल बन डाहे। मच्छ अहेरा खेलै॥6॥
कहिं कबीर सुनो हो सन्तो। जो यह पद अर्थावै॥7॥
जो यह पद को गाय विचारै॥ आप तरे औ तारै॥8॥

हे प्रानी! आत्म-स्वरूप राम का सुमिरन करो। तुम इस अवर्णनीय कहानी को समझो। ईश्वर से जिसका प्रेम होता है, वह रात-दिन जागता रहता है, माया उसे छू भी नहीं पाती। मन जब वश में होता है तब कामातुर कुत्तों को संयम की डोरी से बांध लेता है और हृदय रूपी वन में मन रूपी सिंह को अपने काबू में कर लेता है। उस समय पांच इंद्रिय रूपी परिजन आपस में झगड़ने लगते हैं, जैसे जंगल में बाजा बजवाकर शिकारी जंगली जीवों को पकड़ लेते हैं वैसे ही संन्यासी मन के दोषों व संशयों को ज्ञान के बाण चलाकर मार डालता है। फिर भवसागर तथा संशय का जंगल जल जाता है और मन रूपी मछली भावना रूपी जल में शेष मोह-कामना रूपी जीवों को खा जाती है। कबीर कहते हैं कि जो इस पद का अर्थ निकालेंगे वे खुद भी तर जाएंगे और दूसरों को भी भवसागर से उबार लेंगे।

राम न रमसि कौन डण्ड लागा। मरि जैबै का करिबे अभागा॥1॥
कोई तीरथ कोई मुण्डित केसा। पाखण्ड मन्त्र भरम उपदेसा॥2॥
विद्या वेद पढ़ि करे हंकारा। अन्तकाल मुख फांके छारा॥3॥
दुखित सुखित होय कुटुम जेवावै। मरणबार एकसर दुख पावै॥4॥
कहिं कबीर यह कलि है खोटी। जो रहै करवा सो निकरै टोटी॥5॥

जो प्राणी अगम-अगोचर राम में ध्यान नहीं लगाता है, उसे कौन-सा दण्ड मिला है। अरे भाग्यहीन! मर जाएगा तो क्या मुक्ति का उपाय कर सकेगा? मुक्ति के लिए तीरथ करता है, मुंडन करवाता है, मंत्र-तंत्र के चक्कर में पड़ा रहता है, उपदेश-प्रवचन सुनता है। वेद-शास्त्र पढ़कर अभिमान में डूबा रहता है और अंतकाल में बस पछतावा ही तेरे हाथ लगता है। दुःख-सुख सहकर परिवार के भरण-पोषण के लिए दिन-रात लगा रहता है, लेकिन मरते समय तू अकेला ही होता है और तुझे घोर कष्ट भोगना पड़ता है। कबीर कहते हैं कि यह सब बेकार है। माया-मोह के बंधन झूठे और खोखले हैं। जो लोटे में होगा वही तो उसकी टोंटी से निकलेगा अर्थात् जो तू करेगा, वही तो तुझे मिलेगा।

अवधू सो योगी गुरु मेरा। जो यह पद का करे निबेरा॥1॥
तरिवर एक मूल बिनु ठाढ़ा। बिनु फूले फल लागा॥2॥
शाखा पत्र किछू नहिं वाके। अष्ट गगन मुख गाजा॥3॥
पौ बिनु पत्र करह बिनु तुम्बा। बिनु जिभ्या गुण गावै॥4॥
गावनहार के रूप न रेखा। सतगुरु होय लखावै॥5॥
पन्छिक खोज मीन को मारग। कहैं कबीर दोउ भारी॥6॥
अपरम पार पार पुरुषोत्तम। मूरति की बलिहारी॥7॥

कबीर कहते हैं कि हे अवधू! जो भी मेरे इस पद का अर्थ लगा देगा वह मेरा गुरु हो जाएगा। एक ऐसा वृक्ष है जो बिना जड़ के खड़ा है और बिना फूल के फल उसमें लगे हुए हैं, शाखा, पत्ते कुछ भी नहीं हैं अर्थात् यह वृक्ष रीढ़ की हड्डी है, जिसमें बिना फूल के ही फल लगे हैं। अष्ट गगन मुख गाजा अर्थात् पौधे के बिना ही पत्ते हैं और डाली के बिना ही तुम्बा यानी खोपड़ी का अंदरूनी भाग है तथा जीभ न होने पर भी गुण गाया जा रहा है और गाने वाले का न तो रूप है न कोई चिन्ह है। कोई सद्गुरु ही इसकी पहचान करवा सकता है।

कबीर कहते हैं कि पक्षी और मछली के जाने के बाद उनका रास्ता नहीं देखा जा सकता क्योंकि वे अपना निशान तक भी नहीं छोड़ते। पुरुषोत्तम ब्रह्म का मार्ग विहंगम व मीन मार्ग है। कोई साधक ही उन रास्तों पर चलकर परमेश्वर तक पहुंच सकता है।

भाई रे नयन रसिक जो जागे॥1॥
पारब्रह्म अविगति अविनाशी। कैसहु कै मन लागे॥2॥
अमली लोग खुमारी तृष्णा। कतहु सन्तोष न पावै॥3॥
काम-क्रोध दोनों मतवाले। माया भरि-भरि आवै॥4॥
ब्रह्म कुलाल चढ़ाइनि भाठी। लै इन्द्री रस चाहै॥5॥
संगहि पोच है ज्ञान पुकारे। चतुरा होय सो पावै॥6॥
संकट सोच-पोच यह कलिमा। बहुतक व्याधि शरीरा॥7॥
जहां धीर गम्भीर अति निश्चल। तहां उठि मिलहु कबीरा॥8॥

हे भाई! ये जो नयन हैं, वे बड़े रसिक हैं। अगर ये जाग जाएं तो प्रभु का रास्ता ढूंढने में बड़ी मदद मिलेगी। विषय-भोगों में डूबे रहने वाले जो हैं, उन पर हर वक्त तृष्णा का नशा होता है। उन्हें कहीं भी सुख-संतोष नहीं मिलता है। काम व क्रोध दोनों ही मतवाले हाथी की तरह हैं, जो मोह-माया वश हरदम मन में बनते रहते हैं।

कई ब्रह्मवादी जो हैं, वे तो शराब बनाने वाले कलवार की तरह कल्पना की भट्टी में ब्रह्म ज्ञान की शराब बनाते हैं तथा इंद्रिय-सुख लेने की चाह रखते

हैं। वे अपने विषय भोगों की लालसा रखते हुए भी ज्ञान की बड़ी-बड़ी बातें करते हैं और स्वयं को भोग-मोक्ष साथ-साथ पाने वाला ज्ञानी एवं बुद्धिमान व्यक्ति मानते हैं। कबीर कहते हैं कि माया से ग्रसित इस संसार में संकट भी है और शरीर में बहुत-सी व्याधियां भी हैं। हे प्राणी! ज्ञान-तत्व को जानने वाले अच्छे गुरु की शरण में जाओगे, तभी तुम्हारा भला हो सकेगा, वरना यह जीवन व्यर्थ ही चला जाएगा। मानुष तन पाने का कोई लाभ तुम्हें नहीं होगा।

भाई रे दुई जगदीश जहां ते आया। कहु कौने बौराया।।1।।
अल्लाह राम करीमा केशव। हरि-हजरत नाम धराया।।2।।
गहना एक कनक ते गहना। यामें भाव न दूजा।।3।।
कहन सुनन को दुइ कर थापे। एक निमाज एक पूजा।।4।।
बोही महादेव वोही मुहम्मद। ब्रह्मा आदम कहिये।।5।।
को हिन्दू को तुरुक कहावै। एक जिमी पर रहिये।।6।।
वेद-कितेब पढ़ै वै कुतबा। वै मोलना वै पांडे।।7।।
बेगर-बेगर नाम धराये। एक मिट्टी के भांडे।।8।।
कहहिं कबीर वै दूनों भूले। रामहि किनहु न पाया।।9।।
ये खसी वै गाय कटावैं। बादिहि जन्म गमाया।।10।।

हे भाई! ये दो जगदीश्वर कहां से आ गए? अल्लाह, राम, करीम, केशव, हरि व हजरत आदि नामों से ईश्वरों का हुजूम, यह कैसा पागलपन है। एक स्वर्णधातु से कई तरह के गहने बनते हैं, लेकिन सब गहने स्वर्ण धातु के ही होते हैं, उनमें कोई दूसरी धातु नहीं होती है या कोई अंतर नहीं होता है। कहने-सुनने के लिए कोई नमाज तो कोई पूजा करता है, पर दोनों का भाव एक ही है।

कबीर कहते हैं कि जो महादेव व ब्रह्मा के प्रति आस्था रखते हैं, उन्हें मुहम्मद और आदम के प्रति भी वैसी ही निष्ठा और आस्था रखनी चाहिए। हिन्दू और मुसलमान एक ही जहान में रहते हैं तो फिर यह हिन्दू-मुसलमान का सवाल कैसा? वेद-शास्त्र जो पढ़ते हैं वे पंडित और जो कुरान शरीफ पढ़ते हैं वे मौलवी कहलाते हैं। एक ही मिट्टी से सब बने हैं और अलग-अलग नाम रखे हुए हैं। कबीर कहते हैं कि दोनों अपने मार्ग से भटक गए हैं। हिन्दू रहीम को नहीं मानते और मुसलमान राम को नहीं मानते क्योंकि हिन्दू मंदिरों में बकरे काटते हैं और मुसलमान खुदा के नाम पर गाय काटते हैं। ये दोनों ही महा अज्ञानी हैं और अज्ञानता वश अपना बेशकीमती जीवन यूं ही गंवा देते हैं।

हंसा प्यारे सरवर तजि कहां जाय।।1।।
जेहि सरवर बिच मोतिया चुगत होते। बहु विधि केलि कराय।।2।।
सुखे ताल पुरइनि जल छांड़े। कमल गये कुम्हिलाय।।3।।
कहहिं कबीर जो अबकी बिछुरे। बहुरि मिलो कब आय।।4।।

हे प्यारे हंसा! क्या तुमने कभी यह सोचा है कि इस शरीर को छोड़ने के बाद कहां जाओगे? जिस सरोवर रूपी देह में मोतियों को चुगते हो और नाना प्रकार की क्रीड़ा करते हो, इसका त्याग करने के बाद तुम्हारा क्या होगा, कभी सोचा है? ताल के सूखने पर पुरइन को जल छोड़ देता है और कमल सूख जाते हैं अर्थात् वृद्धावस्था आने पर देह रूपी सरोवर सूख जाता है और शरीर के सारे अंग अपनी आभा, चमक एवं चाल खो बैठते हैं। फिर ऐसे में क्या होगा? कबीर कहते हैं कि तुमने इस जन्म में सुमिरन को छोड़कर वासनाओं से नाता जोड़ लिया तो फिर देह का त्याग करने पर अब कब मनुष्य योनि में आओगे, कुछ कहा नहीं जा सकता।

यह अच्छा समय है, अपना अगला-पिछला सब सुधार-संवार लो। विषय-वासनाओं का त्यागकर प्रभु की शरण में आ जाओ, मुक्ति में ही गति है।

**हरि ठग ठगत सकल जग डोलै। गौन करत मोसे मुखहु न बोलै॥1॥
बालापन के मीत हमारे। हमिहं तजि कहां चलेउ सकारे॥2॥
तुमिहं पुरुष मैं नारि तुम्हारी। तुम्हारी चाल पाहनहु ते भारी॥3॥
माटि को देह पवन को शरीरा। हरिठग ठग सों डरें कबीरा॥4॥**

धर्म गुरु चारों तरफ टहलते फिरते हैं और जब किसी मुझ-जैसे विचारक से भेंट हो जाती है तो मुंह से बात करना भी ठीक नहीं समझते हैं। हे प्रभु! तुम तो बालपन यानी गर्भकाल से ही मेरे मीत हो और मुझे ही छोड़कर कहां चले गए। तुम पुरुष हो, मैं तुम्हारी नारी हूं। मुझे दर्शन दो अर्थात् आत्म-स्वरूप ज्ञान से हीन जीव, ईश्वर को ऐसे ही पुकारता है और याद करता है। पंच तत्वों से बनी देह में बंधा हुआ मनुष्य धार्मिक प्रवचन करने वालों से डरता है तथा हरि के नाम पर ठगने वालों के अनुसार चलता है। पूरा जीवन उसका यूं ही गुजर जाता है, लेकिन वह अपना विचार भी ठीक से प्रकट नहीं कर पाता। उसका उद्धार कभी नहीं हो पाता है।

**ऐसो हरि सो जगत लरतु है। पाण्डुर कतहूं गरुड़ धरतु है॥1॥
मूस-बिलाई कैसन हेतू। जम्बूक करै केहरि सों खेतू॥2॥
अचरज एक देखो संसारा। स्वनहा खेदै कुंजर असवरा॥3॥
कहिहं कबीर सुनो सन्तो भाई। इहै सन्धि काहु बिरलै पाई॥4॥**

कबीर कहते हैं कि सच्चे हरि स्वरूप भक्तों से लोग जलते हैं, लड़ते हैं और तर्क-कुतर्क करते हैं, किन्तु उन्हें नहीं पता कि साधारण सांप गरुड़ पक्षी को कभी पकड़ पाता है, चूहा बिल्ली को कभी मार सकता है, गीदड़ क्या कभी सिंह से झगड़ सकता है। सच तो यह है कि हरि स्वरूप सच्चे भक्तों का आम जन कुछ नहीं बिगाड़ सकते हैं।

कबीर समझाते हैं - एक और अचरज इस संसार में देखो - हाथी पर सवार व्यक्ति को कुत्ता भगा रहा है, पर इस भेद को कोई ज्ञानी-ध्यानी ही समझ सकता है - भला कुत्ता हाथी पर सवार व्यक्ति को कैसे भगा सकता है, सच को भला असत्य हरा सकता है।

न तो सत्य असत्य के सामने हार सकता है और न ही संत का कोई कुछ बिगाड़ सकता है। सच तो सच है।

पण्डित देखहू मन में जानी॥1॥
कहु धौं छूति कहां से उपजी। तबहिं छूति तुम मानी॥2॥
नादे बिन्दे रुधिर के संगे। घटहीं में घट सपचै॥3॥
अष्टकंवल होय पहुमी आया। छूति कहां ते उपजै॥4॥
लख चौरासी ना बहु बासन। सो सब सरि भौ माटी॥5॥
एकै पाट सकल बैठाये। छूति लेत धौं काकी॥6॥
छूतिहिं जेंवन छूतिहिं अंचवन। छूतिहिं जगत उपाया॥7॥
कहहिं कबीर ते छूति विवर्जित। जाके संग न माया॥8॥

हे पंडितों! मन में विचार करके देखो कि यह छूआछूत का मर्ज कहां से पैदा हुआ। जब यह नहीं देखा तो फिर तुमने ये बातें क्यों मान लीं? माता के रज, पिता के वीर्य और प्राणवायु को लेकर जीव शरीर धारण करता है। वह पेट में ही बढ़ता है; फिर पेट से धरती पर आता है। यह शरीर धारण करने की प्रक्रिया बहुत ही गंदी है, फिर भी छूआछूत को लेकर झगड़ा होता है।

कबीर समझाते हैं - लाखों शरीर मरकर माटी में खो गए, सड़-गल गए। एक ही धरती पर सब मनुष्य बैठे हुए हैं तो फिर किसको अपवित्र मानकर अछूत कहा जाए, तुम्हीं बोलो? कबीर कहते हैं कि ध्यान से देखोगे तो पाओगे-भोजन में भी छूत है, पानी में भी छूत है और यह छूत का ही परिणाम है कि आदमी संसार में उत्पन्न होता है। छूत से तो वही बचा हुआ है, जो मोह-माया के बंधनों से मुक्त है और कुवृत्तियों की जंजीर उसके पांवों में नहीं है, लेकिन ऐसा तो एक भी कोई नहीं है। अछूत एक रोग है, इससे बचो। संसार में कोई भी अछूत नहीं है।

पण्डित मिथ्या करहूं विचारा। ना वहां सृष्टि न सिरजन हारा॥1॥
थूल-अस्थूल पौन नहिं पावक। रवि शशि धरणि न नीरा॥2॥
ज्योति स्वरूप काल नहिं जहंवा। बचन न आहि शरीरा॥3॥
कर्म धर्म किछुवो नहिं उहंवा। ना वहां मन्त्र न पूजा॥4॥
संजम सहित भाव नहिं जहंवा। सो धौं एक कि दूजा॥5॥
गोरख राम एकौ नहिं उहंवा। ना वहां वेद विचारा॥6॥
हरिहर ब्रह्मा नहिं शिव शक्ति। तीर्थउ नाहिं अचारा॥7॥

माय बाप गुरु जहंवा नाहीं। सो धौं दूजा कि अकेला॥8॥
कहहिं कबीर जो अबकी बूझै। सोई गुरु हम चेला॥9॥

हे पंडितों! झूठा विचार क्यों करते हो। न तो वहां सृष्टि है और न ही सृष्टि को सृजन करने वाला ही है। वहां स्थूल-अस्थूल, पवन, अग्नि, सूर्य, चन्द्र, धरती और न पानी ही है अर्थात् वहां ऐसा कुछ भी नहीं है। वहां ज्योति स्वरूप, काल, वचन, शरीर, धर्म, कर्म, पूजा, मन्त्र आदि कुछ भी तो नहीं हैं, संयम सहित समाधि भी नहीं है। अब तुम्हीं कहो, वह एक है या दो है। गोरख और राम आदि अवतारी महापुरुष वहां नहीं हैं और वहां वेद-शास्त्र की बातें भी नहीं हैं। विष्णु, ब्रह्मा भी नहीं हैं और शिव की शक्ति भी वहां नहीं है। वहां पर तीर्थ और आचार भी नहीं हैं। मां, बाप, गुरु, भी वहां नहीं हैं। तुम्हीं कहो, वहां दूसरा कौन हो सकता है या वह अकेला है। कबीर कहते हैं, आज जो इस रहस्य को समझ ले, मैं उसी का चेला और वह मेरा गुरु।

बुझ बुझ पण्डित करहु विचारा। पुरुषा है कि नारी॥1॥
ब्राह्मण के घर ब्राह्मणी होती। योगी के घर चेली॥2॥
कलमा पढ़ि-पढ़ि भई तुरुकनी। कलि में रहत अकेली॥3॥
बर नहिं बरे ब्याह नहिं करे। पुत्र जन्मावनहारी॥4॥
कारे मूंड को एकहु न छांड़ी। अजहूं आदि कुमारी॥5॥
मैके रहै जाय नहिं ससुरे। साईं संग न सोवों॥6॥
कहैं कबीर मैं युग युग जीवों। जांति पांति कुल खोवों॥7॥

हे पंडितों! बूझो माया क्या है, पुरुष है या स्त्री? ब्राह्मण के घर जाकर ब्राह्मणी यानी उसकी छल बुद्धि बनी हुई है, जिससे वह स्वयं को श्रेष्ठ मानने लगा है। योगी के घर चेली बनकर उसे भी छलने लगी है, जिससे वह सबको भ्रमित करने लगा है। कलमा पढ़-पढ़कर मुसलमानी हो गयी और उद्धार का उपाय बताने लगी। कलि में रहत अकेली अर्थात् कलिकाल में मुसलमानों को ही रखना चाहती है। इसका कोई पति नहीं और किसी से विवाह नहीं करती यानी किसी एक की होकर नहीं रहती, लेकिन अनेक भ्रम रूपी पुत्रों को पैदा करती है। आजीवन कुंआरी होकर भी अनेक मूर्खों को अपने भ्रमजाल में फांसे रखती है। छल-प्रपंच रूपी मायके में ही रहती है और कभी भी ज्ञान रूपी ससुराल में नहीं जाती है। ज्ञानी ध्यानी के संग सोने से मना करती है अर्थात् वह ईश्वर के भक्तों के पास नहीं जाती है।

कबीर कहते हैं कि जो आत्म-स्वरूप प्रभु में लीन हो जाएगा, वह जाति-पांति से ऊपर उठकर मोक्ष प्राप्त कर लेगा।

को न मुवा कहो पण्डित जाना। सो समुझाय कहो मोहि सना॥1॥
मुये ब्रह्मा विष्णु महेशू। पार्वती सुत मुये गणेशू॥2॥
मूये चन्द्र मुये रवि शेषा। मुये हनुमत जिन्ह बांधल सेता॥3॥
मूये कृष्ण मुये कर्तारा। एक न मुवा जो सिर्जनहारा॥4॥
कहहिं कबीर मुवा नहिं सोई। जाको आवागवन न होइ॥5॥

हे पंडितों! यह बताओ, इस संसार में आकर कौन नहीं मरा है - ब्रह्मा, विष्णु, महेश, पार्वती सुत गणेश भी यहां आकर मरे। चन्द्रमा, सूर्य, हनुमंत और समुद्र पर पुल बांधने वाले राम भी नहीं रहे। कृष्ण और दक्ष प्रजापति भी मर गए, एक जो नहीं मरा, वह है सृष्टि का रचयिता पूर्ण ब्रह्म। कबीर कहते हैं कि वह नहीं मरा, जिसका आवागमन न हुआ अर्थात् जो जीवन-मरण से परे है, वही कभी मरता या जनमता नहीं है। ऐसा तो एक ही है और वह है अमर ज्योति पूर्ण ब्रह्म।

पण्डित देखहु हृदय विचारी। को पुरुषा को नारी॥1॥
सहज समाना घट घट बोलै। वाके चरित अनूपा॥2॥
वको नाम काह कहि लीजै। न वाके वर्ण न रूपा॥3॥
तैं मैं क्या करसी नर बौरे। क्या मेरा क्या तेरा॥4॥
राम खुदाय शक्ति शिव एकै। कहूं धौ काहि निहोरा॥5॥
वेद-पुराण किंतेब कुराना। नाना भांति बखाना॥6॥
हिन्दू तुरुक जैनि औ योगी। ये कल काहु न जाना॥7॥
छौ दर्शन में जो परवाना। तासु नाम मनमाना॥8॥
कहहिं कबीर हमहिं पै बौरे। ई सब खलक सयाना॥9॥

हे पंडितों! अपने हृदय में विचार करके देखो कि कौन पुरुष है और कौन स्त्री है। एक समान ही सबके हृदय में आत्मा का स्वरूप है, जिसका चरित्र विलक्षण है। अब तुम्हीं बताओ, उसे ब्राह्मण, क्षत्रिय, मुसलमान, जैनी किस नाम से पुकारा जाए, न तो उसका कोई वर्ण है और न कोई रूप ही है। हे पगले! तू-मैं क्या लगा रखा है। क्या तेरा, क्या मेरा है। राम, खुदा, शिव सब एक ही ब्रह्म के नाम हैं, एक आत्म-स्वरूप परमात्मा को ही विविध नामों से पुकारा गया है। वेद, पुराण, कुरान सबने बस अलग-अलग रूपों में उसकी प्रशंसा की है। हिन्दू, मुसलमान, जैनी और योगी उस चैतन्य प्रभु को नहीं जानते। योगी, संन्यासी, संत, दरवेश आदि मतों ने जो सत्य मान लिया, बस उसी का अपनी मर्जी से गुणगान कर रहे हैं। कबीर कहते हैं कि मैं तो इनके बीच पागल बन जाता हूं और ये सब सयाने और समझदार बन जाते हैं।

वै बिरवा चीन्है जो कोय। जरा-मरण रहित तन होय॥1॥
बिरवा एक सकल संसारा। पेड़ एक फूटल तिनि डारा॥2॥
मध्य की डारि चारी फल लागा। शाखा पत्र गिने को वाका॥3॥
बेलि एक त्रिभुवन लपटानी। बांधे ते छूटै नहिं ज्ञानी॥4॥
कहहिं कबीर हम जात पुकारा। पंडित होय सो लेय बिचारा॥5॥

इस संसार रूपी वृक्ष को जो पहचान जाता है, वह सब कुछ छोड़कर बुढ़ापा, मृत्यु और जन्म-मरण से मुक्ति पा लेता है। संसार रूपी इस पेड़ की यानी रज, सत, तम नाम की तीन डालियां हैं। बीच की डाली में धर्म, अर्थ, काम, मोक्ष ये चार फल लगे हैं। इस वृक्ष की शेष डालियों और पत्तों को कौन गिनें, गिनती करना कठिन है। इस वृक्ष में इच्छा रूपी एक लता है, जो तीनों लोकों में लिपट गई है। इसमें ज्ञानी-ध्यानी सब लिपटे पड़े हैं, जो लाख कोशिश करने के बाद भी खुद को छुड़ा नहीं पा रहे हैं।

कबीर कहते हैं कि मैं कहकर जा रहा हूं, जो ज्ञानी-ध्यानी पंडित होंगे वे इन बातों पर अवश्य ही ध्यान देंगे और अपने जन्म को सफल बना लेंगे।

नर को नहिं परतीत हमारी॥1॥
झूठा बनिज कियो झूठे सो। पूंजी सबन मिलि हारी॥2॥
षट दर्शन मिलि पन्थ चलायो। तिरदेवा अधिकारी॥3॥
राजा देश बड़ो परपंची। रैयत रहत उजारी॥
इत ते उत उत ते इत रहहु। यम की सांड़ सवारी॥5॥
ज्यों कपि डोर बांधु बाजीगर। अपनी खुशी परारी॥6॥
इहै पेड़ उत्पत्ति परलय का। विषया सबै विकारी॥7॥
जैसे श्वान अपावन राजी। त्यों लागी संसारी॥8॥
कहिं कबीर यह अद्बुद ज्ञाना। को मानै बात हमारी॥9॥
अहूं लेहु छुड़ाय काल सो। जो करै सुरति संभारी॥10॥

कबीर कहते हैं कि लोगों को मेरी बातों पर तनिक-सा भी यकीन नहीं है। वे तो झूठे व्यापारियों से झूठी सौदेबाजी कर अपनी सारी पूंजी गंवा बैठे हैं अर्थात् अपना ज्ञान रूपी खजाना विवेक के अभाव में हमेशा के लिए खो बैठे हैं। छ: मतों वाले लोगों ने मिलकर अपना-अपना पंथ चला रखा है और जहां तक त्रिदेवों का शासन है, वहीं तक उनका अधिकार है। ये जितने भी पंथ के अधिकारी हैं बड़े ही प्रपंची हैं और अपनी प्रजा को ही उजाड़ने में लगे हैं। प्रजा यानी जीव इधर-उधर घूम रहा है और ये स्वयं वासना रूपी सांड पर बैठे हैं। वासना-विकार के मोह में फंसा जीव तो उस बंदर की तरह नाच रहा है, जो बाजीगर के इशारे पर खुशी-खुशी डोर से बंधा नाचता रहता है। मनुष्य यानी जीव तो उस कुत्ते की तरह है, जो गंदी व सूखी हड्डी चूसकर तृप्त और

प्रसन्न रहता है। कबीर कहते हैं कि मेरी बातें लोगों को कोई अजूबा लगती हैं, इसीलिए ये लोग मेरी बातों पर विश्वास नहीं करते। मैं तो आज भी लोगों को भव बंधन से छुड़ा सकता हूं, अगर वे विषय-वासनाओं से दूर होकर मेरी बातों पर यकीन करने लगें।

माया महा ठगिनी हम जानी।।1।।
त्रिगुणी फांस लिये कर डोले। बोले मधुरी बानी।।2।।
केशव के कमला है बैठी। शिव के भवन भवानी।।3।।
पण्डा के मूरति है बैठी। तीरथ हूं में पानी।।4।।
योगी के योगिनि है बैठी। राजा के घर रानी।।5।।
काहू के हीरा है बैठी। काहू के कौड़ी कानी।।6।।
भक्ता के भक्तिनि है बैठी। ब्रह्मा के ब्रह्मानी।।7।।
कहहिं कबीर सुनो हो सन्तो। ई सब अकथ कहानी।।8।।

हे माया! तू महाठगिनी है, मुझे अच्छी तरह से पता है। त्रिगुणी फंदा हाथ में लिए डोलती फिरती है और मधुर वाणी में बोल-बोलकर प्राणी को फंसाती-उलझाती रहती है। केशव के घर में यह कमला, शिव के घर में भवानी बनकर बैठी हुई है। पंडा के घर में मूर्ति बनकर और तीर्थ स्थलों में पानी बनकर ठगती है। योगी के घर में योगिनी बनकर और राजा के घर रानी बनकर बैठी है। किसी के घर में हीरा बनकर बैठी है तो किसी के घर में कौड़ी बनकर बैठी है। भक्त के घर में भक्तिन बनकर बैठी है और ब्रह्मा के घर में ब्रह्माणी बनकर बैठी है। कबीर कहते हैं कि सुनो ऐ संतों! माया अवर्णनीय है। इसकी कहानी का कोई भी अंत नहीं है।

माया मोह मोहित कीन्हा। ताते ज्ञान रतन हरि लीन्हा।।1।।
जीवन ऐसो सपना जैसो। जीवन सपन समाना।।2।।
शब्द गुरु उपदेश दीन्हों। तैं छाडु परम निधाना।।3।।
ज्योति देखि पतंग हुलसै। पशू न पेखै आगि।।4।।
काल फांस नर मुग्ध न चेतहु। कनक कामिनी लागि।।5।।
शेख सैय्यद कितेब निरखें। सुमृति शास्त्र विचार।।6।।
सतगुरु के उपदेश बिनु तैं। जानि के जीव मार।।7।।
कर विचार विकार परिहरि। तरण तारण सोय।।8।।
कहहिं कबीर भगवन्त भजु नर। दुनिया और न कोय।।9।।

माया ने सबको स्वयं पर मोहित कर लिया है और सबका ज्ञान रूपी रत्न चुरा लिया है। जीवन तो स्वपन जैसा है और सद्गुरु ही ज्ञान का बोध करा सकते हैं अर्थात् माया-मोह के बंधनों से मुक्त सद्गुरु ही करा सकते हैं। ज्योति

यानी दीपक की लौ को देखकर पतंगे हंसते हुए जल जाते हैं, उन्हें उस आग में तनिक-सा भी अपना अहित नहीं दिखता है। माया रूपी फंदे पर मोहित मनुष्य, सब कुछ भूल गया है और धन व स्त्री पर आसक्त हो गया है। उसके आगे मौत की खाई है, यह भी नहीं सूझ रहा है।

शेख-मौलवी आदि इस्लामी किताबें देखकर और पंडित पुराण-शास्त्र बांचकर सोचते-विचारते हैं, पर तथ्यात्मक-ज्ञान के अभाव में ये जानबूझकर जीव हत्या कराते हैं। हे प्राणी! सोच-विचार करो और माया, मोह, हिंसा इनका परित्याग कर दो। सद्गुरु तुझे तारने के लिए तैयार हैं। कबीर कहते हैं कि हे मनुष्यों! भगवान का भजन करो। इस संसार में उनके सिवा तुम्हारा शुभचिंतक दूसरा कोई नहीं है।

मरिहो रे तन का लै करिहो। प्राण छुटे बाहर लै डरिहो॥1॥
काया बिगुर्चन अनबनि भांति कोइ जारे कोइ गाड़े माटी॥2॥
हिन्दू ले जारे तुरुक ले गाड़े। यहि बिधि अंत दुनों घर छाड़े॥3॥
कर्म फांस यम जाल पसारा। जम धीमर मछरी गहि मारा॥4॥
राम बिना नर होइहैं कैसा। बाट मांझ गोबरौरा जैसा॥5॥
कहिं कबीर पाछे पछतैहो। या घर से जब वा घर जैहो॥6॥

हे प्राणी! इस तन का क्या करोगे या इस शरीर पर क्या घमंड कर रहे हो, इसे तो एक दिन मर जाना ही है। प्राण छूटते ही यह शरीर घर से बाहर निकाल दिया जाएगा। यह माटी का शरीर क्षणभंगुर है, कब नष्ट हो जाए कोई नहीं जानता और मरने के बाद कोई जला देता है तो कोई माटी में गाड़ देता है। हिन्दू जलाते हैं और मुसलमान ले जाकर गाड़ देते हैं। इस प्रकार दोनों ही इस मृत शरीर का परित्याग कर देते हैं। जिस तरह से मछुवारा जाल फैलाकर मछलियों को फंसाता है, उसी तरह से मन रूपी यमराज जीव को माया के जाल में फंसाकर उलझा देता है, उसे कुछ सूझता ही नहीं है। राम की कृपा के बिना प्राणी का जीवन वैसा ही है जैसे गोबरैला का जीवन है, जो रास्ते में गोबर की ढेली लुढ़काते हुए चलता है और किसी के पांव पड़ते ही उसका प्राणांत हो जाता है।

कबीर कहते हैं कि बाद में पछताओगे जब इस घर से उस घर में यानी इस योनि से दूसरी योनि में जाओगे, फिर हाथ मलने के सिवा कुछ नहीं तुम्हारे रह जाएगा। गोबरैला की तरह राह चलते मरना नहीं चाहते हो तो हरिभजन में मन लगाओ।

योगिया के नगर बसी मति कोई। जो रे बसे योगिया होई॥1॥
ये योगिया के उलटा ज्ञान। काला चोला नहिं वाके म्यान॥2॥
प्रगट सो कंथा गुप्ता धारी। तामें मूल सजीवन भारी॥3॥

वो योगिया की मुक्ति जो बूझै। राम रमैं तेहि त्रिभुवन सूझै॥4॥
अमृत वेली छिन छिन पीवै। कहैं कबीर योगी युग युग जीवै॥5॥

हे प्राणी! योग की आड़ में सांसारिक सुखों की इच्छा रखने वाले इन योगियों की शरण में न जाओ। इनका ज्ञान, ज्ञान नहीं है। अगर तुम नहीं माने तो इनकी तरह ही अज्ञानी योगी बन जाओगे। इन योगियों का ज्ञान बिल्कुल ही उल्टा है। आत्म-ज्ञान की जगह ये इंद्रिय-सुखों की चाह रखते हैं अर्थात् इन योगियों की सोहबत में रहने वाले साधकों का भला नहीं होने वाला, ज्ञान की बजाय अज्ञान ही मिलेगा।

कबीर कहते हैं कि योगी कोई अन्य नहीं, यह जीव ही योगी है और यह शरीर गुफा या गुद्दी है तथा उसमें मूल सजीवन यानी आत्म-स्वरूप ज्योति जल रही है। जिस योगी या साधक को आत्म-स्वरूप का ज्ञान हो गया, समझो उसे मोक्ष प्राप्त हो गया। वह सदा त्रिभुवन के स्वामी राम में ही विचरण करता रहेगा।

कबीर कहते हैं कि वह सदा की आत्मचिंतन रूपी अमृत-रस का पान करता रहेगा और योगी युग-युग तक जीवित रहेगा यानी युगों-युगों तक उसका नाम इस धरती पर जिन्दा रहेगा।

जो पै बीज रूप भगवान। तो पण्डित का पूछो आन॥1॥
कहां मन कहां बुधि कहां हंकार। सत रज तम गुण तीन प्रकार॥2॥
विष अमृत फल फले अनेका। बहुधा वेद कहै तरबे का॥3॥
कहिं कबीर तै मैं क्या जान। को धौं छूटल को अरुझान॥4॥

हे पंडितों! सृष्टि का बीज-तत्व भगवान यानी ब्रह्म है तो तुम सब दूसरी बात क्यों पूछते हो? और मन, बुद्धि, अभिमान कहां हैं तथा सत, रज, तम ये तीनों गुण कहां से आ गए, क्यों पूछते हो? संसार रूपी परब्रह्म में ही विष-अमृत यानी पाप-पुण्य रूपी फल लगते हैं और संसार के दुःखों से मुक्ति पाने के बहुत-से उपाय वेद-शास्त्र बताते हैं। कहने का भाव है कि तरकर कहां जाना है और किससे तरना है?

कबीर कहते हैं कि एक संसार यानी एक ही सत्ता में हम सब ही रहते हैं और हम सबका एक ही ईश्वर है तो फिर कौन नास्तिक और कौन आस्तिक। ब्रह्म एक है, फिर झगड़ा तो होना ही नहीं चाहिए।

जस मास पशु की तस मास नरू की। रुधिर एक सारा जी॥1॥
पशु की मास भखें सब कोई नरहिं न भखें सब कोई॥2॥
ब्रह्म कुंलाल मेदनी भइया। उपजि विनशि कित गइया जी॥3॥
मास मछरिया तै पै खइया। ज्यों खेतन में बोइया जी॥4॥
माटी के करि देवी देवा। काटि-काटि जिव देइया जी॥5॥
जो तोहरा है सांचा देवा। खेत चरत क्यों न लेइया जी॥6॥

कहहिं कबीर सुनो हो सन्तो। राम नाम नित लेइया जी॥7॥
जो कछु किाहु जिभ्या के स्वारथ। बदला पराया देइया जी॥8॥

जैसा मांस पशु का होता है, वैसा ही मांस मनुष्य का भी होता है और खून में भी कोई अंतर नहीं है। पशुओं का मांस सभी खाते हैं, लेकिन आदमी का मांस कोई नहीं खाता है। घड़ा बनाने वाले कुम्हार को ब्रह्मा की उपमा दी जाती है, लेकिन वह भी पैदा होकर मृत्यु को प्राप्त कर गया। मांस-मछली ऐसे खा रहे हो जैसे खेतों में इनको बोया है। सबसे अफसोस की बात तो यह है कि मिट्टी के देवी-देवताओं को जीवों की बलि दे रहे हो, क्या तुम मनुष्य होकर इतने भ्रष्ट व क्रूर हो गए हो? अगर तुम्हारा मिट्टी व पत्थर का देव इतना ही सच्चा और परमशक्तिशाली है तो फिर खेत में चरते हुए पशुओं को क्यों नहीं खा लेता है।

कबीर कहते हैं कि हे संतों! मेरी बात ध्यान से सुनो। तुम राम का नाम रोजाना ही लिया करो। जो कुछ भी जीभ के स्वाद के लिए किया है अर्थात् जीवों को मारकर खाया है, उसके बदले में तुम्हें भी दण्ड भुगतना होगा। यह कटु सत्य है, इसमें लेशमात्र भी संशय नहीं है।

चलहु का टेढ़ो-टेढ़ो-टेढ़ो॥1॥
दशहूं द्वार नरक भरि बूड़े। तू गन्धी को बेड़ो॥2॥
फूटै नैन हृदय नहिं सूझे। मति एकौ नहीं जानी॥3॥
काम क्रोध तृष्णा के माते। बूड़ि मुये बिनु पानी॥4॥
जो जारे तन भस्म होय धुरि। गाड़े किरमिटी खाई॥5॥
सीकर श्वान काग का भोजन। तन की इहै बड़ाई॥6॥
चेति न देखु मुग्ध नर बौरे। तोहि ते काल न दूरी॥7॥
कोटिन यतन करो यह तन की। अन्त अवस्था धूरी॥8॥
बालू के घरवा में बैठे। चेतन नाहिं अयाना॥9॥
कहहिं कबीर एक राम भजे बिनु। बूड़े बहुत सयाना॥10॥

कबीर कहते हैं कि आड़े-तिरछे क्या चलते हो। दशहूं द्वार यानी जितनी भी इंद्रियां हैं; वे सभी नरक के द्वार हैं और असीमित तृष्णाओं से भरी पड़ी हैं। आंखें फूट गई हैं, हृदय में कुछ सूझ नहीं रहा है और बुद्धि भी नहीं है, फिर घमंड कैसा? काम, क्रोध, तृष्णा में लवलीन मनुष्य, बिना पानी के ही डूब मरता है। जिस शरीर पर तुम इतना इतरा रहे हो वह जला दिया जाता है और वह जलकर राख व धूल हो जाता है। अगर शव को गाड़ते हैं तो उसे कीड़े-मकोड़े खा जाते हैं और अगर जलाते या गाड़ते नहीं हैं तो सियार, कुत्ते, कौए आदि का भोजन हो जाता है, इस शरीर की यही गति है, फिर इस पर

घमंड कैसा? हे प्राणी! जरा ध्यान से देख और सावधान हो जा। मौत तेरे से दूर नहीं है। तू करोड़ों उपाय इस शरीर को बचाने के लिए कर ले, अंतत: इसे मिट्टी में ही मिलना है। तू बालू यानी रेत के घर में बैठा है। सावधान हो जा, रेत का यह घर कभी भी गिर सकता है।

कबीर आगे कहते हैं कि राम के भजे बिना बहुत सयाना भी भवसागर में डूब मरता है, सयानापन किसी काम नहीं आता है।

आपन पौ आपुहिं बिसरयो।।1।।
जैसे श्वान कांच मन्दिर में। भरमित भूसि मरयो।।2।।
ज्यों केहरि बपु निरखि कूप जल। प्रतिमा देख परयो।।3।।
वैसे ही गज फटिक शिला में। दशनन आनि अरयो।।4।।
मर्कट मूठि स्वाद नहिं बिहुरे। घर-घर रटत फिरयो।।5।।
कहिं कबीर ललनी के सुवना। तोहि कवने पकरयो।।6।।

मनुष्य अपने आत्म-स्वरूप को स्वयं ही भूल गया है, जैसे कुत्ता कांच के मंदिर में अपना ही चेहरा देखकर भौंकता हुआ मर जाता है। शेर अपनी छवि कुएं के जल में देखकर कूद मरता है। हाथी भी स्फटिक पत्थर पर अपनी प्रतिमा देखकर सिर पटक-पटककर मर जाता है। छोटे मुंह वाले बर्तन में रखे चने को अपनी मुट्ठी में लेकर खींचते-खींचते बंदर पकड़ा गया, लेकिन मुट्ठी खोलकर नहीं भागा। चने के लोभ में घर-घर नाच दिखाता फिरा। कबीर कहते हैं कि हे प्राणी! तुम्हें कोई नहीं पकड़ सकता, तुम तो अक्सर ही अपने लोभ के कारण पकड़े जाते हो और युगों-युगों तक नरक की यातना भोगते हो, लालच को छोड़कर स्वयं की पहचान करो, अपने आत्म स्वरूप को धारण करो।

आपन आश कीजै बहुतेरा। काहु न मर्म पावल हरि केरा।।1।।
इन्द्री कहां करे विश्रामा। सो कहां गये जो कहत होते रामा।।2।।
सो कहां गये जो होत सयाना। होय मृतक वह पदहि समाना।।3।।
रामानंद रामरस माते। कहिं कबीर हम कहि कहि थाके।।4।।

कबीर कहते हैं कि कोई भी हरि यानी ईश्वर का रहस्य नहीं जान सका है, यही सत्य है। ईश्वर को समझना आसान नहीं है। अपने आप पर भरोसा करो, वही तुम्हारा है। जो राम के भरोसे थे, उन्हें भी शांति नहीं मिली। शरीरधारी को इस धरती पर आराम नहीं मिलने वाला। वे कहां हैं; जो स्वयं को बहुत सयाना समझते थे? मृत्यु को प्राप्तकर वे भी नष्ट हो गए। काल्पनिक राम की आस में बैठे, क्यों जीवन यूं ही गंवा रहे हो। अपने आत्म-स्वरूप अर्थात् स्वयं को पहचानो।

कबीर कहते हैं कि मैं तो कह-कहकर थक गया कि साक्षात् रूप में कोई राम नहीं है, लेकिन मेरे गुरु रामानंद भी कहां माने। वह तो काल्पनिक राम के

रस में मस्त रहे और उन्हें मोक्ष नहीं मिला। कहने का भाव है कि आत्म-स्वरूप ही सबसे ऊपर है और इसी की पहचान करने में मुक्ति है।

बन्दे करिले आप निबेरा॥1॥
आपु जियत लखु आप ठौर करु। मुये कहां घर तेरा॥2॥
यह औसर नहिं चेतहु प्राणी। अन्त कोई नहिं तेरा॥3॥
कहहिं कबीर सुनो हो सन्तो। कठिन काल को घेरा॥4॥

कबीर कहते हैं कि हे बन्दे! अपनी मुक्ति का इंतजाम तू स्वयं कर ले अर्थात् तू अपने आपको पहचान ले, मुक्ति के लिए स्वयं की पहचान करना आवश्यक है। जिन्दा रहते ही आत्म-स्वरूप को देख ले और अपना ठिकाना भी निश्चित कर ले, मरने के बाद तेरा घर कहां होगा, इस पर विचार करना जरूरी है। इस समय तूने अपने आपको नहीं पहचाना तो फिर तेरा कहीं ठिकाना नहीं होगा। कबीर कहते हैं कि हे संतों! मैं जो कहता हूं, उसे ध्यान लगाकर सुनो - काल घेरा बहुत कठिन है। वह कभी भी हमला बोलकर प्राण शरीर से खींचकर ले जा सकता है, फिर तेरा कोई भी संगी-साथी नहीं होगा।

भूला बे अहमक नादाना। जिन्ह हरदम रामहिं ना जाना॥1॥
बरबस आनि के गाय पछारी। गरा काटि जिव आपु लिया॥2॥
जीयत जीव मुर्दा करि डारे। ताके कहत हलाल हुआ। 3॥
जाहि मांसु को पाक कहत हो। ताकी उत्पति सुन भाई॥4॥
रजो-बीर्य से मांस उपानी। सो मांस नपाकी तुम खाई॥5॥
अपनी देखि कहत नहिं अहमक। कहत हमारे बड़न किया॥6॥
उसकी खून तुम्हारी गर्दन। जिन्ह तुमको उपदेश दिया॥7॥
स्याही गई सफेदी आई। दिल सफेद अजहूं न हुआ॥8॥
रोजा बांग निमाज क्या कीजै। हुजरे भीतर पैठि मुवा॥9॥
पण्डित वेद पुराण पढ़ै सब। मुसलमान कुराना॥10॥
कहहिं कबीर दोउ गये नरक में। जिन्ह हरदम रामहिं ना जाना॥11॥

अरे बेरहमों! जिसने सभी जीवों को राम के रूप में नहीं जाना, वह अपना मानुष जन्म यूं ही गंवा रहा है। जबरन गाय को ले आए और उसका गला काट दिया। जीवित जीव को मार दिया और ऊपर से कहते हो कि हलाल हो गया। तुम्हें इस कुकृत्य पर शर्म नहीं आती? जिस के मांस को पवित्र कहते हो उसकी उत्पत्ति के बारे में नहीं जानते तो सुनो मूर्खों - अपवित्र रज और वीर्य के मेल से मांस बना है और उस अपवित्र मांस को तुमने खा लिया। अरे मूर्खों, जो तुम जघन्य अपराध करते हो, इसे अपवित्र और क्रूरता का काम क्यों नहीं कहते हो। अपने इस कुकर्म को ढांपने के लिए कहते हो कि हमारे बड़ों ने ऐसा ही किया था और यह उन्हीं का हुक्म है। जिन्होंने तुम्हें ऐसा उपदेश दिया

है, इसका दण्ड उन्हें भी भुगतना पड़ेगा और एक दिन तुम्हारी गर्दन पर भी चाकू चलेगा। तुम्हें भी एक दिन हलाल होना पड़ेगा। जवानी चली गई और बुढ़ापा आ गया, लेकिन दिल सफेद नहीं हुआ, पहले की तरह ही काला और मैला है, फिर रोजा रखने, बांग देने, नमाज पढ़ने से कोई भी लाभ नहीं। एकांत कक्ष में बैठकर आराधना-पूजा करने से क्या लाभ हुआ। कबीर कहते हैं कि पंडित वेद, पुराण पढ़ते हैं, मुसलमान कुरान पढ़ते हैं, लेकिन राम के स्वरूप को नहीं पहचान सके।

हिन्दू-मुसलमान दोनों ही नरक में जाएंगे और उन्हें वहां भी जगह नहीं मिलेगी।

भूला लोग कहैं घर मेरा।।1।।
जा घर में तू भूला डोले। सो घर नहीं तेरा।।2।।
हाथी घोड़ा बैल बाहना। संग्रह कियो घनेरा।।3।।
बस्ती मासे दियो खदेरा। जंगल कियो बसेरा।।4।।
गांठि बांधि खर्च नहिं पठयो। बहुरि न कीयो फेरा।।5।।
बीबी बाहर हरम महल में। बीच मियां का डेरा।।5।।
नौ मन सूत अरुझि नहिं सुरझे। जन्म-जन्म उरझेरा।।7।।
कहहिं कबीर सुनो हो सन्तो। यह पद का करहु निबेरा।।8।।

कबीर कहते हैं कि जो अज्ञानी हैं या जगत की रीति को नहीं जानते हैं, वे ही कहते हैं कि यह घर मेरा है। हे अज्ञानी! जिस घर में तू डोलता फिरता है, वह घर तेरा नहीं है। हाथी, घोड़ा, बैल, वाहन आदि का तूने संग्रह कर रखा है। एक दिन ऐसा भी आएगा कि प्राण छूट जाएगा और जिस घर को तू अपना समझ रहा था, उस घर से सब बाहर कर देंगे और जंगल यानी श्मशान ही तेरा घर बन जाएगा। फिर तेरा घर वालों से कोई लेना-देना नहीं रह जाएगा फिर तू यहां कभी न आ सकेगा। सारे रिश्ते-नाते भी तूने झूठे ही बनाए थे क्योंकि तूने ज्ञान रूपी पत्नी को घर से बाहर निकाल दिया था और अज्ञान रूपी वेश्या को घर में रखा था अर्थात् तूने संबंध भी गलत बना रखे थे, जिससे नौ मन सूत उलझता चला गया।

कहने का भाव है कि तूने बुद्धि से काम नहीं लिया। कबीर कहते हैं कि हे संतों! इस पद पर विचार करो और अपने ज्ञान-चक्षु को खोलो।

सुभागे केहि कारण लोभ लागे। रतन जन्म खोयो।।1।।
पूर्वल जन्म भूमि कारण। बीज काहेक बोयो।।2।।
बुन्द से जिन्ह पिण्ड संजोयो। अग्नि कुण्ड रहाया।।3।।
जब दश मास माता के गर्भे। बहुरि लागल माया।।4।।
बारहु ते पुनि वृद्ध हुआ। होनहार सो हुवा।।5।।

जब यम अइहैं बांधि चलैं हैं। नैनन भरि-भरि रोया॥6॥
जीवन की जनि आशा राखो। काल धरे हैं श्वासा॥7॥
बाजी है संसार कबीरा। चित चेति डारो पासा॥8॥

कबीर कहते हैं कि हे सुन्दर भाग्य वाले मानव! तुमने किसलिए माया के लोभ में पड़कर रत्न समान बहुमूल्य मानुष जन्म को गंवा दिया। पूर्वजन्म की तरह ही, फिर वासना का बीज क्यों बो रहा है अर्थात् पूर्व जन्म में जो गलती तूने की उसे इस जन्म में भी क्यों दोहरा रहा है? जिस एक बूंद (वीर्य) ने जीव को गर्भ में ले जाकर मनुष्य शरीर की रचना की और अग्नि कुण्ड यानी माता के गर्भ में पलकर दस महीने के बाद गर्भ से बाहर आया तो फिर उसी भव जाल में क्यों उलझता चला गया।

बच्चे से जवान हुआ, फिर वृद्ध हुआ। माया-मोह के बंधनों ने एक भी नेक कार्य नहीं करने दिया। जब राम आएगा और तुझे बांधकर ले चलेगा तब तू आंखों में आंसू भर-भरकर रोएगा। इस जीवन से आशाएं मत बांधो, पता नहीं कब काल सांस पकड़कर लिए चला जाए और माटी का शरीर माटी में मिल जाए। कबीर कहते हैं कि जिंदगी जुए का एक खेल है और सोच-समझकर पासा फेंको। इस खेल में तुम्हारी जीत तभी होगी जब सांसारिक बंधनों के प्रति अनासक्त होगे। इस खेल को जीतने की यह पहली और आखिरी शर्त है।

**सन्त महन्तो सुमिरो सोई। जो काल फांस ते बांचा होई॥1॥
दत्तात्रेय मर्म नहिं जाना। मिथ्या साधु भुलाना॥2॥
सलिल मथि घृतकै काढ़िन। ताहि समाधि समाना॥3॥
गोरख पवन राखि नाहिं जाना। योग युक्ति अनुमाना॥4॥
ऋद्धि सिद्धि संयम बहुतेरा। पारब्रह्म नहिं जाना॥5॥
वसिष्ठ श्रेष्ठ विद्या सम्पूरण। राम ऐसे शिष-शाखा॥6॥
जाहि राम को करता कहिये। तिनहुं को काल न राखा॥7॥
हिन्दू कहै हमहिं लै जारों। तुरुक कहैं हमारो पीर॥8॥
दोउ आय दीन में झगरैं। ठाढ़े देखैं हंस कबीर॥9॥**

हे संत-महंतों! उसका सुमिरन करो, जो काल के बंधनों से मुक्त है और अजन्मा, अखंड तथा अगम है। दत्तात्रेय ने इस मर्म को नहीं जाना और प्रपंचों में ही उलझे रह गए अर्थात् पानी को मथकर घी निकालने का नाकाम प्रयास करते रहे तथा कल्पना को सत्य मानकर उसी में समा गए, पाया कुछ भी नहीं। गुरु गोरखनाथ भी प्राणों को सुरक्षित रखने व खोज करने के बावजूद आत्मस्वरूप की पहचान नहीं कर सके। इतना ही नहीं गोरखनाथ ने तो योग की कई युक्तियां भी निकालीं, सिद्धि पाने के लिए कठिन योग भी किया, लेकिन परब्रह्म के स्वरूप को नहीं जान-समझ सके अर्थात् वह आत्म-स्वरूप

में विलीन नहीं हो सके। वशिष्ठ मुनि सारी विद्याओं के ज्ञाता थे और महापुरुष श्री राम के गुरु भी थे, वे भी माया से ऊपर उठकर आत्म-स्वरूप पर ब्रह्म को जान न सके। जिस राम को दुनिया जगपालनहार कहती है, वह भी काल के ग्रास बन गए यानी उन्हें भी शरीर का त्यागकर इस धरती से जाना पड़ गया।

कबीर कहते हैं कि हिन्दू कहते हैं कि शव को हम जलाएंगे और मुसलमान कहते हैं कि हमारे पीर का हुक्म है हम इसे दफनाएंगे। ये दोनों ही इस बात पर आए दिन झगड़ते रहते हैं और जो चतुर हैं तथा आत्म-स्वरूप को जानते हैं, वे तो बस चुपचाप सब देखते रहते हैं।

तन धरि सुखिया काहु न देखा। जो देखा सो दुखिया।।1।।
उदय अस्त की बात कहत हैं। सबका किया विवेका।।2।।
बाटे-बाटे सब कोई दुखिया। क्या गिरही बैरागी।।3।।
शुक्राचार्य दुख ही के कारण। गर्भहि माया त्यागी।।4।।
योगी-जंगम ते अति दुखिया। तापस के दुख दूना।।5।।
आशा-तृष्णा सब घट व्यापी। कोई महल नहिं सूना।।6।।
सांच कहौं। तो सब जग खीजै। झूठ कहा ना जाई।।7।।
कहहिं कबीर तेई भौ दुखिया। जिन्ह यह राह चलाई।।8।।

जिसने शरीर धारण किया है, वह सुखी नहीं है अर्थात् इस संसार में कोई भी मनुष्य सुखी नहीं है। जिसे देखा, उसे दु:खी ही देखा। मैं संसार के सभी प्राणियों की बात करता हूं और मैंने पूरे विवेक के साथ सबको देख लिया है। जगह-जगह लोग दु:खी हैं, गृहस्थ हों या बैरागी सब दु:खी हैं। महागुरु शुक्राचार्य संसार के दु:खों को देखकर गर्भ से बाहर आते ही सांसारिकता से बिल्कुल ही विरक्त हो गए। योगी और संन्यासी तो और भी ज्यादा दु:खी हैं और जो तपस्वी हैं उनका दु:ख दोगुना है। सब के हृदय में आशा-तृष्णा का वास है। कोई भी घर या कोई भी व्यक्ति इससे वंचित नहीं है। मैं सत्य बोलता हूं तो सारा संसार खीझ जाता है और मुझसे झूठ बोला नहीं जाता।

कबीर कहते हैं कि वे लोग भी दु:खी हैं, जिन्होंने परब्रह्म को आत्मा से हटकर माना और लोगों को भ्रमित कर परमात्मा से दूर रखा।

ता मन को चीन्हो मोरे भाई। तन छूटे मन कहां समाई।।1।।
सनक सनन्दन जैदेव नामा। भक्ति सही मन उनहुं न माना।।2।।
अम्बरीष प्रहलाद सुदामा। भक्ति हेतु मन उनहुं न जाना।।3।।
भरथरि गोरख गोपी चन्दा। ता मन मिलि-मिलि कियो अनन्दा।।4।।
जा मन को कोई जान न भेवा। ता मन मगन भये शुकदेवा।।5।।

शिव सनकादिक नारद शेषा। तनके भीतर मन उनहुं न पेखा॥6॥
एकल निरंजन सकल शरीरा। तामहं भ्रमि-भ्रमि रहल कबीरा॥7॥

हे मेरे भाई! उस मन को पहचानो, जो तुम्हारा रिश्ता संसार से जोड़ता है। जरा सोचो, तन के छूटने के बाद अर्थात् मौत के बाद मन कहां जाकर विलीन होगा। सनक, सनंदन, जयदेव, अंबरीष, प्रह्लाद, सुदामा आदि भक्तों ने भक्ति तो की, पर वे भी भक्ति के मर्म को जान नहीं सके। भृतहरि, गोरखनाथ, गोपीचन्द जैसे साधकों ने सांसारिक माया में डूबकर मन की सहायता से आनंद लिया, लेकिन मन शरीर के छूटने के बाद कहां जाएगा, इसके बारे में नहीं सोचा।

जिस मन को कोई भी जान न सका, उसी मन में शुकदेव भी मग्न हो गए। शिव, सनकादिक, नारद, शेष आदि भी आत्म-स्वरूप मन को पहचान न सके। कबीर कहते हैं कि एक मन ही प्रत्येक शरीर धारी के भीतर विद्यमान है और सभी जीव बस उसी के इर्द-गिर्द घूम रहे हैं, लेकिन उसके भेद को जान नहीं पा रहे हैं।

कहने का भाव है कि मन ही ईश्वर है और मन से बड़ा कोई नहीं है। अपने भीतर बैठे हुए आत्म-स्वरूप मन को पहचानो।

बाबू ऐसो है संसार तिहारो। इहै कलि ब्यौहारो॥1॥
को अब अनुख सहत प्रतिदिन को। नाहिन रहनि हमारो॥2॥
सुमृति सोहाय सबै कोइ जानै। हृदया तत्व न बूझै॥3॥
निर्जीव आगे सर्जीव थोपे। लोचन किछउ न सूझै॥4॥
तजि अमृत विष काहेक अंचवै। गांठी बांधिन खोटा॥5॥
चोरन दीन्हों पाट सिंहासन। साहुन से भौ ओटा॥6॥
कहहिं कबीर झूठे मिलि झूठा। ठग ही ठग ब्यौहारा॥7॥
तीनि लोक भरपूरि रहा है। नाहीं है पतियारा॥8॥

हे बाबू! तुम्हारा संसार बहुत ही न्यारा है। यहां तो केवल अनाचार का ही साम्राज्य है। अब कौन यहां रहकर प्रतिदिन की रंजिश-झगड़ा बरदाश्त करे। यह जगत मेरे रहने लायक नहीं है। शास्त्र-पुराणों की अनीतिपूर्ण बातें सबको अच्छी लगती हैं, लेकिन मन की बातों को कोई नहीं समझता। निर्जीव यानी पत्थर के देवी-देवताओं के आगे सजीव यानी पशु-पक्षियों की हत्या यहां सब करते हैं। सब यहां अपनी गांठ में सत्य को छोड़कर असत्य को बांध रहे हैं यानी अमृत को छोड़कर विषपान कर रहे हैं। चोरों को सिंहासन मिला हुआ है और साधु-संतों से लोग आंख बचाकर चल रहे हैं। कबीर कहते हैं कि झूठे लोगों से झूठे लोगों का और ठगों का ठगों से मेलजोल है। तीनों लोकों में ढूंढने पर भी सत्यवादी लोग नहीं दिखते हैं।

कहने का भाव है कि यह संसार झूठे लोगों का डेरा बन गया है। यहां उनका ही साम्राज्य है।

कहो हो निरंजन कौने बानी।।1।।
हाथ पांव मुख श्रवण जिभ्या नहिं। का कहि जपहु हो प्राणी।।2।।
ज्योतिहि ज्योति-ज्योति जो कहिये। ज्योति कौन सहिदानी।।3।।
ज्योतिहि ज्योति ज्योति दै मारी। तब कहु ज्योति कहां समानी।।4।।
चार वेद ब्रह्मा जो कहिया। उनहुं न या गति जानी।।5।।
कहहिं कबीर सुनो हो सन्तो। बूझो पण्डित ज्ञानी।।6।।

निराकार ब्रह्म कैसा है? कोई कहता है उसके हाथ, पांव, मुख, कान, जीभ कुछ भी नहीं है। तुम फिर क्या कहकर उसका नाम लेते हो? अगर तुम कहोगे कि वह ज्योति के रूप में है और चांद, सितारे, सूर्य सब निराकार ब्रह्म के कारण ही चमक रहे हैं तो ये तो सबको नजर आते हैं, पर तुम्हारा वह ब्रह्म कौन-सा है? यदि ज्योति स्वरूप वह है तो वह कौन-सी ज्योति के रूप में है, क्या तुम्हें उसकी पहचान है? जब तुम कहते हो कि सभी ज्योतियां या ब्रह्मांड का सब कुछ प्रलय के वक्त ब्रह्म में विलीन हो जाता है तो फिर ये मिट जाने वाली ज्योतियां तुम्हारी मनगढंत ब्रह्म-ज्योति में कैसे विलीन होंगी अर्थात् सब ढोंग-प्रपंच है।

कबीर कहते हैं कि ब्रह्मा जी ने चारों वेदों की रचना की, जब वह ब्रह्म को जान न सके तो फिर किसी को क्या कहें। हे संतों, तुम ब्रह्म को समझने का प्रयास करो। मनगढ़ंत झूठे ब्रह्म के फेर में यह मानुष जन्म यूं ही न गंवाओ।

काको रोवों गैल बहुतेरा। बहुतक मुवल फिरल नहिं फेरा।।1।।
जब हम रोया तब तुम न सम्हारा। गर्भवास की बात बिचारा।।2।।
अब तैं रोया क्या तैं पाया।। केहि कारण अब मोहिं रोवाया।।3।।
कहहिं कबीर सुनो सन्तो भाई। काल के बसी परो मति कोई।।4।।

किस-किस के लिए रोएं, बहुत-से लोग मेरे सामने ही मर गए और सदा के लिए इस संसार से चले गए। बहुत-से मरे और वे दोबारा वापस नहीं आए। हे प्राणी! जब मैंने तुझे बहुत समझाया, तब माया के वशीभूत होकर तूने मेरी बात नहीं सुनी और ऐसा कर्म किया कि तुम पुन: गर्भ में आ गए। तुम्हारा बुढ़ापा आ गया, शरीर दुर्बल और रुग्ण हो गया तब तू व्यर्थ में ही बैठकर रो रहा है, रो-धोकर अब मुझे क्यों रुला रहा है, अब कोई फायदा नहीं होने वाला। कबीर कहते हैं कि सुनो हे संतों! काल के चक्कर में कोई भी न पड़ो। यहां जो है, उसे नष्ट होना ही है।

अब कहां चलेउ अकेले मीता। उठहु न करहु घरहु की चिन्ता।।1।।
खीर खांड घृत पिण्ड संवारा। सो तन लै बाहर कै डारा।।2।।

जो शिर रचि-रचि बांधहु पागा। सो शिर रतन बिडारत कागा॥3॥
हाड़ जरे जस जंगल लकड़ी। केश जरै जस घास की पूली॥4॥
आवत संग न जात संगाती। काह भये दल बांधल हाथी॥5॥
माया के रस लेइ न पाया। अन्तर यम बिलारि होइ धाया॥6॥
कहहिं कबीर नर अजहु न जागा। यम का मुगदर मांझ शिरलागा॥7॥

हे दंभी मनुष्य! अब अकेले-अकेले कहां चल दिया? उठ, घर की चिन्ता कर। खीर, खांड, घी आदि खाकर जिस शरीर को संवारा था, उस शरीर को घरवालों ने बाहर ले जाकर डाल दिया है, जिस सिर पर बड़े गुमान से तू पगड़ी बांधा करता था, उस रत्न समान सिर को कौवे चोंच मार-मारकर खा रहे हैं और तेरे शरीर की हड्डियां यूं जल रही हैं, जैसे जंगल की लकड़ियां जलती हैं और सिर के बाल ऐसे जल रहे हैं जैसे घास की पूली जलती है। न तो आते समय कुछ लेकर आया था और न जाते समय कुछ लेकर जा रहा है। कोई संगी-साथी भी तेरे साथ नहीं जा रहे। हाथी, घोड़ा, फौज आदि सब इकट्ठा किया था, उसका कोई तुम्हें लाभ हुआ? तू तो माया यानी अपनी इच्छाओं को ठीक से पूरा भी नहीं कर पाया, तभी तुझे यम रूपी बिल्ली ने दौड़कर झपट लिया। तू क्यों नहीं समझा कि तुम काल के सामने तू एक चूहे के बराबर ही है।

कबीर कहते हैं कि इतना सब कुछ देखने के बाद भी मनुष्य नहीं जागता यानी नहीं संभलता, तब तक यम का मुगदर उसके सिर पर आकर लग जाता है।

कहने का भाव है कि मनुष्य सब कुछ देखता है, लेकिन आंख बंदकर लेता है और इस भ्रम में जीता है कि मौत उसकी अभी नहीं होने वाली, लेकिन उसे कल के बारे में क्या पता, मौत तो दबे पांव आती है और ढोल बजाकर प्राण लिए चली जाती है।

**हो दारी के लै देऊं तोहि गारी। तैं समुझि सुपन्थ बिचारी॥1॥
घरहुक नाह जो अपना। तिनहुं से भेंट न सपना॥2॥
ब्राह्मण-क्षत्री बानी। तिनहुं कहल नहिं मानी॥3॥
योगी-जंगम जेते। आपु गहे हैं तेते॥4॥
कहहिं कबीर एक योगी। वो तो भरमि-भरमि भौ भोगी॥5॥**

जो भी लोग माया के वशीभूत हैं; मैं उन्हें गाली देता हूं। तुम सब समझो और सुपन्थ यानी ज्ञान का रास्ता अपना लो। जो तुम्हारे शरीर रूपी घर का स्वामी है, उससे सपने में भी तुम कभी नहीं मिले अर्थात् अपने आत्म-स्वरूप को कभी नहीं पहचान सके। आत्म-चिंतन भी कभी नहीं किया। ब्राह्मण, क्षत्रिय, बनिया सब अपने शरीर के अभिमान में अंधे होकर आत्म-स्वरूप से दूर हैं। उन्होंने सत्य-मार्ग को नहीं अपनाया। योगी-हठयोगी भी अपने-अपने मतों के साथ जी रहे हैं। उन्हें भी आत्म-स्वरूप का ज्ञान नहीं है।

कबीर कहते हैं कि योगी भी भटककर सांसारिक भोगों को भोगने लगे हैं। हृदय में ही आत्म-स्वरूप परमात्मा का वास है, कोई भी इस सत्य को नहीं समझ रहा।

लोगा तुमहीं मति के भोरा।।1।।
ज्यों पानी-पानी मिलि गयऊ। त्यों धुरि मिला कबीरा।।2।।
जो मैथिल को सांचा ब्यास। तोहर मरण होय मगहर पास।।3।।
मगहर मरै, मरै नहिं पावै। अन्तै मरे तो राम लजावै।।4।।
मगहर मरै सो गदहा होय। भल परतीत राम सो खोय।।5।।
क्या काशी क्या मगहर ऊसर। जो पै हृदय राम बसै मोरा।।6।।
जो काशी तन तजै कबीरा।। तो रामहि कहु कौन निहोरा।।7।।

कबीर कहते हैं कि हे मानव! तुम मन के बहुत ही भोले हो, जैसे पानी में पानी मिल जाता है वैसे ही धूल-में-धूल मिल जाती है। जो तुम मिथिला के सच्चे व्यास हो अर्थात् सच्चे ब्राह्मण हो तो तुम्हें मगहर में ही मरना चाहिए। मगहर में मरने वाला ईश्वर को प्राप्त नहीं करता और इस अंधविश्वास के कारण कोई इधर-उधर भटकता है और मगहर से कहीं दूर जाकर मरता है तो वह अपने आत्म-स्वरूप राम को शर्मिंदा ही करता है अर्थात् उसे स्वयं के कर्मों पर भरोसा नहीं, तभी वह ऐसा सोचता है या उसे अपने राम पर विश्वास नहीं कि वह मुक्ति दिला पाएंगे।

लोग कहते हैं कि मगहर में जो मरता है, वह गधा होता है, इसका मतलब उन्होंने राम-भक्ति पर से भरोसा खो दिया है।

कबीर कहते हैं कि मैं इन बातों में यकीन नहीं करता। मुझे तो अपने राम पर भरोसा है। जब मेरे हृदय में राम का बसेरा है तब क्या पवित्र काशी और क्या बंजर मगहर, दोनों एकसमान हैं। अगर मुझे मुक्ति के लिए काशी में शरीर का त्याग करना पड़े तो आत्म-स्वरूप राम का निहोरा करने का क्या लाभ अर्थात् मनुष्य आत्म ज्ञानी है, उसका आत्मा, राम से साक्षात्कार हो गया है तो वह कहीं भी मरे कोई फर्क नहीं पड़ता।

कैसे तरो नाथ कैसे तरो, अब बहु कुटिल भरो।
कैसी तेरी सेवा पूजा कैसे तेरो ध्यान
ऊपर उजल देखो बगु अनुमान।
भाव तो भुजंग देखो अति बिबिचारी।
सुरति सचान तेरी मति तो मंजारी।
अति रे विरोधी देखो अति रे सयाना
छौ दर्शन देखो भेष लपटाना
कहहिं कबीर सुनो नर बन्दा।
डाइनि डिम्भ सकल जग खन्दा।।

महंतों, मठाधीशों, विद्वानों, संतों, योगियों - जितने भी तुम सब स्वयं को धर्म के ठेकेदार मानते हो, तुम्हारा उद्धार कैसे होगा? तुम सबके अंदर बहुत ही कुटिलता भरी है। तुम सबकी कैसी सेवा पूजा है और कैसा ध्यान योग है, बाहर से देखने में तो सत्य के पुजारी लगते हो और अंदर बगुले की तरह घात लगाकर बैठे हो कि कब मौका मिले और किसी की जेब कतर लें। तुम सबका भाव सांप के विष के समान ही विषैला है और विवेकहीन होकर गलत रास्ते पर चल रहे हो। सोच, बाज पक्षी की तरह खतरनाक है और चाल बिल्ली की तरह खूंखार है। अति विरोधी को भी देखा और अति सयाने को भी देखा। छ: दर्शन को मानने वालों को देखा अर्थात् कहने को तो ये सब संत, स्वामी, महंत हैं, पर एक-दूसरे के विचारों को स्वयं ही काटते हैं। सयाने बनते हैं और आत्माराम से दूर हैं।

कबीर कहते हैं कि सुनो हे बंदों! इस डायन रूपी माया और दंभ ने सारे संसार को ग्रस लिया है। महंत हों, संत हों या स्वामी सब में ही वैचारिक विरोधाभास है।

सब आत्म स्वरूप परमात्मा से दूर हैं।

ये भ्रम भूत सकल जग खाया। जिन-जिन पूजा ते जहंड़ाया॥1॥
अण्ड न पिण्ड न प्राण न देही। कोटि कोटि जिव कौतुक देही॥2॥
बकरी-मुरगी कीन्हेउ छेवा। आगल जन्म उन्ह औसर लेवा॥3॥
कहहिं कबीर सुनो नर लोई। भुतवा के पुजले भुतवा होई॥4॥

भूत-प्रेत मानव-मन का भ्रम है, पूरा संसार इसी भूत-प्रेत के भ्रम में उलझा हुआ है। जिन-जिन लोगों ने भूत-प्रेत को पूजा है, उन्होंने स्वयं को छला है। भूत-प्रेत का न तो शरीर है और न ही अण्ड यानी अस्तित्व ही है और न ही प्राण है। यह सिर्फ मन का भ्रम है। करोड़ों मनुष्य इस भ्रम में अज्ञानवश अपना समय व्यर्थ गंवा रहे हैं। काल्पनिक देवी-देवता, भैरव, भूत, प्रेतादि को प्रसन्न करने के लिए बकरी-मुर्गी तथा दूसरे जीवों की बलि देना मूर्खता ही नहीं, पाप भी है। दूसरे जन्म में इस मूर्खता पूर्ण व्यवहार का दण्ड अवश्य ही भुगतना पड़ेगा।

कबीर कहते हैं कि सभी ध्यान लगाकर सुनो! भूत-प्रेतादि की पूजा करने या उनके नाम पर जीवों की बलि देने से तुम सब भूत-भ्रम में पड़कर भ्रमित अवश्य ही हो जाओगे और यह मनुष्य जन्म व्यर्थ में ही गंवा दोगे।

भंवर उड़े बग बैठे आई। रैन गई दिवसो चलि जाई॥1॥
हल-हल कांपे बाला जीव। ना जानों का करिहैं पीव॥2॥
कांचे बासन टिके न पानी। उड़ि गये हंस काया कुम्हिलानी॥3॥
काग उड़ावत भुजा पिरानी। कहहिं कबीर यह कथा सिरानी॥4॥

काले भंवरे उड़ गए और सफेद बगुले आ गए अर्थात् जवानी चली गई और बुढ़ापा आ गया। रात ढल गई और दिन आ गया अर्थात् उम्र ढल गई और रोज-के-रोज ढलती ही जा रही है। मनुष्य अपने कर्मों को याद कर थर-थर कांप रहा है कि उन्हें भोगना पड़ेगा। पता नहीं 'का करिहैं पीव' अर्थात् परमात्मा क्या सजा देंगे।

कच्ची मिट्टी के पात्र में पानी नहीं ठहरता है। यह शरीर भी तो कच्ची मिट्टी का ही बना है। प्राण पखेरू शरीर से निकल गए और शरीर निर्जीव, निस्तेज पड़ा रह गया।

कबीर कहते हैं कि इंसान पूरी उम्र कौआ उड़ाता ही रह जाता है अर्थात् भोग-विलास की इच्छा में भागता रहता है और यही करते-करते बूढ़ा हो जाता है, फिर एक दिन उसके शरीर से प्राण निकल जाते हैं। यह कोई नई बात नहीं है, यह कथा तो बहुत पुरानी है।

कहने का भाव है कि विषय-वासनाओं के सुख में मनुष्य आत्म-स्वरूप को पहचान ही नहीं पाता है और मृत्यु आकर दस्तक दे देती है।

खसम बिनु तेली को बैल भयौ ॥1॥
बैठत नाहिं साधु की संगत। नाधे जन्म गयो॥2॥
बहि-बहि मरहु पचहु निज स्वारथ। यम को दण्ड सह्यो॥3॥
धन दारा सुत राज काज हित। माथे भार गह्यो॥4॥
खसमहि छांड़ि विषय रंग राते। पाप के बीज बयो॥5॥
झूठी मुक्ति नर आश जीवन की। उन्ह प्रेत को जूंठ खयो॥6॥
लख चौरासी जीव जन्तु में। सायर जात बह्यो॥7॥
कहिं कबीर सुनो हो सन्तो। उन श्वान को पूंछ गह्यो॥8॥

मनुष्य भी जाने कैसा प्राणी है। दिमाग है, पर उस दिमाग की सुनता नहीं है। तेली के बैल की तरह कोल्हू में जुता हर पल चलता ही रहता है। ऐसा वह इसलिए करता है क्योंकि अपने आत्म-स्वरूप ब्रह्म का बोध उसे नहीं है। संत-साधुओं के सत्संग में भी नहीं उठता-बैठता है, व्यर्थ में ही इस जन्म को गंवा देता है। अपने व्यक्तिगत स्वार्थ के कारण कठोर परिश्रम करने के बाद भी मृत्यु को प्राप्त करता है, ऊपर से यम का दण्ड भी सहता है। धन, पत्नी, पुत्र और व्यवस्था के भले के लिए सिर पर बोझ ढोता रहता है। अपने आत्म-स्वरूप प्रभु को छोड़ विषय-वासनाओं के आनंद में खोया रहता है और खुद के लिए पाप के बीज बोता है। मुक्ति की झूठी आशा में प्रेत यानी अभक्ष्य जीव का जूठन भी खा जाता है। यही कारण है कि चौरासी लाख योनि रूपी सागर में जीव डूबते-उतराते हुए बहे जा रहे हैं।

कबीर कहते हैं कि सुनो हे संतो! लोग कुत्ते की दुम थामकर भव सागर

से पार उतरना चाहते हैं, भला ऐसा हुआ है जो होगा।

**लोग बोले दूरि गये कबीर। ये मति कोई कोइ-कोइ जानेगा धीर॥1॥
दशरथ सुत तिहुं लोकहि जाना। राम नाम का मर्म है आना॥2॥
जेहि जिव जानि परा जस लेखा। रजु का कहै उरग सम पेखा॥3॥
यद्यपि फल उत्तम गुण जाना। हरि छोड़ि मन मुक्ति उनमाना॥4॥
हरि अधार जस मीनहि नीरा॥ औरु जतन कछुं कहैं कबीरा॥5॥**

लोग बोलते हैं कि कबीर दूर चले गए, लेकिन इसका भेद किसी-किसी को ही मालूम होगा, दूर का मतलब सांसारिक माया से वापस आकर आत्म-स्वरूप में घुल-मिल जाना है। दशरथ पुत्र राम को तो संसार के लोग जगत का पालनकर्ता और ईश्वर मानते हैं। उसकी पूजा भी करते हैं, लेकिन जो पूजनीय है, वह तो आत्म स्वरूप चैतन्य ईश्वर ही है। जो प्राणी जैसा जानेगा, वैसा ही तो देखेगा। लोग तो रस्सी को सांप के रूप में मान लेते हैं। इसमें शक नहीं कि दशरथ पुत्र राम अच्छे गुणों वाले थे, लेकिन क्या यह सोचकर अपने आत्म-स्वरूप चैतन्य प्रभु को छोड़कर काल्पनिक राम में मन लगाने से मुक्ति मिलना संभव है?

कबीर कहते हैं कि मोक्ष पाना ही है तो पानी और मछली की तरह लगातार आत्म-स्वरूप अगम, अगोचर और अजन्मे प्रभु को मन में बसाना आवश्यक है।

**आपन कर्म न मेटो जाई॥1॥
कर्म का लिखा मिट धों कैसे। जो युग कोटि सिराई॥2॥
गुरु वशिष्ठ मिलि लगन सुधायो। सूर्य मन्त्र एक दीन्हा॥3॥
जो सीता रघुनाथ बिवाही। पल एक संच न कीन्हा॥4॥
तीन लोक के कर्ता कहिये। बालि बधो बरियाई॥5॥
एक समय ऐसी बनि आई। उनहूं औसर पाई॥6॥
नारद मुनि को बदन छिपायो। कीन्हों कपि को स्वरूपा॥7॥
शिशुपाल की भुजा उपारी। आपु भये हरि ठूठा॥8॥
पार्वती को बांझ न कहिये। ईश्वर न कहिये भिखारी॥9॥
कहहिं कबीर कर्ता की बातें। कर्म की बात निनारी॥10॥**

हे प्राणी! अपना किया हुआ मिटता नहीं है, कर्म का फल भोगना ही पड़ता है। कर्म-फल को भला कौन मिटा सकता है। कर्म का लिखा बिना भोगे कैसे मिटेगा, भोगना तुम्हें ही है। गुरु वशिष्ठ जैसे महर्षि ने राम-सीता के विवाह की लग्न बनाई थी। वशिष्ठ ने राम को एक सूर्य मन्त्र भी दिया था। जब सीता का विवाह राम से हुआ तब एक पल भी दोनों आराम से नहीं रहे। राम को लोग तीनों लोकों का स्वामी कहते थे। तीन लोकों के उस स्वामी राम ने

बाली को पेड़ की ओट से धोखे से मारा। एक समय ऐसा भी आया कि श्री कृष्णावतार में बहेलिए ने धोखे से उनको मार दिया।

स्त्री-मोह से नारदमुनि को बाहर लाने के लिए वानर का रूप दे दिया और नारद के श्राप के कारण रामावतार में स्त्री-मोह के कारण जंगल-जंगल भटकते फिरे। बंदर का रूप देकर नारद मुनि का मजाक बनाया था और एक दिन बंदरों की मदद से ही उन्होंने लंका पर विजय हासिल की थी।

कहने का भाव है जिस राम या कृष्ण को तुम सब अवतारी मानते हो, क्या सही अर्थों में अवतारी थे?

श्रीकृष्ण ने शिशुपाल की भुजा उखाड़ दी तो उन्हें भी इसकी सजा मिली और उनकी भुजा भी टूंठ यानी बेकार हो गयी। पार्वती भी तो बांझ ही थीं, क्योंकि उन्होंने कार्तिकेय और गणेश को स्वयं नहीं जना था। शिव को ईश्वर कैसे कहा जाए, वह तो भिखारी थे, भीख मांगकर खाते थे।

कबीर कहते हैं कि कर्ता की और कर्म की बातें न्यारी हैं।

कहने का भाव है कि कर्ता हो या अवतारी पुरुष हो कर्म-फल सबको ही भोगना पड़ता है। देवता, दानव, किन्नर, यक्ष, मानव, सबको ही कर्मफल चखना पड़ता है। बिना कर्म फल भोगे जीव को मुक्ति मिल ही नहीं सकती, इसीलिए तो कबीर बार-बार समझाते हैं कि कर्म प्रधान है। मनुष्य का निर्माण उसके कर्मों से ही होता है और मोक्ष भी मिलता है। अपने कर्म को मांज कर परिष्कृत करो।

है कोई गुरु ज्ञानी। जगत उलटि बेद बूझै॥1॥
पानी में पावक बरै। अन्धहि आंखि न सूझै॥2॥
गाई तो नाहर खायो। हरिन खायो चीता॥3॥
काग लंगर फांदि के। बटेर बाज जीता॥4॥
मूस तो मंजरि खायो। स्यार खायो श्वाना॥5॥
आदि को उपदेश जाने। तासु बेस बाना॥6॥
एकहि दादुर खायो पांचहि भुवंगा॥7॥
कहिं कबीर पुकारि के। हैं दोऊ एकै संगा॥8॥

ऐसा कोई गुणी या ज्ञानी है, जो संसार से जाने के बाद वेद, ज्ञान और आत्मस्वरूप को समझ सके। जो जन्म से ही अंधा है उसे क्या सूझेगा, पानी में अग्नि ही क्यों न जले। यह तो संसार ही उलटा है। सब कार्य और सब घटनाएं उल्टी-सीधी ही हो रही हैं - गाय ने सिंह को खा लिया, हिरण ने चीता को खा लिया, कौए ने फांद कर लंगूर को धर दबोचा, बटेर ने बाज को हरा दिया। इतना ही नहीं चूहे ने बिल्ली को खा लिया, सियार ने कुत्ते को खा लिया। यहां तो अंधेर नगरी है और चौपट राजा है।

कहने का भाव है कि ज्ञान को अज्ञान ने, सत्य को असत्य ने, खुशी को गम ने, शांति को अशांति ने, विवेक को वासना ने मार दिया है। यहां सांस लेने लायक वातावरण भी नहीं बचा है। जो अपने आदि स्वरूप यानी मुक्ति को जानता है और उसके लिए प्रयत्नशील है, उसी पर वेशभूषा अच्छी लगती है। कौआ लंगूर को पकड़ ले या हिरण चीते को खा ले, यह प्रकृति के नियमों के विरुद्ध है। एक मेढ़क ने पांच सर्प खा लिए।

कबीर कहते हैं कि जीव हो या पशु हो या मनुष्य सब में ही आसुरी और दैवीय दोनों ही प्रवृत्तियां एक साथ होती हैं। कब कौन प्रवृत्ति जाग जाए और जीव आश्चर्यजनक कार्य कर बैठे कुछ कहा नहीं जा सकता। वैसे भी यह मृत्यु लोक है, यहां कुछ भी घट सकता है।

झगरा एक बढ़ो राजराम। जो निरुवारे सो निर्बान॥1॥
ब्रह्म बड़ा कि जहां से आया। बेद बड़ा कि जिन्ह उपजाया॥2॥
ई मन बड़ा कि जेहि मन माना। राम बड़ा कि रामहि जाना॥3॥
भ्रमि-भ्रमि कबिरा फिर उदास। तीर्थ बड़ा कि तीर्थ का दास॥4॥

कबीर कहते हैं कि एक बहुत उलझा हुआ झगड़ा शुरू हो गया है और इसका सही-सही समाधान कोई मनुष्य निकाल देगा तो वह आत्म-ज्ञानी माना जाएगा। ब्रह्म बड़ा है कि मनुष्य, जिसके मन से यह विचार उत्पन्न हुआ। वेद बड़े हैं या वेद को लिखने वाला? यह मन बड़ा है या जिसने मन को माना वह मनुष्य। राम बड़ा है या वह मनुष्य जिसने राम को जाना। कबीर कहते हैं कि तीर्थ बड़े हैं या तीर्थ स्थानों पर मुक्ति के लिए जाने वाला मनुष्य? तीर्थों, भगवान, मन, वेद यानी जो कुछ भी आज प्रकाश में हैं, सब मनुष्यों की ही काल्पनिक मान्यताएं हैं। इसलिए मनुष्य ही सबसे बड़ा है। उसने ही तो इतने प्रपंच रचे हैं। किसे मालूम क्या सही है या गलत या किस चीज का अस्तित्व है और किस चीज का अस्तित्व नहीं है। इस मृत्यु लोक में मनुष्य बड़ा है, फिर बंधनों में जकड़े आत्म-स्वरूप को क्यों नहीं पहचान पा रहा?

झूठेहि जनि पतियाउ हो। सुनु सन्त सुजाना॥1॥
तेरे घर ही में ठग पूर है। मति खोवहु अपाना॥2॥
झूठी की मण्डाना है। धरती असमाना॥3॥
दशहुं दिशा वाकी फन्द है। जीव घेरे आना॥4॥
योग जप तप संयमा। तीरथ व्रत दाना॥5॥
नौधा बेद कितेब हैं। झूठे का बाना॥6॥
काहू के बचनहिं फुरे। काहू करामाती॥7॥
मान बड़ाई ले रहे। हिन्दू तुरुक जाती॥8॥
बात ब्यौतें असमान की। मुद्दति नियरानी॥9॥

बहुत खुदी दिल राखते। बूड़े बिनु पानी॥10॥
कहहिं कबीर कासों कहौं सकलो जग अन्धा॥11॥
सांचे से भागा फिरे। झूठे का बन्दा॥12॥

हे प्राणी! झूठी बातों पर भूलकर भी यकीन न करो। ज्ञानवान सभी संतों को झूठ-सच में अन्तर करना आना चाहिए। तेरे हृदय में ही ठग बैठा हुआ है। उसके बहकावे में आकर अपना मन मत खो। पृथ्वी से आकाश तक झूठ का ही माया जाल बिछा हुआ है। इस झूठ के माया जाल ने दसों दिशाओं से जीव को घेर रखा है। योग, जप, तप, संयम, तीर्थ, व्रत, दान, नवधा भक्ति, वेद, कुरान - ये सब झूठ के ताना-बाना हैं। इन पर झूठ का गहरा आवरण चढ़ा हुआ है। कोई वाणी और प्रवचन में सिद्धहस्त होने का नाटक कर लोगों को छल रहा है और कोई नट बना हुआ है जो करतब दिखाकर स्वयं को चमत्कारी मान रहा है। हिन्दू-मुसलमान दोनों ही अपनी तारीफ खुद ही कर रहे हैं। आसमान की बातें करते हैं, लेकिन स्वयं का जीवन नरक बना हुआ है।

कबीर कहते हैं कि झूठी प्रंशसा तथा झूठे अभिमान के कारण ये लोग बिना पानी के ही डूबते जा रहे हैं। इन्हें चाहकर भी कोई बचा नहीं सकता। यह सारी दुनिया धर्मांधतों की भेड़चाल में शामिल हो गई है। कहीं भी कोई आंख वाला नहीं रह गया है। सत्य से सब भाग रहे हैं और झूठ से नाता जोड़े हुए हैं।

सार शब्द से बांचिहो। मनहु इतबारा हो॥1॥
आदि पुरुष एक वृक्ष है। निरंजन डारा हो॥2॥
तिरदेवा शाखा भये। पत्र संसारा हो॥3॥
ब्रह्मा वेद सही कियो। शिव योग पसारा हो॥4॥
विष्णु माया उत्पत्ति कियो। ई उरले व्यौहारा हो॥5॥
तीन लोक दशहूं दिशा। यम रोकिन द्वारा हो॥6॥
कीर भये सब जीयरा। लिये विष का चारा हो॥7॥
ज्योति स्वरूपी हाकिमा। जिन्ह अमल पसारा हो॥8॥
कर्म की बन्शी लाय के। पकरो जग सारा हो॥9॥
अमल मिटावो तासु का। पठवों भव पारा हो॥10॥
कहहिं कबीर तोहि निर्भय करों। परखो टकसारा हो॥11॥

हे प्राणी! तुम इस बात की गांठ बांध लो, तुम 'सार शब्द' को ग्रहण करके ही भवसागर की यातनाओं से बच सकते हो अर्थात् तुम सत्य-ज्ञान से ही भव बंधन से मुक्त हो सकते हो। मेरी इस बात पर एतबार करो। यह आदि पुरुष यानी अविनाशी आत्म-स्वरूप एक वृक्ष और उसकी शाखा यह मन है। सत, रज, तम ये तीनों गुण उस वृक्ष की डालियां हैं और इस वृक्ष के पत्ते यह संसार है।

ब्रह्मा ने वेद की रचना की, शिव ने योग मार्ग की स्थापना की और विष्णु ने सगुण भक्ति का मार्ग दिखाया यानी सगुण भक्ति रूपी माया में मनुष्य को फांस लिया, जिससे इन तीनों ही मार्गों का दिन-प्रतिदिन फैलाव होता ही चला गया। तीनों लोक और दसों दिशाओं में मन रूपी काल ने अपनी झूठी माया के पंख फैलाकर मुक्ति के मार्ग को ही बंद कर दिया है। प्राणी अब अपने कल्याण के बारे में सोचे तो आखिर कैसे सोचे?

जैसे तोता लाल मिर्च को देखकर जाल में फंस जाता है, वैसे ही झूठी माया के मोह में आकर सब प्राणी सत्य के मार्ग से भटक गए हैं। जो जीव पर अपना हुक्म चलाने वाला मन है, उसने जीव को पूरी तरह से अपने वश में कर लिया है। वह जीव को सत्य के मार्ग पर चलने ही नहीं दे रहा है। मन रूपी अधिकारी ने जीव को माया जाल में उलझाकर रख दिया है। कर्म फंदे की बांसुरी की तान सुनाकर सारे संसार को ही मुग्ध कर दिया है। सभी अपने आत्म-स्वरूप से अनभिज्ञ हो गए हैं।

कबीर कहते हैं कि मन के इस अधिकार भाव को मिटा दो अर्थात् मन का कहना न मानो, तभी तुम भवबंधन से मुक्त होकर मोक्ष प्राप्त कर सकते हो।

तुम आत्म स्वरूप चेतन की पहचान करना सीखो। मैं तुम्हारी मुक्ति की जिम्मेदारी लेता हूं। मैं तुम्हें भव बंधन के भय से निर्भय कर सकता हूं। इतना ही नहीं भवसागर के उस पार तुम्हें भिजवा भी सकता हूं।

संतो ऐसी भूल जग माहीं। जाते जीव मिथ्या में जाहीं।।1।।
पहिले भूले ब्रह्म अखण्डित। झांई आपुहि मानी।।2।।
झांई में भूलत इच्छा कीन्हीं। इच्छा ते अभिमानी।।3।।
अभिमानी कर्ता होय बैठे। नाना ग्रन्थ चलाया।।4।।
वोही भूल में सब जग भूला। भूल का मर्म न पाया।।5।।
लख चौरासी भूल ते कहिये। भूल ते जब बिटमाया।।6।।
जो है सनातन सोई भूला। अब सो भूलहि खाया।।7।।
भूल मिटै गुरु मिलैं पारखी। पारख देहिं लखाई।।8।।
कहिं कबीर भूल की औषध। पारख सबकी भाई।।9।।

संसार में भूल-ही-भूल है, जिसमें आते ही प्राणी असत्य यानी झूठ के चक्कर में पड़ जाता है। पहली भूल तो जीव यही करता है कि स्वयं को अविनाशी ब्रह्म मानने लगता है कि संसार उससे ही चल रहा है। दूसरी भूल यह है कि वह इस संसार में नाना प्रकार की इच्छाएं करने लगता है और इच्छा से ही जीव अभिमानी बन जाता है और जब जीव अभिमानी हो जाता है तो स्वयं को ही जग का कर्ता-धरता मान बैठता है और इसी सोच का यह परिणाम

है कि आज अनेक ग्रंथ संसार में विद्यमान हैं। जिसने जैसा समझा वैसा लिख दिया और वही ग्रंथ बन गया। अज्ञानियों को क्या पता कि यह ग्रंथ नहीं बल्कि छल-प्रपंच है। भूल में ही सब जग भूलता चला गया, लेकिन भूल का भेद कोई नहीं पा सका। भूल के कारण ही जीव चौरासी लाख योनियों में यातना सहते हुए भटक रहा है और भूल से वह माया के जाल में फंसकर धोखे पर धोखा खाए जा रहा है।

कबीर कहते हैं कि जो जीव सनातन है, वह स्वयं को भूल गया है और चौरासी लाख योनियों में भ्रमण करता हुआ अपार कष्ट झेल रहा है। यह भूल तो तभी मिट सकती है, जब कोई पारखी सद्गुरु मिल जाए ताकि वह जीव को दिखा दे कि तुम्हारा मार्ग यह है। व्यर्थ में ही भूल पर भूल कर यातनामय जीवन जी रहे हो। कबीर कहते हैं कि स्वयं की पहचान ही भूल को दूर करने की सर्वोत्तम दवा है।

ज्ञान चौंतीसा

**ओंकार आदि जो जानै। लिख कै मेटै ताहि सो मानै।
ओंकार कहैं सब कोई। जिन्ह यह लखा सो बिरला होई।
कका कैवल किरण में पावै। शशि ब्रिगसित सम्पुट नहिं आवै।
तहां कुसुम रंग जो पावै। औगह गहि के गगन रहावै॥1॥**

ओंकार का मूल्य आदमी ही है। वह ओंकार लिखकर मिटा सकता है। ऊँ-ऊँ का उच्चारण तो सभी करते हैं, पर ऊँ का अर्थ कोई-कोई ही जानता है। तुम्हें आत्म-स्वरूप की जानकारी सिर्फ कमल रूपी हृदय के सत्य-ज्ञान की रोशनी से ही मिलेगी। मन को माया के बंधन में न बंधने दो। जब आत्म-स्वरूप का बोध हो जाए तब अविनाशी तत्व को आत्मसात कर लो और मन, वाणी, कर्म से स्थिर रहो यानी आत्म-स्वरूप चेतन पर विश्वास करो।

**खखा चाहै खोरि मनावै। खसमहिं छांड़िं दहूं दिशि धावै।
खसमहिं छाड़ि छिमा हो रहिये। होय न खीन अक्षयपद लहिये॥2॥
गगा गुरु के बचनहिं सान। दूसर शब्द करो नहिं कान।
तहां बिहंगस कबहुं न जाई। औगह गहि के गगन रहाई॥3॥**

'ख' अक्षर को माध्यम बनाकर कबीर कहते हैं कि मन व इंद्रियों को अपने वश में कर, उन्हें निर्दोष करके ही मुक्ति का उपाय कर सकते हो। मनोकामना रूपी स्त्री अपने पति यानी मूल स्वरूप को भूलकर चारों तरफ भटकती ही रहती है। तुम में जो अवगुण हैं, वही तुम्हारे दोष हैं। अवगुणों को छोड़ दो और क्षमा भाव स्वयं में पैदा कर क्षमावान बनो, फिर तुम अपने मूल-स्वरूप चेतन को पा सकते हो और तुम्हें कभी खिन्नता नहीं होगी। 'ग' अक्षर के माध्यम से कबीर कहते हैं कि गुरु के वचनों का सम्मान करो और व्यर्थ की बातों पर यकीन न करो। गुरु के बताए मार्ग पर चलकर सत्य कर्म करने से

आत्म-स्वरूप रूपी आकाश में मन रूपी पक्षी न तो जा सकता है और न ही उड़ सकता है। ऐसे में दिली सुकून की अनुभूति व्यक्ति को मिलने लगती है और वह आत्म-स्वरूप के बहुत करीब आ जाता है।

**घघा घट बिनसै घट होई। घटही में घट राखु समोई।
चो घट घटै घटहि फिरि आवै। घट ही में फिर घटहि समावै॥4॥
ड.ड.ा निरखत निशिदिन जाई। निरखत नैन रहे रतनाई।
निमिष एक जो निरखै पावै। ताहि निमिष में नैन छिपावै॥5॥**

एक शरीर का विनाश होने पर दूसरा शरीर पैदा हो जाता है। मोक्ष की कामना रखते हो तो इस जन्म में ही शरीर के मोह का त्याग कर दो क्योंकि जो सांसारिक-इच्छाओं को मन में पालता है, शरीर से पूरे होने वाले विषयों के प्रति आसक्त होता है तो उसे बार-बार जन्म लेना पड़ता है और बार-बार शरीर धारण करना पड़ता है, इच्छाओं के प्रति अनाशक्ति आवश्यक है।

'ड' अक्षर से कबीर समझाते हैं कि हे प्राणी! पल-भर में ही मिट जाने वाली काल्पनिक चीजों के लालच में अपना समय क्यों गंवा रहे हो। तुम्हारा समय पल-पल कम होता जा रहा है, जिसे निहारते-निहारते तुम्हारे नयन लाल हो गए हैं, किन्तु जब वही तुम्हारे सामने आता है तो तुम आंखें बंद कर लेते हो अर्थात् जब तुम आत्म-स्वरूप को पहचानने की कोशिश करने लगते हो तो इस संसार से प्रस्थान कर जाते हो। इसलिए कबीर कहते हैं कि समय रहते चेत जाओ और चेतन-स्वरूप से नाता जोड़ लो।

**चचा चित्र रचो बड़ भारी। चित्र छोड़ि तैं चेतु चित्रकारी।
जिन्ह यह चित्र विचित्र है खेला। चित्र छोड़ि तैं केतु चितेला॥6॥
छछा आहि छत्रपति पासा। छकि किन रहहु मेटि सब आसा।
मैं तोहीं छिन-छिन समुझावा। कसम छाड़ि कस आपु बंधावा॥7॥**

'च' अक्षर के जरिए कबीर कहते हैं कि हे प्राणी! तुमने नाना प्रकार के भ्रमित करने वाले चित्र बना डाले हैं। चित्र बनाना छोड़कर हे चेतन स्वरूप जीव! तुम आगे की सुधि ले। जो तूने चित्र बनाए हैं, उन्हें मिटा दे। तुमने ही तो नाना प्रकार के चित्र बनाकर यह चित्रकारी का खेल खेला है। इसका खिलाड़ी तुम ही है। यह खेल अब बंदकर और आत्म-स्वरूप में रम जा।

'छ' अक्षर से कबीर समझाते हैं कि तुम तो छत्रपति यानी सम्राट खुद ही हो अर्थात् मूल स्वरूप तो तुम्हारे भीतर ही है..बिल्कुल तुम्हारे पास। तुम इधर-उधर निर्जीव-सजीव चीजों में, जो तुम में ही है उसे क्यों खोजते

फिरते हो। यह भटकना छोड़कर आत्म-स्वरूप को ढूंढो और आत्म-तृप्ति का अहसास करो।

कबीर कहते हैं कि मैं तुम्हें पल-पल समझा रहा हूं कि अपने आत्म-स्वरूप चेतन को मत छोड़ो, वरना तुम भवबंधनों में बंध जाओगे।

टटा बिकट बाट मन माहीं। खोलि कपाट महल मों जाहीं।
रही लटापटि जुटि तेहि माहीं। होहि अटल अब कतहुं न जाहीं॥11॥
ठठा ठौर दूर ठग नियरे। नित के निठुर कीन्ह मन घेरे।
जे ठग ठगे सब लोग सयाना। सो ठग चीन्ह ठौर पहिचाना॥12॥

'ट' अक्षर को माध्यम बनाकर कबीर कहते हैं कि इस मन की राहें बहुत ही विकट हैं और जब चाहे कोई भी दरवाजा खोलकर आत्म-स्वरूप रूपी महल में दाखिल हो सकता है क्योंकि जब व्यक्ति आत्म-स्वरूप में स्थित हो जाता है तब कोई भी भ्रम उसे भ्रमित नहीं कर पाता है।

'ठ' अक्षर के जरिए कबीर कहते हैं कि व्यक्ति आत्म-स्वरूप चेतन से दूर हो गया है और मनरूपी ठग पास में ही है। जिस ठग रूपी मन ने बड़े-बड़े ज्ञानी-ध्यानी को भी ठगा, ठगरूपी मन को पहचानकर उससे सदा सजग और सतर्क रहो और ठौर यानी आत्म स्वरूप को पहचानो।

डडा डर उपजे डर होई। डर ही में डर राखु समोई।
जो डर डरै फिर आवै। डरही में फिर डरहि समावै॥13॥
ढढा हींड़त ही कित जान। हींड़त ढूंढत जाय परान।
कोटि सुमेरु ढूंढि फिरि आवै। जेहि ढूंढा सो कतहुं

'ड' अक्षर का हवाला देते हुए कबीर कहते हैं कि मन में डर को पैदा करने से ही व्यक्ति डरने लगता है। इसलिए डर में ही डर को डुबोकर निडर हो जाओ। जो व्यक्ति डरता है उसे डर बार-बार डराता है।

'ढ' अक्षर से समझाते हुए कबीर कहते हैं हे प्राणी! तू अपने मूल स्वरूप की तलाश करते-करते भटक गया है और तू ढूंढते-ढांढते ही इह लोक से चला जाएगा। करोड़ों सुमेरू जैसे पहाड़ों में ढूंढने पर भी तू अपने मूल स्वरूप को ढूंढ नहीं सकता क्योंकि वह तो तुममें ही समाया हुआ है। काल्पनिक भ्रमजाल का त्यागकर अपने मूल स्वरूप को देखने की कोशिश तो कर।

थथा अति अथाह थाहो नहिं जाई। 'ई' थिर 'ऊ' थिर नाहिं रहाई।
थोरे-थोरे थिर होउ भाई। बिन थम्भे जस मन्दिर थंभई॥17॥
ददा देखहु बिनशनहारा। जस देखहु तस करहु विचारा॥
दशहूं द्वारे तारी लावै। तब दयाल के दर्शन पावै॥18॥

'थ' अक्षर को जरिया बनाकर कबीर कहते हैं कि विषय-वासना का समुद्र

बहुत अथाह है और इसका थाह लगाया नहीं जा सकता। क्योंकि इसमें पड़कर जीव की स्थिति अस्थिर हो गई है। बिना स्तंभ यानी खम्भे के जैसे मंदिर की छत टिक जाती है वैसे ही सत्य-ज्ञान के सहारे धीरे-धीरे स्थिरता मिलेगी। घबराने से बात नहीं बनेगी, घबराकर अपना लोक-परलोक ही बिगाड़ोगे।

'द' अक्षर को आधार बनाकर कबीर कहते हैं कि हे प्राणी! यहां तो जो कुछ भी है नष्ट हो जाने वाला है...बदल जाने वाला है। जो उचित लगे या जैसा देखो वैसा विचार करो। दसों इंद्रियों को अपने वश में करके व्यक्ति आत्म स्वरूप से साक्षात्कार करता है तब उसे पूर्ण ब्रह्म का दर्शन हो जाता है। इंद्रियों को और इंद्रियजनित इच्छाओं को वश में करने से ही बात बनेगी।

पपा पाप करें सब कोई। पाप के करे धर्म नहिं होई।
पपा कहै सुनहु रे भाई। हमरे से इन किछुवो न पाई॥21॥
फफा फल लागे बड़ दूरी। चाखे सतगुरु देइ न तूरी।
फफा कहै सुनहु रे भाई। स्वर्ग पाताल की खबरि न पाई॥22॥

'प' अक्षर को आधार बनाते हुए कबीर कहते हैं कि धर्म के नाम पर पशु-पक्षियों का गला काटना सबसे बड़ा पाप है और यह पाप यहां होता ही रहता है। वह धर्म कभी भी धर्म नहीं हो सकता, जिसमें जीव हत्या करने की व्यवस्था है। कबीर कहते हैं कि हे प्राणी! धर्म के नाम पर इस तरह से निःसहाय जीवों की हत्या करने से कुछ भी हासिल नहीं होने वाला, केवल पाप के।

'फ' अक्षर का हवाला देते हुए कबीर कहते हैं कि भवसागर से मुक्ति पाना सभी चाहते हैं, लेकिन मुक्ति का फल बहुत दूरी पर फलता है, नजदीक नहीं है कि हाथ बढ़ाकर तोड़ लोगे। कोई भी सद्गुरु तुम्हें यूं तोड़कर वह फल थमा नहीं सकता, क्योंकि इसके लिए पहले तुम्हें सत्य-स्वरूप की पहचान करनी होगी।

कबीर कहते हैं कि हे संतो सुनो! सद्गुरु मुक्ति-फल उसे कतई नहीं देंगे जिसे स्वर्ग-नरक की खबर ही नहीं है यानी वह इस बात से अनजान है कि मुक्ति के लिए साधना करनी पड़ती है। साधक को ही मुक्ति का फल मिलता है।

बबा बरबर करें सब कोई। बरबर करे काज नहिं होई।
बबा बात कहै अर्थाई। पुल का मर्म न जानहु भाई॥23॥
भभा भीरि रहा भरपूरी। भभरे ते है नियरे दूरी।
भभा कहै सुनहु रे भाई। भभरे आवै भभरे जाई॥24॥

'ब' अक्षर को साधन बनाकर कबीर कहते हैं कि हे प्राणी! बड़-बड़ सभी करते हैं, लेकिन इस तरह से बड़ी-बड़ी बातें करने से कार्य सिद्ध नहीं होने

वाला। सद्गुरु की बातें तो तुम सुनते हो, लेकिन इन बातों का भाव क्या होगा नहीं जान पाते। इसका मतलब तुम्हें मुक्ति की नहीं, विषय-वासनाओं की अभिलाषा है। तुम्हें मुक्ति भला कैसे मिलेगी।

'भ' अक्षर के माध्यम से कबीर कहते हैं कि भ्रम से भ्रमित मनुष्य हमेशा ही डरा-डरा-सा रहता है। यही कारण है कि उसे मन की शांति की अनुभूति नहीं होती। भ्रम के कारण ही जीव जन्म लेता है और मरता है तथा बार-बार यही क्रम दोहराया जाता है। भ्रम से बाहर आने के बाद सद्गति संभव है।

**ममा के सेये मर्म नहिं पाई। हमरे से इन मूल गंमाई।
माया मोह रहा जग पूरी। माया मोहहि लखहु बिचारी।।25।।
यया जगत रहा भरपूरी। जगतहु ते है जाना दूरी।
यया कहै सुनहु से भाई। हमहीं ते इन जै जै पाई।।26।।**

'म' अक्षर का हवाला देते हुए कबीर कहते हैं कि माया के मोह में पड़कर मनुष्य बुद्धिहीन हो जाता है और अपना मूल ही गंवा देता है अर्थात् अपना सोने जैसा मानुष जन्म यूं ही गंवा देता है। वह ताउम्र माया के इर्द-गिर्द ही घूमता रह जाता है। इस संसार में माया का ही अस्तित्व है। माया को दिव्य चक्षु से देखकर विचार करो और मुक्ति का मार्ग ढूंढो।

'य' अक्षर को आधार बनाते हुए कबीर कहते हैं कि हे प्राणी! सांसारिक सुखों को भोगने की अभिलाषा तुममें भरपूर है और तुम इस बात को भी अनदेखा कर रहे हो कि यहां से तुम्हें कभी भी जाना पड़ सकता है। कबीर कहते हैं कि सुनो हे प्राणी! इस माया की नगरी में अपने हित को ढूंढना, मूर्खता भरी कोशिश है क्योंकि यहां जो कुछ भी है वह क्षणिक है। आज जो तुम्हारे पास है, काल उसे तुमसे पल-भर में ही छीन सकता है। इसलिए चेतन स्वरूप आत्माराम से नेह का बंधन जोड़ो।

**ररा रारि रहा अरुझाई। राम के कहै दुख दारिद्र जाई।
ररा कहै सुनहु रे भाई। सतगुरु पूंछि के सेवहु आई।।27।।
लला तुतुरे बात जनाई। तुतुरे आय तुतुरे परिचाई।
आप तुतुरे और की कहई। एकै खेत दूनों निर्बहई।।28।।**

'र' अक्षर के माध्यम से कबीर कहते हैं कि बहुत दिनों से चारों तरफ इस बात का झगड़ा चल रहा है कि राम का सुमिरन करने से दु:ख-दारिद्रता नष्ट हो जाती है और खुशियां लौट आती हैं। कबीर कहते हैं कि सुनो हे प्राणी! राम का सुमिरन करो, लेकिन सद्गुरु से आज्ञा लेकर, ताकि तुम्हें लाभ हो सके। कहने का भाव है कि सद्गुरु की कृपा से ही राम की कृपा प्राप्त हो सकती है।

'ल' अक्षर को आधार बनाकर कबीर कहते हैं कि अज्ञानी गुरु अपने शिष्यों को बेटा, पुत्र, बालक आदि संबोधनों से ही बुलाते हैं और ज्ञान देने की बात आती है तो तुतलाकर बोलते हैं अर्थात् जब वे स्वयं अज्ञानी हैं तो शिष्यों को भ्रमित नहीं करेंगे तो क्या ज्ञान का उपदेश देंगे।

कबीर कहते हैं कि ऐसे अबोध और अज्ञानी गुरु के लिए हर तरह के धान एक ही खेत के होते हैं यानी ज्ञान-अज्ञान दोनों ही इनके लिए एकसमान होते हैं। इन्हें सांसारिकता और असांसारिकता में कोई फर्क महसूस नहीं होता है। इनके शिष्य जीवन-भर भटकाव में ही जीते हैं और ये स्वयं भी।

ववा वह वह कहैं सब कोई। वह वह कहै काज नहिं होई।
वह तो कहै सुनै जो कोई। स्वर्ग पताल न देखै जोई।।29।।
शशा सर नहिं देखे कोई। सर शीतलता एकै होई।
शशा कहै सुनहु रे भाई। शून्य समान चला जग जाई।।30।।

'व' अक्षर को आधार मानकर कबीर कहते हैं कि वह-वह यानी परमात्मा का नाम तो सभी लेते हैं, लेकिन केवल परमात्मा या ईश्वर कह देने से, जो ईश्वर को पूरी तरह से जानना चाहते हैं, उनकी जिज्ञासा शांत नहीं होती यानी इससे बात नहीं बनती।

कबीर कहते हैं कि ईश्वर का नाम ले लेने से वह संतुष्ट हो सकता है, जो महा अज्ञानी होगा। जिज्ञासु भक्त तो ईश्वर के स्वरूप को जानने के बाद ही संतुष्ट होगा।

'श' अक्षर का सहारा लेते हुए कबीर कहते हैं कि कोई भी पानी और ठंडक को एक भाव से नहीं देखता है जबकि ये दोनों एक-दूसरे के पूरक हैं। कबीर कहते हैं कि हे भाई सुनो! शून्य के समान, सारा जग चलता चला जा रहा है, लोग ज्ञान-तत्व से वाकिफ नहीं हैं।

षषा खरा करे सब कोई। खर खर करे काज नहिं होई।
षषा कहै सुनहु रे भाई। राम नाम ले जाहु पराई।।31।।
ससा सरा रचो बरिआई। सर बेधे सब लोग तवाई।
ससा के घर सुन गुण होई। इतनी बात न जाने कोई।।32।।

'ष' अक्षर को आधार मानकर कबीर कहते हैं कि सभी संप्रदायों के लोग अपने-अपने विचारों को ठीक मानते हैं, पर ऐसा करना सही नहीं है। स्वयं को सही मानना और दूसरों को गलत ठहराना, नैतिक रूप से उचित नहीं है। इससे हानि ही होती है।

कबीर कहते हैं कि हे भाई सुनो! राम का नाम लेना है तो लो, लेकिन साथ ही अवगुणों का भी त्याग करो।

'स' अक्षर के माध्यम से कबीर कहते हैं कि मनुष्य जान-बूझकर अज्ञान की चादर ओढ़ते हैं और माया के बाण से घायल होकर बेहोश हो जाते हैं, पर इतनी-सी बात कोई नहीं जानता कि इसका अंजाम क्या होगा।

हहा हाय हाय में सब जग जाई। हर्ष सोग सब माहिं समाई।
हंकरि हंकरि सब बड़ बड़ गयऊ। हाहा मर्म न काहू पयऊ।।33।।
क्षक्षा क्षिन में परलय सबमिटि जाई। छेवपरे तब को समुझाई।
छेवपरे काहु अन्त न पाया। कहहिं कबीर अगमन गोहराया।।34।।

'ह' अक्षर के माध्यम से कबीर कहते हैं कि इस संसार के सारे लोग माया में डूबकर, अंततः घोर कष्ट भोगते हैं और हाय-हाय करते हुए चले जाते हैं। सब में ही शोक व हर्ष विद्यमान है अर्थात् सभी अज्ञानता के कारण यातनाएं भुगत रहे हैं। बड़े-बड़े ज्ञानी-ध्यानी भी अपने दुःखों के कारण का पता नहीं लगा सके और हाय-हाय करते हुए इस संसार से विदा हो गए।

'क्ष' अक्षर के माध्यम से कबीर कहते हैं कि क्षण-भर में ही प्रलय होगी और सब कुछ ही समाप्त हो जाएगा। मृत्यु क्या है प्रलय ही तो है। तुम्हारे मरते ही तुम्हारा अपना जो है, उससे तुम्हारा रिश्ता समाप्त हो जाएगा। कबीर कहते हैं कि मैं तुम्हें पहले ही सजग कर रहा हूं क्योंकि जब तुम मर जाओगे और इस संसार से जाने लगोगे तो तुम्हें समझाने वाला कोई नहीं होगा। अपने आत्म-स्वरूप को पहचानो। तुम्हारा हित इसी में है। मौत की प्रलय पास आ जाएगी, तब कोई भी ज्ञानोपदेश समझ में नहीं आएगा। तुम्हारे लिए सब व्यर्थ हो जाएगा। सद्ज्ञान का मार्ग अपनाओ, तुम्हारी भलाई इसी में है।

विप्रमतीसी

सुनहु सबन मिलि विप्रमतीसी। हरि बिनु बूड़ी नाव भरिसी।।1।।
ब्राह्मण होय के ब्रह्म न जाने। घर मा यज्ञ प्रतिग्रह आने।।2।।
जेहि सिरजा तेहि नहिं पहिचाने। कर्म-धर्म मति बैठि बखाने।।3।।
ग्रहण अमावस और दुईजा। शान्ति पांति प्रयोजन पूजा।।4।।
प्रेत कनक मुख अन्तर बासा। आहुति सत्य होम की आसा।।5।।
कुल उत्तम जग माहिं कहावैं। फिर फिर मध्यम कर्म करावैं।।6।।
सुत दारा मिलि जूठो खाई। हरि भक्ततों के छूति लगाई।।7।।
कर्म अशौच उच्छिष्टा खाई। मति भ्रष्टा यम लोक सिधाई।।8।।
नहाय खोरि उत्तम होय आये। विष्णु भक्त देखत दुख पाये।।9।।
स्वारथ लागि रहे बे काजा। नाम लेत पावक जिमि डाजा।।10।।

हे प्राणी! सभी ध्यान से सुनो। मैं आज के ब्राह्मणों की सोच को बता रहा हूं, जो तीस चौपाइयों में है।

ब्राह्मणों की सद्गुरु हरि के बिना, भरी हुई नाव डूब गई है। ये ब्राह्मण होकर भी ब्रह्म को जरा भी नहीं पहचानते हैं। घर-घर में अनुष्ठान, यज्ञ आदि हिंसात्मक कार्यों को करवाकर दान-दक्षिणा मनमाने ढंग से वसूल रहे हैं। जिसने इन्हें बनाया, उसी को ये पहचानते नहीं हैं और धर्म-कर्म में ही बुद्धि लगाकर ऊंचे स्थान पर बैठकर सृष्टिकर्ता का बखान करते हैं। ग्रहण, अमावस्या और यम द्वितीया आदि का शांति पाठ और पूजा करवाकर दान-दक्षिणा वसूलते रहते हैं। भूत-प्रेत, दुष्ट ग्रहों, काली, भैरव आदि देवताओं को शांत करने की पूजा कराते हैं तथा इसी को मोक्ष व सुख प्राप्ति का साधन मानते हैं और लोगों को भी यही बात समझाते हैं। मृतक के मुख में सोना रखवाते हैं कि उसे प्रेत योनि न मिले और होम, जप आदि करवाकर अपनी पूजा भी करवाते हैं और इसी को उत्तम मानते हैं। स्वयं को श्रेष्ठ कुल का कहलवाते हैं और बार-बार मध्यम व नीच कर्म सबसे करवाते हैं। हरि भक्तों को अछूत बताते हैं और स्वयं पत्नी-पुत्रों के साथ बैठकर एक-दूसरे का जूठा खाते हैं। ये बहुत ही अपवित्र

और गिरा हुआ कर्म भी करते हैं और श्राद्ध कर्म आदि का दान ग्रहण करने में संकोच नहीं करते हैं और इस तरह से मति भ्रष्ट कर यम लोक के अधिकारी बन जाते हैं। खुद तो नहा-धोकर आते हैं और विष्णु भक्तों (साधु-संन्यासी) को देखकर दु:खी हो जाते हैं कि कहीं इनकी वजह से इनके मान-सम्मान में कोई कमी न आ जाए।

कबीर कहते हैं कि स्वार्थ वश ये हर क्षण बेवजह साधु-संतों की आलोचना में लगे रहते हैं और उनसे ब्राह्मणत्व का अर्थ पूछने पर ऐसे हो जाते हैं जैसे आग का शोला हों। कहने का भाव है कि ब्राह्मण वेदपाठी होकर भी व्यक्तिगत स्वार्थ वश हरि का गुणगान-दान-दक्षिणा लेने-भर तक ही करते हैं, इसके बाद अपनी ही पूजा और अपना ही गुणगान करवाना पसंद करते हैं। साधु-संतों को ये अपना प्रतिद्वंद्वी मानते हैं और फूटी आंख भी उन्हें पसंद नहीं करते हैं।

राम कृष्ण की छोड़नि आशा। पढ़ि गुनि भये कृत्रम के दासा॥11।
कर्म पढ़ें औ कर्म को धावैं। जेहि पूछा तेहि कर्म दृढ़ावै॥12॥
निष्कर्मी की निन्दा कीजै। कर्म करे ताही चित दीजै॥13॥
भक्ति भगवन्त की हृदया लावै। हरणाकुश को पन्थ चलावै॥14॥
देखहु सुमति केर परकाशा। बिनु अभ्यन्तर भये कृत्रम के दासा॥15॥
जाके पूजे पाप न ऊड़े। नाम स्मरणी भव मा बूड़े॥16॥
पाप-पुण्य कै हाथहिं पासा। मारि जगत की कीन्ह बिनाशा॥17॥
ई बहनी कुल बहनि कहावै। 'ई' गृह जारे 'ऊ' गृह मारे॥18॥
बैठे तो घर साहु कहावै। भीतर भेद मनमुखहिं लगावै॥19॥
ऐसी विधि सुर विप्र भनीजे। नाम लेत पीचासन दीजे॥20॥

ब्राह्मणों ने राम-कृष्ण के उपदेशों को एक तरफ रख दिया है और लोगों से भी यह कहना छोड़ दिया है कि वे राम-कृष्ण के उपदेशों को धारण करें। पढ़-लिखकर माटी-पत्थर की मूर्ति, भूत-प्रेत और कर्मकांड के गुलाम बन गए हैं। केवल कर्मकांड की पढ़ाई करते हैं और उनका ध्यान हमेशा कर्मकांड में ही रहता है। जो भी कोई मुक्ति का मार्ग उनसे पूछता है तो उससे कर्मकांड संबंधी बातें बताकर उसे भरमा देते हैं। व्यक्ति पूजा-अनुष्ठान और टोने-टोटकों में ही पड़कर बरबाद हो जाता है। जो व्यक्ति कर्मकांड नहीं करवाता है, दान-दक्षिणा देने में विश्वास नहीं करता है, उसकी ये निंदा करते हैं और जो कर्मकांड इनसे करवाता है और झोली भरकर दान-दक्षिणा देता है, उनसे ये प्रसन्न रहते हैं। ईश्वर का भक्त तो ये स्वयं को कहते हैं, पर कर्म राक्षसी होते हैं। इनकी बुद्धि दुर्बुद्धि में बदल गई है। इनके हृदय में ज्ञान की ज्योति नहीं है, जिससे ये कृत्रिम कर्मकांड के दास बन गए हैं। इन ब्राह्मणों को पूजने से पाप नष्ट नहीं होने वाला है, बल्कि इनको मन में बसाने से पाप और बढ़ने

ही वाला है। इनको याद कर भवसागर में निश्चित रूप से डूबने वाली बात है। पाप-पुण्य की लगाम जैसे इनके हाथ में यानी इनके ही वश में है। इन्होंने तो अपनी दुर्बुद्धि में फंसाकर पूरे संसार का ही विनाश कर दिया है। इनको कुल गुरु और भवबंधन मिटाने वाला कहा गया है, पर इन्होंने तो मनुष्यों का लोक-परलोक दोनों ही बिगाड़ दिया है। कहते तो ये स्वयं को त्यागी व वैरागी हैं और खुद मोह-माया में गले तक फंसे हुए हैं। भेद-भाव का मुद्दा ये ही पैदा करते हैं और आपस में सबको लड़ाते हैं।

कबीर कहते हैं कि इस प्रकार ब्राह्मण जन, देवता तुल्य बनकर ऊंचे आसन, मान-सम्मान और स्वादिष्ट भोजन की उम्मीद पूरे समाज से करते हैं। इन कर्महीन ब्राह्मणों के कारण ही जगत अंधकूप में पड़ा हुआ है।

बूड़ि गये नहिं आपु संभारा। ऊंच नीच कहु काहि जोहारा।।21।।
ऊंच नीच है मध्य की बानी। एकै पवन एक है पानी।।22।।
एकै मटिया एक कुम्हारा। एक सबन का सिरजन हारा।।23।।
एक चाक सब चित्र बनाई। नाद-बिन्द के मध्य समाई।।24।।
व्यापक एक सकल की ज्योति। नाम धरे का कहिये भौती।।25।।
राक्षस करनी देव कहावै। बाद करे गोपाल न भावै।।26।।
हंस देह तजि न्यारा कोई। ताकर जाति कहै धौं कोई।।27।।
स्याह सफेद कि राता पियरा। अबरण बरण कि ताता सियरा।।28।।
हिन्दू तुरुक कि बूढ़ो बारा। नारि पुरुष का करहु बिचारा।।29।।
कहिये काहि कहा नहिं माना। दास कबीर सोई पै जाना।।30।।

कबीर कहते हैं कि ब्राह्मण होने के झूठे अभिमान में ये लोग डूब गए हैं तथा स्वयं की रक्षा नहीं कर सके हैं। ऊंच-नीच का भेदभाव इनके मन में इतना है कि कोई संत सामने पड़ जाता है तो उसे प्रणाम तक भी नहीं करते हैं, यह सोचकर कि पता नहीं किस जाति का है। सच तो है कि व्यक्ति ऊंच-नीच अपनी जाति से नहीं अपितु अपनी वाणी और कार्यों से बनता है। एक ही पवन है, एक ही पानी है, एक ही माटी है, एक ही कुम्हार है और सब को बनाने वाला भी एक ही है। एक ही चाक से सबको बनाया गया है और एक ही नाद यानी गर्भाशय में सब पलते-बढ़ते हैं, चारों तरफ एक ही ज्योति व्याप्त है तो फिर अलग-अलग नाम, जाति, धर्म रख देने से क्या हो जाता है। ये ब्राह्मण जन राक्षसी प्रवृत्ति के हो गए हैं और देव कहलाते हैं तथा इन्हें तो गोपाल भी नहीं भाते हैं क्योंकि ये लोग किसी शास्त्र-वेद या देवी-देवता का उपदेश नहीं मानते हैं।

कबीर कहते हैं कि जब प्राण शरीर को छोड़कर चला जाता है तब उसकी जाति क्या होती है। किसी भी जाति, धर्म के व्यक्ति को लाश ही

तो कहा जाता है। सफेद, काला, लाल, पीला, ऊंच, नीच, हिन्दू, मुस्लिम, बूढ़ा, बालक, स्त्री, पुरुष इनमें से किसको क्या कहोगे...? सब व्यर्थ है, सत्यवचन को कोई नहीं मानता है। कृत्रिम व काल्पनिक यह दुनिया ही नहीं बल्कि यहां की हर चीज ही ऐसी है, तभी तो संत वचन की कोई कद्र नहीं है। ये ब्राह्मण आत्म-तत्व को समझ जाएं और सभी को समझाने की कोशिश करें तो यह कृत्रिम संसार रहने लायक बन जाए, क्योंकि ब्राह्मणों की ही महत्ता इस काल्पनिक संसार में है, वे चाहें तो सबको ईश्वरीय शक्ति की मुख्यधारा से जोड़ सकते हैं, लेकिन वे भला ऐसा क्यों करेंगे? उन्हें अपनी रोटी जो सेंकनी है।

कहरा

सहज ध्यान रहु सहज ध्यान रहु। गुरु के बचन समाई हो॥1॥
मेली सृष्टि चरा चित राखहु। रहहु दृष्टि लौ लाई हो॥2॥
जस दुख देखि रहहु यह औसर। अस सुख होइहैं पाये हो॥3॥
जो खुटकार बेगि नहिं लागे। हृदय निवारहु कोहू हो॥4॥
मुक्ति की डोरि गाढ़ि जानि खैंचहु। तब बझिहैं बड़ रोहू हो॥5॥
मनुवहि कहहू रहहु मन मारे। खिजुवा खीजि न बोले हो॥6॥
मानू मीत मितैये न छोड़े। कमऊ गांठि न खोले हो॥7॥
भोगउ भोग मुक्ति जनि भूलहु। योग मुक्ति तन साधहु हो॥8॥
जो यह भांति करहु मतवलिया। ता मत को चित बांधहु हो॥9॥
नहिं तो ठाकुर हैं अति दारुण। करिहैं चाल कुचाली हो॥10॥

कबीर कहते हैं कि हे प्राणी! आत्म-स्वरूप का ध्यान लगाओ और सद्गुरु के वचन का पालन करो। इस सांसारिक मोह-माया में डूबे, अस्थिर मन को अपने वश में रखो और अपनी दृष्टि को सदा अपने मकसद पर ही टिकाए रखो। साधना के प्रारंभिक काल में जो दु:ख तुम महसूस कर रहे हो, उसे सहज भाव से सह लो। जब ध्यान में सफलता मिलेगी तो सुख की भी अनुभूति अवश्य ही होगी। साधना का अंत हमेशा ही सुखदायक होता है। अभी भी अवसर है, हृदय में ईर्ष्या-द्वेष, काम, क्रोध आदि भाव हैं तो तुरंत उन्हें बाहर निकालकर मन को शुद्ध कर लो। ये साधना में बाधा उत्पन्न करते हैं। मोक्ष के लिए अभ्यास धीरे-धीरे करो, इतनी जल्दबाजी न करो कि मुक्ति की डोर टूट जाए यानी साधना बीच में ही अधूरी रह जाए। सहज भाव से आहिस्ता-आहिस्ता ही जगत गुरु के पास पहुंचा जा सकता है। मन से भी कह दो कि वह स्वयं पर संतुलन बनाए रखे और संयम से काम ले अर्थात् मन को वश में रखो। गुस्सा करके किसी से बात न करो, भले ही वह तुम्हारी निंदा ही क्यों न करे अर्थात् सहनशील बनो।

हे प्राणी! गुरु और सज्जनों की मित्रता को कभी भी मत छोड़ना और उनके प्रेम की गांठ को कभी न खोलना। सांसारिक कष्टों को शांतिपूर्वक सहते रहो, साथ ही मुक्ति की बात भी न भूलो। प्रेमपूर्वक योग-साधना में मन लगाए रखने पर ही शरीर की गति है। ऐसा ही विचार कर मन को योग-साधना में लगाओ, क्यों कि यह मन बहुत ही मतवाला है, इंद्रियों का मालिक है। भ्रमित होते ही नाना प्रकार के दु:ख देना शुरू कर देता है और दूसरों को नहीं, बल्कि तुमको ही कष्ट देगा व कुचालें चलता रहेगा, सम्भल जाओ।

बांधि मारि डण्ड सब लेहीं। छूटिहिं तब मतवाली हो॥11॥
जब्बहीं सावत आनि पहुंचे। पीठ सांटि भल टूटिहैं हो॥12॥
ठाढ़े लोग कुटुम सब देखें कहै काहू के न छूटिहैं हो॥13॥
एक तो निहुरि पांव परि बिनवै। बिनति किये नाहिं माने हो॥14॥
अनचीन्हें रहेउ न कियेहु चिन्हारी। सो कैसे पहिचनबेउ हो॥15॥
लीन्ह बुलाय बात नाहिं पूछै। केवट गर्भ तन बोले हो॥16॥
जाकर गांठि समर कछु नाहीं। सो निर्धनिया होय डोले हो॥17॥
जिन सम युक्ति अगमन कै राखिन। धरनि मच्छ भरि डेहरि हो॥18॥
जेकर हाथ पांव कछु नाहीं। धरन लागि तेहि सोहरि हो॥19॥
पलना अछत पेलि चलु बौरे। तीर-तीर का टोवहु हो॥20॥

कबीर कहते हैं कि हे प्राणी! अपने मन को वश में कर सद्मार्ग पर नहीं चलेगा तो सब तुझे बांधकर मारेंगे और सब तुझे दंडित करेंगे। तब तेरा सारा मतवालापन एक झटके में ही छूट जाएगा। काल जब आ पहुंचेगा और तुम्हें बांधकर सबके सामने ही पीटेगा तथा प्राण लेकर चल देगा तो तेरे घरवाले खड़े-खड़े देखते ही रह जाएंगे। वे तुझे बचा नहीं पाएंगे। तुम्हारे बंधु-बांधव काल के पांव पकड़कर तुम्हें छोड़ देने की प्रार्थना करेंगे, लेकिन वह निष्ठुर काल किसी की भी प्रार्थना पर ध्यान नहीं देगा। तू भी तो कभी सत्य को जान न सका और असत्य से दोस्ती कर ली, फिर मृत्यु के करीब आने पर सत्य से तेरा परिचय कैसे हो? यमराज तो मुंह से बात ही नहीं करता। वह तो बस अपने कर्त्तव्य का पालन करता है। मृत्यु का समय आ गया तो वह भी हाजिर हो गया, जिसने सद्गुरु का उपदेश नहीं माना है, अपने आत्मस्वरूप को नहीं पहचाना है, उसके पास तो कुछ होता ही नहीं है, वह तो दीन-हीन बनकर इधर-उधर डोलता फिरता है। जिन लोगों को इस बात का ज्ञान होता है कि मृत्यु एक दिन आनी है और उन्हें सत्य-स्वरूप प्रभु के दरबार में हाजिर होना है तो वे सावधान

रहते हैं और अपनी गांठ में आत्म स्वरूप ठोस ज्ञान का खजाना भरकर रखते हैं, वे प्रभु-ज्ञान से पूंजीवान होते हैं, उनका काल कुछ नहीं बिगाड़ पाता।

कबीर कहते हैं कि जो व्यक्ति हाथ पांव विहीन हैं और वे नौका के पाल की डोर थामकर पतवार चलाकर नाव खेने लगें तो यह किसी चमत्कार से कम थोड़े ही है अर्थात् साधक को भी ऐसा ही होना चाहिए और साधना के बल पर भवसागर में पड़ी नाव को किनारे लगाने का भरपूर प्रयास करना चाहिए।

कबीर आगे कहते हैं कि समझ में नहीं आ रहा, इतना सुन्दर मनुष्य तन मिला हुआ है। विवेक, बुद्धि, दिमाग सब प्रकृति ने दिया है, फिर मनुष्य भव सागर के तट पर क्यों घूमता फिर रहा है? जीवन रूपी पतवार से पानी को धकेलते चलो, नाव किनारे लग ही जाएगी अर्थात् मुक्ति का मार्ग निकल ही आएगा।

उथले रहहु परहु जनि गहिरे। मति हाथहु की खोवहु हो।।21।।
तर कै घाम ऊपर कै भुंभुरी। छांह कतहुं नहिं पायहु हो।।22।।
ऐसेनि जानि पसीझेहु सीझेहु। कस न छतुरिया छायहु हो।।23।।
जो कछु खेड़ कियहु सो कियहु। बहुरि खेड़ कस होई हो।।24।।
सासु-ननद दोउ देत उलाटन। रहहु लाज मुख गोई हो।।25।।
गुरु भौ ढील गोनी भइ लचपच। कहा न मानेहु मोरा हो।।26।।
ताजी तुर्की कबहु न साधेहु। चढ़ेहु काठ के घोरा हो।।27।।
ताल झांझ भल बाजत आवै। कहरा सब कोइ नाचे हो।।28।।
जेहि रंग दुलहा ब्याहन आये। दुलहिनि तेहि रंग रांचे हो।।29।।
नौका अछत खेवै नहिं जाने। कैसे कै लगबेहु तीरा हो।।30।।
कहहिं कबीर राम रस माते। जोलहा दास कबीरा हो।।31।।

तुझे शक है कि तू भव सागर को पार नहीं कर सकता तो कम पानी में ही रह, गहरे पानी में जाने की जरूरत ही क्या है। ऐसा कर, जो तेरे हाथ में है, उसे भी मत गंवा। कहने का भाव है कि तू अच्छा नहीं कर सकता है तो बुरा भी मत कर ताकि जो तेरे पास है, वह तो नष्ट न हो।

हे प्राणी! तुम अंदर की कामना रूपी धूप और बाहर की तृष्णा रूपी बालू से जलते रहे, तुम्हें कहीं भी छांह नहीं मिली। फिर भी तुमने यह विचार नहीं किया कि अपने ज्ञान व विवेक से कहीं छत बनाकर खड़े हो जाएं? कहने का भाव है कि तुम इतना कष्ट सहते रहे, लेकिन यह कोशिश कभी नहीं की कि अच्छा कर्म कर इस तपन को सदा के लिए ही मिटा डालें। तुमने अब तक

जो भी कुकर्म किया सो किया, लेकिन दोबारा उनकी पुनरावृत्ति करने की कोशिश न करो क्योंकि तुम्हारी मनोकामना रूपी बहू को संदेह रूपी सास और दुर्मति रूपी ननद यातना दे रही हैं और तुम शर्म के मारे चुपचाप हो। ऐसा न करो, सद्गुरु की शरण में जाओ ताकि तुम्हारी मनोकामना पर लगाम लग सके और संशय व कुमति के हाथों का खिलौना बनकर तुम्हारा यह जन्म यूं ही व्यर्थ न चला जाए।

कब तक कामनाओं के इशारे पर नाचते फिरोगे। यही सब करते-करते तुम गुड़ की बोरी की तरह चिपचिपे और ढीले हो गए अर्थात् सारी उमर यूं ही ढल गई, लेकिन तुमने मेरा कहा नहीं माना। जीवन-भर काठ के घोड़े पर ही चढ़े रह गए यानी विषय वासनाओं में ही डूबे रहे और कभी नहीं सरपट दौड़ लगाने वाले घोड़े को साधा अर्थात् विवेक से कभी भी काम नहीं लिया। ताल, झांझ, ढोल बजाते हुए बारात आ गई और कहार सहित सब नाच रहे हैं। जिस रंग में दूल्हा विवाह करने के लिए आया है, उसी रंग में दुल्हन भी रंगी हुई है। कबीर कहते हैं कि शरीर रूपी नाव होने पर भी नाव खेने का तरीका मालूम न होने के कारण भवसागर को पार करना कठिन हो गया है। नाव किनारे पर कैसे लगेगी? कबीर कहते हैं कि एक ही तरीका है और वह तरीका है राम रस में मदमस्त हो जाना। यह जुलाहा तो राम रस में लवलीन है। यही तरीका है नाव भवसागर के उस पर ले जाने का।

मत सुनु मानिक मत सुनु मानिक। हृदया बन्द निवारहु हो।।1।।
अटपट कुम्हरा करै कुम्हरैया। चमरा गांव न बांचे हो।।2।।
नित उठि कोरिया पेट भरतु है। छिपिया आंगन नांचे हो।।3।।
नित उठि नौवा नाव चढ़तु है। बेरहि बेरा बोरे हो।।4।।
राउर की कछु खबरि न जानहुं। कैसे कै झगरा निबेरहु हो।।5।।
एक गांव में पांच तरुनि बसे। जेहिमा जेठ जेठानी हो।।6।।
आपन आपन झगरा प्रकासिनि। पिया सों प्रीति नसाइनि हो।।7।।
भैंसिन माहिं रहत नित बकुला। तिकुला ताकि न लीन्हा हो।।8।।
गाइन मांहि बसेउ नहिं कबहुं। कैसेक पद पहिचनबेउ हो।।9।।
पन्थी पन्थ बूझि नहिं लीन्हा। मूढ़हि मूढ़ गंवारा हो।।10।।
घाट छोड़ि कस औघट रेंगहु। कैसे कै लगबेहु तीरा हो।।11।।
जतइत के धन हेरिन ललचिन। कोदइत के मन दौरा हो।।12।।
दुइ चकरी जनि दरर पसारहु। तब पैहौ ठीक दौरा हो।।13।।

प्रेम बाण एक सतगुरु दीन्हों। गाढ़ो तीर कमाना हो।।14।।
दास कबीर कीन्ह यह कहरा। महरा मांहि समाना हो।।15।।

हे बंदे! मैं जो समझता हूं, उसे समझो और अपने हृदय से माया जनित बंधनों को मिटा दो। मन एक कुम्हार है और वह बहुत ही अजीब है। शरीर रूपी घड़े को वह बनाता रहता है, लेकिन चमड़े का शरीर भला कब तक ठीक रहे। जुलाहा सुबह-सुबह उठकर प्रतिदिन कपड़ा बुनता है और बाजार में उसे बेचकर अपना पेट भरता है। रंगरेज रोजाना उसके घर आकर कपड़े ले जाता है और कपड़े छापकर दे जाता है। इसी प्रकार से प्रतिदिन नियम से मन रूपी नाविक शरीर रूपी नाव पर चढ़कर अज्ञानतावश बार-बार नाव को डुबो देता है क्योंकि मन रूपी नाविक विषय-वासनाओं के मोह में लिप्त जो है। जब मन शरीर में स्थित आत्माराम को ही नहीं पहचानता तो असीमित वासनाओं का यह झगड़ा कैसे समाप्त होगा। कहने का भाव है कि जब मन ही वश में नहीं है तो विषय वासनाओं से मुक्त कैसे हुआ जा सकता है।

कबीर कहते हैं कि एक गांव में पांच युवतियां रहती हैं अर्थात् शरीर में इंद्रियां रूपी पांच युवतियां रहती हैं और उनमें जेठ-जेठानी यानी मन व वासना सबसे अधिक प्रबल हैं। पांचों युवतियां विषय भोगों की भूखी आपस में लड़ती रहती हैं और आत्म-स्वरूप चेतन के प्रेम को अस्तित्वहीन कर देती हैं। भैंसों के साथ बगुले घूमते रहते हैं उनके शरीर से चिपके कीड़ों को खाने के लिए। वैसे ही यह मन भी इंद्रियों के संग लगा रहता है, लेकिन यह ज्ञानी जनों के साथ कभी नहीं रहता है, फिर भला मन आत्म स्वरूप को कैसे पहचानेगा? अगर कोई राही अनजान रास्ते पर बिना किसी से पूछे ही चलता चला जा रहा है तो इस भटकाव के लिए दोषी वही है। कहने का भाव है कि जो अभिमानी होते हैं, वे किसी से ज्ञान नहीं लेते हैं और जब डूबते हैं तो इसमें दोष उनका ही होता है।

सही राह को छोड़कर गलत राह पर चलने वाला भला किनारे पर कैसे पहुंच सकता है। रास्ते की पहचान तो सद्गुरु ही करवा सकते हैं, पर यह जो मन है, बड़ा अभिमानी है, सद्गुरु के पास जाने ही नहीं देता है।

कबीर कहते हैं कि दो चाकों के बीच में मन को डालकर असीमित इच्छाएं पैदा न करो। एक प्रेम-बाण सद्गुरु ने दिया है और वह तीर-कमान कठिन से कठिन शिकार को भी बेधने वाला है, उस प्रेम-बाण से कबीर इस कदर घायल है कि राम में ही विलीन हो गया है। मन न तो उसे भटका पा

रहा है और न इंद्रियां लुभा पा रही हैं। वह तो यह कहरा गा-गाकर मस्त है। अब तो बस आत्म-स्वरूप का ही ध्यान हर पल रहता है, दूजा रंग सुहाता ही नहीं है।

राम नाम का सेवहु बीरा। दूरि नाहिं दूरि आशा हो॥1॥
और देव का सेवहु बौरे। ई सब झूठी आशा हो॥2॥
ऊपर ऊजर कहा भौ बौरे। भीतर अजहूं कारो हो॥3॥
तन के वृद्ध कहा भौ बौरे। मनुवा अजहूं बारो हो॥4॥
मुख के दांत गये कहा भौ बौरे। भीतर दांत लोहे के हो॥5॥
फिर-फिर चना चबाय विषय के। काम क्रोध मद लोभ के हो॥6॥
तन की सकल संज्ञा घटि गयऊ। मनहि दिलासा दूना हो॥7॥
कहहिं कबीर सुनो हो सन्तो। सकल सयाना पहुंना हो॥8॥

हे ज्ञानियों! जो तुम्हारे अंदर वास्तविक राम है, पहले उसको जानो। मुंह से राम-राम बोलने से कुछ नहीं मिलने वाला। तुम्हारे हृदय में जो राम है, तुम्हें उससे दूर, तुम्हारी झूठी कल्पनाओं ने ही कर दिया है। दूसरे यानी काल्पनिक देवी-देवताओं की सेवा करना बेकार है। यह सब झूठी आशा ही है। तुम्हारे अंदर मैल भरा है तो ऊपर से साफ-सुथरा रहने से कोई हित नहीं होने वाला है। शरीर बूढ़ा हो गया है, लेकिन मन आज भी जवां है। तुम्हारे अंदर असीमित इच्छाओं रूपी दांत लोहे के समान मजबूत हैं तो फिर मुंह के दांत गिरने से क्या फायदा? भीतर के दांतों से काम, क्रोध, मद, लोभ, मोह के चने चबाए जा रहे हो अर्थात् तृष्णा ज्यों की त्यों बनी हुई है। शरीर की सारी शक्तियां घट गयी हैं, लेकिन विषय-वासनाओं की अभिलाषा बढ़ गई है।

कबीर कहते हैं कि हे संतों सुनो! यह मृत्युलोक है। सारे ज्ञानी-ध्यानी और चतुर-चालाक दो-चार दिन के ही पहुंना यानी अतिथि हैं। सब कुछ छोड़कर यहां से जाना निश्चित है।

ओढ़न मोरा राम नाम। मैं रामहि का बनजारा हो॥1॥
राम नाम का करहु बनिजिया। हरि मोरा हटवाई हो॥2॥
सहस्र नाम का करों पसारा। दिन-दिन होत सवाई हो॥3॥
जाके द्रेव वेद पछ राखा। ताके होत हटवाई हो॥4॥
कानि तराजू सेर तिनि पउवा। तुकिनि ढोल बजाई हो॥5॥
सेर पसेरी पूरा कैले। पासंग कतहुं न जाई हो॥6॥
कहहिं कबीर सुनो हो सन्तो। जोर चला जहंड़ाई हो॥7॥

कबीर कहते हैं कि मेरा तो राम नाम का ही ओढ़ना और बिछौना है, यही मेरा रक्षक है। मैं तो राम का ही बंजारा हूं। राम के नाम का ही व्यापार करता हूं और राम का नाम ही बेचता हूं। मैं हजारों नाम प्रचार-प्रसार करता हूं और यह दिन-दिन सवाई होता जा रहा है। जिस ईश्वर का गुणगान देवताओं और वेदों ने किया है, चारों तरफ उसकी ही खरीददारी हो रही है। दुकानदारों का तराजू टेढ़ा तथा पसंगे वाला अर्थात् सेर तीन पाव का है। सद्गुरु जो हैं वे ढोल-मंजीरा बजाकर सज्जनों को गुरुमंत्र देकर मोक्ष के उपाय सूझा रहे हैं।

कबीर कहते हैं कि सेर-पसेरी सही कर लें तो भी पासंग वाला तराजू तथा तिरछापन कहीं नहीं जाएगा। कहने का तात्पर्य है कि विवेक न होने पर आदमी को आत्म-स्वरूप का बोध नहीं हो पाता है। हे संतों सुनो! जान-बूझकर गलत रास्ते पर चलकर लोग खुद को छल बैठे हैं।

राम नाम भजु राम भजु। चेति देखु मन माहीं हो॥1॥
लक्ष करोरि जोरि धन गाड़े। चलत डोलावत बांहीं हो॥2॥
दादा-बाबा और परपाजा। जिन्हके यह भुई भांड़े हो॥3॥
आंधर भये हियहु की फूटी। तिन्ह काहे सब छांड़े हो॥4॥
ई संसार असार को धन्धा। अन्तकाल कोई नाहीं हो॥5॥
उपजत बिनसत बार न लागे। ज्यों बादर की छाहीं हो॥6॥
नाता-गोता कुल-कुटुम्ब सब। इन्ह कर कौन बड़ाई हो॥7॥
कहहिं कबीर एक राम भजे बिनु। बूड़ी सब चतुराई हो॥8॥

राम का नाम पूरे मनोयोग से भजो और सजग होकर मन में झांको। मनुष्यों! तुम तो लाखों-करोड़ों का धन जोड़कर जमीन में गाड़कर रखते हो और उसी के घमंड में ऐंठ कर चलते हो। तुम्हें तो यह मालूम ही है कि तुम्हारे दादा, बाबा और पर दादा ने जो संपत्ति एकत्रित की थी, वे सारी दौलत यहीं छोड़कर चले गए थे।

कबीर कहते हैं कि हे प्राणी! तुम बाहर की आंखों से ही नहीं अंदर की आंखों से भी अंधे हो, वे सब धन क्यों छोड़ गए। तुम भी तो इन बातों से प्रेरणा लो और धन जोड़ने की प्रवृत्ति से बाज आओ। यह संसार असार है और यहां जो कुछ भी है उसका कोई सार नहीं है। जब मौत आएगी तो धन, जन, प्रेम, मित्र यानी कोई भी चीज तुम्हारे काम नहीं आएगी।

यहां जन्म व विनाश में देर नहीं लगती, जैसे बादल पल-भर में सूर्य को ढककर अंधेरा कर देता है और पल-भर में ही सूर्य से हटकर उजाला कर देता

है। रिश्ता, गोत्र, कुल, परिवार इन सब क्षणभंगुर चीजों का कोई महत्त्व नहीं है, सब व्यर्थ हैं। समझ लो और ध्यान से सुन लो - एक राम को भजे बिना सारी चतुराई और सारा सयानापन बेकार है।

राम नाम बिनु राम नाम बिनु। मिथ्या जन्म गमायो हो॥1॥
सेबर सेइ सुवा ज्यों जहंड़े, ऊपर परे पछिताई हो॥2॥
जैसे मदपी गांठि अर्थ दै। घरहु कि अकिल गमाई हो॥3॥
स्वादे वोद्र भरे धौं कैसे। ओसै प्यास न जाई हो॥4॥
दर्ब हीन जैसे पुरुषारथ। मन ही मांहि तवाई हो॥5॥
गांठी रतन मर्म नहिं जाने। पारख लीन्हा छोरी हो॥6॥
कहहिं कबीर यह औसर बीते। रतन न मिले बहोरी हो॥7॥

हे प्राणी! राम नाम के बिना तूने यह मानुष जन्म व्यर्थ में ही गंवा दिया, जैसे तोता सेमल के फल में चोंच मारता है और रूई पाकर पछताता हुआ उड़ जाता है, वैसे ही मनुष्य सार हीन चीजों से प्रेम कर छला जाता है। कबीर कहते हैं कि शराबी अपनी जेब से पैसा देकर शराब पीता है और अर्थ तथा बुद्धि दोनों ही गंवा बैठता है। स्वाद का अहसास करने से जैसे पेट नहीं भरता वैसे ही ओस को चाटने से प्यास नहीं मिटती है, जैसे धनहीन व्यक्ति सपने देखता है, बड़े-बड़े कार्य करने की सोचता है, लेकिन उसके सपने धनाभाव के कारण पूरे नहीं होते हैं, वैसे ही आदमी आत्म-ज्ञान के बिना सारहीन संसार में भटकता हुआ मर जाता है। सबसे बड़ा रत्न तो राम रत्न है, जिसे पास रहते हुए भी आदमी पहचान नहीं पाता है और उसे इधर-उधर खोजता फिरता है। कबीर कहते हैं कि यह समय बीत जाने के बाद फिर दोबारा नहीं मिलेगा और न ही दोबारा मानुष जन्म ही।

ऐसनि देह निरालप बौरे। मुवल छुवे नहिं कोई हो॥1॥
डण्डवा की डोरिया तोरि लराइनि। जो कोटिन धन होई हो॥2॥
उर्ध निश्वासा उपजि तरासा। हंकराइनि परिवारा हो॥3॥
जो कोई आवै बेगि चलावै। पल एक रहन न पाई हो॥4॥
चन्दन चीर चतुर सब लेपैं। गरे गजमुक्ता के हारा हो॥5॥
चौंसठ गीध मुये तन लूटै। जम्बुकन वोद्र बिदारा हो॥6॥
कहहिं कबीर सुनो हो सन्तो। ज्ञान हीन मति हीना हो॥7॥
एक-एक दिना याहि गति सबकी। कहा राव कहा दीना हो॥8॥

कबीर कहते हैं कि हे बावले! इस माटी की काया पर क्या इतराता है। यह शरीर तो क्षणभंगुर और गंदगी की ढेर है। मरने के बाद तो इस देह को कोई छूना भी नहीं चाहता। कोई करोड़पति ही क्यों न हो प्राण शरीर से निकलते ही करधनी भी लोग कमर से तोड़ लेते हैं। जब व्यक्ति की सांस ऊपर की तरफ चलने लगती है और उसे महसूस होने लगता है कि अब वह जीवित नहीं रहेगा तब वह अपने द्वारा कमाई पूंजी के यहीं पर रह जाने से दुःखी, हताश और निराश हो जाता है। वह अपने परिजनों को देखना चाहता है, लेकिन सांस निकल जाने के बाद जो कोई भी आता है, वह बस जल्दी से श्मशान घाट ले चलने की सलाह देता है यानी कोई भी यह नहीं चाहता कि वह पल-भर भी घर में रहे। इतना ही नहीं चंदन, इत्र आदि खुशबुओं से शरीर को सुगंधित रखने वाला और गले में गजमुक्ता का हार धारण करने वाला तथा चतुर सयाना व्यक्ति भी कहीं निर्जन जगह में अचानक ही मृत्यु को प्राप्त कर लेता है तो उसके शरीर को चील, कौआ, गिद्ध, सियार नोंच-नोंचकर खाने लगते हैं और उसका पेट तक भी फाड़ देते हैं। वे यह नहीं देखते कि यह बुद्धिमान और शरीर से प्रेम करने वाला था, इसे न खाएं। इस शरीर की यही गति है, पगले, चेत जा।

कबीर कहते हैं कि ऐ संतों सुनों! बुद्धिहीन और ज्ञानहीन व्यक्ति इस संसार की सारहीनता को समझ नहीं पाते हैं। अमीर हो या गरीब मरने के बाद उसके साथ यहां एक जैसा ही व्यवहार होना है।

ई माया रघुनाथा कि बौरी। खेलन चली अहेरा हो॥1॥
चतुर चिकनियां चुनि-चुनि मारे। कोइ न राखेउ न्यारा हो॥2॥
मौनी बीर दिगम्बर मारे। ध्यान धरन्ते योगी हो॥3॥
जंगल में के जंगम मारे। माया किनहुं न भोगी हो॥4॥
वेद पढ़न्ते वेदुवा मारे। पूजा करन्ते स्वामी हो॥5॥
अर्थ विचारत पण्डित मारे। बांधउ सकल लगामी हो॥6॥
श्रृंगी ऋषि बन भीतर मारे। शिर ब्रह्मा का फोरी हो॥7॥
नाथ मछन्दर चले पीठ दै। सिंघल हूं मैं बोरी हो॥8॥
साकट के घर करता-धरता। हरि भक्तों के चेरी हो॥9॥
कहहिं कबीर सुनो हो सन्तों। ज्यों आवे त्यों फेरी हो॥10॥

कबीर कहते हैं कि जीव ने ही माया को पैदा किया है और यह माया ऐसी कपटी है कि जीव को ही मार रही है और उसके साथ हर पल छल

कर रही है। इस माया ने तो सारे बुद्धिमानों और भावुकजनों को चुन-चुनकर आहत कर दिया है। किसी को भी अपने माया जाल से बाहर नहीं रखा है। इस महा ठगिन ने तो मौन व्रतधारियों, दिगंबरों, वीरों, ध्यान में लीन योगियों तक को भी नहीं छोड़ा है। जंगल में, तपस्या में लीन साधुओं को भी माया ने नहीं बख्शा है। माया को तो कोई नहीं भोग सका, पर उलटे माया ने विषय वासना में लिप्त सबको, अपने माया जाल में फांस लिया है। वेद का पाठ करने वाले पुजारी तथा स्वामियों को भी माया ने अपने रंग में रंग लिया है। माया ने अर्थ विचार करने वाले या भाग्य बांचने वाले पंडितों को भी धर दबोचा है और लगाम लगा दी है। माया ने श्रृंगी मुनि को वन में मार दिया और ब्रह्मा का तो सिर ही फोड़ दिया है। मत्स्येंद्रनाथ को भी माया ने नहीं छोड़ा और जाते-जाते सिंघल में उन्हें विषय भोगों में डूबो दिया।

कबीर कहते हैं कि माया एक होकर भी अनेक है। दुष्टों और बदमाशों के घर की वह स्वयं कर्ता-धरता है, पर जो हरि भक्त हैं उनके घर पर उनकी दासी बनकर उन्हें ठगती है। हे संतो सुनो! मैं तो माया को जान गया हूं। वह जैसे ही मेरे पास आती है, मैं उसे वापस लौटा देता हूं। माया से दूर रहो और उसे भी स्वयं से दूर ही रखो।

बसंत

रसना पढ़ि लेहु श्री बसन्त। बहुरि जाय परबेहु यम के फन्द॥1॥
मेरुदण्ड पर डंक दीन्ह। अष्ट कंवल परचारि लीन्ह॥2॥
ब्रह्म अगिन कियो परकाश। अर्ध ऊर्ध तहां बहै बतास॥3॥
नौ नारी परिमल सो गांव। सखी पांच तहां देखन धाव॥4॥
अनहद बाजा रहल पूरी। तहं पुरुष बहत्तर खेलें धूरि॥5॥
माया देखि कस रह्यो है भूलि। जस बनस्पति रहि हैं फूलि॥6॥
कहहिं कबीर यह हरि के दास। फगुआ मांगै बैकुण्ड बास॥7॥

हे रसना! जगदगुरु ब्रह्म का सुमिरन कर लो। यदि तूने सुमिरन नहीं किया तो फिर अवसर नहीं मिलेगा और आवा-गमन के फंदे में फंसकर इस सारहीन जगत में भटकते फिरोगे। मेरूदण्ड पर साधकों ने अपना ध्यान लगाया और मूलाधार चक्र से ऊपर की तरफ बढ़ते हुए अष्ट कंवल यानी आठवें सुरति कंवल में प्रवेशकर उजाला भर दिया। सुरति कंवल में उजाला होते ही प्राण वायु ऊपर आ गई। वहां नौ नाड़ियां तथा प्राणादि पांच सहेलियां भी पहुंच गईं। बहत्तर कोठों की वायु आकर उसी में विलीन हो गई और अनहद बाजा लयबद्ध धुन में बजने लगा। ऐसे आनंदमय वातावरण में साधक आनंदित होकर खेलने लगा।

कबीर कहते हैं कि यह तो माया का भ्रम जाल है। इस पर मुग्ध होकर यह क्यों भूल रहे हो कि इसका तो कोई अस्तित्व ही नहीं है। यह तो बसंत के फूल की भांति है। कबीर कहते हैं कि हरि भक्त न जाने होली के इस खेल में सांसारिक-सुख चाहते हैं या बैकुण्ड पहुंचना चाहते हैं।

मैं आयों मेस्तर मिलन तोंहि। ऋतु बसन्त पहिरावहु मोंहि॥1॥
लम्बी पुरिया पाई छीन। सूत पुरा खूंटा तीन॥2॥

सरलागै तेहि तिनसै साठ। सकनि बहत्तर लागु गांठ॥3॥
खुरखुर-खुरखुर चालै नारि। बैठि जोलाहिन पल्थी मारि॥4॥
ऊपर नचनियां करत कोड़। करिगहमा दुई चलत गोड़॥5॥
पांच पचीसों दशहूं द्वार। सखी पांच तहां रची धमार॥6॥
रंग बिरंगी पहिरे चीर। हरि के चरण धै गावैं कबीर॥7॥

हे सद्मार्ग की तरफ ले जाने वाले गुरु! मैं तुम्हारी शरण में आया हूं। मुझे ज्ञान और अध्यात्म का मिला-जुला बासंती चोला पहना दो। मेरा जो यह शरीर रूपी चोला है पुराना हो गया है। सदियों से मैं यही चोला पहनता आ रहा हूं। इसको चमकाने वाली ज्ञान की जो पाई है, वह घिस गई है और श्वास भी इड़ा, पिंगला, सुषुम्ना तीन खूंटियों में बंधा हुआ है। इस चोले में तीन सौ साठ हड्डी रूपी सरकंडे हैं तथा ये बहत्तर स्थानों पर कसकर बंधे हुए हैं।

कबीर कहते हैं कि यह शरीर रूपी चोला क्या है, एक चरखा की मानिंद ही तो है। पाल्थी मारकर मनोकामना रूपी जुलाहिन बैठी है और खुरखुर-खुरखुर चरखा चलाकर सूत कात रही है।

कहने का भाव है कि इस शरीर रूपी चरखे से कर्म के कपड़े तैयार किए जा रहे हैं। पांच प्राण, पच्चीस प्रकृतियों, दस द्वार वाले इस शरीर रूपी चोले में पांचों इंद्रियां खूब धमाल मचाती हैं। कहने का भाव है कि यह जो आत्मा है, वह जिस किसी भी योनि में जाती है, उसे शरीर रूपी चोला पहनना पड़ता है और इस चोले को पहनते ही उसे तरह-तरह की समस्याओं से लड़ना पड़ता है। जीव आवागमन से मुक्त होना चाहता है, लेकिन मन इंद्रियों के साथ लगकर उसे मोक्ष के द्वार तक पहुंचने ही नहीं देता है।

कबीर कहते हैं कि जीव मुक्ति के लिए कभी ईश्वर से प्रार्थना करता है तो कभी सद्गुरु की शरण में जाता है, लेकिन यदि वह मन को वश में कर ले तो मुक्ति की राह आसान हो जाए।

बुढ़िया हंसि बोली मैं नितही बार। मोसे तरुनि कहो कवनि नार॥1॥
दांत गये मोरे पान खात। केश गये मोर गंग नहात॥2॥
नैन गये मोरे कजरा देत। बैस गये पर पुरुष लेत॥3॥
जान पुरुषवा मोर अहार। अनजाने का करौं सिंगार॥4॥
कहहिं कबीर बुढ़िया आनंद गाय। पूत भतारहिं बैठी खाय॥5॥

कबीर कहते हैं कि माया रूपी बुढ़िया को देखकर साधक अचानक ही हंस पड़ा। बुढ़िया हंसकर कहने लगी–तू क्या हंस रहा है। मैं सदा बहार नवयौवना हूं। कोई भी अवस्था मुझे छूती नहीं। मुझ जैसी युवती कौन है बताओ? मेरे जो हैं, वे पान खाने के कारण टूट गए। गंगा में नहाने से मेरे बाल झड़ गए। आंखें मेरी काजल लगाते-लगाते चली गईं। मेरा शरीर कमजोर पड़ गया पर-पुरुषों के साथ रास-बिहार करते रहने से, लेकिन फिर भी मैं अक्षत यौवना हूं। जो व्यक्ति मेरे प्रति आसक्त होते हैं, वही मेरे भोजन भी होते हैं और जो मेरे प्रति अनासक्त हैं, मैं उन्हें स्वयं पर मुग्ध करने के लिए साज-शृंगार करती हूं।

कबीर कहते हैं कि देखने में यह माया रूपी बुढ़िया आनंददायिनी गाय की तरह सीधी-सादी लगती है, पर बैठे-बैठे ही पूरे संसार के लोगों को खाए जा रही है। यह किसी खूंखार शेरनी से कम नहीं है।

तुम बुझ-बुझ पण्डित कौनि नारी। काहु न ब्याहिल है कुमारि॥1॥
सब देवन मिलि हरिहि दीन्ह। चारिउ युग हरि संग लीन्ह॥2॥
प्रथम पदुमिनि रूप आहि। है सांपिनि जग खेदि खाहि॥3॥
ई बर जोवत ऊ बर नाहिं। अति रे तेज त्रिय रैनि ताहि॥4॥
कहिं कबीर ये जग पियारी। अपने बलकवहिं रहल मारि॥5॥

हे पंडितों! बूझो वह कौन-सी नारी है, जो विवाहित होकर भी कुंवारी है अर्थात् वह पत्नी नहीं बन सकी। सभी देवताओं ने मिलकर लक्ष्मी को श्री हरि को दिया और हरि ने तब से ही लक्ष्मी को अपने साथ रखा है। लक्ष्मी का पहला नाम पदुमिनी है, लेकिन जो कर्म है वह सर्पिणी का है क्योंकि सबको भगा-भगाकर ही खा जाती है। यह स्वयं के लिए यानी दूल्हा ढूंढती है और न मिलने पर वासना के वेग को बर्दाश्त करती है। कबीर कहते हैं कि यह नारी यानी लक्ष्मी सबको ही प्यारी लगती है, लेकिन अपने ही चाहने वालों को धीरे-धीरे मारती रहती है।

घरहि में बाबुल बाढ़लिल रारि। उठि-उठि लागलि चपल नारि॥1॥
एक बड़ी जाके पांच हाथ। पांचों के पचीस साथी॥2॥
पचीस बतावैं और - और। और बतावैं कई एक ठौर॥3॥
अन्तर मध्ये अन्त लेइ। झकझोरि झोरा जीवहिं देई॥4॥
आपन-आपन चाहैं भोग। काहु कैसे कुशल परिहैं योग॥5॥

विवेक-विचार न करे कोय। सब खलक तमाशा देखें लोय॥6॥
मुख फारि हंसे राव रंक। ताते धरे न पावैं एको अंक॥7॥
नियरे न खोजैं बतावैं दूरि। चहुंदिश बागुलि रहालि पूरि॥8॥
लच्छ अहेरी एक जीव। ताते पुकारै पीव-पीव॥9॥
अबकी बार जो होय चुकाय। कहिं कबीर ताकी पूरी दाव॥10॥

घर में ही झगड़ा शुरू हो गया है अर्थात् शरीर के अंदर ही अंतर्द्वंद्व छिड़ा हुआ है। चपल स्त्रियां बढ़-चढ़कर झगड़ा कर रही हैं। उनमें एक स्त्री सबसे बड़ी है, जिसका नाम वासना है और उसके आंख, नाक, त्वचा, जीभ व हाथ हैं और इन पांचों इंद्रियों की पच्चीस प्रवृत्तियां हैं, जो जीव यानी मनुष्य को अलग-अलग रास्तों पर भरमाती रहती हैं। इससे जीव को कई उचित-अनुचित आदतें पड़ जाती हैं, जो जीव रूपी मनुष्य को इधर-उधर खींच कर ले जाती हैं।

कोई भी अपने विवेक का इस्तेमाल नहीं करता है। सब अज्ञानतावश विषय भोगों में लिप्त तमाशा देखते हैं। क्या राजा, क्या प्रजा सब खुशी-खुशी विषय वासना को विविध क्रियाओं से भोगने में व्यस्त हैं। जो भी सांसारिक वृत्तियों में एक बार फंस जाता है उसको कहीं भी ठौर नहीं मिलता है। आत्म-स्वरूप का बोध किसी को भी नहीं है जबकि वह शरीर के अंदर ही है। अज्ञानी जन उसे बाहर ढूंढ रहे हैं और बाहर तो चारों तरफ माया रूपी शिकारी बगुले घात लगाए बैठे हैं। भला जीव आत्म-स्वरूप का दर्शन करे तो कैसे करे? कबीर कहते हैं कि जीव पर लाखों शिकारी घात लगाए बैठे हैं, जो डरा-सहमा हुआ पीव-पीव अर्थात् परम ब्रह्म को पुकारता है।

कबीर कहते हैं कि जिसने भी माया को स्वयं से दूर रखा है और स्वविवेक से काम लिया है, उसने अवश्य ही मुक्ति पा ली है। अवसर को जाने न दो और इस बाजी को जीत लो, अवसर बीत जाने पर गति नहीं है।

कर पल्लव केवल खेले नारी। पंडित होय सो लेइ बिचारी॥1॥
कपरा न पहिरे रहै उघारि। निर्जीव से धनि अति रे पियरि॥2॥
उलटी पलटी बाजु तार। काहू मारै काहू उबार॥3॥
कहैं सद्गुरु कबीरदासन के दास। काहू सुख दै काहू निरास॥4॥

कबीर कहते हैं कि माया महा ठगिन है, पर मुग्ध नर-नारी अपने स्वरूप को भुलाकर काल के मुंह में नाच रहे हैं। जो विवेकवान पंडित होगा, वही इस रहस्य को समझ सकता है। माया रूपी औरत जो है, वह बहुत ही निर्लज्ज और क्रूर भी है - वस्त्रधारण नहीं करती है और निर्वस्त्र ही रहती है। सांसारिक सुख-सुविधाओं के प्रति मनुष्य की आसक्ति भी यही बढ़ाती है और उसमें डुबोकर मनुष्य को उसके आत्म-स्वरूप चेतन से दूर कर देती है। माया रूपी यह नारी अपनी हथेली को उलटा-सीधा कर थपथप की आवाज करती रहती है। किसी को यह मारती है तो किसी को उबारती है। कबीर कहते हैं कि माया रूपी स्त्री किसी को सुख और आनंद प्रदान करती है और किसी को इतना निराश व तबाह कर देती है कि वह बरबाद ही हो जाता है। यह बड़ी ही विचित्र और अद्भुत है।

ऐसो दुर्लभ जात शरीर। राम नाम भजु लागू तीर॥1॥
गये बेनु बलि गये कंश। दुर्योधन को बूड़ो बंश॥2॥
पृथु गये पृथिवी के राव। त्रिविक्रम गये रहे न काव॥3॥
छौ चकवै मण्डली के झारि। अजहूं हो नर देखु बिचारि॥4॥
हनुमत कश्यप जनक बालि। ई सब छेंकल यम के द्वारि॥5॥
गोपीचन्द भल कीन्ह योग। जस रावण मारयो करत भोग॥6॥
ऐसी जात देखि नर सबहिं जान। कहहिं कबीर भजु राम नाम॥7॥

कबीर कहते हैं कि हे प्राणी! तू क्यों परेशान और दुखी है। यह मानुष तन बड़ी मुश्किल से मिलता है और तू ऐसी दुर्लभ देह को यूं ही गंवा रहा है। राम नाम भज, तेरा बेड़ा पार हो जाएगा। बेन, कंस, बलि जैसे शक्तिशाली राजा चले गए। दुर्योधन अपने वंश सहित चला गया। महाराजा पृथु, महाराजा बलि को छलने वाले वामन भी चले गए। कोई भी यहां जिन्दा नहीं रहा। छः चक्रवती परिवार सहित चले गए। हे मनुष्य! आज ही यह सब देखकर विचार कर। हनुमत, कश्यप, जनक, बाली ये सब-के-सब यम के ग्रास बन गये। इनका कहीं भी कोई अस्तित्व नहीं है। गोपीचन्द जैसा योगी चला गया और रावण जैसा तपस्वी, ज्ञानी, ध्यानी, महाभोगी राजा चला गया। कबीर कहते हैं कि हे प्राणी! इसी तरह से सभी को जाना है, यह देखकर विवेक से काम ले। अपने आत्म-स्वरूप चेतन का सुमिरन कर, तेरा बेड़ा पार हो जाएगा।

सबहीं मद माते कोई न जाग। संगहिं चोरि घर मूसन लाग॥1॥
योगी माते योग ध्यान। पण्डित माते पढ़ि पुरान॥2॥
तपसी माते तप के भेव। सन्यासी माते कर हमेव॥3॥
मोलना माते पढ़ि मुसाफ। काजी माते दै निसाफ। 4॥
संसारी माते माया के धार। राजा माते करि हंकार॥5॥
माते शुकदेव उद्धव अक्रूर। हनुमत माते लै लंगूर॥6॥
शिव माते हरि चरण सेव। कलि माते नामा जयदेव॥7॥
सत्य-सत्य कहैं सुमृति-वेद। जस रावण मारेउ घर के भेद॥8॥
चंचल मन के अधम काम। कहहिं कबीर भजु राम नाम॥9॥

कबीर कहते हैं कि यहां पर सभी किसी-न-किसी नशे में धुत्त हैं, कोई भी होश में नहीं है। किसी को भी इस बात की खबर नहीं है कि अभिमान और कामना रूपी चोर उनकी सुख-शांति में सेंध लगा चुका है। योगी-ध्यानी अपने योग के मद में चूर हैं। पंडित पुराण-शास्त्र पढ़कर बौरा गए हैं। तपस्वी अपने तप के घमंड में हैं और सन्यासी लोग 'हम ही सब कुछ हैं' इस गलतफहमी में मदमाते हैं और जो मौलवी लोग हैं वे कुरान शरीफ पढ़कर पगला गए हैं और काजी खुदाई किताब पढ़कर अपने आपको भूल गए हैं। घर-गृहस्थी वाले माया की लहर में बहे जा रहे हैं और राजा अपने राजकाज को लेकर ही मद में चूर है। शुकदेव, उद्धव, अक्रूर अपने ज्ञान के मद में और हनुमंत अपनी पूंछ के ही मद में चूर हैं।

शिवशंकर हरि सुमिरन में ही मदमाते हैं और इस कलियुग में नामदेव व जयदेव ईश्वर की भक्ति के गुमान में ही सब भूल गए। शास्त्र-वेद ठीक ही कहते हैं कि व्यक्ति अपने अंदर पैदा होने वाले अभिमान और असीमित इच्छाओं के कारण ही मारा जाता है। उसे मारता दूसरा कोई नहीं है, जैसे रावण अपने घर के भेदिया विभीषण के कारण ही मारा गया। उसने अगर विभीषण को घर से नहीं निकाला होता तो उसे कौन मारता? कोई नहीं। कबीर कहते हैं कि यह जो चंचल मन है, उसके सारे कार्य अधम ही होते हैं। हे प्राणी! राम-राम का सुमिरन कर, मोक्ष-प्राप्ति का साधन यही है।

**शिव काशी कैसी भई तुम्हारि। अजहूं हो शिव लेहु विचारि॥1॥
चोवा चन्दन अगर पान। घर घर सुमृति होत पुरान॥2॥**

बहु विधि भवने लागू भोग। ऐसे नग्र कोलाहल करत लोग॥3॥
बहु विधि परजा लोग तोर। तेहि कारण चित ढीठ मोर॥4॥
हमरे बलकवा के इहै ज्ञान। तोहिरा को समुझावै आन॥5॥
जो जेहि मन से रहल आय। जिव का मरण कहु कहां समाय॥6॥
ताकर जो कछु होय अकाज। ताहि दोष नहिं साहेब लाज॥7॥
हर हर्षित सो कहल भेव। जहां हम तहां दूसरा न केव॥8॥
दिना चारि मन धरहू धीर। जस देखैं तस कहहिं कबीर॥9॥

कबीर कहते हैं कि हे शिवशंकर! तुम्हारी काशी कैसी हो गई है। आज भी सोच लो। चोवा, चंदन, अगर, पान तुम पर चढ़ाया जाता है। घर-घर स्मृति और पुराण भी पढ़े जाते हैं और लोग तुम्हारा गुणगान करते हैं, छप्पन प्रकार के भोग लगाए जाते हैं और इस काशी नगरी में चारों तरफ तुम्हारे नाम की जय ध्वनि होती रहती है।

काशी में तुम्हारे भक्तों की भीड़ है, तभी तो हे शिवशंकर! मैं नि:संकोच भाव से पूछता हूं। मैं तुम्हारे सामने एक अबोध बच्चा हूं और मेरा ज्ञान बहुत ही सीमित है, लेकिन तुम्हारा ज्ञान तो असीमित है और तुम ज्ञान के भंडार हो, तुम्हें क्या समझाना। मेरे मन में जो संशय उत्पन्न हुआ है उसका निवारण करो।

कबीर आगे कहते हैं कि जिसके मन में जैसा आता है, काशी की महिमा का बखान करता है। कहा जाता है कि काशी में मरने वाला हत्यारा और पापी भी मोक्ष प्राप्त कर लेता है। हे शिव शंकर! मैं पूछता हूं। मुझे बताओ, मृत्यु होने के बाद आत्मा कहा जाता है और शरीर से निकलने के बाद उसकी स्थिति कैसे हो जाती है? काशी की महिमा में पड़कर मनुष्य यहां तनाव मुक्त हो जाता है कि श्वास निकलने के बाद तो मुक्ति निश्चित ही है, लेकिन यदि जीव को मोक्ष नहीं मिला तो कसूरवार तुम ही होगे। हे साहेब! वह कसूरवार नहीं होगा।

भगवान शिव हर्षित होकर बोले कि जहां हम हैं वहां दूसरा कोई नहीं है अर्थात् काशी में शिव हैं और काशी शिव के त्रिशूल पर टिकी हुई है, यहां यमराज नहीं आ सकता।

कबीर कहते हैं कि जो सच है, वही मैं कह रहा हूं। जो सामने है, वही

सच है, झूठ नहीं है। कर्म प्रधान है, कर्मफल सबको ही भोगना पड़ता है। कर्मफल से भला कोई मुक्त कैसे हो सकता है। काशी में मरो या कहीं भी मरो, कर्मफल तो साथ ही रहेगा। ऐसा कभी मत सोचो कि पाप कर्म कर काशी में जाकर मरोगे तो सद्गति हो जाएगी और यह सोचकर भी बुरे कर्म न करो कि काशी में जाकर मर जाएंगे तो सारे पापों से छुटकारा मिल जाएगा। ऐसा नहीं है।

चाचर

खेलति माया मोहनी। जिन्ह जेर कियो संसार।।1।।
रचेउ रंगते चूनरी। कोइ सुन्दरि पहिरे आय।।2।।
शोभा अद्भुत रूप वाकी। महिमा बरणि न जाय।।3।।
चन्द्र बदनि मृगलोचनी। माया बुन्दका दियो उघार।।4।।
जती सती सब मोहिया। गजगति ऐसी जाकी चाल।।5।।
नारद को मुख मांडि़ के। लीन्हो बसन छोड़ाय।।6।।
गर्भ गहेली गर्भ ते। उलटि चली मुसकाय।।7।।
शिव सन ब्रह्मा दौरि के। दूनों पकरे धाय।।8।।
फगुआ लीन्ह छुड़ाय के। बहुरि दियो छिटकाय।।9।।

कबीर कहते हैं कि संसार के समस्त जीवों को छकाने वाली माया मोहिनी खेल रही है। उसने लाल, सफेद, काले अर्थात् त्रिगुणों वाली चुनरी बना ली, जिसे जीव धारण करते हैं, फिर माया के वश में हो जाते हैं। माया मोहिनी की शोभा अद्भुत है और रूप बांका है और उसकी महिमा अवर्णनीय है।

चन्द्र के समान मुख की शोभा है और मृग के समान आंखें हैं। ऐसी सुंदरता वाली माया ने घूंघट हटा दिया है। उसके माथे पर लाल टीका है। भला मोहिनी माया के इस रूप-सौंदर्य पर सत्यवादी, मुनि, सन्यासी कैसे मुग्ध न होंगे। सबके सब माया पर मोहित होते चले गए। हाथी जैसी मदमस्त चाल वाली माया से भला संसार का कोई जीव कैसे बचा रह सकता है। सबको पता है, नारद को भी माया ने नहीं छोड़ा था। माया पर मुग्ध नारद मुनि बंदर का मुख लिए स्वयंवर सभा में, सुंदर होने का भ्रम लिए चले गए और ठगिन माया ने नारद पर मुस्कुराते हुए, श्री हरि के गले में जयमाल डाल दिया। शिव व ब्रह्मा को भी माया ने दौड़कर पकड़ लिया है और उसने उनका भी ध्यान, योग से हटाकर असीमित इच्छाओं की ओर मोड़ दिया है। मायामय सारा संसार है, मुक्ति कैसे मिले?

अनहद धुनि बाजा बजै। श्रवण सुनत भौ चाव।।10।।
खेलनहारा खेलि हैं। जैसी वाकी दावँ।।11।।

ज्ञान ढाल आगे दियो। टारे टरै न पाँव।।12।।
सुर नर मुनि और देवता। गोरख दत्त औ ब्यास।।13।।
सनक-सनन्दन हारिया। और की केतिक बात।।14।।
छिलकत थोथे प्रेम सों। मारे पिचकारी गात।।15।।
कै लीन्हों बसि आपने। फिर फिर चितवत जात।।16।।

माया की मीठी आवाज सबको बहुत अच्छी लगी और कान में वह आवाज पड़ते ही, सबके ही मन में माया को पाने की लालसा जाग उठी। सब ही उसके पीछे भागने लगे। जो भी माया के साथ खेलने वाले हैं मौका देखकर अपनी इच्छानुसार खेल रहे हैं। कई विवेकवान लोग तो ज्ञान को ढाल बनाकर माया से लड़े भी, लेकिन माया के पांव तक भी हिल न सके अर्थात् उसका बाल बांका तक भी न कर सके। अज्ञानी खिलाड़ी माया को अप्राप्य मानकर खेल रहे हैं और इसी को अपना सौभाग्य भी मान रहे हैं। माया के सामने तो सुर, नर, मुनि, गोरख, दत्तात्रेय और व्यास, सनक, सनकादि भी हार गए तो औरों की क्या बिसात।

कबीर कहते हैं कि महाठगिन माया की पिचकारी सबके शरीर पर चलती है और सभी इस पल-भर के प्रेम में हंसते-खिलखिलाते हैं। सभी को यह अपने वश में कर लेती है और मुड़-मुड़कर यह भी देखती है कि कोई इसके मोहपाश से बच तो नहीं गया है।

ज्ञान डाँग ले रोपिया। त्रिगुण दियो है साथ।।18।।
शिवसन ब्रह्मा लेन कहो है। और की केतिक बात।।19।।
एक ओर सुर नर मुनि ठाढ़े। एक अकेली आप।।20।।
दृष्टि परे उन काहु न छाड़े। कै लीन्हों एकै थाप।।21।।
जेते थे तेते लिए। घूँघट माहिं समोय।।22।।
कज्जल वाकी रेख है। अदग गया नहिं कोय।।23।।
इन्द्र कृष्ण द्वारे खड़े। लोचन ललचि लजाय।।24।।
कहहिं कबीर ते ऊबर। जाहि न मोह समाय।।25।।

कबीर कहते हैं कि बस दिखावे के लिए माया ने ज्ञान का पुंज ले रखा है, पर उसके साथ ही त्रिगुण हैं - सत, रज, तम....जिससे माया सब पर ही भारी पड़ रही है। जब शिवशंकर और ब्रह्मा माया का साथ पाने के लिए बेताब हो गए तो साधारण लोगों की क्या बात करें। एक ओर सुर, नर, मुनि हैं तो दूसरी ओर माया अकेली है। जिस पर भी उसकी नजर पड़ती है उसे नहीं छोड़ती। उसने तो एक दौड़ में सबको ही पछाड़ दिया है। सब ही उसके मोहपाश में बंध गए हैं। जितने भी उस पर मुग्ध थे, सभी को अपने घूंघट में समेट लिया है। उसके काजल की रेखा ही इतनी बांकी है कि कलंकित हुए

बिना एक भी न रहा। इंद्र और कृष्ण भी माया के दरवाजे पर खड़े हैं और उसके पाने की इच्छा पूरी न होने पर शर्मिंदा हैं।

कबीर कहते हैं कि जिस व्यक्ति के मन में मोह नहीं होता, वह इस माया के मोहपाश में नहीं आ पाता है।

जारो जग का नेहरा। मन बौरा हो॥1॥
जामें सोग सन्ताप। समुझि मन बौरा हो॥2॥
तन धन से क्या गर्भ सी। मन बौरा हो॥3॥
भस्म कीन्ह जाके साज। समुझि मन बौरा हो॥4॥
बिना नेव का देव घरा। मन बौरा हो॥5॥
बिन कहगिल की ईंट। समुझि मन बौरा हो॥6॥
कालबूत की हस्तिनी। मन बौरा हो॥7॥
चित्र रचो जगदीश। समुझि मन बौरा हो॥8॥
काम अन्ध गज बशि परे। मन बौरा हो॥9॥
अंकुश सहियो सीस। समुझि मन बौरा हो॥10॥

कबीर कहते हैं कि हे बावले! संसार के प्रति तुम्हारा जो यह मोह है, वह एक जाल ही है, जो विशेषकर तुम्हें फंसाने के लिए तुम्हारे सामने फेंका गया है। इसमें शोक व दुःख ही है, इस दुनिया को जान-समझ और इसके प्रति जो मोह है, उसका परित्याग कर दे। अरे पगले! शरीर और धन पर क्या गर्व करता है। मरते ही शरीर जल जाएगा और धन यहीं छूट जाएगा। पगले! यह शरीर रूपी घर बिना नींव का तो है ही, साथ ही बिना गिलवे और ईंट के ही बना है। कब ढह जाए कोई ठीक नहीं। हे पगले! जैसे हाथी के बुत को देखकर हाथी उसके पास आता है और उसे पकड़ लिया जाता है वैसे तू भी अपने परिजनों के बुतों में उलझकर ताउम्र उन्हीं में लगा रहता है और कभी आजाद नहीं हो पाता है। यह संसार सारहीन है और इस संसार की चीजें भी अस्तित्व हीन हैं।

सूने घर का पाहुना। मन बौरा हो॥
ज्यों आवैं त्यों जाय। समुझि मन बौरा हो॥
नहाने को तीरथ घना। मन बौरा हो॥
पुजबे को बहु देव। समुझि मन बौरा हो॥
बिनु पानी नर बूड़हीं। मन बौरा हो॥
तुम टेकेउ राम जहाज। समुझि मन बौरा हो॥
कहहिं कबीर जग भर्मिया। मन बौरा हो॥
तुम छाड़हु हरि की सेव। समुझि मन बौरा हो॥

कबीर कहते हैं कि हे पगले! जैसे वीरान घर में अतिथि आकर

भूखा-प्यासा ही वापस चला जाता है, वैसे ही यह जीव आता है और खाली हाथ इस सार हीन संसार से चला जाता है। हे पगले! तुमने नहाने के लिए बहुत से तीर्थ बना डाले हैं और पूजने के लिए बहुत से देव बना लिए हैं, फिर बिना राम नाम के, तुझे बिना पानी के ही डूबना है।

कबीर कहते हैं कि हे पगले! सब यहां भटक गए हैं। सबने ही हरि की भक्ति करना छोड़ दिया है।

कहने का भाव है कि यहां पर सबने ही अपने-अपने देवता बना लिया हैं। राम नाम को वे सब भूल गए हैं। भला कल्याण उनका कैसे हो।

बेलि

हंसा सरवर शरीर में। हो रमैया राम॥1॥
जागत चोर घर मूसहिं। हो रमैया राम॥2॥
जो जागल सो भागल। हो रमैया राम॥3॥
सोवत गैल बिगोय। हो रमैया राम॥4॥
आजु बसेरा नियरे। हो रमैया राम॥5॥
काल बसेरा बड़ि दूर। हो रमैया राम॥6॥
जइहो बिराने देश। हो रमैया राम॥7॥
नैन भरोगे दूर। हो रमैया राम॥8॥
त्रास मथन दधि मथन कियो। हो रमैया राम॥9॥
भवन मथेउ भरपूरी। हो रमैया राम॥10॥

कबीर कहते हैं कि हे रमैया राम! शरीर रूपी मानसरोवर के हंस तुम्हीं हो। तुम चेतन स्वरूप होकर भी शरीर के अंदर के चोरों को निकालकर बाहर नहीं कर सके; जो चोर (ज्ञान) विवेक की चोरी कर मनुष्य को अधम बना चुके हैं। हे रमैया राम! जो जागृत अवस्था में यानी जो विवेकवान होता है, वह सजग रहता है और इन चोरों को अंदर घुसने तक नहीं देता है लेकिन जो सो रहा होता है, वह सजग नहीं रहता है और अपना विवेक, ज्ञान, चैतन्यता सब खोकर पतित हो जाता है।

हे रमैया राम! तुम्हारा घर अभी ठीक-ठाक है, पर तुम आत्म-स्वरूप को नहीं पहचान सके तो तुम्हें मोक्ष प्राप्त नहीं होगा, फिर न जाने तुम चौरासी लाख योनियों में कब तक भटकते रहोगे। फिर तुम मोक्ष के लिए साधना नहीं कर सकोगे और दूर खड़े आंसू ही बहाते रहोगे।

हे रमैया राम! तुमने तो दुनियादारी से तंग और परेशान होकर अपने आनंद के लिए पूरा संसार-सागर ही मथ डाला तथा अपने शरीर को भी पूरी तरह से मथा, पर क्या तुझे कुछ मिला?

फिरिके हंसा पाहुन भयो। हो रमैया राम॥
बेधिन पद निर्बान। हो रमैया राम।
तुम हंसा मन मानिक। हो रमैया राम।
हटलो न मानेहु मोर। हो रमैया राम।
जस रे कियेहु तस पायेउ। हो रमैया राम।
हम दोष का देहु। हो रमैया राम।
अगम काटि गम कियेहु। हो रमैया राम।
सहज कियेहु विश्वास। हो रमैया राम।
राम नाम धन बनिज कियो। हो रमैया राम।
लादेउ बस्तु अमोल। हो रमैया राम।

हे रमैया राम! अपनी अधूरी इच्छाओं को पूरा करने के लिए फिर से इस जीव ने शरीर धारण कर लिया और इस संसार का मेहमान बनकर आ गया। इस अबोध जीव को कौन समझाए कि यहाँ पर सुख नहीं है। हे रमैया राम! तुम ही तो हंस हो तथा मन को उजाला दिखाने वाले माणिक्य हो, लेकिन माया के वशीभूत होकर सद्गुरु का ज्ञान धारण नहीं करते हो, जिससे जीवन-मरण से तुम्हारा छुटकारा नहीं होता है।

हे रमैया राम! जैसा तुमने किया है वैसा तुम्हें मिला है। अब इसमें मेरा क्या कसूर है। मैंने तो तुम्हें पहले ही सजग कर दिया था। तुमने अपनी अबोधता और अज्ञानता के कारण मोक्ष को कठिन व अप्राप्य मान लिया है, लेकिन तुमने काल्पनिक देवी-देवताओं और कर्मकाण्ड पर सहज रूप से ही विश्वास कर लिया और उन्हें ही मुक्ति का माध्यम मान लिया, अब इसमें मेरा क्या कसूर है।

कबीर कहते हैं कि तुमने राम नाम के धन को समझने की बजाय उसे व्यापार बना लिया और उस 'राम नाम धन' का व्यापार करने के बाद भी राम नाम को समझ न सके, उसका लाभ न उठा सके। जब तुम सच्चे व्यापारी नहीं बन सके तो भुगतो।

भल सुमृति जहंड्रायेउ। हो रमैया राम॥1॥
धोखे कियेउ विश्वास। हो रमैया राम॥2॥
सो तो है बन्सी कसी। हो रमैया राम॥3॥
सो रे कियेहु विश्वास। हो रमैया राम॥4॥
ई तो है वेद शास्त्र। हो रमैया राम॥5॥
गुरु दीहल मोहि थापि। हो रमैया राम॥6॥
गोबर कोट उठायेउ। हो रमैया राम॥7॥
परिहरि जैबेहु खेत। हो रमैया राम॥8॥

हे रमैया राम! शास्त्र-पुराणों पर अंधा विश्वास कर तुमने स्वयं को छला

है। ये सब तो झूठी और मनगढ़ंत बातें हैं, जैसे कांटे में चारा फंसाकर मछली को छला जाता है, वैसे तुमने काल्पनिक बातों पर विश्वास कर स्वयं को ही ठगा है।

हे रमैया राम! तथा कथित गुरुओं ने तुम पर वेदों की बातें थोपकर तुम्हें एक लक्ष्मण रेखा के अंदर बांध दिया है अर्थात् तुमको जबरदस्ती मूल रास्ते से भटका दिया गया है।

हे रमैया राम! तुम सब शास्त्र-पुराणों का हवाला देकर उस प्रकार से भला करना चाहते हो जिस प्रकार से गोबर का किला बनाकर कोई राजा हमलावरों से बचने का झूठा प्रयास करता है। अब तुम आत्म-स्वरूप चेतन से नहीं मिलोगे, तुम्हें यूं ही कई जन्मों तक रण क्षेत्र से पलायन करना पड़ेगा। मोक्ष की बात तो भूल ही जाओ।

मन बुधि जहवां न पहुंचे। हो रमैया राम॥
तहां खोज कैसे होय। हो रमैया राम॥
यह सुनि के मन धीरज धरहु। हो रमैया राम॥
मन बढ़ि रहल लजाय। हो रमैया राम॥
फिर पाछे जनि हेरहु। हो रमैया राम॥
कालबूत सब आहि। हो रमैया राम॥
कहहिं कबीर सुनो सन्तो। हो रमैया राम॥
मन बुद्धि ढिग फैलायउ। हो रमैया राम॥

हे रमैया राम! मन और बुद्धि जहां पर नहीं पहुंचते, वहां पर खोज करना असंभव है। यह जानकर मन में धीरज रखो और यह गांठ बांध लो कि तुम्हारा आत्म-स्वरूप ही पूर्ण ब्रह्म है। हे रमैया राम! लज्जित होने की जरूरत नहीं है। तुम पीछे मुड़कर कुछ भी तलाशने का प्रयास न करो। तुम्हारा आत्म-स्वरूप ही चेतन ब्रह्म है। बाकी सब सारहीन है। इस नश्वर संसार की सारी नश्वर वस्तुएं यहीं रह जाएंगी। तुम्हारे साथ कुछ भी नहीं जाएगा।

कबीर कहते हैं कि हे संतों सुनो! मन और बुद्धि पर भरोसा करो और इनका उजाला अपने भीतर ही फैलाओ। ब्रह्म अंदर ही है, बाहर तो माया का शासन है। बाहर भटकोगे तो कुछ भी हाथ नहीं लगेगा। जीवन व्यर्थ ही तबाह हो जाएगा।

बिरहुली

आदि अन्त नहिं होते बिरहुली।
नहिं जर पल्लव डार बिरहुली।।1।।
निशि-बासर नहिं होते बिरहुली।
पौन पानि नहिं मूल बिरहुली।।2।।
ब्रह्मादिक सनकादिक बिरहुली।
कथि गये योग अपार बिरहुली।।3।।
मास असारे शीतल बिरहुली।
बोइनि सातों बीज बिरहुली।।4।।
नित गोड़ै नित सींचै बिरहुली।
नित नव पल्लव डार बिरहुली।।5।।
छिछिलि बिरहुली छिछिलि बिरहुली।
छिछिलि रहल तिहुंलोक बिरहुली।।6।।
फूल एक भल फुलल बिरहुली।
फूलि रहल संसार बिरहुली।।7।।

हे प्राणी! न तो तेरा आदि है और न ही तेरा कोई अंत है। न तो तेरी जड़ है, न तो पत्ते हैं और न ही डाल है अर्थात् तेरा कोई आकार नहीं है और कारण भी नहीं है। हे जीव! तू बिना आकार का है। तुम्हारे अंतर में न तो दिन है, न रात है, न पानी है, न हवा है और न ही मूल यानी कोई बीज है।

कबीर कहते हैं कि ब्रह्मा आदि और सनकादिक ने भी आत्म-स्वरूप को प्राप्त करने के लिए अपार योग किए हैं–आषाढ़ के महीने में जैसे कृषक शीतल यानी बारिश के बाद खेतों में बीज डालते हैं वैसे ही यह जीव भी सातों विषयों के बीज बोता है अर्थात् पांचों इंद्रियों और मन, अहंकार से जीवन का व्यापार करता है। जीवन एक व्यापार ही तो है। फिर उसी के अनुसार उसे कर्म फल मिलते रहते हैं। वह किसान की तरह ही नित्त गुड़ाई करता है, सींचता है और नित नये पत्ते व डालें निकलती रहती हैं। गुड़ाई करना और सींचना ये

सब जीव के कर्म ही हैं। जीव के इस कर्म रूपी पेड़ में इच्छा और वासना का एक फूल खिला है और यही एक फूल सारे संसार में खिला हुआ है अर्थात् प्रत्येक जीव में इसी एक फूल का विस्तार है।

सो फुल लोढ़े सन्त जना बिरहुली।
बन्दि के राउर जाय बिरहुली॥8॥
सो फल बन्दे भक्त जना बिरहुली।
डसिगो बैतल सांप बिरहुली॥9॥
विषहर मन्त्र न मानै बिरहुली।
गारुड़ बोले अपार बिरहुली॥10॥
विष की क्यारी तुम बोयहु बिरहुली।
अब लोढ़त का पछिताहु बिरहुली॥11॥
जन्म-जन्म यम अन्तरे बिरहुली।
फल एक कनयर डार बिरहुली॥12॥
कहहिं कबीर सच पाव बिरहुली।
जो फल चाखहु मोर बिरहुली॥13॥

और इस फूल को सन्तजन तोड़कर सारे मोहादि बंधनों से मुक्त हो जाते हैं, लेकिन जो भक्तजन हैं, उनका ध्यान उस फूल पर नहीं जाता है, वे तो इस फूल को छोड़कर बाहर ईश्वर की खोज करते हैं, जिससे वे दुःखी रहते हैं और उसी फूल यानी ईश्वर की खोज में भटकते रहते हैं। भला जो ईश्वर अंदर बैठा है, वह बाहर मिलने वाला है। उन्हें तो अज्ञानता रूपी विषैले सांप ने काट रखा है। गरूड़ रूपी ज्ञानी संत बहुत समझाते हैं कि ईश्वर बाहर नहीं अन्तर्मन में है, लेकिन ईश्वर से अलग होने की जो छटपटाहट उनमें होती है, वह सत्य वाणी रूपी मंत्र उन पर कोई काम नहीं करता है। कबीर कहते हैं कि हे जीवों! खुद की क्यारी में तुमने ही तो जहर यानी अज्ञानता का बीज बोया है कि ईश्वर अन्तर मन में नहीं, बाहर है। अब जब ये जहरीले फूल तोड़ने पड़ रहे हैं तो पछतावा क्यों हो रहा है? जन्म-जन्म तक जीवन-मरण के चक्र में भटकते रहो। सत्य-वाणी कनेर के वृक्ष की तरह कड़वी भले ही होती है, पर अज्ञानता का जहर दूर करने वाली होती है। कबीर कहते हैं कि हे प्राणी! सद्गुरु के कड़वे ज्ञान रूपी फल को खाओगे, तभी आत्म-स्वरूप चेतन से मिल पाओगे, दूसरा कोई भी रास्ता नहीं है।

हिण्डोला

भरम हिण्डोला झूले। सब जग आय।।1।।
पाप-पुण्य के खम्भा दोऊ। मेरु माया मांहि।।2।।
लोभ भंवरा विषय मरुवा। काम कीला ठानि।।3।।
शुभ अशुभ बनाये डांड़ी। गहे दूनों पानि।।4।।
कर्म पटरिया बैठि के। को-को न झूले आनि।।5।।
झूलत गण गन्धर्व मुनिवर। झूलत सुरपति इन्द्र।।6।।
झूलत नारद शारदा। झूलत व्यास फणिन्द्र।।7।।
झूलत बिरंचि महेश शुक मुनि। झूलत सूरज चन्द्र।।8।।
आप निर्गुण-सगुण होय। झूलिया गोबिन्द।।9।।
छौ चारि चौदह सात एकइस। तीनिउ लोक बनाय।।10।।

सृष्टि के समस्त जीव भ्रम के झूले में डोल रहे हैं। पाप-पुण्य के दो स्तंभ हैं, माया रूपी मेरु है, लोभ की भंवर ही झूले को हिलाती है और इस झूले में विषय वासनाओं का मरुवा है, काम की कील ठुकी है। इस झूले में दो शुभ-अशुभ डंडियां हैं, जिन्हें जीव ने दोनों हाथों से पकड़ रखा है। कर्म रूपी पटरी पर बैठकर सभी झूल रहे हैं और जाने कितने ही झूलें। इस झूले में बैठकर शिव के गण, गंधर्व, मुनिजन, इंद्र, नारद, शारदा, व्यास, शेष, ब्रह्मा, महेश, शुकदेव, सूरज, चन्द्र, शनि और निराकार ब्रह्म कहे जाने वाले कृष्ण, राम भी साकार बनकर झूले।

कबीर कहते हैं कि जीवों ने खुद अपने लिए भ्रमजाल बुना है - छः शास्त्र, चार वेद, चौदह कलाएं बनाकर तथा सात स्वर्ग, इक्कीस जगत और तीन लोक का काल्पनिक नामकरण कर भ्रम एवं संशय का झूला बना लिया है, मुक्ति मिले तो कैसे मिले। यह झूला ही तो मुक्ति के मार्ग में रोड़ा है।

खानी बानी खोजि देखहु। अस्थिर कोई रहाय।।
खण्ड-ब्रह्माण्ड खोजि देखहु। छूटत कितहूं नाहिं।।

साधु संगति खोजि देखहु। जीव निस्तरि किंत जाहिं॥
शशि सूर रैनि शारदी। तहां तत्व परलय नाहिं॥
काल अकाल परलय नहीं। तहां सन्त बिरले जाहिं॥
तहां से बिछुरे बहु कल्प बीते। भूमि परे भुलाय॥
साधु संगति खोजि देखहु। बहुरि न उलटि समाय॥
ये झुलबे को भय नहीं। जो होय सन्त सुजान॥
कहहिं कबीर सत सुकृत मिलै। तो बहुरि न झूले आन॥

कबीर कहते हैं कि चारों तरफ घूमकर देख लिया, खानी तथा वाणी के चक्रव्यूह में पड़ा जीव अस्थिर है। इस झूले से मुक्ति का उपाय पूरे ब्रह्मांड में भी कहीं नहीं है, खोजने पर भी कोई साधन नहीं दिखता, इससे छुटकारा पाने का।

साधु-संगति में भी खोजकर देख लिया, छूटने का उपाय नहीं दिखा। यह पता लगाना आवश्यक है कि इस जीव को मुक्ति कैसे मिलेगी। सद्गुरु बताते हैं कि आत्म-स्वरूप चेतन का वास वहां है जहां चंद्र, सूर्य, रात-दिन, मौसम, जड़ तत्व, जन्म-मरण, प्रलय, समय आदि का कोई असर नहीं है, लेकिन वहां कोई-कोई संत ही पहुंच पाता है।

कबीर कहते हैं कि जहां से बिछुड़े हुए कई कल्प बीत गए, उसका रास्ता और वह जगह भी दिमाग से मिट गई है तो उसे फिर से स्मृति में लाने के लिए साधु-संगति में बैठो और आत्म स्वरूप-चेतन के धाम पहुंचने का उपाय ढूंढो ताकि फिर जनम न हो और मरण की पीड़ा सहनी न पड़े अर्थात् मुक्ति मिल जाए। जो ज्ञानी संत हैं, उन्हें भ्रम के झूले से कोई भय नहीं रहता। वे उस पर झूलकर भी आसानी से उतर जाते हैं अर्थात् सांसारिक गतिविधियों में शामिल होने के बावजूद सद्गति प्राप्त कर लेते हैं।

कबीर कहते हैं कि जो विवेकवान हैं और जिन्होंने सत्य की खोज कर ली, उन्हें इस झूले में झूलना नहीं पड़ता है और माया भी उन पर अपना कोई प्रभाव नहीं दिखा पाती है।

बहु बिधि चित्र बनाय के। हरि रचित क्रीड़ा रास॥
जाहिं न इच्छा झूलबे की। ऐसी बुधि केहि पास॥
झूलत-झूलत बहुकल्प बीते। मन नहिं छाड़े आस॥
रच्यो रहस हिण्डोरवा। निशि चारिउ युग चौमास॥
कबहुंक ऊंचे कबहुंक नीचे। स्वर्ग भूत ले जाय॥

अति भरमित भरम हिण्डोरवा। नेकु नहीं ठहराय॥
डरपत हौं यह झूलबे को। राखु यादव राय॥
कहैं कबीर गोपाल बिनती। शरण हरि तुम आयं॥

कबीर कहते हैं कि तरह-तरह के चित्र बनाकर हरि ने भ्रम झूले की क्रीड़ा रचना की है। ऐसी बुद्धि किसी के भी पास नहीं है कि वह इस झूले पर न झूले। इस झूले पर झूलते-झूलते न जाने कितना ही समय गुजर गया, फिर इस पर बैठकर झूलने की ही इच्छा है। इसके प्रति आसक्ति जीव की बनी हुई है। यह झूला चारों युगों में रात-दिन यूं ही अपने रंग में झूलता ही रहता है। इसकी रास-लीला में कोई कमी नहीं आयी है। जीव पहले की तरह ही इस पर आसक्त व मुग्ध है। यह हिण्डोला जीव को कभी ऊंचे अर्थात् मनुष्य योनि में तो कभी नीचे अर्थात् पशु-पक्षियों की योनि में भटकाता रहता है और यह कभी आसमान में तो कभी धरती पर लाकर छोड़ देता है। कहने का भाव है कि अपने स्वभाव के अनुसार यह झूला झूलता ही रहता है और जीव को किसी एक जगह यानी किसी एक योनि में नहीं रहने देता है।

कबीर कहते हैं कि जीव इस झूले से डरा हुआ है, यादव श्रेष्ठ कृष्ण से कहता है कि हे यादव पति! इस हिण्डोले को स्थिर कर दो ताकि मैं इस पर से उतर जाऊं। हे गोपाल! मुझे अपनी शरण में ले लो। मैं तुम्हारी शरण में आना चाहता हूं।

लोभ मोह के खम्भे दोऊ। मन से रच्यो है हिण्डोर॥1॥
झूलहिं जीव जहान जहां लगि। कितहु न देखों थित ठौर॥2॥
चतुर झूलहिं चतुराइया। झूलहिं राजा शेष॥3॥
चांद सूर्य दोउ झूलहीं। उनहुं न आज्ञा भेष॥4॥
लख चौरासी जीव झूलहीं। रविसुत धरिया ध्यान॥5॥
कोटि कल्प युग बीतिया। अजहुं न माने हारि॥6॥
धरति आकाश दोउ झूलहीं। झूलहिं पौना नीर॥7॥
देह धरे हरि झूलहीं। ठाढ़े देखहिं हंस कबीर॥8॥

कबीर कहते हैं कि लोभ-मोह के दो स्तंभों पर यह हिण्डोला टिका हुआ है और सृष्टि के सारे जीव इस पर बैठकर झूल रहे हैं, एक भी जीव स्थिर नहीं है। जो चालाक-चतुर हैं, अपनी चतुराई में झूल रहे हैं, राजा अपने राजमद के अभिमान में झूल रहा है और शेषनाग भी इसी झूले में सवार है। चांद, सूर्य भी झूल रहे हैं, वे भी इस भ्रम-हिण्डोले से वंचित नहीं हैं।

कहने का अर्थ है कि चौरासी लाख योनियों के जीव-जंतु भी इस झूले में झूल रहे हैं, लेकिन किसी ने भी इसे अपना घर नहीं माना, सबको ही पता है कि यहां से जाना है। करोड़ों कल्प और युग बीत गए, लेकिन जीव का इस आवागमन से दिल नहीं भरा है। धरती, आकाश दोनों झूल रहे हैं और हवा, पानी भी झूल रहे हैं।

कबीर कहते हैं कि देह धारण कर हरि भी झूल रहे हैं और जो ज्ञानी हैं वे दूर खड़े होकर हंस रहे हैं।

कहने का भाव है कि इस भ्रम के हिंडोले से कोई भी अछूता नहीं है।

■■■

www.ingramcontent.com/pod-product-compliance
Lightning Source LLC
Chambersburg PA
CBHW070655100426
42735CB00039B/2091